T0142542

Printed in the United States
By Bookmasters

علم اللغـــة
مــدخل نظــري في اللغــة العربيــة

إهــــداء

إلى العالم اللغوي الجليل
الأستاذ الدكتور
محمود فهمي حجازي
جزاه اللـه تعالى خيرا

الدكتور محمود عكاشة

علم اللغة

مدخل نظري في اللغة العربية

الدكتور

محمود عكاشة

بطاقة فهرسة
فهرسة أثناء النشر إعداد الهيئة العامة لدار الكتب والوثائق القومية
إدارة الشئون الفنية

عكاشة، محمود.

علم اللغة: مدخل نظري في اللغة العربية/ محمود عكاشة. – ط1. – القاهرة:
دار النشر للجامعات، 2006.

312 ص ، 24 سم.

تدمك   4 185 316 977

1-اللغة، علم   2- اللغة العربية

401   أ- العنوان

تـاريخ الإصـدار:	1428هـ - 2007م
حقــوق الطبــع:	محفوظة للناشر
النـاشـر:	دار النشر للجامعات
رقـم الإيـداع:	2006/16805
الترقـيم الـدولي:	I.S.B.N: 977 – 316 – 185 - 4
الكــــود:	2/164
تحـــذير:	لا يجوز نسخ أو استعمال أي جزء من هذا الكتاب بـأي شكل من الأشكال أو بأية وسيلة من الوسائل (المعروفة منها حتى الآن أو ما يستجد مستقبلا) سواء بالتصوير أو بالتسجيل على أشرطة أو أقراص أو حفظ المعلومات واستـرجاعها دون إذن كتابي من الناشر.

دار النشر للجامعات - مصر
ص.ب (634797 فريد) القاهرة 6440094
تليفون:٤٠١٨٠٠٠٠ - تليفاكس:٤٥٠٢٨١٢

بسم الله الرحمن الرحيم

المقدمة

الحمد لله رب العالمين ، أنزل الكتاب المحكم المبين قرآنا عربيا للناس أجمعين، نزل به الروح الأمين على قلب سيدنا محمد صلى الله عليه وسلم نبي العالمين ، أفصح من نطق بلسان عربي مبين ، وأبلغ من وصف بالبيان والتبيين ، أما بعد :

فقد تناولت في هذا الكتاب مجموعة من البحوث المهمة في مجال علم اللغة شغلت اللغويين قديما وحديثا ، مثل مفهوم اللغة ، وموضوعها ، ومناهجها ، ونشأة اللغة وعلاقة اللغة بالمجتمع ، والعربية الفصيحة ، ومصادرها ، واللهجات ، واللغة المنطوقة واللغة المكتوبة واللغات السامية ، ولم أسترسل فيما لا فائدة منه ، ومالا علم لنا به ، وما ليس لدينا دليل فيه ضربنا عنه صفحا لئلا نضل أو نضلل غيرنا ، أو أن نقول بالباطل منكرا من القول وزورا ، فنحمل أثقالنا وأثقال من أضللنا ، ولم أشأ أن أثقل على إخواني الدارسين بما أرهقنا به غيرنا وشغلونا به من أخبار عن اللغة التي تكلم بها آدم، واختلاف الألسنة ، ولغة أهل الجنة ، وأصل اللغات ، وأول العرب ، وأول من كتب ، وغير ذلك من الموضوعات التي تفضي إلى الجدل والخلاف دون فائدة ترتجي ، غافلين عما هو أهم وأجدى نفعا ، وهو أن نهتم بلغتنا العربية وأن نبحثها وأن نعالج قضاياها، ومشكلاتها في العصر الحديث ، وأن نتصدى للمخاطر التي تهددها ، وأن نبحث عن وسيلة ميسرة تجعلها في المكانة الأولى في التواصل اليومي ، وأن نرتقي بمستوى المجتمع لغويا ، وأن نبحث عن وسائل حديثة تدعم تدريسها وتيسره للنشء .

وأدعو نفسي وإخواني أن يجعلوا دارسة اللغة نفسها هدفهم الأساسي ، دون إعادة طرح هذه الموضوعات العقيمة التي لا دليل على صحة وجه منها إلا الظن ، والظن لا يغني من الحق شيئا ، ومعظم أدلتها مصنوعة أو ضعيفة أو تأويل أو الاحتجاج بالنص في غير موضعه ، وهذا كله ليس من العلم في شيء ولا يقيم حقيقة ، ولن يغني العربية في شيء عما هي فيه من سوء حال بين أبنائها ، فاللغة العربية تحتاج دراسة علمية في

ضوء مناهج البحث الحديث ، ويجب أن نستعين في دراستنا اللغة العربية بتقنيات العصر الحديث ، وجميع الوسائل الحديثة التي تعين في تدريس العربية والارتقاء بها .

وأهم ما يمكن أن ندرسه دراسة واعية بعيدا عن طرح الموضوعات النظرية العقيمة ، مستويات البنية اللغوية الأربعة : المستوى الصوتي ، المستوى الصرفي ، والمستوى النحوي ، والمستوى المعجمي وقد أفردت فيهم كتابا مستقلا (1) ، وجعلت كتابي هذا مدخلا في علم اللغة ، وطرحت فيه بعض الموضوعات التي تجب دراستها ومعرفتها قبل بحث القضايا التي تتعلق بمتن اللغة أو بنيتها ، ولكنني لم أجد بدا من مناقشة بعض القضايا التي تتعلق بنشأة اللغة ؛ لأنها تملأ الكتب وبها كثير من المزايدات التي لا يقبلها عقل .

واللغة مجموعة من الرموز الصوتية Symbols،Linguistic يعبر بها الإنسان عن نفسه في تواصله مع الآخرين ، وتعد اللغة جزءا من المنظومة الاجتماعية التي تحمل في خواطرها مجموعة من الأفكار ، والمقاصد، والرغبات التي تلح عليها ، وترغب في تحقيقها ، ولهذا كانت أولى مراحل اللغة شفاهية أو منطوقة ، فلم تعرف اللغة المكتوبة إلا في زمن متأخر بعد أن عرف الإنسان الاستقرار والعمران ، وظهرت الحاجة إلى تدوين ما يتكلمه ليحتفظ به دون أن يضيع في هوة النسيان ، فكانت الكتابة أعظم اكتشاف بشري خدم العلم .

وقد بحثت اللغة المنطوقة والمكتوبة ، وبينت الأمر فيهما تبيينا ، ولا يعني بحث اللغة المنطوقة أنني من أنصار العامية ، فاللغة المنطوقة لا تعني العامية ، بل أعني اللغة العربية المنطوقة ، فقد عاشت العربية الأولى فترة طويلة منطوقة حتى بدأ التدوين في القرن الأول الهجري ، واستمر حتى القرن الرابع ؛ فدونت مصادر اللغة الأصلية ، وأبطل العلماء الأخذ عن الخطاب المنطوق بعد ذلك ، لأنه لم يعد يمثل مستوى العربية الفصيحة بل مستوى من مستويات اللغة المنطوقة ، وقد وقع فيها اللحن والدخيل ، وقد كان المنطوق

---

(1) كتاب التحليل اللغوي في ضوء علم الدلالة، نشرته دار النشر للجامعات .

هو الأساس في اللغة ، فأصبح المكتوب مصدرا ، والمنطوق لا يعتد به ، لأنه لم يعد عربيا خالصا ، وقد شارك فيه المسلمون جميعا ، وقد كان من قبل لسانا عربيا خالصا ، وقد حلت العامية المعاصرة محل هذا اللسان العربي المبين المشترك بين العرب ، ونحن نرجو من أولى الأمر ومحبي العربية وأنصار القومية أن تتكاتف جهودهم معا ، للارتقاء بمستوى الخطاب اليومي ، والارتفاع به عن مستواه العامي الهزيل إلى مستوى العربية الفصحى، وذلك عن طريق وسائل الإعلام والبرامج الموجهة والأعمال الفنية التي يتربى عليها النشء، ويتثقف عليها المجتمع البسيط .

فوسائل الإعلام تعد أعظم وسيلة تعليمية ميسرة تستطيع أن تؤدي خدمات جليلة في نشر اللغة العربية الفصحى الميسرة والارتقاء بالمواطن لغويا دون أموال تهدر أو مجهود أو كتب تتلف ، وأيسر تلك الوسائل التعليمية أن يلتزم رجال الإعلام بمستوى العربية الميسر في خطابهم الإعلامي ، وأعمالهم الفنية التي تعرض في الإذاعة والقنوات المرئية ، فالمتلقي يتأثر سريعا بلغة الخطاب الإعلامي .

وندعو الله سبحانه وتعالى أن يصلح أمرنا ويوفق جهودنا ويشد أزرنا ، ويبلغنا رشدنا ، وأن يعفو عما زلت فيه أقلامنا ، وما عجز عنه فهمنا أو ما ضعف فيه رأينا ، فهذا مبلغ عملنا ، وفوق كل ذي علم عليم ، وآخر دعوانا أن الحمد لله رب العالمين .

الدكتور محمود أبو المعاطي عكاشة
الإسكندرية - جليم
رجب 1423هـ ، أكتوبر 2002م

اللغة

اللغة : لغة أصلها لغو ، لامها واو ، وقيل لغى ، لامها ياء ، ومصدرها اللغو، واللغا ، جاء في اللسان : « أصلها : لغوة ، وقيل أصلها : لغى أو لغو ، والهاء عوض » (1) .

وقال الكفوي : « اللغة في الراموز أصلها (لغى) ، أو (لغو) جمعها (لغى) و(لغات) (2)

وذكرها الفيروز آبادي في مادة (لغو) بالواو ، وجمعها على لغات ولغون (3) .

وقال ابن جني (ت392هـ) : « وأما تصريفها ومعرفة حروفها ، فإنها : فعله من لأغوت . أي تكلمت ؛ وأصلها : لغوة ككرة ، وفلة ، وثبة ، كلها لاماتها واوات ، كقولهم كروت بالكرة ، وقلوت بالقلة ؛ ولأن ثبة كأنها من مقلوب ثاب يثوب . وقالوا فيها لغات ولغون ، ككرات وكرون ، وقيل : منها لغى يلغى إذا هذى ، ومصدره اللغا ، قال :

---

(1) لسان العرب ، أبو الفضل جمال الدين محمد بن مكرم بن منظور الأفريقي المصري ، لسان العرب . دار صادر ، بيروت ، مادة لغا، م250/15 . وما بعدها . قال الأزهري : « اللغة من الأسماء الناقصة ، أصلها لغوة من لغا إذا تكلم ، وأكد ابن جني في كتابه سر صناعة الإعراب أن المحذوف هو اللام وليس العين ، واستشهد على ذلك بكلمات نظيرة لها مثل : ثبة وظبة ، وثبرة : سر صناعة الإعراب ، دراسة وتحقيق الدكتور حسن هنداوي ، دار القلم ، دمشق ط413/2هـ . ، 1993م .

(2) الكليات لأبي البقاء بن موسى الحسني الكفوي . تحقيق عدنان درويش ، ومحمد المصري ، مؤسسة الرسالة لبنان ، 1419 هـ ، 1998 م ص 796 .

(3) القاموس المحيط ، الفيروزبادي ، الهيئة المصرية العامة للكتاب 1997م ، 1397هـ ، مادة لغو ص 378 . يرجع مصطلح (Linguistics) علم اللغة ، والمصطلحات الأوربية المقابلة linguistique في الفرنسية ، و (Linguistics) في الإيطالية إلى الكلمة اللاتينية (Lingua) بمعنى « اللسان » أو « اللغة » . وقد بدأ استخدام الكلمة في اللغات الأوربية في النصف الثاني من القرن التاسع عشر ، وتحدد معناها بتقدم علم اللغة في القرن العشرين . علم اللغة العربية، الدكتور محمود فهمي حجازي ، 31، 32 .

وكذلك اللغو ؛ قال الـلـه سبحانه وتعالى : ﴿ وَٱلَّذِينَ لَا يَشْهَدُونَ ٱلزُّورَ وَإِذَا مَرُّواْ بِٱللَّغْوِ مَرُّواْ كِرَامًا ﴿٧٢﴾ ﴾ [الفرقان: 72] أي بالباطل . وفي الحديث : « من قال في الجمعة : صه، فقد لغا» أي تكلم (1) .

ونقل السيوطي عن إمام الحرمين : « اللغة من لغى يلغى من باب رضى إذا لجج بالكلام ، وقيل من لغى يلغى » (2) .

وهنالك فرق بين اللغة واللغو واللغا : فاللغو واللغا : السقط ، وما لا يعتد به من كلام وغيره ولا يحصل منه على فائدة ولا نفع ، أو ما كان من الكلام غير معقود عليه . قال تعالى : ﴿ لَّا يُؤَاخِذُكُمُ ٱللَّهُ بِٱللَّغْوِ فِيٓ أَيْمَـٰنِكُمْ ﴾ [البقرة: 225، المائدة: 89] ، ومنها كلمة «لاغية» : فاحشة ، قال تعالى : ﴿ لَّا تَسْمَعُ فِيهَا لَـٰغِيَةً ﴿١١﴾ ﴾ [الغاشية: 11] . أي كلمة قبيحة أو فاحشة، وقيل اللغا : الصوت ، أو اللفظ : قال تعالى : ﴿ لَا تَسْمَعُواْ لِهَـٰذَا ٱلْقُرْءَانِ وَٱلْغَوْاْ فِيهِ ﴾ [فصلت:26] . أي : الغطوا فيه .

وقيل اللغو: التكلم ، جاء في الحديث: « من قال يوم الجمعة والإمام يخطب لصحابه: صه. فقد لغا » (3) أي تكلم ، وقيل فقد خاب ، وأرى أنه يعني: تحدث باللغط ، وهو ما

---

(1) الخصائص أبو الفتح عثمان بن جني: تحقيق محمد علي النجار، الهيئة المصرية العامة للكتاب 1416هـ 1986م جـ 34/1 . وبيت الشعر للعجاج . والحديث رواه البخاري في كتاب الجمعة ، والإمام أحمد في مسند الإمام علي رضي الـلـه عنه . 474/2 ورواه النسائي .

(2) المزهر في علوم اللغة وأنواعها، عبد الرحمن جلال الدين السيوطي: تحقيق محمد جاد المولى ، ومحمد أبو الفضل إبراهيم ، وعلي البجاري منشورات المكتبة العصرية . بيروت ط 1408هـ ، 1987م جـ 6/1 .

(3) رواه البخاري في كتاب الجمعة باب «الإنصات يوم الجمعة» عن أبي هريرة: «إذا قلت لصاحبك يوم الجمعة: أصنت ، والإمام يخطب ، فقد لغوت» 166/1 ورواه النسائي في سننه ، ورواه الإمام أحمد عن علي بن أبي طالب رضي الـلـه عنه 93/1، جاء فيه : «... فمن دنا أو استمع ، ولم يلغ كان له كفلان من الأجر ، ومن نأى عنه فاستمع وأنصت ، ولم يلغ كان له كفل ، ... ومن قال : صه ، فقد تكلم ، ومن تكلم فلا جمعة له» المسند جـ 474/2 .

لا يفهم ولا يعتد به مما يفسد الخطبة والصلاة ، فاللغو في الصلاة والخطبة هو كل كلام لا يدخل في صميم التعبد المنصوص عليه بالكتاب والسنة في الموضوع المشروع له ، وقيل : اللغو : هو الباطل أو كل كلام فاسد ، قال تعالى: ﴿ وَإِذَا مَرُّوا بِاللَّغْوِ مَرُّوا كِرَامًا ﴾ (1) [الفرقان: 72] واللغو يشبه المنطق ، فكل صوت يخرج من الفم منطق ، ولهذا قيل: اللغو: النطق ، ونقول عما يهذى به الطفل في المهد نطقا وكذلك إذاردد كلمات مفيدة قلنا: تكلم، وهو لا يحسن نطق جمل كاملة .

وقد ذهب بعض العلماء إلى أن اللغو هو النطق، ولهذا قالوا: لغوى الطير: أي أصواتها ، والطير تلغى بأصواتها أي تنغم، واللغوى صوت القطا (طائر) . ويقال سمعت لغو الطائر ولحنه (2) .

وقد جاء في القرآن الكريم: ﴿ عُلِّمْنَا مَنطِقَ الطَّيْرِ ﴾ أي مراده بالأصوات التي يخرجها ، « فهمنا من أصوات الطير المعاني التي في نفوسها » (3) .

ولغى بالشيء يلغى لغا: لهج، أي أكثر منه . ولغوت بكذا : لفظت به ، وتكلمت . وإذا أردت أن تسمع من الأعراب ، فاستغلهم : فاستنطقهم، وسمعت لغواهم ، قال الراعي يصف القطا:

قوارب الماء لغواها مبينة   في لجة الماء لماراعها الفزع

وتقول: لغة العرب أفصح اللغات ، وبلاغتها أتم البلاغات (4) .

واستخدم لفظ «اللغة» بمعنى لهجة، فلغات العرب في كلام القدماء يعني لهجاتهم ،

قال الأخفش: « اللغو الكلام الذي لا أصل له من الباطل وشبهه ، وقال ابن عرفة ، اللغو: السقط من القول، وقيل الميل عن الصواب » . وقال الزين بن المنير : «اتفقت أقوال المفسرين على أن اللغو ما لا يحسن من الكلام» . فتح الباري طبعة الريان ، جـ 481/2 .

(1) ارجع إلى: لسان العرب ، مادة: لغا ، م 251/15، 252 . وفتح الباري جـ 481/2 .

(2) قيل اللغو: الإثم: ﴿ وَإِذَا مَرُّوا بِاللَّغْوِ مَرُّوا كِرَامًا ﴿٧٢﴾ ﴾ [الفرقان: 72]

(3) تفسير القرطبي : الآية 16من سورة النمل ، طبعة دار الحديث ، القاهرة ، 175/13 .

(4) أساس البلاغة ، محمود بن عمر الزمخشري . دار صادر ، ص 568 مادة : لغو .

واللغات المذمومة في كلامهم تعني اللهجات الشاذة التي لا يقاس عليها ، ولا يعتد بها في العربية الفصحى .

وقد عبر القرآن الكريم عن معنى اللغة بلفظ اللسان ، وهو في الأصل جارحة الكلام ، قال تعالى: ﴿ وَمَآ أَرۡسَلۡنَا مِن رَّسُولٍ إِلَّا بِلِسَانِ قَوۡمِهِۦ لِيُبَيِّنَ لَهُمۡ ﴾ [إبراهيم: 4] ، لأن مدار الأمر على البيان وعلى الإفهام والتفهم (1) .

وقد اتسع استخدام لفظ «اللسان» بهذا المعنى المجازى في العصر الجاهلي ، وازداد اتساعا في الإسلام إلى أن نازعه لفظ «اللغة» مكانه حتى أزاله عنه، وأصبحت له الغلبة في الاستخدام حديثا ، بيد أن بعض الباحثين يميل إلى استخدام مصطلح اللسان بمعنى اللغة في بعض الدراسات المعاصرة .

ويرى بعض المحدثين أن كلمة اللسان هي التي استخدمت في مجال اللغة قبل كلمة اللغة التي يرون أنها جاءت لاحقة بعد كلمة اللسان في الاستخدام ، ويؤكدون أن العربية لم تعرف في بادئ الأمر مصطلح اللغة بل اللسان ، وحجتهم في ذلك أن لفظ اللسان جاء في القرآن الكريم بمعنى اللغة وأن لفظ اللغة لم يكن شائعا في صدر الإسلام . وقد استخدم القرآن الكريم لفظ « لسان» ، ويراد به اللغة في بعض السياقات ومن ذلك قوله تعالى: ﴿ بِلِسَانٍ عَرَبِيّٖ مُّبِينٖ ﴾ [الشعراء: 195] ومن ذلك قوله تعالى: ﴿ وَمَآ أَرۡسَلۡنَا مِن رَّسُولٍ إِلَّا بِلِسَانِ قَوۡمِهِۦ لِيُبَيِّنَ لَهُمۡ ﴾ [إبراهيم: 4] . وهنالك رأي يرى أن كلمة اللغة ليست من أصل عربي:

«أما كلمة (لغة) فترجع إلى أصل غير سامي ، إنها من الكلمة اليونانية **Logos** ومعناها: كلمة ، كلام ، لغة . وقد دخلت الكلمة العربية في وقت مبكر» (2) .

وقد استخدم علماء اللغة كلمة «لسان» ، ويراد بها اللغة وظل هذا الاستخدام قائما إلى عصرنا الحديث ، أما كلمة «لغة» ، فقد أتت بمعنى: لهجة ، ومن ثم أطلقوا على لهجات

---

(1) البيان والتبيين ، الجاحظ ، المكتبة العصرية جـ 56/1 .

(2) علم اللغة العربية ص 312 .

القبائل لغات . واستخدمت بالمعنى الاصطلاحي اللغة **language** في العصر الحديث . ونحن لا نميل إلى هذا الرأي ، لأن كلمة لغة لها جذر أصيل في العربية سبق الإسلام (لغو) على أرجح الأقوال ، و(لغى) ، ولكنه استخدم بدلالات متعددة تدور في فلك ما يتلفظ به الإنسان حقا أو باطلا ، ولم يخصص لمعنى ما نصطلح عليه اليوم باللغة التي نتكلمها فقط ، مثل كلمة اللسان التي وردت هي الأخرى في القرآن الكريم بمعنى اللغة ، وبمعان أخرى ، وتوجد كلمات أخرى تعبر عن معنى اللغة ، وهي الكلام ، والتكليم ، والحديث ، واللفظ ، والنطق ، والقول ، وهي كلمات قديمة جاءت في القرآن الكريم وفي كلام العرب بمعنى اللغة ، ولم تخصص كلمة واحدة لهذه المعنى دون غيرها ، بل استخدمن جميعا جنبا إلى جنب .

وقد أطلق العرب قديما على اللغة اسم اللسان مجازا باعتبار آلته ، فاللسان هو العضو الأساسي في الكلام ، ولا يستطيع الإنسان إقامة لغة مفهومة دون اللسان الذي يشارك في نطق معظم أصوات العربية مشاركة أساسية ، فلا غناء عنه في نطق هذه الأصوات (ت، ث، ج، خ، د، ذ، ر، ز، س، ص، ض، ط، ظ، ل، ن، ي) ويساهم في نطق (ك، غ، خ) بؤخرته ، ويساهم في نطق الحركات بقدر دون الأصوات التي سبق ذكرها .

والعرب تميل إلى المجاز في كلامها لما فيه من جمال المعنى ، ولم تخصص دلالات الألفاظ بعد، وقد استخدم مصطلح اللغة في فترة مبكرة ، وقد جاء في حديث رواه أبي ذر رضي اللـه عنه ، قال رسول اللـه ﷺ : «لم يبعث اللـه عز وجل نبيا إلا بلغة قومه» (1) . واللغة في الحديث بمعناها المعاصر لنا ، ويرجع عدم دورانه في الجاهلية صدر الإسلام إلى وجود كلمات أخرى أدت معنى اللغة بمفهومها الحديث ، وهي: الكلام ، والحديث ، والقول ، والنطق ، واللفظ ، ويأتي اللسان بمعنى اللغة في آخرهم .

وقد عمم استخدام هذا اللفظ في العصر الحديث وخصص لمعنى اللغة ، وأصبح أكثر دورانا على الألسنة بهذه المعنى من الكلمات السابقة ، وهو ما نطلق عليه في علم الدلالة ، «ارتقاء الدلالة» ، وهي الألفاظ التي تتوسع دلالتها ، ويعم استخدامها في المجتمع، مثل:

---

(1) رواه الإمام أحمد في مسند أبي ذر الغفاري ، وسلسلة الرواية «أحمد عن وكيع ، عن عمر بن ذر عن مجاهد عن أبي ذر رضي اللـه عنه» .

الدين، الإسلام، السياسة ، والحكومة ، والرئاسة ، والسيارة ، والقطار ، وغير ذلك من المفردات التي ارتقت في الدلالة وتوسع معناها واستخدامها ودورانها في الخطاب اليومي .

وقد استخدمت هذه الألفاظ: القول ، الكلام ، الحديث ، اللفظ ، بمعنى اللغة ، ونازعتها مكانها في الخطاب اليومي (1) . ويرجع ذلك إلى أن العرب اعتادوا أن يعبروا عن المعنى الواحد بأكثر من لفظ ، فقد فرضت البيئة على القبائل العربية العزلة في صحاريها الشاسعة وجبالها ، فلم يكن هناك تواصل سريع بين هذه القبائل ينتج عنه احتكاك لغوي ، يوحد ألفاظها في الاستخدام ويعمم بعضها ، وقد حدث ذلك في الإسلام الذي أحدث أثرا كبيرا في اللغة العربية ، وساعدت وسائل الإعلام الحديثة مكتوبة ومسموعة في إقامة الوحدة اللغوية ، فتمكنت كلمة «اللغة» من أن تحل محل غيرها من الكلمات التي استخدمت بدلالتها ، وما زال مصطلح اللسان ينازعها مكانها بين باحثي اللغة ، فاستخدم بعضهم مصطلح اللغة ، وهو الأعم ، وآخرون استخدموا مصطلح اللسان ، ومنهم لغويو المغرب العربي وأنصار الدراسات الغربية الحديثة .

ولقد أطلق مصطلح اللغة قديما في مجال الاختصاص على العلم الذي يختص بمفردات اللغة وتصنيفها وبيان معانيها أو موضوعاتها وغريبها ، ومن يشتغل بذلك يسمى لغوي مثل الخليل أو الأصمعي وابن الأعرابي وأبي عمرو الشيباني والنضر بين شميل .

يقول ابن الأنباري: «برز من أصحاب الخليل أربعة: عمرو بن عثمان بن قنبر المعروف بسيبويه ، والنضر بن شميل ، وعلي بن نصر الجهضمي ، ومؤرج السدوسي ، وكان أبرعهم في النحو سيبويه ، وغلب على النضر اللغة ، وعلى مؤرج الشعر واللغة، وعلى الجهضمي الحديث» (2) .

ويقول ابن الأنباري أيضا عن أبي عمرو بن العلاء: «هو العلم المشهور في علم القراءة

---

(1) اختلف علماء اللغة في التفريق بين دلالة هذه الكلمات قديما ، وأرى أن السياق اللغوي هو الذي يحدد المراد بدلالة كل لفظ ، لأنها كانت في الأصل مستخدمة في حقل اللغة دون تخصيص للدلالة ، شأنهن في ذلك شأن ألفاظ العربية التي جمعها المعجم ، وحدد معناها السياق .

واللغة والعربية» (1) . والعربية تعني النحو .

وفرق عبد اللطيف البغدادي بين وظيفة النحوي ووظيفة اللغوي فقال: «اعلم أن اللغوي شأنه أن ينقل ما نطقت به العرب ولا يتعداه ، وأما النحوي ، فشأنه أن يتصرف فيما ينقله اللغوي ويقيس عليه» (2) .

علم اللغة

ظهر مصطلح (علم اللغة) في كتب التراث ، ويعد مرادفا لمصطلح اللغة ، فقد ذكر ابن خلدون «علم اللغة» ضمن علوم اللسان العربي ، وعرفه بقول: «هو بيان الموضوعات اللغوية» أي معاني المفردات ، ثم يذكر أن الفساد في موضوعات الألفاظ قد وقع بعد فساد الألسنة في الأعراب ، فاستعمل كثير من كلام العرب في غير موضوعه . فاحتيج إلى حفظ الموضوعات اللغوية بالكتابة والتدوين خشية ضياعها ، وما ينشأ عنه من الجهل بالقرآن والحديث ، وأشار إلى سبق الخليل في البحث اللغوي في معجمه (العين) الرائد في علم المعجم . وأشار إلى الزبيدي والجوهري والزمخشري .

ويتبين من كلام ابن خلدون أن علم اللغة يعني دراسة معاني المفردات (3) .

ويرى أبو حيان الأندلسي أن علم النحو موضوعه أمور كلية (التراكيب)، وعلم اللغة موضوعه أمور جزئية (المفردات) ، وظهر إلى جوار «اللغة» و «علم اللغة» مصطلح ثالث وهو «متن اللغة»، ويتبين من كتب التراث أن المصطلحات الثلاثة مترادفة (4) ، فموضوع البحث في هذه الموضوعات جمع مفردات اللغة ، وبحث معانيها ، وكان الهدف الرئيسي من دراسة اللغة ، معرفة معاني القرآن الكريم .

وقد استطاع علماء العربية أن يضعوا تصورا دقيقا للبحث اللغوي ، كما توصلوا في فترة

---

(1) نفسه .

(2) المزهر في علوم اللغة في الأدب ، لجلال الدين السيوطي 59/1 .

(3) ارجع إلى: المقدمة ص 516 – 519 .

(4) ارجع إلى: المزهر جـ 43/1 .

مبكرة إلى وضع مفهوم دقيق لمصطلح اللغة ، لم يتجاوز ما أجمع عليه البحث الحديث .

ويعد ابن جني أول من وضع تعريفا اصطلاحيا دقيقا لمفهوم اللغة ، وذلك في القرن الرابع الهجري (ت 391هـ) :

«حد اللغة أصوات يعبر بها كل قوم عن أغراضهم» (1) فاللغة ذات طبيعة صوتية ، وذات وظيفة اجتماعية ، فهي أهم وسائل الاتصال الإنساني من حيث الدلالة ، والتعبير، والتبيين والاتساع .

ولقد اهتم كثير من الباحثين بجهود ابن جني اللغوية ، فقد وضع أسس البحث العلمي للغة التي اقتربت كثيرا من الدراسات العلمية الحديثة ، ومن أهم ما توصل إليه سبقه إلى تحديد مفهوم اللغة ، وقد عقب الدكتور حجازي على تعريفه ، فقال:

«وهذا التعريف يتضمن العناصر الأساسية لتعريف اللغة ، ويتفق مع كثير من التعريفات الحديثة للغة ، فهو يوضح الطبيعة الصوتية للغة ، ويؤكد أن اللغة أصوات ، وهو بهذا يستبعد الخطأ الشائع الذي يتوهم أن اللغة في جوهرها ظاهر مكتوبة ، وبين تعريف ابن جني وظيفة اللغة الاجتماعية ، وهي التعبير والتواصل ، وأن لها إطارا اجتماعيا ، ومن ثم فهي تختلف باختلاف الجماعات الإنسانية .

وبذلك يوضح تعريف ابن جني طبيعة اللغة من جانب ووظيفتها الاجتماعية من

---

(1) الخصائص ، لأبي الفتح عثمان بن جني ، تحقيق محمد علي النجار ط 1416/3هـ ، الهيئة المصرية العامة للكتاب جـ 43/1 .

لقد جمع تعريف ابن جني بين الآراء التي ترى أن « اللغة نظام من الرموز الصوتية» ، والآراء التي تراها وسيلة اتصال وتعبير بين أفراد المجتمع .

قال «كل قوم» فالمجتمع الإنساني ليس له لسان واحد بل تختص كل جماعة نفسها بلغة . وقد جمع أبو البقاء الكفوي تعريفات اللغة فقال : «اللغة هي أصوات بها يعبر كل قوم عن أغراضهم ... وقيل: ما جرى على لسان كل قوم . وقيل الكلام المصطلح عليه بين كل قبيلة ، وقيل: معرفة أفراد الكلمة . الكليات ص 796 .

الجانب الآخر»[1] . وقد أطلق لفظ اللغة قديما على اللغة عامة كما أطلق أيضا على اللهجات . فقد كانت لهجات العرب تسمى لغات . ، وأطلق على دراسة المفردات ومعانيها كما أطلق على ما جرى على لسان كل قوم دون تحديد وصف له .

لقد اقترب مفهوم ابن جني للغة من المفهوم الحديث الذي يرى أن اللغة نظام من العلامات المنتظمة تقوم بوظيفة اتصالية . (نقل المعلومات) ، ويترتب على تعريف اللغة بأنها نظام ، مناقشة وظيفتها الاجتماعية ، فهي تؤمن وتضمن تبادل المعلومات ، وتضمن حفظها وتراكمها في المجتمع الذي يستخدمها[2] .

ويقدم ابن خلدون هو الآخر تعريفا متقدما في مقدمته فيقول: «اللغة في المتعارف هي عبارة المتكلم عن مقصوده ، وتلك العبارة فعل لساني ناشئة عن القصد لإفادة الكلام ، فلابد أن تصير ملكة متقررة في العضو الفاعل لها وهو اللسان ، وهو في كل أمة بحسب اصطلاحاتهم[3] . فاللغة عنده أصوات قيلت عن قصد لإفادة معنى، واللسان الأداة التي تنتجها، ويقول في موضع آخر «اللغة ملكة في اللسان وكذا الخط صناعة ملكتها في اليد»[4] .

وهناك فرق بين «اللغة» . وبين ما يطلق عليه اسم «علم اللغة» ، وقد سبق أن تناولنا «اللغة» ، ونعني بها المادة المنطوقة أو المكتوبة التي يستخدمها المجتمع البشري في التعبير والتواصل، أما مصطلح علم اللغة **Linguistics** أو **linguistque** ، فقد جاء في كتب التراث القديمة بمعنى دراسة المفردات اللغوية، وهو قريب من مفهوم المعجم اللغوي.

وقد توسع مفهوم هذا المصطلح حديثا واشتمل على جوانب دراسة اللغة ومناهج بحثها ، فعلم اللغة «هو العلم الذي يبحث في اللغة ، ويتخذها موضوعا له ، فيدرسها من النواحي الوصفية ، والتاريخية ، والمقارنة ، كما يدرس العلاقات الكائنة بين اللغات المختلفة،

---

(1) مدخل إلى علم اللغة الدكتور حجازي . دار الثقافة ، ط 2، ص 10 .

(2) سيمو طيقا للسينما ، يوري لوتمان ، ترجمة نصر حامد أبو زيد ، مدخل إلى السميوطيقا ص266.

(3) المقدمة ص 1254 .

(4) نفسه ص 1254 .

أو بين مجموعة من هذه اللغات ، ويدرس وظائف اللغة وأساليبها المتعددة أو علاقتها بالنظم الاجتماعية المختلفة» (1) ، فعلم اللغة **Linguistics** في أبسط تعريفاته هو دراسة اللغة على نحو علمي (2) .

إن علم اللغة هو الدراسة العلمية للغة واللغات (3) فعلم اللغة هو دراسة اللغة واللغة تتعلق باللسان الإنساني ، وهناك تعريفات أوسع ، ترى أنها «تلك الألفاظ التي تحمل معني ، أو كل شيء له معنى مفيد أو كل شيء ينقل المعنى من عقل إنساني لآخر» (4) .

ويرى ماريوباي أن «هذه التعريفات الواسعة لا تقتصر اللغة على صورتها المتكلمة فقط، بل تحوي إلى جانب ذلك الإشارات ، والإيحاءات ، وتعبيرات الوجه ، والرموز من أي نوع ، مثل إشارات المرور ، والأسهم ، وحتى الصور والرسوم ، وكذلك دقات الطبول الخاصة في أدغال أفريقية ، وإطلاق الدخان بطريقة معينة بين الهنود الأمريكيين . كل هذه الأشكال للنواقل المعبرة تلقي اهتمام عالم المعنى الذي يهتم بكل رمز له معنى مفيد ،بغض النظر عن أصله وطبيعته ودلالته ، ولكن اللغوي لا يلقي بالا إليها إلا بدرجة محدودة (5) .

إن اللغة نظام من الرموز متكامل يعطي دلالات ذات معنى ، في التواصل بين الكائنات الحية ، وهذه الرموز تتمثل في اللغة التي يتعامل بها الإنسان ، والتي تعد أكثر تركيبا وتعقيدا ، والمتمثلة في الكلمات ذات الدلالة ، ولكن هناك أشياء أخرى غير لغوية ، ولكنها تؤدي دلالات ذهنية في التواصل الاجتماعي ،وإن كانت محدودة الدلالة ، ولا تبلغ درجة اللغة مثل الصفير والصراخ ، وأصوات الألم والبكاء والضحك وغير ذلك من الأصوات ذات الدلالة على المواقف ، ويدخل في ذلك الشكل والزي والحركة والهيئة واللون والعلامات مثل: إشارات المرور ، والإشارات الضوئية التي تعطي دلالات معينة في مجالات

---

(1) المدخل إلى علم اللغة ، الدكتور: رمضان عبد التواب ، مكتبة الخانجي ص8 .

(2) المدخل إلى علم اللغة . الدكتور محمود فهمي حجازي ، دار الثقافة 1976م . ص17 .

(3) أسس علم اللغة ، ماريوباي، ترجمة أحمد مختار عمر ، عالم الكتب ص29 .

(4) نفسه ص 35 .

(5) نفسه .

التواصل الإنساني . (1)

وهناك فرق بين اللغة التي يتواصل بها الإنسان وتلك الأشياء ، فاللغة (الكلام) نظام إنساني يعتمد على الفكر والقدرة على الإفصاح والتعبير ، أما الحركات، والأصوات، والزي ، واللون ، فليست لغة ، وإنما هي رموز ذات دلالات خاصة ومحدودة .

واللغة ملكة إنسانية مصدرها الجهاز النطقي عند الإنسان . وهذا لا يعني استبعاد الرموز من وظائفها الاجتماعية ، فاللغة تفسر أحيانا في إطار تلك الرموز التي تشارك مشاركة فعالة في التواصل الاجتماعي ، وذلك في الخطاب اليومي الشفهي ، وتبقى اللغة هي أهم وسائل الاتصال الإنساني وأكثرها دلالة وانتشارا وأسرعها فهما .

إن الإنسان لديه القدرة على ابتداع واستعمال اللغة الرمزية ، فاللغة عامة مجموعة من الحروف ، أو العناصر ، والقواعد التي تتحكم في تركيبها واستخدامها ، واللغة التي يتكلمها الإنسان مثل: العربية ، والإنجليزية ، والفرنسية ، لغة طبيعية ، ولكن الإنسان تمكن من وضع رموز تؤدي دلالات الكلمات والحروف . مثل شفرة «مورس Morse» ونظام بريل الرمزي ، ولغة الإشارة ، والحركة ، وقد استخدم الإنسان هذه العلامات طبقا للاحتياجات البشرية الخاصة ، وهذه الرموز تم الاتفاق عليها بطريقة عشوائية ؛ لتؤدي دلالة معينة في حقل استخدامها الذي اصطلح على دلالتها .

إن الرموز بيانات على هيئة أشكال وحروف وكلمات وأشياء ،وأفعال ترمز لشيء إلى جانب ترميز نفسها أو الدلالة على نفسها مثل «العلم» الذي يرمز إلى شعار الدولة له دلالة خاصة في وجدان مواطني هذا البلد . إلى جانب أنه علم مصنوع من قماش أو غيره وله لون معين .

والإنسان وحده له القدرة على وضع الرمز وتطويره إلى جانب أنه يتأثر به ويتفاعل معه ، ويحمل له دلالة ذهنية أو تصورا ، ولكن ما هي العلاقة بين الرمز الدال وبين المفهوم أو

---

(1) مدخل إلى علم اللغة . د. حجازي ص 10، 11 .

التصور؟ (1) .

إن كلمة «كلب» ليس لها مدلول في شكلها الكتابي المكون من حروف ، فهي في أبسط صورها عبارة عن أحرف مكتوبة على ورق أو مجموعة أصوات متتالية تخرج من مخارجها الصوتية في حالة النطق ، وهي في كلتا الحالتين رمز في المجتمع الذي تواضع عليه لشيء يعرفه ويتصوره .

ولكن العلاقة عشوائية أو اعتباطية بين الرمز الحرفي «كلب» المكون من (ك . ل . ب) والحيوان الذي يشير إليه الرمز ، فليست هناك علاقة بين الحروف المكونة للفظ وبين الحيوان أو مفهوم الحيوان إلا الإشارة إليه بمعنى أننا وضعنا هذا الرمز ، الكتابي واتفقنا عليه ليصبح علما لهذا الحيوان ، ومن ثم يمكن لأي كلمة أخرى أن تقوم مقام هذه الكلمة ، فكلم كلب تخص الناطقين بالعربية فقط ، ولو كان هناك ارتباط بين الرمز المشير والمشار إليه ، لاتفقت أسماء الأشياء في اللغات جميعها ، ولصارات كلمة «كلب» في جميع اللغات ، لكن كل جماعة اتفقت على وضع رمز يشير إليه .

هذا في إطار اللغة أما في إطار الرمز غير اللغوي ، فلا تحكمه تلك القاعدة ، لأنهارموز تعليمية ترتبط بمجال كل مهنة ، فإشارات المرور تكاد تكون متفقة في جميع الدول التي تستخدم وسائل النقل الحديثة ، وكذلك الإشارات التي ترسلها السفن قد تكون واحدة ، ولكن هناك رموزا تتعلق مدلولاتها بالثقافة ومن ثم تختلف من ثقافة وأخرى ، مثل أساليب التحية والوداع .

وتعد اللغة أفضل وسائل الاتصال وأرقاها ، وأكثرها دلالة وانتشارا وتنوعا من الرموز غير اللغوية ، رغم أنها تؤدي دلالات أسرع أحيانا مثل إشارة المرور الحمراء التي تعني «قف» ، والإنسان يتعلم معاني تلك الرموز غير اللغوية ، مثلما يتعلم الرموز اللغوية ، فقد تعلم أن الضوء الأحمر يعني قف في إشارة المرور ، ولكنه لا يعني هذه الدلالة في مكان آخر فإن الرمز غير اللغوي هو الآخر اعتباطي وإن اتفقت عليه جموع البشرية ، فهو في النهاية

---

(1) ارجع إلى كتابنا الدلالة اللفظية ، مكتبة الأنجلو ، ص14-16.

لا يدل على المشار إليه في جميع الحالات .

ونؤكد في الوقت نفسه أن الإنسان وحده هو الذي يستطيع إنتاج اللغة (أو الرموز) ويطورها؛ لأن اللغة تحتاج إلى طاقة أدائية وفكر ، ولكن الحيوانات تنطق أصواتا أو تقوم بحركات معينة ، وهي مجبولة عليها من خلال الاستعداد الطبيعي ، فهي تؤدي هذا دون تعليم ، وتظل تلك الحركات والأصوات مصاحبة للحيوان يفعلها ، وإن نشأ بعيدا عن المجتمع الحيواني ، ولكن الإنسان لا يستطيع معرفة اللغة أو الرموز دون أن يتعلمها وينشأ عليها ، رغم أنه مزود بالقدرة على التعلم ، ولكنه يعجز عن الوصول إلى فهم الشيء إن لم يستلهم معانيه ، ومن ثم فالمجتمع هو المدرسة الأولى التي تعلم الإنسان فيها الكلام ، واكتسب منه اللغة ، بيد أن الحيوان مجبول على أصواته، وحركاته السلوكية يولد عليها، ويموت عليها دون تطوير أو تغيير ، وقد فشلت محاولات تعليم الحيوان النطق ، وإن نطق بعض الأصوات البشرية ، فهي مجرد محاكاة لا غير ولا يفهم مدلولها ، ولكن من الممكن ترويد الحيوان على بعض الحركات الرمزية وتهذيب سلوكه ، ويظل الإنسان بهذا صاحب الملكة اللغوية التي تميزه عن الحيوان ، تصديقا للحقيقة العلمية التي تقول إن «الإنسان حيوان ناطق» .

موضوع علم اللغة

موضوع علم اللغة اللغة البشرية جميعها قديمها وحديثها ، وحيها وميتها وسواء أكانت منطوقة أو مكتوبة فكل النشاط اللغوي لكافة طبقات المجتمع قديما وحديثا هو موضوع دراسة علم اللغة ، دون اعتبار في ذلك لمقدار جودة اللغة أو رداءتها، وفصاحتها أو ضعفها ، وصحتها وسلامتها من اللحن ، أو شيوعه فيها ، فإن موضوع علم اللغة الأصلي هو دراسة اللغة لا كظاهرة صوتية أو ظاهرة عضلية أو حسية تخضع للحركات أو للإدراك الحسي أو لفهم الأصوات ، ولكن كوسيلة للاتصال الإنساني ، فاللغة ظاهرة اجتماعية نشأت في ظل كيان اجتماعي وتنمو بنموه وتتسع باتساعه وتتأثر به ، ولهذا فموضوع علم اللغة اللغة البشرية ، ولا يدخل في مجال دراسته ما يسمى بلغات الكائنات المجهولة أو منطق الحيوان ، ومجال دراسته جميع اللغات العالمية بكافة مستوياتها.

قال دي سوسير: «يتكون موضوع علم اللسان أولا من جميع مظاهر اللغة الإنسانية وتعبيراتها ،
سواء منها لغة الشعوب البدائية أو الشعوب المتحضرة وسواء تعلق الأمر بالعصور المغرقة في القدم ،
نقصد العصور الكلاسيكية أو عصور عهد الانحطاط آخذين بعين الاعتبار بالنسبة لكل مرحلة لا اللغة
الصحيحة واللغة الممتازة فقط ، بل جميع أصناف التعبير وأشكاله ، وهذا وحده لا يكفي، إذ لما كانت
اللغة كثيرا ما يغفل الناس عن ملاحظتها، تعين على عالم اللسان أن يعتبر النصوص المكتوبة ، ما دامت
قادرة وحدها على أن تجعله يعرف أصناف التراكيب الخاصة القديمة منها والعتيقة .   (1)

وكانت الدراسات اللغوية السابقة تعكف على اللغات المكتوبة أو تقوم على دراسة النصوص ،
وتعدها هي النموذج الصحيح والمقبول للغة ، وتغض الطرف عن الخطاب المنطوق ، واللهجات ، وتزدري
هذا النوع الأخير ، وتراه غير أهل للدراسة ، إلى أن انتهت الدراسات الحديثة إلى أهمية اللهجات ، ودورها
في اللغة وأثرها في المجتمع ، وأنها تعبر على نحو دقيق عن المجتمعات التي تحدثت بها ، ووجدت
الدراسات الحديثة أن الخطاب المنطوق أكثر تداولا وانتشارا وتأثيرا . وأسرع فهما من الخطاب المكتوب في
التواصل الاجتماعي ، ولا يجد عناية البحث ، ولا يقيم له الباحثون اللغويون وزنا في دراساتهم .

وعكفوا على دراسة النصوص التي تمثل لهم قيمة تراثية وذات هيبة وقداسة، وهي لا تغني شيئا
عن لغة التواصل اليومي والتي أصبحت قياسا عليها لغة أجنبية أو طلاسم تحتاج فك رموزها وشفراتها ،
فظهرت دعوة أكثر تطرفا تدعوا إلى نبذ لغة التراث واستبدالها بلغة الخطاب اليومي ، وظهرت دعوة
معتدلة تدعوا إلى توطين لغة التراث ، والبحث عن أيسر الطرق التعليمية لنشرها بين النشء حفاظا على
التراث ، والبحث عن أيسر الطرق التعليمية لنشرها بين النشء حفاظا على التراث بكل محتوياتها (الدينية
، والثقافية)، والبحث عن الوسائل التي تعين في ارتقاء مستوى الأداء اللغوي الصحيح ، وذلك من خلال
بحث مستويات الخطاب اليومي (المستوى الصوتي، والصرفي ، والنحوي ، والدلالي) ومقارنة هذه
المستويات بمستويات اللغة الأم الصحيحة ، كما يعالجون هذه المستويات في إطار قواعد

---

(1) محاضرات في علم اللسان ص14 .

اللغة الأم .

واهتم هؤلاء بدراسة اللهجات المحلية ومستوياتها واللغة الأم وعلاقتها بها ، والفروق بينهما، وتوصلوا من خلال هذه الأبحاث إلى نتائج علمية صحيحة استطاعوا بها تقييم مستوى اللغة وأسلوب تعلمها وعلاج مشكلاتها ، والارتقاء بمستوييها الأدبي والعلمي ، وتوظيفها في كافة مجالات المعرفة .

هذا هو الهدف من وراء الدراسات اللغوية الحديثة ، والمناهج التي وضعها العلماء في معالجة كافة قضاياها ، والتي يتبين منها أن موضوع علم اللغة دراسة كافة المستويات اللغوية، وكافة قضايا اللغة ، ويشمل كذلك علاقة اللغة باللغات الأخرى .

ويهتم علم اللغة بدراسة اللغة عامة التي ينتجها الإنسان أثناء عملية الاتصال ، فعلم اللغة هو العلم الذي يتخذ «اللغة» موضوعا له ، «ويستقي مادته من النظر في «اللغات» على اختلافها ، وهو يحاول أن يصل إلى فهم الحقائق والخصائص التي تسلك اللغات جميعا في عقد واحد» (1) ، فاللغات واختلافها ، كل منها نظام اجتماعي معين تتكلمه جماعة معينة وتتوارثه ، لتحقق به وظائف اتصالية (2)

ويقوم علماء اللغة بدراسة كل لغة منها وصفا وتاريخا ، ودراسة العلاقات التي تنشأ بينها أو بين طائفة منها ، وظروف كل منها واستعمالاتها ، فكل ذلك يعين في معرفة اللغة الإنسانية .

فموضوع علم اللغة ليس لغة معينة من اللغات ، بل «اللغة» من حيث هي وظيفة إنسانية عامة ، والتي تبدو في أشكال نظم إنسانية اجتماعية تسمى اللغات كالعربية ، والإنجليزية والفرنسية» ... أو اللهجات أو أي اسم آخر من الأسماء التي تدخل تحت مفهوم «اللغة» أو فروع منها . هذه الصور المتعددة واحدة في جوهرها ، وتمثل وظيفة

---

(1) علم اللغة ، مقدمة للقارئ العربي ، الدكتور محمود السعران ، دار الفكر 1992م ص50.

(2) نفسه .

إنسانية (1) .

وعلم اللغة يدرس اللغة لذاتها دراسة موضوعية تستهدف الكشف عن حقيقتها ، فليس من موضوع دراسته أن يحقق أغراضا عملية أخرى ، ولا يدرسها هادفا إلى ترقيتها أو تصحيح جوانب منها أو تعديل آخر ، بل يصفها ويحللها بطريقة موضوعية (2) .

ويهتم علم اللغة بكشف الأبعاد الحقيقية للظاهرة اللغوية ، وليس هدفه - كما كان الحال في الدراسة اللغوية قبل العصر الحديث - إصدار أحكام الصواب والخطأ ، بل هدفه الأساسي أن يقرر طبيعة هذه العلاقات في واقعها الكائن أو الذي كان ...» (3) .

فالباحث اللغوي يصف محل الدراسة وصفا موضوعيا ، وليس من عمله تصويبها أو رفع شأنها أو القضاء على ظاهرة فيها ، أو تعديلها ، ومن ثم يدرس عالم اللغة اللهجات قديما وحديثا ؛ لأنها ظاهرة لغوية ، وجدت ولا تزال موجودة ، ولا يتدخل في تغيير ظواهرها أو رفض بعضها أو استحسان شيء منها أو تقبيح آخر (4) .

وقد استطاع علم اللغة الحديث التوصل إلى نتائج علمية دقيقة بمساعدة مناهج البحث العلمي الحديث التي عمقت الدراسات اللغوية ، ووضعتها في مسارها الصحيح بين العلوم الحديثة .

مهمة عالم اللغة

أن يقوم بالوصف (5) والتأريخ لكل ما يمكنه أن يقف عليه من اللغات ، وهو ما يؤول به إلى أن يقوم بوضع تاريخ الفصائل اللغوية ، وأن يعيد بقدر المستطاع بناء اللغات

---

(1) نفسه ص51.

(2) نفسه .

(3) المدخل إلى علم اللغة ، دكتور محمود فهمي حجازي ، دار الثقافة ، القاهرة 1976م ص 15 .

(4) نفسه ص15 ، 16 .

(5) ارجع إلى: دروس في الألسنية العامة، فردينان دي سوسير، تعريب صالح الفرماوي، محمد الشاوش، محمد عجينة، الدار العربية للكتاب ص24 .

الأم من كل فصيلة .

أن يبحث عن القوى العاملة عملا دائما مستمرا في جميع اللغات ، وأن يستخلص القوانين العامة التي يمكن إرجاع جميع الظواهر الخاصة بتاريخ اللغات إليها .

أن يحدد موضوعها ويعرف ماهيتها ، وأن يقدم وصفا تحليليا لمستوياتها ، دون أن يتدخل في شيء منها أو يحكم عليها ، بل يصف اللغة كما هي .

مجالات دراسة علم اللغة

يدرس علم اللغة المجالات الآتية (1) :

نشأة اللغة الإنسانية ، والأشكال الأولى ظهرت عليها ، وأولى اللغات ومظاهرها ، أو بحث أصل اللغات الأول وهي اللغة الأم التي تفرعت عنها اللغات ، وتسمى هذا المجال «أصل اللغة» أو نشأة اللغة .

حياة اللغة ، وما يعتورها في الأصوات ، والبنية الصرفية، والتراكيب، والدلالة واتساع وضيق ، وارتقاء وانحطاط ، وما تتعرض له من انقسامات على لهجات ، وصراعها مع غيرها ، وما ينجم عن صراعها من استمرار أو موت أو غلبة أو اتساع أو انحسار وتلاشي أمام غلبة لغة أخرى، واللغات المشتركة ، ويسمى هذا المجال حياة اللغة **vie du langage.**

علاقة اللغة بالمجتمع الإنساني والنفس البشرية ، ويشترك مع علم اللغة في هذا المجال علمان آخران هما: علم الاجتماع ، وعلم النفس ، وذلك من خلال العلاقة بين اللغة والإنسان في حياته الاجتماعية ، وأثر المجتمع وحضارته ونظمه وتاريخه وتركيبه وبيئته الجغرافية في مختلف الظواهر اللغوية ، والعوامل النفسية بمختلف أنواعها من تفكير وخيال وعواطف ومشاعر وانفعالات، ويدخل ذلك في اختصاص علم النفس .

دراسة الأصوات التي تتألف منها اللغة ، وبيان أقسامها وفصائلها وخواص كل قسم ومخارجه ، وما تعتمد عليها من أعضاء النطق ، وطريقة إحساس السامع بها أو اختلاف النطق بالحروف واختلاف الأصوات التي تتألف منها الكلمة في اللغة باختلاف العصر

---

(1) ارجع إلى: علم اللغة، وافي ص 726 والمدخل إلى علم اللغة ، عبد التواب ص11 .

والأمم الناطقة بها والعوامل التي تنجم عنها والقوانين التي تخضع لها - ويسمى هذا المجال (الفونتيك **Phonetiqe**) «علم الأصوات» .

دراسة الدلالة أي دراسة اللغة من حيث دلالتها على التعبير ، ويسمى علم الدلالة **Semantique** . السيمانتيك .

وينتظم علم الدلالة بحوثا كثيرة موضوعها اللغة ، واستقل كل مجال بحثي عن غيره في فرع مستقل وأهم هذه الفروع ما يأتي :

علم المفردات **lexicologie** ، وهو الذي يعني بدراسة معاني الكلمات ، ومصادر هذه المعاني ، واختلافها ، وتطورها ، والقوانين التي تخضع لها في سيرها .

علم البنية أو علم الصرف **morphologie** ، ويبحث في القواعد المتصلة باشتقاق الكلمات وتصريفها وأبنيتها وتغيرها للدلالة على المعاني المختلفة ، فاختلاف الأبنية يعقبه اختلاف في الدلالة .

علم النحو أو علم التنظيم (السنتكس **Syntaxe**) ، وهو الذي يبحث في أقسام الكلمات (اسم ، فعل ، حرف ...) وأنواع كل قسم ووظيفته في الدلالة وأجزاء الجملة وترتيبها وأثر كل جزء منها في الآخر . وعلاقة أجزاء الجمل وطريقة ترابطها . ويسمى هذا الفرع بالبنية التركيبية أو نظام الجملة (1) .

دراسة أساليب اللغة واختلافها باختلاف فنونها (الشعر ، النثر ، الخطابة ، المحادثة ، الكتابة ، المسرح) ، وباختلاف العصور والأمم الناطقة بها ، ويطلق على هذا البحث اسم (**Stylistique**) .

---

(1) وهناك تقسيم آخر لدراسة البنية اللغوية: الأصوات ، الصرف ، التركيب ، الدلالة . وهناك مجال آخر في الدراسات اللغوية يسمى (الايتيمولوجيا) Etymologie أي أصول الكلمات ، ويعني بدراسة الأصول التي جاءت منها الكلمات في لغة ما بأن تبحث مثلا عن أصول الكلمات الإغريقية واللاتينية وغيرهما من اللغات التي انحدرت منها كلمة من الكلمات كالفرنسية أو أن تبحث عن أصل لفظ عربي في اللغات السامية . علم اللغة ، وافي ص11 . والمدخل إلى علم اللغة د/حجازي ص17.

وهناك مجال آخر يسمى (الفيلولوجيا) Philology ، ولهذا المصطلح دلالات مختلفة أهمها فقه اللغة ، ويعد أحد مجالات علم اللغة ، فعلم اللغة أعم وأشمل منه . ارجع إلى: علم اللغة . وافي ص10، 11 .

البحث في الأصول التي جاءت منها الكلمات في لغة ما ، مثل الكلمات الفرنسية التي انحدرت من أصول إغريقية أو لاتينية ، أو الكلمات العربية التي انحدرت من أصول فارسية أو رومية ، (وهو ما يعرف بالدخيل) . ويطلق على هذا النوع من الدراسة (الايتمولوجيا **Etymologie**) .

وهناك تقسيمات أخرى في دراسة اللغة ، فصلت بين ما هو خارج اللغة وما هو داخل اللغة (1) .

يقول الدكتور حجازي: ويدرس علم اللغة الحديث بنية اللغة من الجوانب التالية (2) :

الأصوات **Phonology, Phonetics**

بناء الكلمة **Morphology** .

بناء الجملة **Syntax** .

الدلالة **Semantics** .

والدكتور حجازي يفصل بين الدلالة وبين الصرف والتركيب ، ويجعلهما علما مستقلا عن علم الدلالة بخلاف الدكتور عبد الواحد وافي الذي جعل الصرف والتركيب ضمن بحوث الدلالة (3) .

---

(1) التقييم السابق مجمل ما قال به الدكتور عبد الواحد ومن تابعه ، ولا يتفق بعض علماء اللغة معه فيما يتعلق بوضع علم الاشتقاق والنظم (النحو) ضمن علم الدلالة ، وعدم التفريق بين علم الأصوات (Phonetics) وعلم وظائف الأصوات (Phonology) ، وكذلك في جعل البحوث النفسية والاجتماعية من بحوث علم اللغة . مقدمة لدراسة فقه اللغة د/محمد أحمد أبو الفرج . ط 1996/1م . ص58 .

(2) المدخل إلى علم اللغة ص17 .

(3) علم اللغة ص11 .

وظائف علم اللغة

تتحدد وظائف علم اللغة فيما يأتي [1] :

وصف ما وصل إلينا من اللغات البشرية ، والتأريخ لها ، وتقسيم اللغات إلى فصائل وعائلات ، وإعادة صوغ اللغات الأم لكل هذه الفصائل على قدر الإمكان ، أو تقسيم اللغات إلى أسر لغوية تتفق في كثير من الخصائص .

البحث عن القوى المؤثرة في حياة اللغات في كل مكان ، واكتشاف القوانين العامة ، التي تفسر الظواهر اللغوية الخاصة بكل لغة .

تحديد مجالات علم اللغة ، والبحث عن تعريف مناسب لهذا العلم .

أغراض علم اللغة [2]

الوقوف على أساليب تطور اللغة واختلافها باختلاف الأمم والعصور .

كشف القوانين التي تخضع لها في جميع نواحيها والتي تسير عليها في مختلف مظاهرها .(القوانين التي تسير عليها في تكوينها ونشأتها وأدائها) علاقتها المتبادلة وعلاقتها بغيرها وتطورها .

الوقوف على حقيقة الظواهر اللغوية ، والعناصر التي تتألف منها والأسس القائمة عليها .

الوقوف على الوظائف التي تؤديها في مختلف مظاهرها وفي شتى المجتمعات الإنسانية .

الوقوف على العلاقات التي تربط الظواهر اللغوية بعضها ببعض . والعلاقات التي تربطها بما عداها من الظواهر: كالظواهر الاجتماعية والنفسية والتاريخية والجغرافية والطبيعية والفيزيولوجية والأنثروبولوجية وهلم جرا .

وقد رأى الدكتور وافي أن كشف القوانين التي تخضع لها في جميع نواحيها والتي تسير

---

(1) علم اللغة ، دكتور علي عبد الواحد . د/وافي ط 9 ص16 .

(2) علم اللغة ص16،17 .

عليها في مختلف مظاهرها هو الغرض الأساسي لبحوث علم اللغة ، بل يكاد يكون غرضها الفذ ؛ لأن بقية الأغراض السابقة تعد وسائل للوصول إليه ، فعلم اللغة يبحث عن حقيقة الظواهر اللغوية والوظائف التي تؤديها والعلاقات التي تربطها بعضها ببعض والتي تربطها بغيرها والتطورات التي تطرأ عليها ، ليصل في ضوئه إلى كشف القوانين التي تخضع لها هذه الظواهر   .   (1)

فعلم اللغة يهتم بكشف الأبعاد الحقيقية للظاهرة اللغوية ، وليس هدفه كما كان الحال في الدراسة اللغوية قبل العصر الحديث إصدار أحكام الصواب والخطأ ، بل هدفه الأساسي أن يقرر طبيعة هذه العلاقات في واقعها الكائن أو الذي كان ، سواء أكانت نصوصا لغوية أو لهجات ، أيا كان مستوى لغة الدراسة ، فعالم اللغة يحلل اللغة أو اللهجة أو المستوى اللغوي الذي يدرسه تحليلا موضوعيا ، دون هوى   .   (2)

مناهج البحث اللغوي

البحث اللغوي يتناول قضايا اللغات واللهجات ، فيشخص ظواهرها تشخيصا دقيقا ، ويحدد معالمها ، واتجاهاتها ، ويحللها تحليلا علميا يتوصل من ورائه إلى نتائج وقوانين تخضع لها الظواهر ووظائفها التي تؤديها في مختلف المجتمعات الإنسانية ، وكذلك الوقوف على مدى اختلاف اللغات وعلاقة بعضها ببعض وتطور أصواتها وقواعدها ودلالتها ولهجاتها وعوامل انقسامها ، والمؤشرات المختلفة على سيرها ، وتشابه الظواهر في اللغات المختلفة ، والبحث عن علاقتها ببعضها   .   (3)   وقد عرف علم اللغة الحديث عدة مناهج ، وهي وفق نشأتها التاريخية من القرن التاسع عشر إلى الآن ما يأتي   (4) :

علم اللغة المقارن .

(1) علم اللغة ، دكتور عبد الواحد وافي ص 16 ، 17 .

(2) المدخل إلى علم اللغة ، دكتور حجازي ص 15 ، 16 .

(3) مناهج البحث في اللغة والمعاجم ، دكتور عبد الغفار هلال ، 1411هـ - 1991م . ط1. ص3،4.

(4) المدخل إلى علم اللغة، الدكتور حجازي ص17.

علم اللغة الوصفي .

علم اللغة التاريخي .

علم اللغة الجغرافي .

علم اللغة التقابلي .

علم اللغة المقارن Comparative Linguistics

هو العلم الذي يتعلق بمقارنة التركيبات الخاصة بلغتين أو أكثر (على سبيل المثال الإنجليزية والألمانية والهولندية والسويدية) غالبا بهدف التوصل إلى أصولها المشتركة . وهذا يعني أن علم اللغة المقارن - من هذه الزاوية – أقرب إلى علم اللغة التاريخي ، ولكن من الممكن كذلك أن يقارن المرء بين لغتين حديثتين من غير إشارة إلى تطوراتها أو أصولهما التاريخية ، وذلك بقصد الوصول إلى مواطن الشبه والاختلاف بينهما في صورتهما الحاضرة (1) .

وموضوع علم اللغة المقارن دراسة الظواهر الصوتية والصرفية والنحوية والمعجمية في اللغات المنتمية إلى أسرة لغوية واحدة أو فرع من أفرع الأسرة اللغوية الواحدة ، ولهذا يقوم المنهج المقارن في علم اللغة على أساس تصنيف اللغات إلى أسر .

ويقسم اللغويون اللغات في الدراسات الحديثة إلى مجموعات أو أسر . وهي (2) :

اللغات الهندية الأوروبية ، وهي التي تضم لغات المنطقة الممتدة من الهند إلى أوربا (3) .

لقد تمكن العلماء من تقسيم اللغات إلى أسر لغوية أو فصائل بمقارنة هذه اللغات

---

(1) المدخل إلى علم اللغة ، دكتور حجازي ص17

(2) أسس علم اللغة، ماريوباي ص36 .

(3) علم اللغة العربية، مدخل تاريخي مقارن في ضوء التراث واللغات السامية د. حجازي ص36 . ويعد علم اللغة المقارن أسبق مجالات البحث الحديث يليه المنهج الوصفي ، ولكن المنهج الوصفي كان أسبق مجالات البحث اللغوي عند العرب قديما.

واكتشاف أوجه التشابه بينها في الجوانب الصوتية والصرفية والنحوية والمعجمية ، ووجود جوانب مشتركة بين تلك اللغات يعني أنها انحدرت من أصل واحد مشترك من اللغة الأم التي تفرعت عنها (1) .

فقد بدأت الاكتشافات اللغوية على يد كوردو الفرنسي Coerdoux الذي اكتشف وجود صلة بين السنسكريتية واليونانية واللاتينية ، ثم جاء من بعده وليم جونز Joones الذي أكد تلك الحقيقة وقطع بأن تلك اللغات ترجع إلى أصل واحد ، ووجه اهتمام اللغويين إلى الدراسة المقارنة وإلى التقسيم السلالي للغات (2) .

لقد وجد العلماء ظواهر مشتركة في اللغات المنتشرة بين إيران والهند وأوربا فعدوها أسرة واحدة ، أطلقوا عليها اللغة الهندية الأوربية الأولى Proto Indoeuropean .

اللغات السامية ، وهي اللغات التي تمتد من منطقة العراق والشام شمالا إلى جنوب الجزيرة العربية ، كما توجد في منطقة الحبشة بالقارة الأفريقية الجانب الغربي من منطقة باب المندب (أثيوبيا وإريتريا) (3) .

وقد اكتشف علماء أوربا في القرن التاسع عشر أن العربية تنتمي إلى أسرة اللغات السامية التي تضم أيضا اللغات: العبرية والآرامية والأكدية والأجريتية والحبشية والفينيقيةواللهجات العربية الجنوبية القديمة باليمن ، مثل: السبئية ، والقتبانية ، والحميرية ، والحضرمية ، فقد وجدوا أن تلك اللغات تحمل بعض الخصائص الأساسية المشتركة ، فاستنتجوا أنها تشكل أسرة واحدة وتنحدر إلى أصل واحد أطلقوا عليه:اللغة السامية الأولى Usemitisch -Proto – semitic .

---

(1) وتضم أسرة اللغة الهند أوربية عددا من الفروع: الفرع الجرماني ، والفرع الروماني، والفرع السلافي والفرع الإيراني، والفرع الهندي. د.حجازي ص26 .

(2) علم اللغة العربية .د. حجازي ص36 .

(3) لقد هاجرت اللغات السامية إلى مناطق أخرى مثل شمال أفريقيا وبعض جزر البحر المتوسط والمدن الساحلية من جنوب أوربا ، وذلك مع الهجرات والاحتكاك التجاري مع أصحاب تلك اللغات وهجرتهم إلى تلك المناطق ، كما يوجد تأثير متبادل بين تلك اللغات ولغات الأمم المجاورة لهم .

ودراسة اللغات المختلفة التي تنتمي إلى أسرة لغوية واحدة موضوع بحث علم اللغة المقارن ،
فعلم اللغات السامية المقارن يقارن بين اللغات الأكادية والأشورية والأجريتية والعبرية والفينيقية
والآرامية والعربية الجنوبية والعربية الشمالية والحبشية ؛ لأن هذه اللغات تنتمي إلى أصل واحد .

وعلم اللغات الهندية الأوربية المقارن يبحث اللغات المختلفة التي تدخل في إطار فروع هذه اللغة
وأهمها:

الفرع الجرماني والفرع الروماني والفرع السلافي والفرع الإيراني والفرع الهندي . وقد لاحظ العلماء
كثرة لغات هذه الأسرة ، فقاموا بالمقارنة بين اللغات التي تنتمي إلى كل فرع منها مستقلا عن الفروع
الأخرى ، فعلم اللغة الجرمانية المقارن يبحث اللغات: الألمانية ، والنوردية القديمة والدانمركية وغير ذلك
من اللغات التي تدخل في هذا الفرع .

وعلم اللغات الرومانية المقارن يبحث اللغات اللاتينية واللغات واللهجات التي خرجت منها ،
واللغات الرومانية الحديث: الفرنسية والأسبانية والإيطالية ولغة جمهورية رومانيا .

وعلم اللغات السلافية المقارن يبحث اللغات: الروسية والبولندية والأكرانية والتشكية والسلوفاكية
والصربوكرواسية والبلغارية   .   (1)

ويتبين من ذلك أن علم اللغة المقارن يبحث العلاقات التاريخية بين اللغات التي تكون أسرة لغوية
واحدة ، أو اللغات التي تنتمي إلى فرع واحد من عدة فروع تنتمي إلى أسرة واحدة .

علم اللغة الوصفي Descripitive Linguistics

هو العلم الذي يصف اللغة ، ويفحص ظواهرها ومظاهرها (على سبيل المثال

---

(1) علم اللغة العربية ص36 ، 37 .

الأصوات أو التركيب الخاص بلغة معينة في فترة تاريخية معينة) (1).

ويرى ماريوباي أنه من الممكن أن يوصف (علم اللغة الوصفي) بأنه علم ساكن **Static** ففيه توصف اللغة بوجه عام على الصورة التي توجد عليها في نقطة زمنية معينة ، وليس ضروريا أن تكون في الزمن الحاضر (2) ، كما يرى أنه من الصعب أن يثبت البحث أي سبق زمني لأي من علم اللغة الوصفي والتاريخي على الآخر ، ولكنه يرجح أسبقية علم اللغة الوصفي ؛ لأن النحويين الهنود والإغريق بحثوا طبيعة اللغة وأصلها ، وعلم اللغة الوصفي يهتم بطبيعة اللغة ومشكلاتها بوجه عام (3).

ويتناول علم اللغة الوصفي بالدراسة العلمية لغة واحدة أو لهجة في زمن بعينه ومكان بعينه ، ومعنى هذا أن علم اللغة الوصفي يبحث المستوى اللغوي الواحد من جوانبه الصوتية والصرفية والمعجمية .

ولقد اتجه إلى ذلك دي سوسير **de Soussure** بدراسته في نظرية اللغة ووظيفتها وإمكان بحثه اللغة الواحدة وصفيا أو تاريخيا وقد بدأ العلماء في تطوير بحث تحليل البنية اللغوية بعد أن كانوا يبحثون اللغات في القرن التاسع عشر وأوائل القرن العشرين بالمنهج المقارن ، فلاحظ فريق منهم أن المنهج المقارن لا يقدم وصفا دقيقا للغة واحدة أو لهجة على

---

(1) أسس علم اللغة ، ماريوباي ص36 هناك مصطلح آخر يرادف علم اللغة الوصفي ، وهو Synchronic linguistics مكون من Syn بمعنى في وChronic بمعنى زمن . ويعني دراسة اللغة كما تبدو في نقطة معنية من الزمن . وهناك أيضا اصطلاح يكثر استعماله مرادفا لعمل اللغة الوصفي ، وهو علم اللغة التركيبي Structural Linguistics الذي هدفه الرئيسي وصف تراكيب اللغة ، وقد يستعمل هذه الاصطلاح في معنى أضيق ليشير إلى أعمال مدرسة لغوية معينة من مدارس علم اللغة الوصفي = تؤمن بأن أي تغير في اللغة لا يحدث عشوائيا أو بصور فردية ، ولكن يؤثر في نظام اللغة وإطارها العام مع وجود خيط معين يربط التغيرات بعضها ببعض .

(2) أسس علم اللغة ص137 .

(3) نفسه ص 136 .

نحو علمي دقيق ، فوجه دي سويسر أنظار علماء اللغة إلى ذلك فطوروا هذا المنهج (1) .

فالمنهج الوصفي يدرس بنية اللغة واللهجات أيضا في فترة زمنية محددة ، فالباحث يدرس لغة من اللغات في مرحلة زمنية محددة من تاريخ اللغة ، ولكنه لا يتعقب اللغة تاريخيا في جميع مراحلها الزمنية ، ويراعى الباحث في هذا الموضوع معالم الفترة الزمنية التي يدرس اللغة فيها ، ومثال هذا دراسة اللغة العربية في القرن التاسع عشر ، وهي مرحلة شهدت أثر التزكية في العربية والانفتاح على اللغات الأوربية .

علم اللغة التاريخي historical Linguistics

هو العلم الذي يتتبع تطور اللغة وتغيرها على مر الزمن (على سبيل المثال تطور اللغة اللاتينية إلى اللغات الرومانية أو الأنجلوسكسونية إلى الإنجليزية الحديثة) .

ويلاحظ وجود علاقة بين علم اللغة الوصفي وعلم اللغة التاريخي ، فالأخير يستخدم الأول في مراحل دراسة اللغة ومراحل تطورها ، فمن الصعب الفصل بينهما في مجال التطبيق العملي ، كما تشترك بعض المصطلحات بينهما مثل: اللغة المعيارية **Standard Language** ، واللهجة ، واللغة الخاصة **Jargon** والعامية **Slang** (2) ، ويدخل في ذلك علم اللغة الجغرافي ؛ لأن اللغات الرسمية (المعيارية) واللهجات ، والعامية تدرس في نطاق أماكن تعيش فيها .

فعلم اللغة التاريخي يبحث تطور اللغة الواحدة عبر القرون ، فتاريخ اللغة من جوانبها الصوتية والصرفية والنحوية والدلالية يدخل في مجال علم اللغة التاريخي .

---

(1) علم اللغة العربية ص37 ، 38 وقد أطلق العالم السويسري دي سوسير على علم اللغة الوصفي Linguistique synchronque والتي تعني متزامن .

(2) أسس علم اللغة ص138 ، اللغة المعيارية: المستوى الكلامي الذي له صفة رسمية ، واللهجات Diatects: مستويات الكلام المحلية ، وهي أقل من المعيارية واللغة الخاصة أو اللهجة الخاصة Jargon: لغة أبناء طبقة ما أو مهنة ما. والعامية: مستوى الكلام غير الرفيع الذي تستعمله الطبقات التي يقل مستواها التعليمي ، وقد تكون واسعة الانتشار ، وتسمى Slang .

وهذا يعني أن تطور النظام الصوتي للعربية الفصحى هو دراسة صوتية تاريخية ، وتطور الأبنية الصرفية ووسائل تكوين المفردات في العربية على مدى القرون مما يدخل في الدراسة الصرفية التاريخية ، وتطور الجملة الشرطية أو جملة الاستفهام في العربية الفصحى مما يدخل في الدراسات النحوية التاريخية من كلمات اللغة من أقدم نص جاءت به متتبعا تطور دلالتها على مر التاريخ هي الأخرى من علم اللغة التاريخي ، فالتاريخ الصوتي والصرفي والنحوي والمعجمي للغة من اللغات يدخل في مجال علم اللغة التاريخي . (1)

ويدخل في مجال علم اللغة التاريخي أيضا نشأة اللغة وتطورها وانتشارها ووظائفها وعوامل انحسارها وانتشارها وأهميتها ومكانتها بين اللغات .

علم اللغة الجغرافي Geolinguistics Linguistics (2)

وهو العلم الذي يصف بطريقة عملية وموضوعية توزيع اللغات في مناطق العالم المختلفة ، ليوضح أهميتها السياسية والاقتصادية والاجتماعية والاستراتيجية والثقافية ، كما يدرس أيضا تفاعل اللغات بعضها مع بعض وكيفية تأثير العامل اللغوي على تطور الثقافة والفكر الوطنيين ، وكمثال واحد ، مثال ذلك توزيع اللغات السلافية وغير السلافية في جمهوريات الاتحاد السوفيتي وأهميتها النسبية ، ودور الروسية باعتبارها اللغة المتسلطة أو اللغة المشتركة . (3)

إن أي لغة تملك عددا معينا من المتكلمين قل أو كثر ، وتوزع في مناطق مختلفة من العالم

---

(1) علم اللغة العربية ص 40 .

(2) أسس علم اللغة ص36 ، 37 . علم اللغة الجغرافي علم حديث الوجود إلى حد ما ظهرت أهميته العملية حديثا لاتساع دائرته العملية ، وهذا العلم يهتم بالعوامل والأحداث التاريخية المؤثرة في اللغة ومن أجل هذا فهو وثيق الصلة بعلم اللغة التاريخي ، ومظاهر تطبيقه حديثة وصفته جغرافية اجتماعية .

(3) هناك مجالات أخرى ثانوية لهذا الفرع ، مثل دراسة استعمال اللغة في الطقوس لأغراض دينية أخرى ، ودراسة حالات فرضها على البلاد المستعمرة ، أو التي كانت مستعمرة ، وإمكان تغلبها على اللغات الأصلية أو إحلالها محلها في مناطق وجودها .

ضاقت أو اتسعت ، وتستخدم في التواصل اليومي في المعاملات وخلق القيم الثقافية ، وتمثل النفوذ السياسي والعسكري في مناطق معينة . ودراسة حالات فرضها على البلاد المستعمرة أو التي كانت مستعمرة ، وإمكان تغلبها على اللغات الأصلية وإحلالها محلها في مناطق متاخمة .

كل هذه العوامل تبرز القيمة العملية للغة ، وتجعل منها موضوعا للدراسة إنه من الممكن إذن أن يوصف علم اللغة الجغرافي بأنه التطبيق العملي الحديث لعلم اللغة (1) . ونجد أن علم اللغة الجغرافي من بين الفروع السابقة يظفر باهتمام أي إنسان تتاح له فرصة الذهاب إلى خارج بلده أو إقامة اتصالات أجنبية أو تشغله الحالة الدولية بوجه عام (2) .

علم اللغة التقابلي: contrastive linguistics

علم اللغة التقابلي يعد من أحدث مناهج البحث في اللغة ، ويقوم على المقابلة بين لغتين اثنتين أو لغة ولهجة أي بين المستويين ، ولهذا يعتمد على المنهج الوصفي ، ويستعين به في وصف المستويين وصفا دقيقا .

وهذا المنهج يفيد في تعليم اللغات الأجنبية حيث يبين جوانب الاختلاف والصعوبات بين مستوى اللغة التي يتعلمها أحد أبناء لغة أخرى ، ومقدار الصعوبة يتوقف على علاقة لغة المتكلم باللغة التي يريد أن يتعلمها . مثل علاقة العربية بالفارسية والأسبانية ، وقد أثرت العربية فيهما وتأثرت بهما أيضا . وعلاقة العربية بالإنجليزية أو غيرها من اللغات التي لم تحتك مباشرة بالعربية ، وقد أثرت اللغات الأوربية في العربية حديثا .

علاقة علم اللغة بالعلوم الأخرى

علم اللغة له علاقة بعلوم أخرى تأخذ من معطياته تارة ، وتقدم له بعضها تارة أخرى ، ومن ثم قد لا توجد جذور واضحة أحيانا بينه وبين تلك العلوم ، ويتعين علينا التمييز بين علم اللغة وعلم الاثنوجرافيا Ethnograhpic ويعني دارسة وصف الشعوب

---

(1) أسس علم اللغة ص 37 .

(2) نفسه ص 38 .

من الجهة الثقافية .

ويتعين التمييز بين علم اللغة وعلم دراسة ما قبل التاريخ ، فعلم اللغة يستفيد من الوثائق فقط . ويتعين التمييز بين الانثروبولوجيا الكلاسيكية التي تدرس الإنسان من ناحية النوع ، وبين اللغة التي تعد ظاهرة اجتماعية ، ومن ثم هناك علاقة بين علم الاجتماع وعلم اللغة ، ويقدم لنا علم النفس الاجتماعي خدمات جليلة في فهم اللغة ، وتقدم له اللغة الخدمات نفسها ، فالدراسات النفسية تعتمد على القول والسلوك في معرفة الحالة النفسية ، وكل شيء في اللغة ذو طابع سيكولوجي وتدخل في هذا جميع المظاهر المادية والحركية والتعبيرات الصوتية (1) .

ويستعين علم اللغة بعلم الفسيولوجيا (وظائف الأعضاء) في مجال دراسة فسيولوجيا الأصوات (2) . فاللغة كيان مركب تتصل دراسته بعلم الطبيعة ؛ لأن اللغة ذات طبيعة صوتية ، وبعلم وظائف الأعضاء ؛ لأن تلك الأصوات تنتجها مجموعة من الأعضاء ذوي الحركة العضلية ، وتتلقاها الأذن ، وترتبط بعلم النفس؛ لأن اللغة يتكلمها الإنسان عن دوافع نفسية ورغبات تجعله يحرك أعضاء النطق ويعبر بالأصوات والحركات الجسمية عن رغباته ومقاصده ، ويستفيد علم اللغة كذلك من النتائج التي يصل إليها علم الأصوات ، وعلم وظائف الأعضاء ، وعلم النفس (3) . ويعد علم اللغة جزءا من علم الاجتماع ، فاللغة ظاهرة اجتماعية ، توجد في ظل وجود مجتمع يتواصل بها ، وتنمو بنموه ، وتضعف وتنحط متأثرة بضعفه وتخلفه . من ثم تعد اللغة من العلوم الاجتماعية التي تسجل تاريخ الإنسان وتصف حياة الإنسان وصفا دقيقا وتعبر عن جميع مراحلها .

---

(1) محاضرات في علم اللسان العام 15 .

(2) نفسه .

(3) ارجع إلى منهج البحث في الأدب واللغة ، (علم اللسان) ماييه ، ترجمة الدكتور محمد مندور . دار العلم بيروت ص62 .

اللغة الأولى التي تكلمها الإنسان

الإنسان الأول هو آدم عليه السلام ، وقد ثبت بالنص القرآن ما يفيد أن آدم عليه السلام كان يتكلم ويخاطب غيره ، قبل النزول إلى الأرض وبعد النزول إليها ، فالإنسان منذ الخلق الأول له قدرة على الكلام ، وقد زوده اللـه تعالى بأعضاء صوتية أو جهاز صوتي يؤلف به كلاما أو أصواتا يتواصل بها مع أبناء جنسه ، ولكن النص القرآني لم يشر إلى اللغة التي تكلمها آدم ، ولم يأت فيه وصف لها أو إشارة تفيد شيئا محددا أو تذكر لغة بعينها تكلم بها الجيل الأول ، ولم يرد شيء في ذلك في العهد القديم ، وقد جاء ذكر أسماء بعض اللغات في مرويات تعددت رواياتها ، ولا يؤتمن صحة بعضها ، وقد رد العلماء بعضها ، ولكن من المؤكد أن اللغة التي تكلم بها آدم كانت ذات طبيعة صوتية ، ولا نرتاح إلى الآراء التي تذهب إلى أن البشر كانوا يتواصلون بالإشارة أو الحركات دون لغة أو أصوات ، فهذا الرأي متأثر بنظرية حيوانية الإنسان وتطوره فالخطاب القرآن نسب إلى آدم القول (1) ، ولم ينسب إليه الإشارة أو الحركة التي تواصل بها زكريا عليه السلام مع قومه ، وتواصلت بها مريم عليها

---

(1) ارجع إلى الآيات:33 من البقرة: ﴿ قَالَ يَـٰٓـَٔادَمُ أَنۢبِئۡهُم بِأَسۡمَآئِهِمۡۖ فَلَمَّآ أَنۢبَأَهُم بِأَسۡمَآئِهِمۡ ﴾ أي ذكرهالهم أو قالها .
وقوله تعالى: ﴿ فَتَلَقَّىٰٓ ءَادَمُ مِن رَّبِّهِۦ كَلِمَٰتٖ فَتَابَ عَلَيۡهِ ﴾ [البقرة: 37] قيل هذه الكلمات مفسرة بقوله تعالى:
﴿ قَالَا رَبَّنَا ظَلَمۡنَآ أَنفُسَنَا وَإِن لَّمۡ تَغۡفِرۡ لَنَا وَتَرۡحَمۡنَا لَنَكُونَنَّ مِنَ ٱلۡخَٰسِرِينَ ﴿٢٣﴾ ﴾ [الأعراف: 23] .

السلام مع قومها [1] .

وقد ادعت أمم كثيرة أن اللسان الأول كان لسانها ، فقد زعم اليهود أن لسان آدم العبرية ، وزعم الآرميون أنه تكلم لسانهم ، وقيل غير ذلك ، وقد ذهب بعض المسلمين وهم قلة - إلى أن لسانه كان السريانية ، وذهب كثير منهم إلى أن لسان آدم كان العربية لغة القرآن الكريم ، وزاد بعضهم أكثر من ذلك أنها لسان اللـه عز وجل مع خلقه ، ولسان أهل الجنة .

وهي بذلك أم اللغات المعاصرة ، ولسنا على رأي من هذه الآراء لعدم ثقتنا بما قدموه من أدلة واهية والأدلة العقلية التي قدمها هؤلاء لا تقيم حقيقة ، وأدلتهم النقلية لا تسلم من الوضع أو الضعف . أخرج ابن عساكر في التاريخ عن ابن عباس -رضي اللـه عنهما- أن آدم -عليه السلام- كانت لغته في الجنة العربية ، فلما عصى سلبه اللـه العربية فتكلم بالسريانية فلما تاب رد اللـه عليه العربية .

وقال عبد الملك بن حبيب: «كان اللسان الأول الذي نزل به آدم من الجنة عربيا ، إلى أن بعد العهد وطال ، حرف وصار سريانيا ، وهو منسوب إلى أرض سوري أو سوريانة ، وهي أرض الجزيرة ، بها كان نوح عليه السلام ، وقومه قبل الغرق . قال: وكان يشاكل اللسان العربي ، إلا أنه محرف ،وهو كان لسان جميع من في سفينة نوح ، إلا أن رجلا واحدا يقال له جرهم كان لسانه بلسان العربي الأول ، فلما خرجوا من السفينة تزوج إرم بن سام بعض بناته ، فمنهم صار اللسان العربي في ولده عوص أبي عاد وعبيل وجائر أبي ثمود وجديس ، وسميت عاد باسم جرهم؛ لأنه كان جدهم من الأم ، وبقي اللسان السرياني في ولد أرفخشذ بن سام ، فنزل هناك بنو إسماعيل ، فتعلم منهم بنو قحطان اللسان العربي [2] .

---

(1) الآيات: 41 آل عمران ، و10، 11 ، مريم ، 26 ، 30 مريم ﴿ فَقُولِىٓ إِنِّى نَذَرْتُ لِلرَّحْمَٰنِ صَوْمًا فَلَنْ أُكَلِّمَ ٱلْيَوْمَ إِنسِيًّا ﴾ [مريم: 26] ﴿ فَأَشَارَتْ إِلَيْهِ ۖ قَالُوا۟ كَيْفَ نُكَلِّمُ مَن كَانَ فِى ٱلْمَهْدِ صَبِيًّا ﴾ [مريم: 29] . وارجع إلى الدلالة اللفظية ، الدكتور محمود عكاشة ، مكتبة الأنجلو ص11 ، 12 .

(2) المزهر جـ 30/1 .

وجاء في بعض الأخبار أن أول من تكلم العربية ، يعرب بن قحطان ، لأنه أول من انعدل لسانه من السريانية إلى العربية . وهذا معنى قول الجوهري في الصحاح: «أول من تكلم العربية يعرب بن قحطان» [1] .

ويقال إن إرم بن سام تزوج من بنات جرهم أحد الذين كانوا في السفينة ، فمنهم صار اللسان العربي في ولده عوض أبي عاد ، وعبيل وجائر أبي ثمود وجديس ، وسميت عاد باسم جرهم؛ لأنه كان جدهم من الأم ، وبقي اللسان السرياني في ولد أرفخشذ بن سام إلى أن وصل إلى يشجب بن قحطان من ذريته وكان باليمن ، فنزل هناك بنو إسماعيل فتعلم منهم بنو قحطان اللسان العربي [2] .

وأخرج ابن عساكر في التاريخ بسند رواه عن أنس بن مالك موقوفا قال: لما حشر اللـه الخلائق إلى بابل بعث إليهم ريحا ، فاجتمعوا ينظرون لماذا حشروا له ، فنادى مناد: من جعل المغرب عن يمينه والمشرق عن يساره ، واقتصد البيت الحرام بوجهه فله كلام أهل السماء فقام يعرب بن قحطان ، فقيل له يعرب بن قحطان بن هود ، أنت هوفكان أول من تكلم بالعربية المبينة فلم يزل المنادي ينادي من فعل كذا وكذا فله كذا وكذا حتى افترقوا على اثنين وسبعين لسانا ، وانقطع الصوت وتبلبلت الألسن ، فسميت بابل وكان اللسان يومئذ بابليا [3] . وقد جاء في العهد أن اختلاف الألسنة وقع في أرض بابل [4] .

ونسبت للنبي ﷺ أحاديث في هذا الموضوع استدل بها القدماء وبعض المحدثين الذي يتبنون آراءهم ، ومن هذه المرويات ، ما رواه الطبراني والحاكم والبيهقي وآخرون عن ابن عباس وأبي هريرة رضي اللـه عنهما بطرق مختلفة ، قال رسول اللـه ﷺ: «أحبوا العرب لثلاث ،

---

(1) المزهر جـ 31/1 .

(2) نفسه 31/1 .

(3) المزهر 32/1 .

(4) سفر التكوين .

لأني عربي ، والقرآن عربي ، وكلام أهل الجنة في الجنة عربي» (1) . واستدلوا بهذا على أن آدم قد نطق بالعربية ، وتكلم بها بعد ما هبط إلى الأرض ، ولقنها لبنيه من بعد ، و اللـه أعلم.

وسلم هؤلاء بما ورد في العهد القديم من تقسيم السلالات البشرية إلى ثلاثة أقسام أو فروع يمتد نسبهم إلى سام ، وحام ، ويافث أولاد نوح عليه السلام ، «وإذا كان سام بن نوح هو أبو العرب ، فمن باب أولى أن يكون نوح أبا العرب أيضا . وقد علم العربية لابنيه الآخرين حام ويافث ، وما تخصيص سام بأبوة العرب إلا بمعنى ثبات أكثر فروعه على اللسان العربي بعكس غالبية الفروع في حام ويافث التي تأثرت بالبيئات الجديدة ، وابتعدت عن مرحلة اللغة الأم ،فتطورت كلمات ، وتكونت لهجات ، ثم تعاقبت لغات على درب البشرية الطويل ، ويوضح هذا المعنى أكثر فأكثر حديث الرسول الكريم الذي يقول فيه «ليست العربية لأحدكم من أم ولا أب ، ولكن العربية هي هذا اللسان فمن نطق العربية فهو عربي» (2) .

وخلص أصحاب هذا الرأي إلى أن «العربية أم اللغات وأصلها الأصيل ، وكل اللغات الآرية والسامية والحامية كان أصلها لهجات عربية تولدت عنها وتطورت فيما بعد بحسب البيئات والحاجيات ثم تعمقت كلغات مستقلة على مر العصور» (3) .

وقد تقدم أحد الباحثين إلى مجمع اللغة العربية بالقاهرة ببحث يحمل عنوان «العربية لسان اللـه تعالى نزل بها آدم عليه السلام» ، ومن غريب ما تقدم به في بحثه أنه قدم أدلة على

---

(1) ذكر السيوطي هذا الحديث في الجامع الكبير رقم 634/50 من رواية العقيلي في الضعفاء ، والطبراني في الكبير والحاكم في المستدرك ، والبيهقي في شعب الإيمان ، وابن عساكر في تاريخه عن ابن عباس. قال الذهبي في مختصر المستدرك: أظنه موضوعا . وقال العقيلي في الضعفاء منكر لا أصل له ، وأورده ابن الجوزي في الموضوعات. قال الحفني: هذا الحديث وإن كان معناه صحيحا ، فأكثر المحدثين على أنه موضوع . وقيل: ضعيف . جاء ذلك في هامش الجامع الكبير للسيوطي . وهامش تفسير القرطبي جـ38/1 وقد ذكره القرطبي في مقدمة تفسيره .

(2) مجلة اللسان العربي . المغرب . م7جـ 190/1 من بحث أعده الأستاذ خليل عبد اللـه عن نشأة اللغة في المجتمع .

(3) مجلة اللسان م7 جـ 190/1 .

أنها لسان الـلـه تعالى منها:

1- أسماء الـلـه الحسنى التي وردت في سورة الحشر في الآيات: 22 ، 23 ، 24 باللغة العربية ، وليس فيها أعجمى ، ولهذا فهي لسان الـلـه تعالى ، ولسان خلقه .

2- لغة الحوار بين الـلـه تعالى وملائكته حول خلق آدم هي العربية ، وكذلك لغة الحوار بينه سبحانه وبين آدم ، وكذلك مع إبليس ، وذهب أبعد من ذلك عندما قال إنها أحاديث الأنبياء مع أقوامهم ، ممن جاء ذكرهم في القرآن الكريم كانت بلسان عربي مبين ، وحجته في ذلك ما ذكره أولا وسلم بصحته أن العربية لسان الـلـه تعالى . ثم احتج بقول منسوب إلى النبي ﷺ : «تعلموا العربية ، وعلموها الناس ، فإنها لسان الـلـه يوم القيامة».

3- تأويل الباحث بعض أسماء الأنبياء الأعاجم بالعربية ، وادعى أنه يؤصل أسماء عدد من الأنبياء والرسل الأولين وبعض أبناء آدم في العربية ، واستشهد الباحث في دعواه بما جاء في معجم لسان العرب من ذكر أسماء الأنبياء التي اجتهد ابن منظور في توجيهها على اللفظ العربي ، ومن يتفحص توجيهات ابن منظور وغيره من علماء العربية ، يجد أنهم بحثوا معاني هذه الأسماء في ضوء مادة تشبهها في العربية ، ولا يقطعون بحقيقة هذا التوجيه ، فهم يرونه اجتهادا لعدم ثقتهم في صحة أنها عربية الأصل ، وعلة بحثها أنها عربت واستخدمت في العربية ، وقد شرح ابن منظور مشتقات مادة أدم ، أدم بمعنى سمر ، «والأدمة السمرة التي تعلوا البشرة وغيرها مما يقرب من لون أديم الأرض» ويعقب الباحث على رأي ابن منظور قائلا: «إن هذا اشتقاق عربي لا غبار علي ولا لبس فيه» .

وعلماء اللغة لم يزعموا في معجمهم أن آدم وغيره من أسماء الأعاجم عربية الأصل ، لكنهم أشاروا إلى تلك الأعلام في كل مادة يمكن أن تدخل تحتها .

ونقل الباحث عن ابن منظور معنى «حواء» وهي صفة المرأة ، والمرأة الحواء هي ذات الشفتين السمراوين أو الخضراوين أو الحمراوين الضاربتين إلى السواد . وقال في معنى «شيث» : وأما «شيث» عليه السلام ، فإن القاموس يشير إلى أن الشية هي البقعة البيضاء تتوسط الجلد الذي يصطبغ بلون مغاير» . ولم يذكر صاحب اللسان شيئا عن معنى شيث . وقال في هابيل وقابيل: «وأما هابيل عليه السلام: فلعله مما درج عليه قولهم: «اهتبل الصيد

بمعنى بغاه وتكسبه ، ويقال الهابل بمعنى الكاسب ، الهبل: الرجل العظيم ، وقيل الطويل . والهابل الكثير الشحم واللحم . وهبل اسم رجل معدول عن (هابل)، وهو معرفة (أي علم) وبنو هبيل بطن العرب .

وأما قابيل: فمعناه الكفيل والعريف ومعناه الجماعة «تزكية له وتفاؤلا بأن تكون له قوة الجماعة والقبول ، وقبيل بمعنى مقبول ومعناه المستقبل ، ومعناه الارتجال في الخطابة إلى غير ذلك مما تفيده الكلمة من معان لا داعي لسردها اتقاء الإطالة» . وهابيل وقابيل أعجميان ولا يحتملان هذين المعنيين . وقال في إدريس: «وبالنسبة لنبي الله إدريس عليه السلام فقد أورد لسان العرب بالنص: «ويقال سمي إدريس عليه السلام لكثرة دراسته كتاب الله تعالى؟...» ودرس الحنطة أي فصلها عن سنابلها ، ودرس الناقة أي راضها ، ودرس الكتاب ، والمدارسة المذاكرة أو التعلم .

وأما بالنسبة لرسول الله نوح عليه الصلاة والسلام ، فيقول اللسان: النوحة ، القوة وهي النيحة أيضا ، وتنوح الشيء تنوحا إذا تحرك وهو متدل ، ونوح اسم نبي معروف وقومه بنو راسب (كما ورد في البداية والنهاية لابن كثير نقلا عن ابن جبير وغيره)، ولم يقل صاحب اللسان أن نوحا عربي ولم يقل شيئا في معناه ، واسم نوح يشبه مصدر ناح نوحا .

واستدل الباحث من معاني بعض الأسماء التي تأولها في العربية على أن الأجناس البشرية تعاقبت من أصل عربي قال: «وأما ما يخص أبناء نوح عليه السلام: سام وحام ويافث فإنه وإن كانت صلة الاسمين الأولين بالعربية واضحة بما لا يتطلب مزيدا من الإيضاح فبالنسبة ليافث يكفي أن نورد عبارة لسان العرب بنصها: «يافث من أبناء نوح على نبينا وعليه الصلاة والسلام ، وقيل هو من نسله الترك ويأجوج ومأجوج وهم إخوة بني سام وحام فيما زعم النسابون ، وأيافث موضع باليمن كأنهم جعلوا كل جزء منه (أيفث) اسما لا صفة .

وفي عبارته حول اتصاله بنسله من الترك أو يأجوج ومأجوج تأكيد لحقيقة أن كل الأجناس التي تعاقبت هي ذات انتماء للعرق العربي الذي تفرد منذ آدم . أما بالنسبة لرسول الله هود عليه الصلاة والسلام ، فيرى أنه من هاد يهود هودا أو تهودا بمعنى ناب أو أناب .

وهو اشتقاق عربي لا لبس فيه وفيه دليل على أن اسم يهود يرجع إلى العربية التي كان ينتمي إليها هود وقومه (عاد) وهم من العرب البائدة ، وهذا يؤكد الأصل العربي لليهود حسب رأيه .

وأما عاد الأولى: فهم قوم هود من العرب البائدة ،قال اللسان: « هم قوم هود عليه السلام ، وقال الليث: وعاد الأولى هم عاد بن عاديا بن سام بن نوح عليه السلام (أهلكهم الله) ، وأما عاد الأخيرة فهم بنو تميم بنزوان رمال عالج عصوا الله فمسخوا لكل إنسان منهم يد ورجل من شق» .

وأما ثمود فيقول لسان العرب: «وثمود قبيلة من العرب الأول يصرف ولا يصرف ، ويقال إنهم من بقية عاد ، وهم قوم صالح على نبينا وعليه الصلاة والسلام بعثه الله إليهم وهو نبي عربي واختلف القراء في إعرابه في كتاب الله عز وجل ، فمنهم من صرفه ومنهم من لم يصرفه ، فمن صرفه ذهب به إلى الحق ، لأنه اسم عربي مذكر ، ومن لم يصرفه ذهب به إلى القبيلة وهي مؤنثة .

وتوصل الباحث من ذلك إلى النتيجة التالية: «وإذا راعينا قوم عاد وثمود يمثلان الانتشار الأول للبشرية بعد الطوفان وأن نوحا وبنيه وقومه إنما كانوا عربا ، فإن هذا يقودنا بإقناع واقتناع إلى حقيقة أن الأجيال التي تعاقبت كانت عربية ، فقد كانوا امتداد لبقايا عاد وثمود من العرب ، وأن الدماء التي سرت في جسد إبراهيم عليه السلام وبنيه إنما هي دماء عربية ، وأن العبرية التي جاءت (على أصح الآراء) من عبوره عليه السلام لنهر دجلة إلى فلسطين ، لا تغير شيئا من حقيقة دمه العربي الذي كان دما أهله ؛ لأن ينسبنا إليه في قوله : ﴿ مِّلَّةَ أَبِيكُمْ إِبْرَٰهِيمَ ۚ هُوَ سَمَّىٰكُمُ ٱلْمُسْلِمِينَ مِن قَبْلُ ﴾ [الحج: 78] . ومن هنا نعبر بسلام إلى الحقيقة الكبرى ، وهي أن العرب هم الأصل الأصيل للبشرية كلها وأنه لا مجال للقول بتعدد الأعراق والانتماءات إلا من خلال مفتريات التاريخ وتجاهل هذه الحقيقة الكبرى التي نأمل أن تتكاتف جهود الأبرار من البشر لتأكيدها حفاظا على وحدة الأسرة الإنسانية على النحو الذي أعلنه الله في الآية الأولى من سورة النساء: ﴿ يَٰٓأَيُّهَا ٱلنَّاسُ ٱتَّقُوا۟ رَبَّكُمُ ٱلَّذِى خَلَقَكُم مِّن نَّفْسٍ وَٰحِدَةٍ وَخَلَقَ مِنْهَا زَوْجَهَا وَبَثَّ مِنْهُمَا رِجَالًا كَثِيرًا وَنِسَآءً ۚ وَٱتَّقُوا۟ ٱللَّهَ ٱلَّذِى

تَسَآءَلُونَ بِهِۦ وَٱلۡأَرۡحَامَ ﴾ [النساء: 1] واستدل بحجة أخرى هي أن القرآن الكريم بلسان عربي ، وأن الكتب السماوية الأخرى بألسنة متعددة ، وتعرضت للتغير والتبديل ، فهي محل شك وبعضها فقد ، واسترسل الباحث في أدلة أخرى ، وقد اكتفينا بما سبق ؛ لأنه أشهر ما تردد في هذا الموضوع .

وقد عمدت إلى ذكر بعض قضايا هذا البحث ، لأنها ترددت في بعض كتب القدماء ، وأخذ بها كثير من الباحثين المحدثين الذين جرفهم حبهم لدينهم ولغتهم إلى تبني هذا الرأي ، ومن الحب ما أضل ، فما ذكره الباحث لا حاجة بنا إلى تقصيه في الرد عليه ، ونوجز الجواب فيه على النحو التالي:

لا يصح بحال من الأحوال أن ننسب إلى اللـه لغة أو لسان معينا ، فندعي باطلا أن اللـه تعالى يتكلم لغة كذا ، لأنه تعالى أقدر وأعظم من هذا ، فاللغات شأننا وحدنا ، وليس من العلم أن نناقش أمرا يتعلق بالذات الإلهية يتخطى إدراكنا مما لا علم لنا به فهو سبحانه وتعالى (ليس كمثله شيء) .

ما ذكره الباحث عن حديث اللـه تعالى مع آدم ، وملائكته ، وإبليس مما يتجاوز العلم ، ولا نخوض فيه لعدم ثبوت نص فيه ، وهذا الخطاب المنسوب إلى اللـه تعالى مع خلقه هو وحده أعلم به وأقدر عليه ، وليس لدينا دليل فيه ، أما ما ذكره الباحث من أن لسان الأنبياء مع أقوامهم كان عربيا ، فهذا باطل باطل ، لثبوت نص صريح فيه ، قال تعالى: ﴿ وَمَآ أَرۡسَلۡنَا مِن رَّسُولٍ إِلَّا بِلِسَانِ قَوۡمِهِۦ لِيُبَيِّنَ لَهُمۡ ﴾ [إبراهيم: 4] وما رواه الإمام أحمد في مسنده عن أبي ذر رضي اللـه عنه : «لم يبعث اللـه عز وجل نبيا إلا بلغة قومه» . وهذا الرأي يتعارض مع ما توصل إليه العلم من اختلاف الألسنة ، واختلاف لغات الكتب السماوية ، وهذا لا يختلف فيه علماؤنا قديما أو حديثا .

لم يجمع علماء العربية على عربية أسماء الأنبياء ، وما لا شك فيه أن ما دون الأنبياء الخمسة العرب: صالح ، شعيب ، هود ، وإسماعيل ومحمد ﷺ ، ليسوا بعرب . قد ذكرت بعض المعاجم اسم «آدم: أبو البشر» واكتفوا بذلك. وقال الفيروز آبادي «نوح أعجمي

45

منصرف لخفته» ^(1) . وآدم غير منصرف ، لأنه أعجمي ، وليس له ما يبرر تصرفه في العربية. وقال في

إدريس: «وإدريس النبي ﷺ ليس من الدراسة كماتوهمه كثيرون ، لأنه أعجمي ، واسمه خنوخ أو

أخنوخ» ^(2) وقال في إبراهيم:

«وإبراهيم وإبراهام وإبراهوم وإبراهم وإبرهم بفتح الهاء بلا ألف اسم أعجمي ^(3) . وهو في

العهد القديم إبرام ^(4) وقال ابن خالويه في: إبراهيم النبي عليه السلام ، ومن العرب من يقول إبراهام ،

وكذلك قرأ ابن عامر . وذلك أن إبراهيم اسم أعجمي ، فإذاعربته العرب ، فإنها تخالف بين ألفاظه ،

ومنهم من يقول إبرهم بغير ألف ^(5) ، وفي هذا غناء عن تتبع أسماء الأنبياء الذين ورد ذكرهم في القرآن

القرآن الكريم دون الخمسة الذين ذكرناهم ،بيد أننا نود أن نؤكد أن اسم إسماعيل – من بين الأنبياء

العرب الخمسة: صالح ، شعيب ، هود ، إسماعيل ، محمد عليهم السلام ، ليس اسما عربيا ، قيل إن

أصله شمع إيل بمعنى سميع الرب أو مجيب الرب ، فإيل اسم الـله تعالى في العبرية .

وقد اعتمد الباحث على إسرائيليات في توثيق رأيه وتأكيده ، كما اعتمد على أخبار ضعيفة

رواهابعض القدماء ولا ترقى إلى الصحة ، وما زعمه أن العرب هم أصل الأجناس البشرية ليس له دليل

صادق ، ولا تقبله الدراسات الإنسانية التي ترفض فكرة نقاء الجنس وتقسيم البشر إلى سلالات نقية على

ما جاء في العهد القديم ، وما لا يقره العقل مما لم يرد فيه نص ، لا يقره الإسلام ، هذا قولنا وفوق كل ذي

علم عليم و الـله أعلم .

وقد ذكر الإمام ابن حزم أوجه الخلاف في اللغة التي تكلمها آدم ، ولم يرجح قولا ، فقال: « وقد قال

هي السريانية . وقال قوم هي اليونانية .وقال قوم العبرانية . وقال قوم

---

(1) القاموس المحيط مادة نوح ص352 .

(2) نفسه مادة درس ص 312 .

(3) نفسه مادة برهم .

(4) سفر التكوين .

(5) إعراب ثلاثين سورة من القرآن الكريم لابن خالويه . دار المنار ص4 .

هي العربية و اللـه أعلم» [1] . ولكنه اكتشف وجود علاقة بين اللغة العربية والسريانية والعبرانية . وقد أكدت الدراسات الحديثة أن هذه اللغات تنتمي إلى أسرة واحدة مع لغات أخرى (الآشورية ، والأكادية ، والحبشية ، والأجريتية) ، وهذا يعني أن هذه اللغات فروع من لغة أقدم ، لم تحدد معالمهاكاملة ، ولكنهم أثبتوا أن اللغة العربية تتمتع بكثير من خصائص اللغات التي تنتمي إلى هذه الأسرة ، وتوصلوا من ذلك إلى أن اللغة العربية هي أقرب تلك اللغات إلى اللغة الأم ؛ لأنها احتفظت بكثير من خصائصها لعدم تأثرها بغيرها من اللغات فترة طويلة ، فقد عاشت معزولة عن الغزو الخارجي ، فكان ذلك سببا في احتفاظها بكثير من خصائص اللغة الأم .

وهذا ما دفع بعض العلماء إلى الاعتقاد بأن اللغة العربية قد تكون هي الأم لهذا اللغات التي تنتمي إلى أسرتها ، وقد أصابها بعض التغيير تأثرا بعوامل التطور الزمني، ولكنهم لم يزعموا أنها اللغة الأولى ، أو أنها أصل للغات أخرى لا تنتمي للأسرة التي تنتمي إليها العربية ، والتي عرفت في الدراسات الحديثة تجاوزا باسم «اللغات السامية» وبقولهم إنها قد تكون اللغة الأم لأبناء أسرتها ترجيحا وليست يقينا ، ولكن ما عليه معظم الباحثين أنها فرع من هذه الأسرة ، وهي أقربهم إلى اللغة الأم ، فقد جمعت كثيرا من الخصائص التي تتمتع بها أخواتها الأخريات ، وهذه الخصائص تعد ركاما أو بقايا اللغة الأم التي احتفظت بها اللغة العربية ، ويبقى الجواب مجهولا عن معرفة اللغة الأم التي تحدثها آدم، وتفرعت عنها اللغات العالمية .

وقد أكدت البحوث الحديثة التي قام بها المستشرقون ، وأخذ بها علماء العرب وسلموا بصحتها ، أن اللغة العربية فرع من فروع أسرة لغوية كبيرة (تعرف باللغات السامية بين العلماء) عاشت في منطقة الشرق الأوسط وامتدت منها إلى مناطق أخرى مجاورة ، ولم تتوصل البحوث الحديثة إلى شيء ذي جدوى مما جاء في كتب القدماء (مسلمين وغير

---

(1) الإمام علي بن حزم الأندلسي ، عاش ما بين 384هـ و456 هـ ، وقد ناقش هذا الموضوع في الباب الرابع كيفية ظهور اللغات عن توقيف أم عن اصطلاح في كتابة الأحكام في أصول الأحكام مكتبة الخانجي ، ط1345/1هـ ص31

مسلمين) في فترات زمنية مختلفة، من معرفة شيء عن اللغة الأولى التي تكلمها آدم ، ولم يسلم هؤلاء الباحثون بما جاء في العهد القديم (في سفر التكوين تحديدا عن اللغة ، والحديث عن اختلاف الألسنة) ، ولم يسلموا كذلك بآراء القدماء من الهنود واليونانيين وغيرهم في تحديد لغة بعينها تكلم بها آدم والجيل الأول ، ولكنهم استطاعوا التوصل إلى تحديد معالم بعض اللغات القديمة التي وصلتهم نصوص أو نقوش منها تفيد في معرفة هذه اللغات المندثرة ، وتحديد الأسرة التي تنتمي إليها ، لكنهم لم يستطيعوا معرفة شيء عن اللغات التي لم تخلف آثارا وكذلك الأمم البائدة التي لم تبق لها باقية .

ويرى كثير من علماء اللغة المحدثين أن اكتشاف العلاقة بين اللغات البشرية ، وتقسيمها إلى أسر يرجع إلى العصر الحديث ، وينسبونه إلى العلماء الذين اكتشفوا العلاقة بين اللغة السنسكريتية (لغة الهند القديمة) واللغات الأوروبية . واكتشفوا كذلك وجود علاقة بين اللغة العربية والعبرية والآرامية والفينيقية والأكادية والحبشية وأطلقوا عليها اسم اللغات السامية .

ولكننا نجد في تراثنا العربي الإسلامي من اكتشف وجود علاقة بين اللغة العربية والعبرية والسريانية ، وأكد على وجود أصل واحد تفرعت عنه هذه اللغات ، وقد توصل إلى هذا الكشف العظيم الإمام علي بن حزم الأندلسي الظاهري الذي عاش ما بين سنة 384هـ إلى 456هـ ، وقد قال ذلك في ثنايا حديثه في الباب الرابع «في كيفية ظهور اللغات أعن توقيف أ عن اصطلاح؟» والحديث عن اللغة التي تحدث بها آدم عليه السلام ، أو اللغة الأم التي تفرعت عنها اللغات العالمية ، «وقد قال قوم: هي السريانية . وقال قوم: هي اليونانية.، وقال قوم هي: العبرانية. وقال قوم: هي العربية . و اللـه أعلم» (1) .

وابن حزم لم يأخذ بواحد من تلك الأقوال ، وأرجأ الأمر إلى علم اللـه تعالى ، لعدم ثبوت الأدلة لديه ، لكنه استطاع من خلال معرفته بما تيسر له من معرفة لغوية من وجود

---

(1) أبو محمد علي بن حزم الأندلسي: الأحكام في أصول الأحكام مكتبة الخانجي ط 1345/1هـ ص31. واكتشف أبو حسن الأندلسي أن اللغة الحبشية لها صلة قرابة باللغة العربية ، وكتب في ذلك كتابا ، وفقد هذا الكتاب ، وقد أشار إليه في تفسيره البحر المحيط جـ 162/4 ، 163 مطبعة السعادة .

علاقة بين بعض اللغات ، وهذا الرأي نابع من معرفته بها ،فقد قال: «إلا أن الذي وقفنا عليه وعلمناه يقينا أن السريانية والعبرانية والعربية التي هي لغة مضر وربيعة لا لغة حمير ، لغة واحدة تبدلت بتبدل مساكن أهلها فحدث فيها جرش (1) .

والجرش الحك ، ويريد احتكاك اللغات بعضها ببعض ، ويمثل لذلك: «كالذي يحدث من الأندلسي إذا رام نغمة أهل القيروان ، ومن القيروان إذا رام نغمة الأندلسي ، ومن الخرساني إذا رام نغمتهما . ونحن نجد من سمع لغة أهل فحص البلوط ، وهي على ليلة واحدة من قرطبة كاد أن يقول إنها لغة أخرى غير لغة أهل قرطبة . وهكذا في كثير من البلاد ، فإنه بمجاورة أهل البلدة بأمة أخرى يتبدل لغتها تبديلا لا يخفى على من تأمله ونحن نجد العامة قد بدلت الألفاظ في اللغة العربية تبديلا ، وهو في البعد عن أصل تلك الكلمة كلغة أخرى ولا فرق، فنجدهم يقولون: في العنب العينب ، وفي السوط أسطوط، وفي ثلاثة دنانير ثلثدا . وإذا تعرب البربري ، فأراد أن يقول الشجرة قال: السجرة. وإذا تعرب الحليقي أبدل من العين والحاء هاء ، فيقول «مهمدا» إذا أراد محمدا . ومثل هذا كثير . فمن تدبر العربية والعبرانية والسريانية أيقن أن اختلافهما إنما هو من نحو ما ذكرنا من تبدل ألفاظ الناس على طول الأزمان . واختلاف البلدان ومجاورة الأمم . وأنها لغة واحدة».

ويتبين لنا أن ابن حزم يرى أن هذه اللغات العربية والعبرية والسريانية ترجع إلى أصل واحد تفرعت عنه ، كما يتبين أيضا مما ذكره من أمثلة أن هذه اللغات كانت في الأصل عبارة عن لهجات تنتمي إلى لغة واحدة ، ولكن بمرور الزمن زادت الشقة بينهن وبين اللغة الأم، واتسع البون بينها فاستقلت كل لغة عن الأخرى ، وحملت اسما مغايرا الأخرى .

وهذا هو رأينا في نشأة اللغات العالمية جميعا ، كان الناس أمة واحدة على لسان واحد هو لسان آدم عليه السلام ، فافترقوا ، فحدثت المرحلة الأولى من انشقاق اللغة ، وهي التمايز اللهجي ، الذي يأتي من انقسام الجماعات البشرية ، وتأثرها بالمحيط الخارجي وتطورها الاجتماعي . ثم تتحول اللهجة بمرور الوقت إلى لغة تباين اللهجات الأخرى التي

---

(1) الأحكام في أصول الأحكام ص31 ، 32 واكتشف أئمة آخرون وجود قرابة بين العربية وأخواتها الساميات منهم: أبو حاتم الرازي ، والسهيلي ، وأبو حيان الأندلسي والسيوطي وغيرهم .

تحولت هي الأخرى إلى لغات ، ولعل أشد العوامل في الانشقاق اللغوي هو فقدان التواصل المستمر بين أهل اللغة الواحدة في زمن مبكر من حياة البشرية ، وهذه النتيجة سبق إليها عالمنا المسلم الفقيه ابن حزم ، ولكنه أخفق عندما جعل اللغة السريانية أصلا للعربية والعبرية ، «وإذا قد تيقنا ذلك فالسريانية أصل العربية والعبرانية معا» (1) . وهو ما لم يثبته العلم الحديث ، الذي يرى أن تلك اللغات الثلاث ترجع إلى لغة واحدة أو أسرة واحدة سموها «اللغات السامية» .

وابن حزم معذور في قوله هذا ؛ لأن وسائل البحث الحديث لم تكن متوافرة لديه ،فقد توصل العلماء المحدثين إلى ذلك من خلال ما اكتشفوه من آثار مدونا عليها نصوص من تلك اللغات ، فقارنوا بينها ، وأعانهم على ذلك وسائل البحث الحديث ومناهجه ، كما أنهم أثبتوا أن اللغة العربية تعد أقرب اللغات السامية إلى اللغة الأم لما احتفظت به من خصائص لغوية وكلمات ، توجد بين تلك اللغات ، ولكن لا تتميز بها جميعا لغة منهن .

ويكشف ابن حزم عن المصدر الذي جعله يعتقد بأن السريانية هي الأصل ، وليس بمصدر لغوي وإنما هو تاريخي ، فقد اعتمد على ما ورد في الكتب السابقة من أخبار ، فدليل ابن حزم على ما يقول أن اللغة السريانية هي لغة إبراهيم عليه السلام وإبراهيم والد إسماعيل عليه السلام الذي تحدث العربية هو وبنوه ، ووالد إسحاق الذي تحدث العبرية هو وبنوه . والمعروف يقينا أن السريانية لهجة من لهجات الآرامية التي استطاعت أن تبسط نفوذها على الأكادية في العراق والأجريتية والعبرية في الشام ، فقد تغلبت على أخواتها في الشمال ، وصارت اللغة الرسمية في الدولة الفارسية والمشتركة ، والرأي الذي يقول إنها لغة إبراهيم يتوقف على معرفة المكان الذي كان يعيش فيه ولغته المستخدمة ، والفترة الزمنية كما استطاع ابن حزم أن يدرك عوامل انتشار اللغة وصراع اللغات بموت بعضها وغلبة الأخرى عليها .

وقد ناقش قضية نشأة اللغات الثلاث ، فقال: «والمستفيض أن أول من تكلم بهذه العربية إسماعيل عليه السلام ، فهي لغة ولده . والعبرانية لغة إسحق ولغة ولده . والسريانية

---

(1) الأحكام ص32 .

بلا شك هي كانت لغة إبراهيم ﷺ وعلى نبينا، وبنقل الاستفاضة الموجبة لصحة العلم ، فالسريانية أصل لهما ، وناقش قضية انتشار اللغة وانحصارها ، وقد قال قوم: إن اليونانية أبسط اللغات ، ولعل هذا إنما هو الآن ، فإن اللـه يسقط أكثرها ويبطل سقوط دولة أهلها ، ودخول غيرهم عليه في مساكنهم ، أو بنقلهم عند ديارهم واختلاطهم بغيرهم . فإنما قيد لغة الأمة وعلومها وأخبارها قوة دولتها ونشاط أهلها وفراغهم . وأما من تلف دولتهم ، وغلب عليه عددهم ، واشتغلوا بالخوف والحاجة والذل وخدمة أعدائهم . فمضمون منهم موت الخواطر. وربما كان ذلك سببا لذهاب لغتهم . ونسيان أنسابهم وأخبارهم ، وبيود علومهم . هذا موجود بالمشاهدة ومعلوم بالعقل ضرورة ولدولة السريانيين منذ ذهبت وسارت آلاف من الأعوام في أقل منها ينسى جميع اللغة ، فكيف تفلت أكثرها ، و اللـه تعالى أعلم؟» (1)

ولم يذهب ابن حزم مذهب من قطعوا باسم اللغة التي تحدث بها آدم وأرجأ هذا إلى علم اللـه تعالى ، يقول عن اللغة السريانية التي رأها أصل العربية والعبرية: «ولسنا نقطع على أنها اللغة التي وقف اللـه تعالى عليها أولا ، ولا ندري لعل قائلا يقول: لعل تلك اللغة [التي تحدث بها آدم أو التي وقفه اللـه عليها] قد درست البتة ، وذهبت بالجملة أو لعلها إحدى اللغات الباقية لا نعلمها بعينها ، وهذا هو الذي توجبه الضرورة ولابد مما لا يمكن سواه أصلا . وقد يمكن أن يكون اللـه تعالى وقف آدم -عليه السلام- على جميع اللغات التي لا تنطق بها الناس كلهم الآن ، ولعلها كانت حينئذ لغة واحدة مترادفة الأسماء على المسميات ثم صارت لغات كثيرة إذ توزعها بنوه بعد ذلك ، وهذا هو الأظهر عندنا والأقرب .

إلا إننا لا نقطع على هذا كما نقطع على أنه لابد من لغة واحدة وقف اللـه تعالى عليها ، ولكن هذا هو الأغلب عندنا نعني أن اللـه تعالى وقف على جميع هذه اللغات المنطوق بها ، ويتفاهمون بها إلى إحداث لغة أخرى وعظيم التعب في ذلك لغير معي ، ومثل هذا من الفصل لا يتفرغ له عاقل بوجه من الوجوه ، فإن وجد ذلك فمن فارغ فضول سيئ الاختيار مشتغل بما لا فائدة فيه عما يعينه ، وعما هو آكد عليه من رموز معادة ومصالح دنياه ولذاته

---

(1) الأحكام ص 32 .

وسائر العلوم النافعة (1) .

ويرى الباحثون المحدثون رأيا آخر يخالفون فيه القدماء ، وهو عدم معرفة اللغة الأولى الأم التي تفرعت عنها اللغات العالمية ، لعدم وجود أدلة علمية وطول الفترة الزمنية ، ولا نستطيع تحديد اللغة الأولى من خلال اللغات المعاصرة أو اللغات القديمة التي وصلتنا نصوص منها ؛ لأن اللغة تتطور وتتأثر بالمجتمع والظروف المحيطة بها ، واللغات المعاصرة تعد تطورا عما سبقها من لغات تنتسب إليها .

وقد صرح غير واحد من المحدثين بأنهم لا يستطيعون معرفة اللغة الأولى الأم ، قال ماريو باي: « لا أحد يعرف متى أو أين أو على أي صورة ابتدأ الكلام الإنساني . على الرغم من وجود افتراضات كثيرة في الموضوع» (2) ولكنه في النهاية يسلم بأن البشرية لا تعيش دون لغة يتواصل بها: «إننا نعرف جيدا أنه لا يوجد على سطح الأرض أي جماعة إنسانية - مهما قل حظها من الحضارة والمدنية - بدون لغة يتفاهمون بها ويعبرون بها عن أفكارهم (3) .

وقد تنازعت إدعاء اللغة الأولى أمم كثيرة زعمت أن لغاتها أصل اللغات جميعها ومبتدأها ، وأنها أفضل اللغات ، وهذا مخالف لحقائق العلم الذي لم يسلم بشيء من ذلك ، وقد رأى المحققون من أهل العلم عدم جدوي بحث نشأة اللغة ، لأن بحثها لا طائل من ورائه غير الخلاف والجدال .

مكانة اللغة العربية بين اللغات

لقد شرف الـلـه تعالى اللغة العربية وفضلها على سائر اللغات بأن جعلها لغة كتابه الكريم ولسانه في خطابه معهم ، وجعلها لغة التعبد في الصلاة ، وقد جاء القرآن الكريم موصوفا بها في أكثر من موضوع بأنه بلسان عربي مبين غير ذي عوج (4) .

---

(1) الأحكام ص 32 .

(2) أسس علم اللغة ، مايو باي ، ترجمة أحمد مختار عمر . عالم الكتب ط 8 ، 1419هـ - 1998 ص38.

(3) نفسه ص38 ، 39 .

(4) قال تعالى: ﴿ وَهَٰذَا لِسَانٌ عَرَبِيٌّ مُّبِينٌ ﴿١٠٣﴾ ﴾ [النحل: 103] ، و﴿ بِلِسَانٍ عَرَبِيٍّ مُّبِينٍ ﴾ [الشعراء: 195] و ﴿ إِنَّا أَنزَلْنَٰهُ قُرْءَٰنًا عَرَبِيًّا لَّعَلَّكُمْ تَعْقِلُونَ ﴾ [يوسف: 2] و ﴿ وَكَذَٰلِكَ أَنزَلْنَٰهُ

ومدح الـلـه تعالى القرآن الكريم بالبيان والإفصاح وبحسن التفصيل والإيضاح بجودة الإفهام ، وحكمة الإبلاغ وسماه فرقانا ، وقال : ﴿ عَرَبِيٍّ مُّبِينٍ ﴾. قال: ﴿ وَكَذَٰلِكَ أَنزَلْنَٰهُ قُرْءَانًا عَرَبِيًّا ﴾ [طه: 133] أي: «نزل القرآن الكريم بشيرا ونذيرا بلسان عربي مبين فصيح لا لبس فيه ولا عي» (1) .

وقال تعالى: ﴿ وَهَٰذَا لِسَانٌ عَرَبِيٌّ مُّبِينٌ ﴿١٠٣﴾ ﴾ [النحل: 103] . وقد نزلت هذه الآية عندما زعم المشركون أن النبي ﷺ يتلقى القرآن من بشر: ﴿ وَلَقَدْ نَعْلَمُ أَنَّهُمْ يَقُولُونَ إِنَّمَا يُعَلِّمُهُۥ بَشَرٌ ۗ لِّسَانُ ٱلَّذِى يُلْحِدُونَ إِلَيْهِ أَعْجَمِىٌّ وَهَٰذَا لِسَانٌ عَرَبِىٌّ مُّبِينٌ ﴿١٠٣﴾ ﴾ [النحل: 103] .

وقد كان الذي ادعوا أنه يعلمه فتى نصراني أعجمي لا يعرف من العربية إلا قليلا فلا يستطيع أن يقيم لسانا عربيا صحيحا ، فكيف يتلقى القرآن عنه أو يتعلمه منه؟! و القرآن الكريم بلسان عربي واضح فصيح ، وقد أعجزهم بيانه وفصاحته ، ولم يستطيعوا أن يأتوا بعشر سور من مثله (2) .

وقال تعالى: ﴿ نَزَلَ بِهِ ٱلرُّوحُ ٱلْأَمِينُ ﴿١٩٣﴾ عَلَىٰ قَلْبِكَ لِتَكُونَ مِنَ ٱلْمُنذِرِينَ ﴿١٩٤﴾ بِلِسَانٍ عَرَبِىٍّ مُّبِينٍ ﴿١٩٥﴾ ﴾ [الشعراء: 193-195] . أي أنزله عليك وأوحاه إليك الوحي (جبريل عليه السلام) لتنذر به هؤلاء المعاندين ، وقد أنزله الـلـه تعالى باللسان العربي الفصيح الكامل ليكون بينا واضحا ظاهرا قاطعا للعذر مقيما للحجة دليلا على المحجة . وقوله تعالى: ﴿ الٓر ۚ تِلْكَ ءَايَٰتُ ٱلْكِتَٰبِ ٱلْمُبِينِ ﴿١﴾ إِنَّآ أَنزَلْنَٰهُ قُرْءَٰنًا عَرَبِيًّا لَّعَلَّكُمْ تَعْقِلُونَ ﴿٢﴾ ﴾ [يوسف: 1-2] أي هذا الكتاب ، وهو القرآن المبين أي الواضح الجلي الذي يفصح عن الأشياء

﴿ حُكْمًا عَرَبِيًّا ﴾ [الرعد: 37] . ﴿ وَكَذَٰلِكَ أَنزَلْنَٰهُ قُرْءَانًا عَرَبِيًّا ﴾ [طه: 113] . ﴿ قُرْءَانًا عَرَبِيًّا غَيْرَ ذِى عِوَجٍ ﴾ [الزمر: 28] . و ﴿ كِتَٰبٌ فُصِّلَتْ ءَايَٰتُهُۥ قُرْءَانًا عَرَبِيًّا لِّقَوْمٍ يَعْلَمُونَ ﴿٣﴾ ﴾ [فصلت: 3] ﴿ وَكَذَٰلِكَ أَوْحَيْنَآ إِلَيْكَ قُرْءَانًا عَرَبِيًّا ﴾ [الشورى: 7] . و ﴿ إِنَّا جَعَلْنَٰهُ قُرْءَٰنًا عَرَبِيًّا لَّعَلَّكُمْ تَعْقِلُونَ ﴿٣﴾ ﴾ [الزخرف: 3] . ﴿ وَهَٰذَا كِتَٰبٌ مُّصَدِّقٌ لِّسَانًا عَرَبِيًّا ﴾ [الأحقاف: 12] .

(1) ابن كثير م 167/3 .

(2) قال تعالى: ﴿ أَمْ يَقُولُونَ ٱفْتَرَىٰهُ ۖ قُلْ فَأْتُوا۟ بِعَشْرِ سُوَرٍ مِّثْلِهِۦ مُفْتَرَيَٰتٍ ﴾ [هود: 13] .

المبهمة ويفسرها ويبينها: ﴿ إِنَّآ أَنزَلْنَٰهُ قُرْءَٰنًا عَرَبِيًّا لَّعَلَّكُمْ تَعْقِلُونَ ﴿٢﴾ ﴾ ، وذلك لأن لغة العرب أفصح اللغات وأبينها وأوسعها وأكثرها تأدية للمعاني التي تقوم بالنفوس ، فلهذا أنزل أشرف الكتب بأشرف اللغات على أشرف الرسل ببشارة أشرف الملائكة (1) .

ولغة القرآن الكريم من أقوم اللغات وأدقها وأبلغها: ﴿ قُرْءَانًا عَرَبِيًّا غَيْرَ ذِى عِوَجٍ لَّعَلَّهُمْ يَتَّقُونَ ﴿٢٨﴾ ﴾ [الزمر: 29] . أي هو قرآن بلسان عربي مبين لا إعوجاج فيه ولا انحراف ، ولا لبس بل هو بيان ووضوح وبرهان (2) . وقال تعالى: ﴿ كِتَٰبٌ فُصِّلَتْ ءَايَٰتُهُۥ قُرْءَانًا عَرَبِيًّا لِّقَوْمٍ يَعْلَمُونَ ﴿٣﴾ ﴾ [فصلت: 3] أي بينت معانيه وأحكمت أحكامه (قرآنا عربيا) أي في حال كونه قرآنا عربيا بينا واضحا مفصلا وألفاظه واضحة غير مشكلة ، لقوله تعالى: ﴿ كِتَٰبٌ أُحْكِمَتْ ءَايَٰتُهُۥ ثُمَّ فُصِّلَتْ مِن لَّدُنْ حَكِيمٍ خَبِيرٍ ﴿١﴾ ﴾ [هود: 1] أي هو معجز من حيث لفظه ومعناه (3) وقال تعالى: ﴿ وَمِن قَبْلِهِۦ كِتَٰبُ مُوسَىٰٓ إِمَامًا وَرَحْمَةً ۚ وَهَٰذَا كِتَٰبٌ مُّصَدِّقٌ لِّسَانًا عَرَبِيًّا لِّيُنذِرَ ٱلَّذِينَ ظَلَمُوا۟ وَبُشْرَىٰ لِلْمُحْسِنِينَ ﴿١٢﴾ ﴾ [الأحقاف: 12] أي ومن قبله التوراة التي جاء القرآن الكريم مصدقا لها ،هو كتاب فصيح بين واضح (4) . واللسان في سياق الآية يعني اللغة: ومثلها قوله تعالى: ﴿ وَهَٰذَا لِسَانٌ عَرَبِىٌّ مُّبِينٌ ﴿١٠٣﴾ ﴾ [النحل: 103] .

وقد جاء القرآن الكريم متبوعا بوصف عربي مباشر أو لسان عربي ، أو حكم عربي: ﴿ وَكَذَٰلِكَ أَنزَلْنَٰهُ حُكْمًا عَرَبِيًّا ﴾ [الرعد: 37] . أي حكما معربا «أي: وكما أرسلنا قبلك المرسلين ، وأنزلنا عليهم الكتب من السماء كذلك أنزلنا عليك القرآن محكما معربا شرفناك به وفضلناك على من سواك بهذا الكتاب الواضح الجلي الذي لا يأتيه الباطل من بين يديه ولا من خلفه تنزيل من حكيم حميد (5) ، والوصف بالعربية منكرة مدحا لها وتفخيما لشأنها .

---

(1) ابن كثير م 467/2 .

(2) نفسه م 53/4 .

(3) نفسه م 91/4 .

(4) ابن كثير م 157/4 .

(5) نفسه م519/2 .

وقد وصف القرآن الكريم بالعربية لما تتمتع به من الفصاحة والبلاغة والوضوح وغير ذلك من الصفات التي انفردت بها عن سائر اللغات ، قال الثعالبي: « ... ... والعربية خير اللغات والألسنة والإقبال على تفهمها من الديانة إذ هي أداة العلم ومفتاح التفقه في الدين... ... . »(1) .

وقال القلقشندي في فضلها: (أما فضلها فقد أخرج ابن أبي شيبة بسنده عن أمير المؤمنين عمر بن الخطاب رضي اللـه عنه قال: «تعلموا اللحن والفرائض . فإنه من دينكم» . قال يزيد ابن هارون: «اللحن هو اللغة» ولإخفاء أنها أمتن اللغات ، وأوضحها بيانا ، وأذلقها لسانا ، وأمدها رواقا ، وأعذبها مذاقا ، ومن ثم اختارها اللـه تعالى لأشرف رسله وخاتم أنبيائه وخيرته من خلقه ، وصفوته من بريته ، وجعلها لغة أهل سمائه وسكان جنته ، وأنزل بها كتابه المبين الذي لا يأتيه الباطل من بين يديه ولا من خلفه(2) .

وقد أحب علماء اللغة الأولى اللغة العربية لغة القرآن حبا جما ، فرأوا أنها أفضل اللغات وأفصحها ، وأنها لسان أهل الجنة: «قال الشيخ زين الدين أبي يحيي في شرح المقدمة الجذرية في تعليقه على قول ابن الجزي أن العربية أفصح اللغات: «وهي لغة العرب التي نزل القرآن الكريم بها ، ولغة نبينا ﷺ ، ولغة أهل الجنة فيها لخبر« أحب العرب لثلاث : لأني عربي ، والقرآن عربي ، ولسان أهل الجنة في الجنة عربي» ، وأنزل القرآن بلغتهم(3) .

---

(1) فقه اللغة ص5 .

(2) صبح الأعشي في صناعة الإنشاء جـ 134/1 .

(3) أخرجه الحاكم 87/4، وقال فيه الذهبي: الهيثم متروك ومعقل ضعيف وأخرجه العقيلي في الضعفاء، والحديث موضوع جاء في اللآلي المصنوعة جـ230/1، وميزان الاعتدال 5737 و علق الأستاذ عبد اللـه عمر البارودي على هذا الخبر فقال: «عزاه في فيض القدير إلى العقيلي في الضعفاء عن ابن عباس ، وإلى الطبراني عن أبي عباس أيضا وفيه عبد العزيز بن عمران متروك ، وإلى البيهقي في شعب الإيمان بلفظ «أحب العرب لثلاث: لأني عربي ، والقرآن عربي ، وكلام أهل الجنة عربي» . الدقائق المحكمة في شرح المقدمة (شرح المقدمة الجزرية في التجويد) ، تأليف الشيخ زين الدين أبي يحيى زكريا الأنصاري (ت 926هـ) ضبط ومراجعة عبد اللـه عمر البارودي . دار الجنان ، لبنان ، ط 1416/2 هـ 1996 م ص 28 . وقد سبق تخريجه .

وجاء في أكثر من خبر أنها أصل اللغات ، وأنها لغة أهل الجنة ، قال سفيان الثوري: «لم ينزل وحي إلا بالعربية ، ثم ترجم كل نبي لقومه ، واللسان يوم القيامة بالسريانية ، فمن دخل الجنة تكلم بالعربية» رواه ابن أبي حاتم (1) .

وقد جاء في هذا روايات مختلفة لا ترقى إلى مستوى الصحة ، فمعظمها ضعيف أو موضوع ، ولم يرد نص صريح يخبرنا بشيء عن لسان الناس يوم القيامة ، ولا نقول فيه شيئا لعدم وجود دليل نثق في صحته ، فهذا مما يتخطى علمنا وإدراكنا ، وليس في بحثه شيء من العلم . ولا نستطيع كذلك تحديد اللغة الأولى التي تحدثها آدم عليه السلام ، ولا نميل إلى رأي من الآراء التي حددت لغة بعينها ، فقد بحث علماء اللغة اللغات المعاصرة وبحثوا نشأتها الأولى ، فلم يتوصلوا إلى طفولة لغة من اللغات غير أنهم اكتشفوا أن هذه اللغات تفرعت عن لغات أخرى سابقة ، وعرفت كل مجموعة من اللغات المتشابهة باسم نسبت إليه ، وأطلق عليها العلماء اسم أسرة لغوية ، ولم يسلموا بما قيل إن لغة من اللغات هي أصل اللغات ؛ أو هذه اللغة هي التي تكلمها آدم عليه السلام .

وهذا الرأي يناقض نشأة اللغات المعاصرة وانقسامها ، فاللغات الحديثة التي تنتشر في أوربا مثلا مردها إلى لغة أم تنسب إليها وتفرعت عنها ، وقد كانت هذه اللغات الحديثة في بدء الأمر لهجات محلية تعيش في نطاق اللغة الأم المشتركة حتى كتبت لها الغلبة فاستقلت وانتشرت وغلبت اللغة الأم وحلت محلها ، وهذه اللغات ليست عنا ببعيدة . ومثال هذا لغات الفرع الروماني ، وهي لغات منحدرة عن اللاتينية ، وأهم هذه اللغات : الأسبانية . والبرتغالية ، والفرنسية ، والإيطالية ، والرومانية ، والقشتالية في أسبانيا .

ولغات الفرع الجرماني وأهمها: الإنجليزية ، والألمانية ، والهولندية ، واللغات الإسكندنافية (السويدية ، والدانمركية) ، وهي من الفرع الجرماني . وقد نهضت هذه اللغات نهضة عظيمة في ظل عصر النهضة الحديثة ، لأنها صارت لغات حضارة حديثة انتشرت بانتشارها .

---

(1) تفسير ابن كثير م3/ 348 .

وقد توصلت الدراسات الحديثة إلى أن اللغات: العربية ، والعبرية ، والسريانية ، والآشورية ، والحبشية ، وغيرها تنتمي جميعا إلى أسرة لغوية واحدة أو لغة أم تعرف بين الباحثين بأسرة اللغات السامية مجازا ، وهذه الدراسات المحققة والتي كدت مما توصلت إليه بأدلة قطعية لا يشوبها ظن تبدد دعاوي القدماء أن لغة من اللغات التي نعرفها هي الأصل .

واللغة العربية التي تعد أطول اللغات المعاصرة عمرا في الاستخدام ، تعد أقرب اللغات إلى اللغة الأم . فهي اللغة الوحيدة التي حافظت على بنيتها وكتب لها البقاء دون تحريف بفضل ظروفها التي عاشتها قبل الإسلام ، ثم زادها الـلـه كرامة وعزة فاختارها لغة لكتابه الكريم ، فحفظت بحفظه ، ولا نستطيع بالرغم من هذا أن ندعي أنها لم يطرأ عليها تطور أو تغيير ، فقد مرت هذه اللغة بمراحل تطور في الخطاب اليومي ، فالعربية التي تحدث بها الجاهليون تختلف في كثير من مفرداتها عن العربية التي استخدمت في ظل الحضارة الإسلامية . وهي الأخرى تختلف عن العربية التي نتكلمها اليوم ، ولكن هناك وعاء واحد تصب فيه عبر العصور التي مرت بها ، وهي اللغة الفصحى التي اعتمدها العلماء أساسا نقيس عليه عربيتنا المعاصرة .

وقد حفظت العربية بعناية ربها سبحانه وتعالى ، فحفظها في كتابه الكريم ثم عنى بها أهلها فليست هنالك لغة نالت من الرعاية والاهتمام والبحث مثلما نالت العربية ، وليست هنالك لغة تملك التراث الذي تملكه اللغة العربية .

ولكننا لا نستطيع أن نزعم أنها أم اللغات العالمية أو اللغة التي تكلمها آدم عليه السلام ، وإن قطعنا أنها من أقدم اللغات المعاصرة وأعز ثروة لفظية وتراثا وأدبا ، فقد شهد العلماء بذلك، ولكن ليست لدينا أدلة قطعية تخبرنا شيئا عن اللغة الأولى ، والذي ثبت في النص القرآني أن الإنسان الأول كانت لديه لغة يتواصل بها، وأخبرنا كذلك أنه قد وقع اختلاف في اللغات في فترة مبكرة من حياة الإنسان ؛ لكنه لم يحدد اسم اللغة ، ولم يقدم لنا تفصيلا عنها ، وما نسب إلى آدم أو نوح أو غيرهما من الأنبياء الأولين من قول في القرآن لا يعني أنهم قالوا قولهم بلسانهم ، فقد نص القرآن الكريم على اختلاف الألسنة ، ونص كذلك على أن كل نبي أرسل بلغة قومه ليبين لهم ، قال تعالى: ﴿ وَمَآ أَرۡسَلۡنَا مِن رَّسُولٍ إِلَّا

﴿بِلِسَانِ قَوْمِهِۦ لِيُبَيِّنَ لَهُمْ﴾ [إبراهيم: 4] .

والحديث الشريف: «**لم يبعث الله عز وجل نبيا إلا بلغة قومه**» ، وهذا يعني أن النبيين الأولين تحدثوا لغات مختلفة هي لغات أقوامهم أو من بعثوا فيهم .فلا حجة لهذه المزاعم التي تدعى بقدم اللسان العربي حتى آدم عليه السلام أو غيره من الألسنة كالعبرية ، أو السريانية ، وهذا ليس معناه الإقلال من شأن العربية أو الحط من قدرها أو الطعن فيها ، فالله تعالى قد جعلها لغة كتابه ووصفه بأنه عربي في أكثر من موضع ،ويكفيها فخرا أن حفظها وبقاءها ليس موكولا إلى العرب الخزايا المنكسرين اليوم- بل إلى الله تعالى: ﴿إِنَّا نَحْنُ نَزَّلْنَا ٱلذِّكْرَ وَإِنَّا لَهُۥ لَحَٰفِظُونَ ۝٩﴾ [الحجر: 9] .

وقد أنزله الله تعالى لسانا عربيا غير ذي عوج ولا تسمى ترجمته قرآنا ولا يتعبد بغير نصه العربي ، وهذا فضل ما بعده فضل! ولسنا في حاجة إلى أن نلهث وراء ما ذكر في بعض الكتب القديمة التي لا تستند إلى بصيرة من علم ، ولم يصدقها نص قرآني أو حديث عن النبي ﷺ .

والعربية في إثبات فصاحتها وقوة بيانها ليست في حاجة إلى نص ضعيف أو موضوع أو تأويل نص صحيح بغير معناه ، ليقال إن العربية أفضل اللغات وأصلها وأبلغها وأفصحها ، ونتخرص التراهات ، لنضفي عليها هالة القداسة ، وكأن العربية في منعة من الفساد والضعف غافلين عما تواجه العربية من مشكلات معاصرة تهدد كيانها ، فقدردد بعض المحدثين بعض الأقوال الموضوعة ، وبعض ما قيل تعصبا للعربية قديما باكين على أطلال العربية غير مبالين بأزمتها المعاصرة ، فقد تركوا دراسة اللغة دراسة علمية تعتمد على بحث مستوياتها (الصوتية والصرفية ، والتركيبية ، والدلالية ، وتوظيف هذه المستويات توظيفا محكما في لغة الخطاب المعاصر يدعم مستوى اللغة ، ويرفع منه ، وما الفائدة العملية التي ترتجي من الحديث عن اللغة في الماضي زمن آدم أو لغة الناس يوم القيامة ، وهي الآن فريسة آفات اللحن والدخيل ، وغزو اللغات الأجنبية ، وأصبحت غريبة بين أهلها ومذمومة بين اللغات الأجنبية اللائي يحرصون على تعلمها ، ويرغبون عن لغتهم؟! .

وقد توصل واحد من علماء العرب قديما إلى نتيجة علمية واعية محايدة في بحث اللغات

لا تقوم على التعصب أو الهوى ، وهو العلامة الفذ ابن حزم الأندلسي أحد أئمة علماء الإسلام الأعلام فقد رأى أن دراسة اللغة دراسة موضوعية علمية تقوم على بحثها في ذاتها دون اعتبار غيرها من اللغات أو أن يعلن الباحث رأيه في اللغات الأخرى فيذمها ؛ لأنها ليست لغة قومه أو دينه أو دولته . وهذا ليس من العلم في شيء ، فقد قال ابن حزم الأندلسي فيمن فضل لغة على أخرى أو تعصب للغة دون أخرى: وقد توهم قوم في لغتهم أنها أفضل اللغات ، وهذا لا معنى له ، لأن وجوه الفضل معروفة إنما هي بعمل أو اختصاص ولا عمل للغة ، ولا جاء نص في تفضيل لغة على لغة، وقد قال تعالى: ﴿ فَإِنَّمَا يَسَّرْنَٰهُ بِلِسَانِكَ لَعَلَّهُمْ يَتَذَكَّرُونَ ﴿٥٨﴾ ﴾ [الدخان: 58] فأخبر تعالى أنه لم ينزل القرآن بلغة العرب إلا ليفهم ذلك قومه عليه السلام لا غير ذلك!

وقد غلط في ذلك جالينوس ، فقال: إن لغة اليونانيين أفضل اللغات ، لأن سائر اللغات إنما هي تشبه إما نباح الكلاب أو نقيق الضفادع .

قال علي (ابن حزم) : وهذا جهل شديد ؛ لأن كل سامع لغة ليست لغته ولا يفهمها ، فهي عنده في النصاب الذي ذكر جالينوس ولا فرق . وأنكر ابن حزم رأي من فضل العربية: «وقد قال قوم: العربية أفضل اللغات ، لأنه بها نزل كلام اللـه تعالى . قال علي: وهذا لا معنى له ، لأن اللـه عز وجل قد أخبرنا أنه لم يرسل رسولا إلا بلسان قومه ، وقال تعالى: ﴿ وَإِن مِّنْ أُمَّةٍ إِلَّا خَلَا فِيهَا نَذِيرٌ ﴿٢٤﴾ ﴾ [فاطر: 24] وقال تعالى: ﴿ وَإِنَّهُۥ لَفِى زُبُرِ ٱلْأَوَّلِينَ ﴿١٩٦﴾ ﴾ [الشعراء: 196] . فبكل لغة نزل كلام اللـه تعالى ووحيه ، وقد أنزل التوراة والإنجيل ، والزابور . وكلم موسى عليه السلام بالعبرانية ، وأنزل الصحف على إبراهيم عليه السلام بالسريانية فتساوت اللغات في هذا تساويا واحدا .

وأما لغة أهل الجنة وأهل النار فلا علم عندنا إلا ما جاء في النص والإجماع في ذلك إلا أنه لابد لهم من لغة يتكلمون بها ضرورة (1) . وهذا ما نميل إليه ، ونسلم به .

ونرى أن الميزة التي اختص اللـه تعالى بها العربية أن جعلها لغة كتابه العظيم ، لما تتمتع

---

(1) الأحكام ص33 .

به من أساليب متعددة وغزارة ألفاظها واتساع دلالتها وإيجازها . وهذا فضل ما بعده ولا قبله . فليست

للعربية ميزة على سائر اللغات إلا بهذا الفضل ، لأن الله تعالى قد أنزل الكتب السابقة بلسان من

أنزلت عليهم ، قال تعالى: ﴿ وَمَآ أَرْسَلْنَا مِن رَّسُولٍ إِلَّا بِلِسَانِ قَوْمِهِۦ لِيُبَيِّنَ لَهُمْ ﴾

[إبراهيم: 4] . فسمة البيان في كل لسان ، والغرض من إنزاله عليهم بلسانهم هو التبيين ، لأنه لو كان

على غير لسانهم ما علموا ما فيه ، ولا أدركوا أسرار معانيه ، وهذا من حكمة الله تعالى في خلقه

ورحمته بهم ، وكونه بلسانهم يحببهم فيه ويرغبهم في فهمه .

قال ابن كثير في تفسير الآية: «هذا من لطفه تعالى بخلقه أنه يرسل إليهم رسلا منهم بلغاتهم ،

ليفهموا عنهم ما يريدون ، وما أرسلوا به إليهم كما روى الإمام أحمد حدثنا عن عمر بن ذر قال: قال

مجاهد عن أبي ذر قال: «قال رسول الله ﷺ : «لم يبعث الله عز وجل نبيا إلا بلغة قومه» ، وقوله: ﴿

فَيُضِلُّ ٱللَّهُ مَن يَشَآءُ وَيَهْدِى مَن يَشَآءُ ﴾ [إبراهيم: 4] أي بعد البيان وإقامة الحجة عليهم (1) .

فالهدف من جعل الكتاب المنزل بلسان من أنزل فيهم إقامة الحجة عليهم بما جاء فيه فقد جاء بلسان

يعرفونه واضحا مفهوما غير معجم (مبهم) .

وقد أنزل الله تعالى القرآن الكريم بلسان عربي مبين ، ليفهموه ويتبينوا ما فيه ، ويكتشفوا

أسراره ، فقد جاء تبيانا لكل شيء ، ففصل لهم الدين تفصيلا ليقيم الله عليهم الحجة به .

والبيان: هو الكلام الذي يكشف حقيقة حال أو المنطق الفصيح الذي يحمل في طياته بلاغا ، وهو

أهم صفات البشر ، فقد وهبهم الله تعالى القدرة على الإفصاح عما في ضمائرهم بالقول والحركة

والإشارة .

وقد زاد الإسلام العربية فضلا ومكانة فوسع رقعتها وزادها مهابة ومحبة في قلوب المسلمين ،

فأقبلوا يتعلمونها واتخذوها لسانا ، وكانت لغة حضارة ، فرغب فيها الناس:

---

(1) تفسير ابن كثير ، المكتبة التوفيقية جـ 523/2 .

«وقد انقادت اللغات كلها للغة العرب ، فأقبلت الأمم إليها يتعلمونها [1] وانتشرت العربية في أطراف الأرض بانتشار الإسلام .

طفولة اللغة العربية

إن استخدام عبارة «طفولة اللغة العربية» في سياق قول بعض الباحثين عن نشأة اللغة العربية غير دقيق ، لأن هذه العبارة تعني أن العربية نشأت مستقلة أو أنها مرت بمرحلة طفولة ، وهي المرحلة البدائية ، وهذا الوجه لا يتسق مع البحث اللغوي الحديث الذي أكد أن العربية فرع من فروع لغة أم تفرعت عنها لغات أخرى مثل العبرية ، والسريانية والآرامية ، والأكادية ، والحبشية ...، وقد عرفت هذه اللغات باسم «الساميات»، وهي أسرة لغوية واحدة ، كما أكد البحث الحديث أن اللغة العربية أقرب اللغات السامية إلى اللغة الأم وأقدمها لما يتوفر بها من ظواهر ترجع إلى أصل تلك اللغات ؛ لأنها عاشت داخل الصحراء ، ولم تتأثر بغيرها حتى دونت .

وإطلاق كلمة «طفولة» يمكن أن يقال تجوزا على أصل نشأة اللغة البشرية ؛ لأنها غير مسبوقة بلغة أخرى ولم تتفرع من غيرها . واللغة العربية ورثت خصائص اللغة الأم أو معظمها غير أنها لم تمر بمرحلة طفولة ، ولكن يمكن البحث عن مرحلة استقلالها عن اللغة الأم ومدى ارتباطها بها وما احتفظت به من ظواهرها ، وهو ما تقوم عليه الدراسات الحديثة .

والبحث عما يسمى بطفولة اللغة العربية لا طائل منه ؛ لأنه طفولة للغة انشقت عن غيرها أو تفرغت عنها وأثناء انشقاقها كانت اللغة فيها منطوقة غير مدونة ، فليس لدينا نصوص من هذه المرحلة ، ولكن يمكن بحث تاريخ اللغة ما أمكن ذلك ، ويمكن أيضا بحث الخصائص الأولى التي ورثتها عن اللغة الأم ، وما تميزت به عنها ، واختصت به نفسها فجعلها لغة مستقلة عن اللغة الأم ، واتساع هذه المميزات عبر مراحل تاريخها . وكل الذين أجهدوا أنفسهم وراء البحث عن طفولة العربية لم يصلوا إلى شيء ، يقول الدكتور

---

(1) صبح الأعشي: صناعة الكتاب .

محمد خضر: «... فإننا نريد أن نعرف شيئا ولو قليلا عن طفولة اللغة العربية ، وشيئا ولو قليلا كذلك عن نشأتها ونموها وتطورها إلى أن صارت لغة نموذجية أدبية نزل به القرآن الكريم على النبي العربي محمد ﷺ » (1) . لأن ما وصل إلينا منها يمثل أقوى مراحلها في العصر الجاهلي . فقد تفرعت عن لغة أم مكتملة ولها خصائصها ، فالذي نعلمه ويتفق عليه علماء العربية أن أزهى عصور العربية وقمة مجدها كان في العصر الجاهلي ، وظلت العربية في تلك المكانة حتى بدأت الفتوحات الإسلامية ، فخرجت العربية من خدرها ، ولاكتها ألسنة غير عربية .

ويعلن الدكتور محمد خضر صراحة عن عجزه عن الوصول إلى شيء من طفولة العربية فيقول: «وفي الحق أننا في بحثنا عن طفولة اللغة العربية نجد أنفسنا في ظلام حالك ، فليس بين أيدينا نصوص لنا ترجع إلى عهودها الأولى ، وأقدم ما عندنا منها لا يجاوز القرن الثالث الميلادي ، وليس معنى هذا أن اللغة العربية لم تكن موجودة قبل المسيحية أو أنها أحدث من شقيقاتها الساميات ، بل إن الباحثين يؤكدون أن اللغة العربية المألوفة لنا ، قد احتفظت بعناصر قديمة ترجع إلى السامية الأم أكثر ما احتفظت به الساميات (2) .

ما وصلنا من تراث أدبي ولغوي سبق الإسلام ، يؤكد أن اللغة العربية عاشت أرقى وأزهى عصور مجدها في الجاهلية ، فهذا التراث الجاهلي لا يمثل بدائية اللغة العربية وسذاجتها ، وإنما يعد النموذج الأعلى والأمثل للعربية الفصيحة ، وتعد عربية الجاهليين هي نموذج القياس الذي تقاس به صحة اللغة وتكال عليه صيغها في العصور التالية حتى الآن.

ولغات الأمم البدائية قد تمثل طفولة لغة ما أو سذاجتها في أمة من الأمم . ولكن الأعراب أو البدو من أبناء العربية كانوا يملكون زمام اللغة العليا ، وتقاس فصاحة المفوهين والبلغاء بفصاحتهم ، ويحتج بلغتهم ويقاس عليها ، وقد كان الأعراب هم أعرب العرب: وأفصحهم ، وأخذت عنهم اللغة ، ولم تؤخذ عن أهل المدن ممن خالطوا الأعجام ، فالعربية

---

(1) فقه اللغة ، دكتور محمد خضر ط 1401هـ ، 1981 ص25 .

(2) نفسه .

الفصيحة ظلت في أفواه الأعراب سكان البادية داخل الصحراء لا تشوبها شائبة حتى دون العرب لغتهم وأدبهم ، فنزل علماء العربية البادية وسجلوا ما سمعوه من الأعراب ، وروا عنهم ، واستقدم بعضهم الأعراب إلى المدن ليحتجوا بكلامهم ، ويتعلمون عنهم اللغة ، فالعربية التي عرفناها عن الجاهليين لا تمثل طفولتها بل شبابها القوي المتين .

وجاء في بعض الروايات أن أول من تكلم بلسان عربي مبين يعرب بن قحطان وقيل جرهم ، أخرج الحاكم في المستدرك ، وصححه والبيهقي في شعب الإيمان عن بريدة رضي الله عنه في قوله تعالى: ﴿ بِلِسَانٍ عَرَبِيٍّ مُّبِينٍ ﴿١٩٥﴾ ﴾ قال: بلسان جرهم (1) وجاء فيه أيضا أن «أول من تكلم بالعربية ونسي لسان أبيه إسماعيل عليه السلام» (2) .

وروى الحاكم في المستدرك وصححه البيهقي في شعب الإيمان من طريق سفيان الثوري عن جعفر عن محمد عن أبيه جابر: أن رسول الله ﷺ قال: ﴿ قُرْءَانًا عَرَبِيًّا لِّقَوْمٍ يَعْلَمُونَ ﴾ [فصلت: 3] ثم قال: «ألهم إسماعيل هذا اللسان العربي إلهاما» .

ويروي أيضا أن النبي ﷺ قال: «أول من فتق لسانه بالعربية المتينة إسماعيل عليه السلام ، وهو ابن أربع عشرة سنة» (3) .

وهذا لا يعني أن إسماعيل عليه السلام أبو العرب جميعا وأنه أول من لفظ بها ، والصحيح المشهور أن العرب العاربة قبل إسماعيل عليه السلام ، وهم عاد ، وثمود ، وطسم، وجديس ، وأميم ، وجرهم ، والعماليق ، وأمم آخرون ، لا يعلمهم إلا الله ، كانوا قبل الخليل عليه السلام ، وفي زمانه ، وجرهم هم الذين أصهر إليهم إسماعيل عليه السلام وعاش فيهم وتعلم منهم العربية في البيت الحرام ، فأما العرب المستعربة ، وهم عرب الحجاز فمن ذرية إسماعيل عليه السلام . وقد قال أبو عمرو بن العلاء: العرب كلها ولد إسماعيل إلا حمير وبقايات جرهم . وكذلك يروى أن إسماعيل جاورهم ، وأصهر

---

(1) ذكر ذلك ابن عساكر في تاريخه عن أنس -رضي الله عنه- موقوفا . والمزهر جـ 32/1 .

(2) المزهر جـ 32/1 .

(3) رواه محمد بن علي بن الحسين رضي الله عنه . المزهر 32/1 .

إليهم ، ولكن العربية التي عناها محمد بن علي (بن الحسين راوي الحديث السابق) اللسان الذي نزل به القرآن وما تكلمت به العرب على عهد النبي ﷺ ، وتلك عربية أخرى غير كلامنا [1] ، ونحن نميل إلى هذا الرأي ، لأنه يتفق مع ما جاء في كتب التاريخ وما ورد في الروايات ويقره المنطق ، فاللغة العربية كانت موجودة زمن إسماعيل عليه السلام ، وجاء في القرآن الكريم ذكر بعض العرب الأقحاح الذين أهلكهم اللـه تعالى مثل: عاد وثمود ، والمشهور بين علماء الأنساب أن أولاد إسماعيل من العرب هم قريش ، وذكروا معهم قبائل أخرى تعيش في الحجاز .

وقد نزل القرآن الكريم بلسان قريش وقد كان معروفا في العرب ، وهذا يعني أن القرآن الكريم لم يكن فيه من لهجات العرب شيئا ، فالقراءات القرآنية تمثل وجوه الأداء أو النطق العربي .

والنبي ﷺ من أفصح العرب ، وقد نزل القرآن الكريم بلسانه وهو لسانه قريش. عن عمر من الخطاب رضي اللـه عنه أنه قال: يا رسول اللـه ، مالك أفصحنا ، ولم تخرج من بين أظهرنا ؟ قال: «كانت لغة إسماعيل قد درست ، فجاء بها جبريل عليه السلام فحفظنيها ، فحفظتها» . أخرجه ابن عساكر في تاريخه .

أخرج البيهقي في شعب الإيمان من طريق يونس بن محمد بن إبراهيم بن الحرث التيمي ، عن أبيه قال: قال رسول اللـه ﷺ في يوم دجن : كيف ترون بواسقها؟ قالوا: ما أحسنها وأشد تراكمها! قال: كيف ترون قواعدها؟ قالوا: ما أحسنها وأشد تمكنها! قال : كيف ترون رحاها استدارات؟ قالوا: نعم ، ما أحسنها وأشد استدارتها ! قال : كيف ترون برقها ؟ أخفيا أم وميضا أم يشق شقا ؟ قالوا : بل يشق شقا . فقال: الحياء . فقال رجل: يا رسول اللـه ، ما أفصحك ! ما رأينا الذي هو أعرب منك ! قال : حق لي ، فإنما أنزل القرآن

---

(1) المزهر 33/1 . وقد كان لسان حمير في زمن أبي العلاء مختلفا عن اللسان العربي الذي كان في الشمال . فقال أبو عمر: «ما لسان حمير بلساننا ولا لغتهم بلغتنا» .

بلساني، و اللـه يقول: ﴿ بِلِسَانٍ عَرَبِيٍّ مُّبِينٍ ﴾ رواه ابن أبي حاتم (1) .

نشأة اللغة

بحث نشأة اللغة قديم في البحث اللغوي ، فقد أثار هذا الموضوع الباحثون الهنود ، فبحثوه ضمن قضايا اللغة التي بحثوها ، كما بحثه أيضا علماء اليونان ، ومن طريف ما يذكر في هذا الموضوع أن العهد القديم تناول موضوع نشأة اللغة واختلافها في سفر التكوين وأثار هذا الموضوع اهتمام علماء المسلمين ، فدرسوه دراسة واعية مستفيدين في ذلك من الدراسات السابقة عليهم ، وقد درسوا هذا الموضوع في إطار ديني وعقلي ، وسوف نبين ذلك في موضعه .

وقد شغل هذا الموضوع الباحثين قديما وحديثا ، وأثارت قضاياه جدلا بينهم ، وأرى أن الموضوع الأساسي ليس نشأة اللغة أو أصلها ، ولكن الأساس هو دراسة اللغة نفسها التي نتواصل بها ونوظفها في حياتنا ، وأن نعالج قضاياها ومشكلاتها ، ونعتني بها ، فبحث نشأة اللغة الأولى ووصفها لم يهتد فيه الباحثون إلى طائل أو رأي فصل لعدم كفاية الأدلة العلمية التي تقيم حقيقة ثابتة يعتد بها ، وكل ما ذكر في هذا الموضوع اجتهاد لا يصل إلى درجة اليقين المقطوع به .

وقد رأيت أن أعيد مناقشة هذه الموضوعات ، وأعرض بعض ما ذكر فيها ، ليكون القارئ والباحث على بينة مما ذكرت آنفا ، وأول هذه القضايا التي أتناولها قضية أصل اللغة أو كيف نشأت اللغة أو من أين للإنسان بها؟ ومتى عرفها ، وقد تباينت الآراء في هذا الموضوع وإليك أشهرها :

أولا -اللغة إلهام إلهي أو وحي أو توقيف

يرى أصحاب هذا الرأي أن اللغة إلهام من اللـه إلى آدم أو وحي هبط عليه ، فعلمه

---

(1) تفسير ابن كثير م348/3 المزهر 35/1 . الدجن: إلباس الغيم السماء . الباسقة : السحابة البيضاء الصافية . الحيا: (مقصور) الخصب والمطر ، ويمد الحياء . عرب: لم يلحن . وعرب لسانه عروبة إذا كان عربيا فصيحا .

النطق وأسماء الأشياء ، وقد ذهب إلى هذا الرأي في العصور القديمة الفيلسوف اليوناني هيراكليت Heraclite (ت 280 ق.م.) ونسبة هذا الرأي له ليست يقينية ؛ لأن الوحي يرتبط بالأديان السماوية ولهذه النظرية صدى في العهد القديم الذي أشار إلى أن اللـه تعالى علم آدم أسماء الأشياء ، وهو الذي قدر اختلاف اللغة ، وقد تبنى هذه النظرية بعض علماء المسلمين ، ومن أصحاب هذا الرأي أبو علي الفارسي ، قال ابن جني محدثا عن رأي أستاذه أبي علي: «قال لي يوما: هي من عند اللـه ، واحتج بقوله سبحانه: ﴿ وَعَلَّمَ ءَادَمَ ٱلْأَسْمَآءَ كُلَّهَا ﴾ [البقرة: 31] » ، وقد ناقش ابن جني حجة أستاذه ورأي عدم حجيتها في هذا الموضوع: «وهذا لا يتناول موضوع الخلاف ، وذلك أنه قد يجوز أن يكون تأويله: أقدر آدم على أن واضع عليها . وهذا المعنى من عند اللـه سبحانه لا محالة ، فإذا كان ذلك محتملا غير مستنكر سقط الاستدلال به» (1) .

وأكثر علماء العربية ميلا إلى هذه النظرية ابن فارس (395هـ) ، وهو معاصر لأبي علي الفارسي ، وتلميذه بن جني (2) ، وقد قدم أدلته النقلية في ذلك ، ثم احتج بصحة رأيه بأدلة عقلية ، فقال: «أقول إن لغة العرب توقيف . ودليل ذلك قوله جل ثناؤه: ﴿ وَعَلَّمَ ءَادَمَ ٱلْأَسْمَآءَ كُلَّهَا ﴾ ، فكان ابن عباس يقول: « علمه الأسماء كلها وهي هذه الأسماء التي يتعارفها الناس من دابة وأرض وسهل وجبل وحمار . وأشباه ذلك من الأمم وغيرها (3) . واستشهد بغيره على ما ذهب إليه ، ثم قال: «والدليل على صحة ما نذهب إليه إجماع العلماء على الاحتجاج بلغة القوم فيما يختلفون فيه أو يتفقون عليه ثم احتجاجهم بأشعارهم . ولو كانت اللغة مواضعة اصطلاحا لم يكن أولئك في الاحتجاج بهم بأولى منا في الاحتجاج بنا لو

---

(1) الخصائص 51/1 .

(2) توفى أبو علي الفارسي 377هـ ، وابن جني 392 هـ ، وأحمد بن فارس 395 هـ ، والفترة التي عاش فيها هؤلاء كانت تعرف بالقرون الوسطى في أوربا أو عصر الظلام . والمرجح أن أصحاب هذا الرأي من المسلمين توصلوا إليه من ظاهر بعض النصوص والمرويات ، وذكره عن هيراكليت غير محقق ، بل أراه باطلا ، لأن هذا الرأي يرتبط بالديانات السماوية ، وقد جاء ما يفيد هذا الرأي في العهد القديم في سفر التكوين .

(3) الصاحبي ص7 .

اصطلحنا على لغة اليوم ، ولا فرق» (1) . وليس ما ذكره ابن فارس بحجة في هذا الموضع ، لأن الاحتجاج يكون على صحة استخدام اللغة في أصل الوضع ، والشواهد تؤكد صحة استخدام اللفظ بمعناه الذي وضع له دون دلالة تخالف معناه ؛ لأننا قد نستخدم اللفظ في غير موضعه أو دون دلالته التي اصطلح عليها في أصل الوضع خطأ في الاستخدام .

وقد ذهب ابن فارس إلى ما هو أبعد من ذلك ، وهو أن الخط هو الآخر توقيف ، واستدل ببعض الآثار واستدل على ذلك ببعض الآيات التي ورد فيها ذكر القلم ، ونرجئ الحديث في هذا الموضع إلى موضوعه من هذا الكتاب فترقبه (2) .

ورأى بعض الأصوليين هذا الرأي ، فذهب الأشعري وأهل الظاهر وجماعة من الفقهاء إلى أن الله تعالى هو الذي وضع اللغة ، وعلمها آدم بالوحي أو الإلهام ، واحتجوا بقوله تعالى: ﴿ وَعَلَّمَ ءَادَمَ ٱلْأَسْمَآءَ كُلَّهَا ثُمَّ عَرَضَهُمْ عَلَى ٱلْمَلَـٰٓئِكَةِ فَقَالَ أَنۢبِـُٔونِى بِأَسْمَآءِ هَـٰٓؤُلَآءِ إِن كُنتُمْ صَـٰدِقِينَ ﴿٣١﴾ قَالُوا۟ سُبْحَـٰنَكَ لَا عِلْمَ لَنَآ إِلَّا مَا عَلَّمْتَنَآ ﴾ [البقرة: 31، 32] وهذا يدل على أن آدم والملائكة لا يعلمون إلا بتعليم الله تعالى ، ومنها قوله تعالى: ﴿ ٱقْرَأْ بِٱسْمِ رَبِّكَ ٱلَّذِى خَلَقَ ﴿١﴾ خَلَقَ ٱلْإِنسَـٰنَ مِنْ عَلَقٍ ﴿٢﴾ ٱقْرَأْ وَرَبُّكَ ٱلْأَكْرَمُ ﴿٣﴾ ٱلَّذِى عَلَّمَ بِٱلْقَلَمِ ﴿٤﴾ عَلَّمَ ٱلْإِنسَـٰنَ مَا لَمْ يَعْلَمْ ﴿٥﴾ ﴾ [العلق: 1 :5] .

وقالوا لم يبلغنا أن قوما من العرب في زمان يقارب زماننا اجتمعوا على تسمية شيء من الأشياء مصطلحين عليه . ولم يبلغنا عن الصحابة رضوان الله عليهم ، وهم البلغاء والفصحاء من النظر في العلوم الشريفة ما لا خفاء به ، وما علمناهم اصطلحوا على اختراع لغة أو إحداث لفظة لم تتقدمهم (3) .

---

(1) نفسه .

(2) ارجع إلى: الصاحبي لابن فارس ص 10 والمزهر للسيوطي ج341/2 وما بعدها . والآيات التي احتج بها ابن فارس: ﴿ نٓ ۚ وَٱلْقَلَمِ وَمَا يَسْطُرُونَ ﴿١﴾ ﴾ [القلم: 1] وقوله تعالى: ﴿ ٱلَّذِى عَلَّمَ بِٱلْقَلَمِ ﴾ [العلق: 4] . وليست بحجة صريحة في توقيف الكتابة أو الوحي بها .

(3) لم يقبل الأستاذ مصطفى السقا الشواهد الدينية التي احتج بها الأصوليون وغيرهم ، قال: إن كثر ما استدل به أصحاب هذا المذهب أدلة دينية مع أن البحث نظري عقلي لا ديني ، فينبغي أن يستبعد منه الاستدلال بالآيات والأحاديث ونحوها «مجلة المعرفة ، عدد 3 ، السنة الأولى ، السعودية . ولا نقبل

وقد اعتنق هذا الرأي بعض رجال الدين من أهل الكتاب، وأشهرهم الأب الفرنسي لامي (ت 1771م) في العصور الوسطى . واستشهد على ذلك بما جاء في العهد القديم: «و الله خلق من الطين جميع حيوانات الحقول ، وجميع طيور السماء ثم عرضها على آدم ليرى كيف يسميها ، وليحمل كل منها الاسم الذي يضعه له الإنسان ، فوضع آدم أسماء لجميع الحيوانات المستأنسة ولطيور السماء ودواب الحقول» (1) .

وقد جاء في النص القرآني: ﴿ وَعَلَّمَ ءَادَمَ ٱلْأَسْمَآءَ كُلَّهَا ﴾ [البقرة: 31]، ولم يرد فيه المراد بها . وهذان النصان ليسا بدليلين على أن اللغة توقيف أو وحي في عموم أمرها ، فهذا مما يختص به آدم دون الناس ، وقد ثبت بالدليل العقلي أن اللغات تتطور ويزداد فيها وتزداد ثروتها اللغوية بطول العهد بها وكثرة استخدامها ، وقد يحدث العكس ، فتموت اللغة أو تنقرض بانقراض متكلميها أو أن تغلبها لغة أخرى غازية فتحل محلها .

وهذا الاتجاه يصح من وجه ولا يصح من وجوه أخرى ، ووجه الصحة أن الله تعالى علم آدم اللغة ؛ لأنه الخلق الأول وليس له سابق يتلقى عنه ، فعلمه الله تعالى أسماء كل شيء في بيئته بوحي أو إلهام ، فآدم كان يتلقى من ربه سبحانه وتعالى ، أو أن الله تعالى وهبه القدرة على الكلام فتكلم بمشيئته سبحانه ، وخاطب آدم زوجه وأولاده بما تعلمه من ربه سبحانه و الله أعلم . والذي لا يصح أن نزعم أننا تلقينا اللغة عن آبائنا توقيفا أو وحيا . فإن ذرية آدم تعاقبت في نقل لغات الأولين وتوسعت فيها ، وغيرت وتأثرت لغاتها بعوامل خارجية واجتماعية ، فاختلف لسانهم الأول إلى لهجات ثم تطورت اللهجات إلى لغات مستقلة ،

هذا الرأي؛ لأن العلماء قديما وحديثا احتجوا بالقرآن الكريم والحديث الشريف في مجال اللغة، ويعدان مصدري احتجاج فيها من الدرجة الأولى ، والآيات القرآنية والحديث يصح الاحتجاج بهما في كل مجالات المعرفة ؛ لأنهما بوحي من الله الذي أحاط بكل شيء علما ، وهما لا يتعارضان مع حقائق العلم. وهذا الاحتجاج مشروط بصحة مناسبة الشاهد لموضوع الاستشهاد على المعنى الذي أجمع عليه المفسرون دون تحريف أو تغيير .

(1) العهد القديم، سفر التكوين، الإصحاح الثاني: الفقرتان 19 ، 20 ، ورأي هذا الرأي أيضا الفيلسوف دو بونالد Vicomte de Bonald في كتابه التشريع للقديم، توفي 1840م بفرنسا . ارجع إلى نشأة اللغة عند الطفل . الدكتور عبد الواحد وافي، دار نهضة مصر ص30، 31 .

فاللهجة تصبح لغة إذا تمكنت من الاستقلال عن قيد اللغة الأم ، ولا نسمي اللغات التي تتكلمها الأمم المختلفة وحيا أو توقيفا ، لأنها لو كانت هي اللغة نفسها لما اختلفت ولظلت لغة واحدة من لدن آدم حتى الآن .

ثانيا - اللغة اصطلاح وتواطؤ

يرى أصحاب هذا الرأي أن الإنسان هو الذي وضع اللغة وارتجلها ارتجالا، واصطلح عليها بالتواضع والاتفاق في التواصل اليومي ، وقد قام الإنسان بوضعها على مراحل ، وهذا مذهب أكثر أهل النظر من المتكلمين ومنهم المعتزلة ، وذكر ابن جني هذا عنهم ، وفسر ذلك على النحو التالي: «وذلك أنهم ذهبوا إلى أن أصل اللغة لابد فيه من المواضعة ، قالوا ذلك كأن يجتمع حكيمان أو ثلاثة فصاعدا ، فيحتاجون إلى الإبانة عن الأشياء والمعلومات ، فيضعون لكل واحد منها سمة ولفظا ، إذا ذكر عرف به ما مسماه ، ليمتاز عن غيره ، وليغني بذكره عن إحضاره إلى مرآة العين ، فيكون ذلك أقرب وأخف وأسهل من تكلف إحضاره ، لبلوغ الغرض في إبانة حاله . بل يحتاج في كثير من الأحوال إلى ذكر ما لا يمكن إحضاره ولا إدانوه ، كالفاني ، وحال اجتمع الضدين على المحل الواحد ، كيف يكون ذلك لو جاز ، وغير هذا مما هو جاز في الاستحالة والبعد مجراه ، فكأنهم جاءوا إلى واحد من بني آدم ، فأومأوا إليه ، وقالوا إنسان إنسان إنسان ، فأي وقت سمع هذا اللفظ علم أن المراد به هذا الضرب من المخلوق ، وإن أرادوا سمة عينه أو يده أشاروا إلى ذلك ، فقالوا يد ، عين ، رأس ، قدم أو نحو ذلك ، فمتى سمعت اللفظ من هذا عرف معنيها ، وهلم جرا فيما سوى هذا من الأسماء والأفعال والحروف (1) .

ثم بين ابن جني سبب تعدد التواضع في اللغات المختلفة أو اختلاف اللفظ في اللغات: «ثم لك من بعد ذلك أن تنقل هذه المواضعة إلى غيرها ، فتقول الذي اسمه إنسان ، فيجعل مكانه «مرد» والذي اسمه «رأس» فيجعل مكانه «سر» وعلى هذا بقية الكلام . وكذلك لو بدئت اللغة الفارسية ، فوقعت المواضعة عليها ، لجاز أن تنقل ، ويولد منها لغات كثيرة: من

---

(1) ارجع إلى الخصائص 53/1 ، 54 .

الرومية ، والزنجية ، وغيرهما» .

وأشار ابن جني إلى ما يستجد من مفردات جديدة تعبر عما ابتكر: «وعلى هذا ما نشاهده الآن من اختراعات الصناع لآلات صنائعهم من الأسماء: كالنجار ، والصانع ، والحائك ، والبناء ، وكذلك الملاح . قالوا: ولكن لابد لأولها من أن يكون متواضعا بالمشاهدة والإيماء» (1) .

قد يفهم القارئ لأول مرة من قول ابن جني السابق أن الألفاظ اتفق عليها في الاستعمال ، كما يتفق أصحاب كل علم على مصطلحاتهم ، وأرباب كل مهنة على ما في أيديهم من المسميات ، وإطلاق الأسماء لا يكون على هذا الضبط والإحكام ، فالتواضع على المفردات يسير في إطاره الطبيعي دون قصد من الإنسان أو نية مبيتة ، فالبشر يتناقلون المفردات ، ويغيرون فيها دون قصد . وهذا سبب اختلاف دلالتها واختلاف لفظها أحيانا في لغة واحدة ، وقد يكون هذا الكم الكبير من المفردات اللغوية مولدة من كلمات سابقة ، وإعادة صوغها ، أو نحت كلمات جديدة (كلمة أو أكثر) للدلالة على معنى جديد يصطلح عليه ، أو النقل عن آخرين ، واستعارة مفرداتهم لما ليس له مسمى عندهم . وقال الآمدي: «إن البهشمية وجماعة من المتكلمين ذهبوا إلى أن ذلك من وضع أهل اللغات واصطلاحهم ، وإن واحدا أو جماعة انبعثت داعيته أو داعيتهم إلى وضع هذه الألفاظ بإزاء معانيها ثم حصل تعريف الباقين بالإشارة والتكرار كما يفعل الوالد بالولد الرضيع ، وكما يعرف الأخرس ما في ضميره بالإشارة والتكرار مرة بعد مرة أخرى محتجين على ذلك بقوله تعالى: ﴿ وَمَآ أَرۡسَلۡنَا مِن رَّسُولٍ إِلَّا بِلِسَانِ قَوۡمِهِۦ ﴾ [إبراهيم: 4] وهذا دليل على تقدم اللغة على البعثة والتوقيف» (2) .

وقد رد عليهم رافضو مذهبهم من المحدثين بأن يتجافى عن الواقع أن يجتمع حكيمان أو أكثر لوضع رمز أو كلمة لمعنى ، فهذا ضرب من الخيال أو الظن لا يغني من الحق شيئا ، والآية ليست بشاهد في هذا الموضع ؛ لأنها تشير إلى اختلاف الألسنة ولا تتعلق بأصل

---

(1) الخصائص ج54/1.

(2) الأحكام في أصول الأحكام ، أبو الحسن علي بن محمد الآمدي . ج106/1.

اللغة ، وقد غالى بعض المحدثين في الرد عليهم بأن رفضوا الاحتجاج بالنص الديني عامة في هذه الموضوعات قال بعضهم: «على أننا نقول ما قلناه آنفا إن الاستدلال بالنصوص الدينية في مقام البحث العلمي لا يجوز» (1) . والنص القرآني أصدق دليل في موضعه الذي يوافقه .

وقد تبنى هذه النظرية بعض فلاسفة العصور القديمة ، وأشهرهم الفيلسوف اليوناني ديموكريت **Deocrite** ، وهو من فلاسفة القرن الخامس قبل الميلاد ، وأخذ به بعض فلاسفة العصر الحديث منهم الفيلسوف الإنجليزي آدم سميث **Adam Smith** وريد **Reid** ، ودجلد ستيورات **Duglad Stewart** .

وقد وجه الدكتور عبد الواجد وافي لهذه النظرية نقدا لاذعا ، فقد رأى أنها لا تستند إلى سند عقلي أو نقلي أو تاريخي ، وأنها تتعارض مع النواميس اللغوية التي تسير عليها النظم الاجتماعية ، فهذه النظم لا ترتجل اللغة ارتجالا ولا تخلقها خلقا ، بل تتكون بالتدريج تلقائيا ، كما أن هذه النظرية تغفل العوامل التي دعت إلى ظهورها في شكل أصوات مرتبة ذات مقاطع متميزة الكلمات ، والكشف عن النواة الأولى لها وصورتها الصوتية الأولى لأصل الكلمات أو الأصوات الأولى التي عبر بها الإنسان عن نفسه ، وأسباب اختياره لها. ورأى الدكتور وافي أن هذه النظرية ليست جديرة بالمناقشة ؛ لأنها تقوم على التخمين والوهم والخيال ، ورأى أن ما ذكره ابن جني عن المواضعة من اجتماع أفراد على وضع بعض الكلمات مذهبا ساذجا غريبا يبعد عن جادة الصواب المعقول (2) .

وهذا لا شك تطاول على آراء علماء أفذاذ اجتهدوا في مسألة علمية وساهموا فيها مثل غيرهم ، ولا ينبغي أن نسفه آراءهم أو نضع من شأنهم ، فنصفهم بأنهم من العصور

---

(1) بحث «اللغة والمجتمع الإنساني» أحمد عبد الرحيم السايح . مجلة اللسان العرب م7 ج199/1 .

(2) نشأة اللغة عند الطفل ص 32 ، 33 . وقد استخدم الدكتور وافي تعبيرا غير دقيق عن علماء المسلمين (أبي علي الفارسي ابن فارس ، وابن جني) ، وهو أنهم من علماء العصور الوسطى ، وهذا تعبير خاطئ في هذا السياق ، لأن تعبير مصطلح العصور الوسطى يشير إلى فترة الظلام والتخلف التي عاشتها أوربا تحت نير سلطة رجال الكنيسة ، وتبدأ من القرن الثالث عشر حتى السابع عشر ، هي أزهى عصور الحضارة في تاريخ الإسلام .

الوسطى تلميحا إلى فترة الظلام والظلم التي عاشتها أوربا ، ولم يكن العصر الذي عاش فيه ابن جني (ت 392) عصر ظلام ، بل يعد أزهى عصور الدولة الإسلامية حضارة ، وقد أجمع العلماء قاطبة على أن ابن جني كان من أنبغ علماء اللغة مطلقا ، وأكثرهم وعيا وفهما ، ويكفيه أنه ضرب بسهم في كثير من الموضوعات التي لم تختلف معه فيها المناهج البحثية الحديثة ، وقد توصل إلى كشف كثير من أسرار اللغة في زمن متقدم . ولا نتفق مع الدكتور وافي وغيره ممن رفضوا الاستدلال بالنص القرآني في موضوع نشأة اللغة بدعوى أنه نص ديني لا يحتج به في مجال العلم ، وأقول إن النص القرآني أصدق دليل علمي ، لأنه كلام رب العالمين ، وأحرى بهم أن يقولوا إن هذه النصوص لا يستدل بها في هذا الموضوع ، لأن موضوعها غير الموضوع الذي استشهد بها فيه ، فهذا ليس موضعها في الاستشهاد ؛ وهذا ما نطق به ابن جني أدبا مع كلام الـله عز وجل ، فذكر أن معني الشواهد القرآنية لا يتناول الموضوع الذي احتج فيه بهذه الآيات .

ونرى خلاف ما ذهب إليه الدكتور وافي ، فالتواضع أو التواطؤ في اللغة أقرب إلى طبيعتها وتوظيفها في المجتمع ، ومن أدلة ذلك أن وسائل الإعلام تطرح كلمات جديدة بدلالات جديدة ، فيتلقاها المجتمع على لفظها ومعناها ويتواصل بها على هذا الوضع . وكثير من الكلمات الدخيلة يسلم المجتمع العربي بدلالاتها ويصطلح عليها ، وتصبح جزءا من مفردات خطابه اليومي .

وهذا الرأي يلائم ما نحن عليه في عصرنا ، فأرباب العلوم المختلفة ، قاموا بوضع مصطلحات حديثة مولدة ، وأسماء لكل مبتكر حديث ، وقد يكون الاسم والمصطلح لهما وجود سابق في اللغة ، مثل السيارة والقطار ، وقد يكون محدثا أو منحوتا أو معربا أو دخيلا ، والأصل في معنى المصطلح أو الاسم الاصطلاح أو التواطؤ عليه في الاستخدام .

وإن اجتماع العلماء المتخصصين على وضع لفظ أو مصطلح أورمز لشيء ليس خبالا أو ظنا ، فالعلوم الحديثة تبتكر مصطلحات حديثة يصطلح عليها لترمز بها إلى كل ما يستجد في الحضارة الحديثة ، وليس هذا بدعا قديما وحديثا ، ولكن الذي نأباه أن نقول إن الناس قديما اعتادوا أن يجتمعوا ليطلقوا أسماء لكل ما يرونه ، فالإنسان يسمى الشيء بأقرب شيء يشبهه

أو حركته أو لونه إن لم يسبق له معرفته أو يفترض له لفظا أو يبحث عن مسماه الحقيقي: ما هذا؟ ما اسمه؟ .

والاحتجاج بالنص القرآن والحديث الشريف يعد من أقوى الأدلة التي يحتج بها في مثل هذه الموضوعات شريطة أن يحتج بالنص في موضعه الصحيح دون لي للنص أو تحريف للمعنى ، والآية ﴿ وَمَآ أَرْسَلْنَا مِن رَّسُولٍ إِلَّا بِلِسَانِ قَوْمِهِۦ ﴾ التي احتج بها أصحاب رأي الاصطلاح غير مقبولة في هذا الموضع ، لأن معناها أو مرادها ليس في موضوع الاحتجاج ، ولا نقول مغالين إنه لا يجوز الاحتجاج بها في بحث علمي ، فأصحاب هذا الرأي جانبهم الصواب ، وشرط الاحتجاج بالحديث أن يكون صحيحا وفي موضعه من الاحتجاج . و اللـه أعلم (1) .

ثالثا - اللغة محاكاة الأصوات

يرى أصحاب هذا الرأي أن اللغة الإنسانية نشأت من محاكاة الأصوات التي نسمعها ، فالمتكلم يحاكي الصوت الذي يسمعه ما استطاع إليه سبيلا ، ويعبر عن هذا الصوت في تواصله مع الآخرين بمحاكاته محاكاة دقيقة يعلم منها المتلقي مراد المتكلم .

والأصوات التي يحاكيها أو يقلدها الإنسان ، ويرددها هي الأصوات التي يسمعها الإنسان في محيطه الاجتماعي والبيئي ، مثل:

الأصوات التي يصدرها الإنسان معبرا عن انفعالاته كالبكاء ، والصراخ ، والتأوه ، والضحك .

أصوات مظاهرالطبيعة ، كخرير المياه ، وأصوات الكهوف ، والرياح ، والرعد ، والبرق .

أصوات الأحياء الأخرى التي يسمعها الإنسان مثل: أصوات الحيوانات: للقطط والكلاب والحيوانات المفترسة .

---

(1) رفض الأستاذ مصطفى الاحتجاج بالنص القرآني في موضوعات اللغة وتابعه فيه الشيخ أحمد عبد الرحيم السايح في بحثه عن اللغة والمجتمع الإنساني ، مجلة اللسان العربي. المغرب . م7ج93/8.

أصوات الأحداث والأفعال: كصوت كسر الزجاج والخذف (دش) ، وكصوت اصطدام سيارة بأخرى «طا» . وكصوت الضرب ، وكصوت القطع ، وغير ذلك .

وقد تطورت هذه الأصوات ، وارتقت في ظل المجتمع ، وتصرفت في الاستعمال . وتحاكي بعض الألفاظ معانيها أو ما تدل عليه ، ولكنها لا تشكل معظم اللغة ، لأنها تكون في مجال محاكاة الأصوات فقط ، ولا تطرد في كل المسميات. مثل: العطعطة: تتابع الأصوات في الحرب وغيرها ، والغطغطة: صوت غليان القدر وما أشبهه ، والحمحمة: أن يردد الفرس صوته ولا يصهل ، قال عنترة في وصف ما وقع بفرسه (1) :

فازور من وقع القنا بلبانه وشكا إلى بعبرة وتحمحم

والتحمحم: صوت مقطع ليس بالصهيل . والحفحفة: حفيف جناحي الطائر ، والجرجرة: صوت جرع الماء في جوف الشارب ، والخرخرة: صوت ترديد النفس في الصدر. وصوت جري الماء في مضيق . الدردرة: حكاية صوت الماء في بطون الأودية وغيرها إذا تدافع فسمعت له صوتا ، وكذلك صوت الحب عند اصطدامه بجسم . والغرغرة: صوت ترديد الماء في الحلق من غير مج ولا إساغة . والقرقرة: صوت الشراب في الحلق . والهرهرة: صوت حكاية زئير الأسد. والكهكهة: صوت ترديد البعير هديره . والقهقهة: حكاية استغراب الضحك . والوعوعة: صوت نباح الكلب إذا ردده. والوقوقة: اختلاط أصوات الطير . والوكوكة: هدير الحمام . والكركرة: الضحك . القرقرة: حكاية الضحك إذا استغرب الرجل فيه . والوشوشة: حركة القوم ، وهمس بعضهم إلى بعض (2) .

ومثلها الهبهبة صوت نباح الكلب ، والنونوة صوت مواء القط . والذقذقة صوت العصافير ، وغير ذلك من محاكاة الأصوات . ومن طريف ما يذكر في هذا الموطن أن الطفل في مهد تعلمه اللغة يتعرف على الأشياء من خلال أصواتها ، ويسميها بأصواتها فهو يسمي الحمل «ماء» ، ويسمى الكلب «هو» ، والسيارة «بيب» والحمار «حاه» ، وتلازمه هذه

---

(1) الديوان طبعة مكتبة الأسرة 2001م ص202 .

(2) ارجع إلى المزهر ج52/1 ، 53 ، وارجع إلى معاني هذه الكلمات في الجمهرة لابن دريد ، والقاموس المحيط للفيروز أبادي .

الأشياء حتى يتعرف على أسمائها من المحيط الذي يعيش فيه .

ولهذه النظرية جذور قديمة ، وقد تبناها بعض علماء العرب ، ونقل عنهم ابن جني رأيهم ، وفصله تفصيلا ، ورأى أن به جانبا وصوابا في بعض الألفاظ التي تحاكي معناها ، وتوهم بعض الباحثين أن ابن جني يميل إلى أن اللغة محاكاة للأصوات ، وقد قال ابن جني: «وقد ذهب بعضهم إلى أن أصل اللغات كلها ، إنما هو من الأصوات المسموعات . كدوي الريح ، وحنين الرعد ، وخرير الماء ، وشحيج الحمار ، ونعيق الغراب ، وصهيل الفرس . ونزيب الظبي ، ونحو ذلك . ثم ولدت اللغات عن ذلك فيما بعد . وهذا عندي وجه صالح ، ومذهب متقبل» (1) .

ومن يتفحص حديث ابن جني في هذا الموضوع يجده أنه قوي في نفسه اعتقاد أن اللغة توقيف من اللـه تعالى وأنها وحي ، وقد صرح ابن الطيب في شرح الاقتراح أن مذهب ابن جني في هذا المبحث التوقيف ، وهو ظاهر كلامه ، وهو بذلك يخالف رأي المعتزلة . وهو الجزم بأنها اصطلاح وتواضع . وهذا ما ذهب إليه بعض المحدثين . وقد تأملنا ما قاله مرارا وتبين لنا بعد طول نظر أن ابن جني لم يقطع برأي ؛ لأنه وقف متحيرا في نهاية الأمر ، وأعلن موقفه هذا صراحة ، فقد ذكر أنه كان يرى في بادىء الأمر أنها توقيف من عند اللـه – وهذا مذهب ابن فارس ولكنه لم يعلن بطلان ما خالفه ، فقد صوب الرأي القائل أنها محاكاة المسموعات ، وقال فيه: «وهذا عندي وجه صالح ، ومذهب متقبل» ، وهذا لا يعني أنه رأي جميع الأصوات محاكاة المسموعات ، ولكن هذا يقع في بعض مفردات المسموعات . فابن جني يعلن صراحة في بدء حديثه في هذا الموضوع أنه موضوع شائك ودعا إلى بحثه بحثا دقيقا لعل الباحث يجد فيه أمرا يقطع الخلاف: «هذا موضع محوج إلى فضل تأمل».

وقد توصلنا إلى أن ابن جني لم يذهب مذهبا فيه ، وإنما امتدح بعض وجوه الرأي فيه عندما تبين له صدقها ، فقد ناقش الموضوع مناقشة علمية محايدة ، فذكر الآراء جميعها ولم يتعصب لمذهب ، ثم أعلن حيرته صراحة ، ولم يجزم برأي ، لعدم وجود دلائل كافية فقد

---

(1) الخصائص . طبعة المكتبة التوفيقية ج 56/1 .

نشأت اللغة في فترة مبكرة معاصرة لبدء الإنسان في الأرض ، ومرت بمراحل تطور عديدة ، ووصلت إلينا مكتملة ، وحملت في طياتها كل ما عبرت عنه في الواقع من أصوات مسموعات حاكتها ، وما عبرت عنه من خواطر وأفكار تداعت إلى ذهن الإنسان ، فاللغة ظاهرة إنسانية تأثرت بحياة الإنسان ومراحل تطوره ، وعبرت تعبيرا دقيقا عن كل ما يتعلق به ، ومن ثم صورت حياته تصويرا دقيقا ، فقد جسدت ما يشعر به الإنسان وحاكت الطبيعة من حوله .

واللغة في بعض جوانبها محاكاة لأصوات معلومة في الطبيعة ، وهذا الأمر يشكل بدائية اللغة ، والأمم البدائية تميل إلى تجسيد الأصوات التي تسمعها في محيطها ، فتحاكيها وتستدل عليها بأصواتها ، والأشياء التي لا تصدر صوتا تعبر عنها بالإشارة أو الحركة أو تجسيد هيئتها ، وهذا يعتمد على المشاهدة أو السماع .

وقد ذهب بعض العلماء الذين يقولون بنظرية التطور ، أن الإنسان كان يعبر عن نفسه أولا بالحركة والإشارة حتى تكاثرت الأشياء التي يريد التعبير عنها ، فحاكى أصوات هذه الأشياء ، فيشير إلى الغراب ، ويقول: غاق ، وإلى الحمار ويقول: حاء ، أو إلى الحصان ويقول: حم حم ، والكلب: هب هب ، ويعبر عن القطع بـ «قط» أو قص وسقوط الحجر بـ «طق» ، وقد لاحظ بعض قدماء اللغويين أن أسماء بعض الكائنات تحاكي أصواتها ، قال الخليل: «كأنهم توهموا في صوت الجندب استطالة ومدا ، فقالوا «صر» وتوهموا في صوت البازي تقطيعا ، فقالوا: «صرصر» .

ورأى بعض المحدثين أن الكلمة وضعت في أول أمرها على هجاء واحد في بدء الوضع حكاية أصوات أو أقفال ، ثم وضعت الحروف في فترة لاحقة ، فقد كان التفاهم في الطور الأول بأصوات متقطعة لا بجمل ثم تطورت الأصوات إلى كلمات ذات مقاطع متصلة فصارت تركيبا لفظيا ، ثم طرأ عليها تطور آخر بالزيادة ، أو بالنقص والتصريف والنحت ، وتطورت اللغة بتطور المجتمع . فانتقلت من طور السذاجة والسهولة إلى طور التعقيد . والتنظيم .

وهذا المذهب يتفق في بعض جوانبه مع بعض مراحل النمو اللغوي:

لغات الأمم البدائية تميل إلى البساطة والسهولة ، فتراكيبها بسيطة وقصيرة ، ومفرداتها قليلة ومباشرة ، وقواعدها يسيرة غير بالغة التعقيد ، لكثرة اعتماد هذه الأمم على الحركات والإشارات والأصوات التي تغنيهم عن كم كبير من المفردات .

يوجد بهذه اللغات البدائية عدد كبير من الكلمات التي تحاكي الأصوات ، فهناك مناسبة بين أصوات هذه الكلمات وما تدل عليه .

كلمات هذه الأمم البدائية قصيرة ومباشرة ، فهي قليلة المقاطع ، وهي تشبه بذلك الكلمات المتقطعة التي وضعت على هجاء واحد محاكاة لأصوات الطبيعة وكلماتها تتكون من متحرك وساكن .

يمكن الموازنة بين تطور اللغة ونشأتها عند الطفل وتطور مراحل النطق عنده ، فالطفل في أول حديثه يلفظ أصواتا ساذجة مستطيلة لا تعني شيئا ، ثم يلفظ أصواتا متقطعة فينطق ما ، با ، يريد ماما ، بابا ، فيختار أخف الأصوات فينطقها . حتى تقوى عضلات اللسان لديه فينطق المقاطع المركبة ، ويلفظ الكلمات والجمل .

وقد أيد هذه النظرية كثير من علماء اللغة المحدثين ، وعلى رأسهم العلامة وتني Whiteny، وهو من علماء القرن الثامن عشر، وأشهر الباحثين في علم اللغة، وقد رأى الدكتور عبد الواحد وافي أنها أدنى نظريات هذان البحث إلى الصحة وأقرها إلى المعقول ، لما يراه فيها من اتفاق مع طبيعة الأمور وسنن النشوء والارتقاء، وقد لاحظنا أن الدكتور وافي متأثر بنظرية التطور والارتقاء الذي يطرأ على المجتمع، وهذه النظرية تتفق معها ، ولهذا حرص الدكتور وافي على إثبات صحتها بكل ما يستطيع تقديمه فيها، فاللغة ظاهرة اجتماعية وترتقي بارتقاء المجتمع وتنمو بنموه، وهذه النظرية في جوهرها ترى أن اللغة مرت بمراحل تطور وارتقاء حتى اكتملت ، في شكل مفردات وجمل ، وما زالت تطور من نفسها مواكبة بذلك حركة المجتمع .

والحقيقة أن كل ما يلفظ به الإنسان ليس محاكاة للأصوات، لأننا لو تأملنا مفردات الحضارة الحديثة، فسوف نجدها تجديدا لأصوات قديمة أو اقتباس منها أو نحت أصوات جديدة من مفردات جديدة، فلهذه المفردات المولدة أو الجديدة المبتكرة رواسب قديمة ، وما

77

نتوهم أنه مبتكر ليس مبتكرا، لأن هذه المفردات لها صلة بما نتكلمه أو نسمعه أو نتلقاه من الحضارات الأخرى، فاللغات المتجاورة ولغات الحضارات تمد غيرها من اللغات بما تحتاج إليه من كلمات أو أسماء لأشياء مبتكرة، والحضارات التي تبتكر الجديد هي التي تصدر الألفاظ إلى الأمم التي تعيش عالة على حضارتها وتقتات من لغتها لتسد حاجتها اللغوية للأشياء التي استوردتها من غيرها، وهذه المفردات المستعارة يدخل عليها تعديل لتوافق طبيعة اللغة التي دخلت فيها وتتأثر بها في النطق والتصريف، فتصبح هذه الكلمات الدخيلة جزءا من هذه اللغة وتعالجها المعاجم ضمن مفرداتها .

فاللغات تحتوي على مفردات تحاكي ما تعبر عنه ، وتحتوي على رموز موضوعة لا تمت بصلة صوتية إلى ما ترمز إليه . وهذان النوعان يخضعان لمبدأ التعليم أو التحصيل والتلقي الذي ذكره الله تعالى في كتابه فيما سبق ذكره من آيات، وقوله تعالى: ﴿ اقْرَأْ بِاسْمِ رَبِّكَ الَّذِي خَلَقَ ﴿١﴾ خَلَقَ الْإِنسَانَ مِنْ عَلَقٍ ﴿٢﴾ اقْرَأْ وَرَبُّكَ الْأَكْرَمُ ﴿٣﴾ الَّذِي عَلَّمَ بِالْقَلَمِ ﴿٤﴾ عَلَّمَ الْإِنسَانَ مَا لَمْ يَعْلَمْ ﴿٥﴾ ﴾ [العلق: 1: 5] .

وتعليم الله تعالى لا يعني التلقين والتدريب ، وإنما يعني القدرة عليه والاهتداء بالعقل. فالله تعالى لم يعلم الإنسان بالقلم ، وإنما هداه إلى ابتكاره ، فالإنسان في منظومة الحياة لا يخرج عن قدر الله تعالى ، فكل ما يبتكره الإنسان في حياته ، هو ما يبثه الله تعالى في روعه في زمن لينفع به عباده ، فالمبتكرات التي يبتكرها الإنسان في الأصل خاطر يرد على ذهنه فيجربه الإنسان فيصيبه ، وليست هذه الخواطر عبثا إنما هي قدر مقدور ، وقد يكون علم تلقاه واستطاع أن يحل لغزه ويكشف سره .

رابعا – اللغة منبعثة عن غريزة أو طبع للرغبة في التعبير

وهذه الغريزة قد زود بها أفراد النوع الإنسان ، ويستطيع بها التعبير عن كل مدرك حسي أو معنوي بكلمة خاصة به أو أكثر ، وقد تبنى هذه النظرية بعض المحدثين ، ومنهم ماكس مولر **Max Muller** الألماني (ت 1900م) ، والعلامة الفرنسي رينان **Renan** (ت1890م)، وقد نسبها بعض العلماء إلى علماء العصر الحديث ، وقد وجدت لها أصلا عند الفيلسوف المسلم ابن سينا الذي رأى أن اللغة منبعثة عن الطبع الذي انبعث في تخصيص

معنى بصوت يعبر عنه ، وهو أليق به ، واستطرد قائلا :

«...فالإنسان لديه قوة حسية ترتسم فيها الأمور الخارجية ، وتتأدى عنها إلى النفس، فترتسم فيها ارتساما ثابتا، وهذه الأشياء الحسية التي ارتسمت، قد تنقلب عن هيئتها الحسية أو المحسوسة إلى التجريد المعنوي» (1) .

وبعض العلماء يرى أن اللغة منبعثة عن جوانب نفسية كالرغبة في الرمز إلى الأشياء برموز يعرفها بها .

وبعضهم يرى أن اللغة منبعثة عن جوانب انفعالية كالرغبة في التعبير عن مظاهر الحزن والألم بالألفاظ دون الحركات والإشارات أو وصف المشاعر الداخلية .

وبعضهم يرى أن اللغة منبعثة لدوافع اجتماعية وهي الرغبة في التواصل ، وتحقيق المقاصد ، فابتكر المجتمع اللغة ليتواصل بها ويتميز بها عن غيره من المخلوقات .

وهذه الآراء في حقيقة الأمر تصف مظاهر اللغة وطبيعتها ووظائفها في المجتمع ، ولكنها ليست السبب الحقيقي في وجود اللغة ، فاللغة في حقيقة الأمر ملكة إنسانية أو ظاهرة إنسانية يتميز بها الإنسان عن الحيوان ، وهي من المواهب الخاصة التي وهبها اللـه تعالى للإنسان.

والرأي الذي نميل إليه أن اللـه تعالى وهب الإنسان القدرة على التعلم والتحصيل ، وخلق له جهازا صوتيا يعبر عما في نفسه قال تعالى: ﴿ وَعَلَّمَ ءَادَمَ ٱلْأَسْمَآءَ كُلَّهَا ﴾ [البقرة: 31] . فآدم عرف اللغة تحصيلا أو تعلما ، فأعلمه أسماء الأشياء وتلقي دروسه الأولى في اللغة بوحي من اللـه تعالى ، وتواصل بما تعلمه مع زوجه وولده . وقال تعالى : ﴿ ٱلرَّحْمَٰنُ ۝١ عَلَّمَ ٱلْقُرْءَانَ ۝٢ خَلَقَ ٱلْإِنسَٰنَ ۝٣ ﴾ [الرحمن: 1: 3] ، أي علمه المنطق الصحيح المعرب عما في الضمير (2) .

فالإنسان معد خلقا وعقلا ونفسا للكلام الذي تميز به من سائر الحيوانات التي تصدر

---

(1) العبارة لابن سينا تحقيق محمد الحضري، الهيئة العامة للكتاب ص3 .

(2) تفسير النسفي، دار الكتاب العربي، لبنان جـ207/4 .

صوتا واحدا لا يتنوع ولا يتطور ولا يضيف إليه جديدا . وقدرة الإنسان على النطق تمكنه من محاكاة ما يسمعه من صوت ، فجهازه الصوتي ذو قدرة فائقة على إنتاج أصوات متعددة . وقدرة الإنسان العقلية تمكنه من ابتكار أصوات جديدة ورموز متعددة يرمز إلى الأشياء ويتخذها أسماء لها ، وطبيعة الإنسان النفسية تجعله غير ثابت المزاج فهو كائن حساس يتأثر بمحيطه ويتفاعل معه ، وحالاته النفسية المتعددة يعبر عنها بطرق مختلفة ، فالإنسان في حاجة إلى إخراج رغباته المكبوتة لفظا وفعلا ، ويعبر عنها لفظا وإشارة وحركة والحيوان لا يعبر عن نفسه إلا بالسلوك والصوت المحدود الذي يعبر عن السلم مع قرنائه أو الهرب معهم أو الشعور بخطر داهم يهرب منه . ولكنه لا يستطيع ابتكار رمز أو إشارة أو إنتاج لغة جديدة يطورها أو أن يضع لنفسه شفرات تخصه وحده لا يعلمها غيره ، والإنسان يستطيع أن يدرك مراد الحيوان من حركته وإشارته وصوته لطول عهده به وإلفه لصوت الحيوان وحركته ، ولكن الحيوان لا يستطيع فهم سلوك الإنسان غير المباشر ولا أسراره ولا يتبين شيئا من كلامه إلى ما تدرب عليه من بعض الأصوات التي لا يتذوق معناها ، وليست عنده إلا رمزا لشيء تلقاه منه ، وليس ما يتدرب عليه الحيوان من أصوات لغة بل أصواتا فقط لا تشكل لغة مثل: «شيء» للحصان فيمشي ، «وحا» للحمار ، و«هش» للدجاج ، وهي لحمار قف ، ويقال للحصان «هس» فيقف ، ويقال للبقرة «عاه» فتمشي ، ومع كثرة المران يتعود الحيوان على رموز الأصوات ومقصودها ، فكل صوت يرتبط عنده بحركة يفعلها دون أن يدرك أسرارها أو غاياتها وهي تختلف باختلاف اللغة والثقافة والمكان ونوع الحيوان.

والقضية ليست قضية النشأة أو الأصل ، وإنما هي اللغة نفسها التي نتكلمها وتعبر عنا ، وهذا ما يعنينا منها ، وقد توصل ابن سينا إلى رأي سديد قديما ، فقد قال معرضا عن خلاف العلماء في أصل اللغة: «سواء كان اللفظ أمرا ملهما وموحي به علمه من عند الله تعالى معلم أول ، أو كان الطبع قد انبعث في تخصيص معني بصوت هو أليق به ، كما سميت القط قطا بصوتها ، أو كان قوم اجتمعوا فاصطلحوا اصطلاحا ، أو كان شيء من هذا قد سبق فاستحال يسيرا إلى غيره من حيث لم يشعر به ، أو كان بعض الألفاظ حصل على جهة والبعض الآخر على جهة أخرى ، فإنها إنما تدل بالتواطؤ ، أعني أنه ليس يلزم أحدا من

الناس أن يجعل لفظا من الألفاظ موقوفا على معنى من المعاني ولا طبيعة الناس تحملهم عليه ، بل قد وطأ تاليهم أولهم على ذلك وسالمه عليه ، بحيث لو توهمنا الأول اتفق له أن استعمل بدل ما استعمله لفظا آخر موروثا ، أو مخترعا اخترعه اختراعا ولقنه الثاني ، لكان حكم استعماله فيه كحكمه في هذا ، وحتى لو كان معلم أول علم الناس هذه الألفاظ . وإنما صارت إليه من عند اللـه تعالى وبوضع منه ، أو على وجه آخر ، كيف شئت ، لكان يجوز أن يكون الأمر في الدلالة بها بخلاف ما صار إليه لوضعه ، وكان الغناء هذا الغناء» (1) .

وقد ذهب بعض العلماء على أن اللغة التي تكلمها آدم كانت توقيفا تعلمها بوحي أو بإلهام ، ولكن اللغات التي يتكلمها البشر اصطلاحية ، فكل أمة اصطلحت على لغتها ، «اللغات كلها اصطلاحية ، إذ التوقيف يثبت بقول الرسول ، ولا يفهم قوله دون ثبوت اللغة» (2) .

وذهب ابن سينا إلى أن اللغة أيا كان أصلها أو مصدرها الأول وحيا أو إلهاما أو كانت طبعا في الإنسان ، فإنها في الاستخدام أو التواصل الاجتماعي تكون بالاصطلاح أو التواطؤ ، فالبشر يتواصلون بالكلمات التي يعلمها من يتواصلون معهم أو يعلمون مدلولها.

ومن يتأمل اللغة يجدها تحتمل الوجوه جميعا ، فبعض المفردات قد تكون اصطلاحا وبعضها قد يكون محاكاة ، وبعضها قد يكون مبعوثا عن الطبع أو من ابتكار المتكلم ، وقد يكون مبتدؤها وحيا أو إلهاما وهذا لا نعلمه، ولكن الذي لا نختلف فيه أننا نتفق على دلالات الكلمات التي تؤلف منها لغة خطابنا ، ونتفق كذلك على نظامها البنائي ، وتراكيب جملها ، فاللغة ظاهرة اجتماعية وتحمل صفات المجتمع الذي يتواصل بها .

إن اللغة التي نتكلمها قد اصطلحنا على دلالاتها واتفقنا عليها ، فالمجتمع يتفق على الكلمات التي يقيم منها تراكيب اللغة بالدلالة التي اصطلح عليها زمن التكلم أو الحديث .

وهذه الآراء المطروحة حول نشأة اللغة وأصلها قد أخفقت في بعض جوانبها ؛ لأنه في

---

(1) العبارة ، ابن سينا ص3 .

(2) المنخول في علم الأصول للإمام الغزالي ص3، والمزهر للسيوطي جـ22/1، 23 .

لغة خطابنا المعاصر قد تدخلت الحضارة الحديثة في ابتكار مفردات حديثة ليست من وضع القدماء ، وليست بوحي مباشر ، ووجهة نسبتها إلى الوحي أن الله تعالى قد وهب الإنسان القدرة على الابتكار فألهمه هذه المفردات ليعبر بها عما أحدثه وابتكره ، وتؤدي اللغة بذلك وظيفتها في الحياة ، وصدق الله العظيم القائل: ﴿ ٱلرَّحۡمَٰنُ ۝١ عَلَّمَ ٱلۡقُرۡءَانَ ۝٢ خَلَقَ ٱلۡإِنسَٰنَ ۝٣ عَلَّمَهُ ٱلۡبَيَانَ ۝٤ ﴾ [الرحمن: 1: 4] ، وقوله تعالى: ﴿ عَلَّمَ ٱلۡإِنسَٰنَ مَا لَمۡ يَعۡلَمۡ ﴾ [العلق: 5] . فاللغة ملكة إنسانية ألهمها الله تعالى آدم عليه السلام وتعلمها منه بنوه . ولم تتوقف اللغة عن الحركة والتطور، فما زال الإنسان يضيف إليها ويجددها ويطورها . فاللغة مرآة تصف حركة الإنسان على الأرض ، وتصور مراحل تطوره .

اللغة ظاهرة إنسانية اجتماعية

أولا -اللغة ظاهرة إنسانية

اللغة ظاهرة إنسانية يعرف بها الإنسان من الحيوان ، قال تعالى: ﴿ ٱلرَّحۡمَٰنُ ١ عَلَّمَ ٱلۡقُرۡءَانَ ٢ خَلَقَ ٱلۡإِنسَٰنَ ٣ ﴾ [الرحمن: 1: 3] . وهو النطق الصحيح المعرب عما في الضمير (1) . وهذا من فضل نعمة الله تعالى على الإنسان ، فقد أعطاه القدرة على الإفصاح والتبيين من خلال أعضاء النطق التي تعينه على الكلام ، ويستطيع تنويع الأصوات وتقطيعها والتحكم في قوتها . وآتاه قوة حسية يستطيع بها أن يتخيل الأمور الخارجية في العالم ، ويضع لها تصورا ذهنيا يحتفظ به في نفسه حتى يثيره مثير ، فيعبر عنه بالأصوات التي يؤلف منها كلمات ، كما أنه يستطيع أن يعرب عن مشاعره أو وجدانه ، فيفرغ طاقته ، الوجدانية في كلمات ، ويستطيع باللغة كذلك أن يتواصل مع قرنائه أو يعبر لهم عن مقاصده (2) .

واللغة التي يتحدثها الإنسان مكتسبة بالتعليم ، والتلقين ، وليست من الأمور الفطرية التي جبل عليها بالطبع ، وهذا هو الظاهر من قوله تعالى: ﴿ عَلَّمَهُ ٱلۡبَيَانَ ٤ ﴾ وقوله: ﴿ عَلَّمَ بِٱلۡقَلَمِ ٤ عَلَّمَ ٱلۡإِنسَٰنَ مَا لَمۡ يَعۡلَمۡ ٥ ﴾ [العلق: 4، 5] فاللغة علم يتعلمه الإنسان في الصغر من الوسط الاجتماعي المحيط به ، وقد تعلم اللغة آدم عليه السلام ، وهو أبو البشر ، ولكنه لم يتلق اللغة عن المجتمع ، وهذا الأمر موضع خلاف بين العلماء .

ويستوقفنا قوله تعالى: ﴿ عَلَّمَهُ ٱلۡبَيَانَ ٤ ﴾ [الرحمن: 4] قيل البيان: اللغة أو أسماء كل شيء ، وقيل علمه اللغات كلها ، وقيل: «الإنسان» يراد به جميع الناس، فهو اسم للجنس ، «والبيان» على هذا الكلام والفهم ، وهو مما فضل به الإنسان على سائر الحيوان . وقيل علم كل قوم لسانهم الذي يتكلمون به .

وهذا يؤكد أن الإنسان يتعلم اللغة عن طريق التدريب والتحصيل ، وهو الثابت من

---

(1) ارجع إلى البيان والتبيين جـ 12/1 . وتفسير النسفي جـ 1/3 .

(2) ارجع إلى كتاب العبارة ابن سينا ص 1 ، 2 .

قوله تعالى: ﴿ وَعَلَّمَ ءَادَمَ ٱلۡأَسۡمَآءَ كُلَّهَا ﴾ وقوله تعالى: ﴿ عَلَّمَهُ ٱلۡبَيَانَ ۝٤ ﴾ ونظير هذا:

﴿ ٱقۡرَأۡ بِٱسۡمِ رَبِّكَ ٱلَّذِي خَلَقَ ۝١ خَلَقَ ٱلۡإِنسَٰنَ مِنۡ عَلَقٍ ۝٢ ٱقۡرَأۡ وَرَبُّكَ ٱلۡأَكۡرَمُ ۝٣ ٱلَّذِي عَلَّمَ بِٱلۡقَلَمِ ۝٤ عَلَّمَ ٱلۡإِنسَٰنَ مَا لَمۡ يَعۡلَمۡ ۝٥ ﴾ [العلق: 1: 5] . فالتعليم بالقلم يكون بالتدريب ، والتعليم يكون عن طريق الحفظ والتجويد والفهم قال تعالى: ﴿ ٱلرَّحۡمَٰنُ ۝١ عَلَّمَ ٱلۡقُرۡءَانَ ۝٢ ﴾ [الرحمن: 1-2] (1) أي علمه نبيه ﷺ حتى أداه إلى جميع الناس ، تلقيا وإبانة، والبيان أوسع من معنى اللغة ، فاللغة أصوات تشكل أبنية الكلمات التي تدخل في نسيج تركيبي منظم للتعبير عن أغراض مكنونة في النفس ، وتعد اللغة أوسع فروع البيان الذي يشتمل أيضا عناصر أخرى غير لغوية تؤدي معنى مثل: الإشارة ، والحركة ، الهيئة ، والرمز . قال الجاحظ: «البيان: اسم جامع لكل شيء كشف لك قناع المعنى وهتك الحجب دون الضمير حتى يفضي السامع إلى حقيقته ويهجم على محصوله كائنا ما كان ذلك البيان ، ومن أي جنس كان ذلك الدليل ؛ لأن مدار الأمر والغاية التي عليها يجري القائل والسامع إنما هو الفهم والإفهام ، فبأي شيء بلغت الإفهام ، وأوضحت عن المعنى بذلك هو البيان في ذلك الموضع» (2) ، فالإنسان لا يعبر عن نفسه باللغة فقط بل بالإشارة ، والحركة ، والرمز ، والهيئة ، وغير ذلك من الرموز والهيئات التي ترمز إلى دلالة في النفس (3) . فالله تعالى لم يعلم الإنسان الكلام فقط، بل زاده قدرات أخرى يفهم بها المعنى من غير الكلام .

فمعنى البيان في النص القرآني يتخطى معناه البلاغي الذي يشير إلى مستوى من مستويات الأسلوب الخاص الذي يتجاوز خطاب العامة ، فالبيان في النص يعني اللغة ، وما تحتويه من أساليب بلاغية خاصة (تسمى بيانا في عرف البلاغيين أو في علم البيان) ويدخل فيه أيضا جميع الرموز والحركات التي تعبر عن معنى .

والتواصل بالحركة والإشارة والهيئة من المواهب الخاصة بالإنسان الذي يستطيع

---

(1) ارجع إلى تفسير القرطبي وتفسيره هذه الآيات .

(2) البيان والتبيين ، عمرو بن عثمان للجاحظ ، المكتبة العصرية 56/1 .

(3) ارجع إلى: الدلالة اللفظية للدكتور محمود عكاشة ، مكتبة الأنجلو ص8: 17 ، وقد فصلت الأمر في ذلك تفصيلا .

التعرف على مدلولاتها ، وما توحي به بعض الهيئات الساكنة أو المتحركة من دلالات ، مثل حركة الأشجار أو سكونها ، وآثار الأقدام ، وخراب الديار ، وما يعيه الإنسان من هيئة الملبس أو هيئة الوجه ، هذا إلى جانب أن للإنسان القدرة على التصرف في لغته وتطويرها والزيادة فيها وابتكار مفردات جديدة ، تعبر عن مراحل نضجه وتطوره .

وأعظم دليل على قدرة الإنسان على الكلام وإنتاجه ، وتطويره أن من آيات الله فيه اختلاف الألسن ، واختلافها يعني انحرافها عن اللسان الأول الذي تكلم به آدم عليه السلام ، وهذا يؤكد أن الإنسان استطاع أن يبتكر أساليب لغوية جديدة غير التي تلقاها عمن سبقه ، ويؤكد أيضا مبدأ التواضع أو الاصطلاح في لغتنا المعاصرة ، فليست لغتنا المعاصرة وحيا أو إلهاما ؛ لأنها ليس كتلك التي تعلمها آدم وتكلم بها ، وإن كان ما نتكلم به تمتد بعض جذوره إلى اللغة الأولى الأم ، ولكن لا نستطيع أن نزعم أن ما نتعلمه الآن هو ما تكلم به الرعيل الأول .

فاللغة التي تكلم بها آدم مجهولة لنا ، وليس لدينا القدرة على وصف شيء منها ، لكن الذي لا نجهله أن آدم لم يكن أصم ، واختلف العلماء في الأسماء التي علمها الله تعالى آدم عليه السلام في قوله تعالى: ﴿ وَعَلَّمَ ءَادَمَ ٱلْأَسْمَآءَ كُلَّهَا ثُمَّ عَرَضَهُمْ عَلَى ٱلْمَلَٰٓئِكَةِ فَقَالَ أَنۢبِـُٔونِى بِأَسْمَآءِ هَٰٓؤُلَآءِ إِن كُنتُمْ صَٰدِقِينَ ﴿٣١﴾ ﴾ [البقرة: 31] ولكن الذي لا خلاف فيه أن آدم عليه السلام لديه القدرة على تعلم اللغة ، ولديه القدرة على التحصيل والفهم والحفظ ، ولا يختلف أهل العلم قديما وحديثا أن الإنسان له جهاز نطقي يستطيع به إنتاج أصوات يتحكم في تنويعها وتقسيمها ، وترتيبها في قوالب لفظية ذات معنى ، وأن الله تعالى وهب آدم وذريته دون الخلق قدرة خاصة في إنتاج الأصوات تعلو مستوى الخطاب العادي وهي البيان ، وهو مستوى يتمتع بخصائص أسلوبية متميزة ، قال تعالى: ﴿ خَلَقَ ٱلْإِنسَٰنَ ﴿٣﴾ عَلَّمَهُ ٱلْبَيَانَ ﴿٤﴾ ﴾ [الرحمن: 3، 4] وهو ما لا يقدر عليه غير البشر مما يصدرون أصواتا إشارية تعبر عن كل نوع من الحيوانات أو كل فصيلة حيوانية .

لقد وقفت العلماء وقفات عديدة أمام المراد من قوله تعالى: ﴿ وَعَلَّمَ ءَادَمَ ٱلْأَسْمَآءَ كُلَّهَا ﴾ وقوله تعالى: ﴿ عَلَّمَهُ ٱلْبَيَانَ ﴾ وما زال الأمر محل الاجتهاد ولم ينته الاجتهاد حتى

الآن في بحث المراد بالأسماء التي تعلمها آدم ، وما معنى البيان في النص؟ هل الكلام أم خصوصية الإبانة في الأسلوب؟ وهو المستوى الذي يتمتع بخصائص أسلوبية تعلو رتبتها مستوى الخطاب اليومي .

واستوقفني ما قيل حديثا في معنى ﴿ وَعَلَّمَ ءَادَمَ ٱلْأَسْمَآءَ كُلَّهَا ﴾ : «أحد «معاني» هذه الآية الكريمة يفسر لنا أن «الكلام» هو أهم «القدرات الرئيسية الفذة» التي وهبها «اللـه» سبحانه وتعالى للإنسان ، ليستطيع أن «يدرك ويفكر ويعبر» عن معان أو مدلولات ما في ذهنه من «الأفكار» وما حوله من «مظاهر» وعما يحس به من «انفعالات» حسية أو معنوية . ويتم ذلك بواسطة مجموعة من «الرموز والصور الصوتية» التي تمثل «المعاني» المختلفة ، وذلك من خلال ظاهرة صوتية حقيقية محسوسة أو حدث واقعي أو تعبير صوتي ظاهر أو هو «نطق أصوات لغة الكلام» (1) .

وهناك سؤال يطرح نفسه لماذا خصت الأسماء بالذكر في قوله تعالى: ﴿ وَعَلَّمَ ءَادَمَ ٱلْأَسْمَآءَ كُلَّهَا ﴾ دون ذكر الأفعال أو الحروف؟ .

ليس لدي جواب مقطوع به أو رواية مقطوع بها في هذا الأمر ، فكل ما قيل في كتب التفسير عن المراد بالأسماء اجتهاد بالرأي ، وليس فيه نص قطعي الثبوت ، وقد بحث العلماء المراد بالأسماء ، وجميعهم يتفقون على أن المراد بالأسماء أسماء الذوات أو المسميات ، ولكنهم اختلفوا في الأشياء التي تعلم آدم أسماءها أسماء كل شيء وقع بصره عليه ، أم أسماء ذريته أم غير ذلك؟ وقد رجح ابن كثير الرأي الأول: «والصحيح أنه علمه أسماء الأشياء كلها ذواتها وصفاتها وأفعالها» (2) . وجاء في الإصحاح الثاني من العهد القديم: «وجبل الرب الإله من الأرض كل حيوانات البرية وكل طيور السماء، فأحضرها إلى آدم ليرى ماذا يدعوها ، وكل ما دعا به آدم ذات نفس حية فهو اسمها ، فدعا آدم بأسماء جميع البهائم وطيور السماء وجميع حيوانات البرية» (3) .

---

(1) أطلس أصوات اللغة العربية، دكتور: وفاء البيه ، الهيئة المصرية العامة للكتاب. 1994م ص12.

(2) تفسير ابن كثير ، المكتبة التوفيقية م74/1 .

(3) الكتاب المقدس ، دار الكتاب المقدس ص5، 6 وجاء فيه « هذه (أي حواء) تدعى امرأة ؛ لأنها من امرئ أخذت» ص6 وجاء في الإصحاح الثالث: «ودعا آدم اسم امرأته حواء ؛ لأنها أم كل حي».ص7.

وليست قضيتنا بحث المقصود بالأسماء أو ما ترمز إليه ، ولكن الذي يهمنا في هذا المقام أمر مهم جدا أغفل عنه كثير ممن بحث المراد بالأسماء ، ألا وهو لماذا علم اللـه تعالى آدم الأسماء وخصها بالذكر دون عنصرين آخرين من مكونات اللغة ، وهما الأفعال والحروف ، وهل المراد بالأسماء عين الأسماء أو الرموز التي يبحثها علماء النحو ضمن مكونات الكلام أم المراد بها شيئا آخر لا نعلمه؟

ليس أمامنا سوى أن نأخذ بالمتاح لنا من علم في ذلك ، وهو ما جاء عن بعض المفسرين أن المراد بها الرموز التي تشير إلى أعيان أو موضوعات أشياء حسية أو معنوية ، ولكن لماذا اختصها اللـه تعالى بالذكر من بين مكونات الكلام الأفعال والحروف؟ .

وقد نجد جوابا شافيا في كلام العلماء في حديثهم عن الأسماء ، وأسبق ما قيل في هذا الشأن ما قاله ابن سينا في حديثه عن اكتساب الإنسان اللغة من خلال تصوره لهيئات الأشياء الحسية ، فترتسم صورها في النفس على نحو ما أداه الحس ، ثم تتحول هذه الصور المرتسمة في النفس إلى معان مجردة ، فقد انقلبت الأشياء المرتسمات في الحس عن هيئتها المحسوسة إلى التجريد ، ثم رمز الإنسان إلى تلك المعاني المجردة في نفسه برموز صوتية يستطيع الإنسان التلفظ بها ، ليعرب عما في نفسه ، ويحقق مقاصده[1] .

وقد أشارت الآية الكريمة أن آدم عليه السلام تلقى أسماء الأشياء التي تعلم أسماءها وحيا ، فقد نسب اللـه تعالى تعليم آدم إلى ذاته العلية ، فقال: ﴿ وَعَلَّمَ ءَادَمَ ﴾ . ولا شك أن آدم هبط إلى عالم لم ينشأ فيه غير مألوف إليه ويحتاج إلى اكتساب معلومات عنه ،فعلمه الوحي ما يحتاج إليه . للتعرف على مسميات هذا العالم بظروفه القاسية والمعاناة التي لم يألفها آدم من قبل .

واللغة يتلقاها الإنسان تعليما وتدريبا و تلقينا ، فالطفل لا يتكلم اللغة إلا بعد أن تكتمل لديه أعضاء النطق وتقوى على الأداء ، ثم يدرب على نطق بعض الكلمات السهلة أولا ، وهي الأسماء المألوفة دون الأفعال ، وخاصة الأسماء التي تستخدم في محيط الأسرة

---

(1) العبارة ، ابن سينا ، تحقيق محمود الخضري ، الهيئة المصرية للكتاب . ص 1 ، 2 .

مثل أسماء الأب والأم والإخوة ، وهذا يعني أن الأسماء تأتي أولا ، ثم الأفعال ، وأن اللغة تبدأ بالأسماء ثم تصنع منها صيغ الأفعال ، مثل صناعتنا أفعالا من أسماء دخيلة وجامدة ، مثل: مغناطيس: مغنط ، تليفزيون: تلفز ، ومثل سرف: سرفل . وتلفن ، وسرقن الأرض: سمدها بالسرقين ، والآخير معرب (السرجين) . ومثل: سرك: من السركي (دخيل) صك يشبه الوصل. والجامد مثل: أسماء الأفعال الجامدة مثل: آه: تأوه ، وأف : تأفف ، ومثل اشتقاق صيغ أفعال من الأصوات ، مثل: عوى من العواء ، وزأر ، وموأ من مواء القطة . وهبهب ، من صوت الكلب ، وتف: صوت البصق . ومثل: دش ، وطس . والطفل في بدء تعلمه يحاكي الأصوات أولا ويتعرف على الناطق أو ماله صوت ، ثم يتعرف على الساكن . «ومن الحقائق العلمية أن «الطفل» لا يستطيع أن يكتسب القدرة على نطق أصوات أي لغة من اللغات إلا من خلال تعلم المسميات أولا ، والآية الكريمة ﴿ وَعَلَّمَ ءَادَمَ ٱلْأَسْمَآءَ ﴾ تؤكد أن نشأة نطق «أصوات لغة الكلام» متصلة اتصالا مباشرا بنشأة وتطور الإنسان والبشرية ، وقد خصت الآية الكريمة الأسماء بالذكر دون بقية مكونات اللغة (الأفعال ، والحروف) . وهي المرحلة الأولى من تعلم اللغة بعد أن هبط آدم إلى الأرض .

وقد أفرد السيوطي مكانا في كتابة «الأشباه والنظائر في النحو» نقل فيه عن بعض العلماء أن الاسم أصل للفعل والحرف ، ونقل عن عمر بن محمد الشلوبين الأندلسي (ت 645هـ) الذي رأى أن الاسم أصل للفعل والحرف ، «ولذلك جعل فيه التنوين دونهما ليدل على أنه أصل ، وأنهما فرعان ، قال: وإنما قلنا إن الاسم أصل والفعل والحرف فرعان ؛ لأن الكلام المفيد لا يخلو من الاسم أصلا ، ويوجد كلام مفيد كثير لا يكون فيه فعل ولا حرف ، فدل ذلك على أصالة الاسم في الكلام وفرعية الفعل والحرف فيه ، وأيضا فإن الاسم يخبر به ويخبر عنه ، والفعل لا يكون إلا مخبرا به ، والحرف لا يخبر به ولا يخبر عنه ، فلما كان الاسم من الثلاثة هو الذي يخبر به ويخبر عنه دون الفعل والحرف دل ذلك على أنه أصل في الكلام دونهما» (1) .

وذهب البصريون والكوفيون إلى أن الأسماء قبل الأفعال ، والحروف تابعة للأسماء ،

---

(1) الأشباه والنظائر جـ 64/1 .

وذلك أن الأفعال أحداث الأسماء ... وأما الحروف ، فإنما تدخل على الأسماء والأفعال لمعان تحدث فيها ، وإعراب تؤثره ، وقد دللنا على أن الأسماء سابقة للإعراب ، والإعراب داخل عليها ...» [1] . وهذا هو مبلغ علمنا ، ولا نستطيع أن نزيد على ذلك تخرصا .

واللغة التي يتكلمها الإنسان خاصة به وحده ، لا تنسب لغيره من الأحياء ؛ لأنها ابتكار إنساني وله حق ملكيتها ، ويطوعها لحاجاته في الحياة ، ولكن حكم التعبير عن المراد في عالم يختلف عن الإنسان ، ولا يلم بأسرار أصواته وحركاته إلا اللـه تعالى ؛ لأنه سبحانه وتعالى له القدرة على فهم أسرار مخلوقاته ، وما توحي به ، ولا يفهم الإنسان من ذلك شيئا إلا بمعجزة من اللـه فقد وهب اللـه سبحانه سليمان القدرة على فهم منطق الطير ، وأسمع داود تسبيح الطير والجماد . والكلام وقف على الإنسان وحده ، وظاهرة إنسانية اختصه اللـه تعالى بها وهذا صحيح، اعتدادا باللغات الإنسانية التي بلغت نحو ثلاث آلاف لغة، فلا يوجد نوع آخر من الأحياء يشارك الإنسان في اللغات التي يتكلمها إلا ما خفي علينا من خلق اللـه تعالى ، فاللـه يعلمهم ، ويعلم لغتهم ، ولا يعتد في ذلك ببعض الحيوانات التي تحاكي بعض الأصوات الإنسانية بعد تدريبها ؛ لأن هذه الحيوانات لا تعي مدلول تلك الأصوات ، ولا تتخذها لغة تتواصل بها مع بقية أفراد أنواعها .

وما أسند من حديث إلى النملة أو الهدهد في القرآن الكريم لا يعني أنهما يتكلمان لغة إنسانية ؛ لأن اللـه تعالى وهب نبيه سليمان معرفة مقاصد بعض الخلق بوحي منه ، وما روي في حق الأنبياء والرسل وحديثهم مع الحيوان والطير والجبال والريح ، وإلخ ، فمن معجزات النبوة ، وذلك من أعمال الوحي يوحيه اللـه تعالى إليهم ولا تحمل عليه لغتنا المعاصرة .

ولكن المسلم به حقيقة أن كل فصيلة حيوانية وكل نوع له شفرة تواصلية خاصة به أو منطق خاص قد يكون إشارة أو حركة أو صوتا أوهيئة ، ونلاحظه في سلوك الحيوانات والطيور ، كتحريك الذيل بحركة معينة وهز الرأس عند الرغبة في التزاوج ، أو رفع الرأس

---

(1) نفسه .

فجأة مما ينذر بوقوع خطر ، فيهرب القطيع معا طوعا لملاحظة فرد منه ، أو كأصوات بعض الحيوانات مثل نقيق الضفدع في موسم التكاثر صيفا ، وانقطاع هذا الصوت انقطاعا تاما يعني شعور هذا القطيع بدخيل أو خطر ، فيكف عن النقيق لئلا يعلم مكانه ، وكذلك ما نفهمه من أصوات بعض الحيوانات الأليفة مثل القطط أو الكلاب من رغبتها في طعام أو شراب ، وكذلك الأصوات التي تحدثها في شجارها مع بعضها أو خصومها ، كل ذلك ينبئ بوجود شفرة خاصة أو منطق خاص لهذه الأحياء تتواصل به في حياتها ، وهذا الخلق أو الطبع مجبولة عليه بفطرتها ، لكن منطق هذا الأحياء تتواصل به في حياتها ، وهذا الخلق أو الطبع مجبولة عليه بفطرتها ، لكن منطق هذه الأحياء لا يبلغ ثراء اللغة الإنسانية وتعددها وتطورها وتنوعها ، لأن ما يصدر عن الحيوان من أصوات محدود جدا للغاية ، ولا يتنوع تنوع اللغة الإنسانية ، فأصوات الحيوانات التي تعيش في أفريقيا هو صوت أفراد هذا النوع في كل قارات العالم ، وكذلك الحركات والإشارات التي يتواصل بها كل نوع من فصائلها تكاد تكون واحدة في كل بقاع الأرض .

ويصعب علينا إحصاء مجموع المفردات التي يتواصل بها الجنس البشري أو إحصاء عدد لغاته قديما وحديثا إحصاءا دقيقا ، وكذلك يشق عليك حصر مجموع الإشارات والحركات والهيئات التي يتواصل به البشر لكثرة تنوعها وتطورها وابتكار وسائل تواصلية جديدة ، فالإنسان يضيف إلى لغته أكثر مما يفقده منها ، ومن ثم فاللغات الإنسانية في نمو مستمر يواكب تطور حركة الإنسان على الأرض ، وتقدمه في شتى نواحي الحياة ، ولكن منطق الحيوان لا يطرأ عليه هذا التطور في قنواته التواصلية .

وقد تناول علماء المسلمين ما نسب إلى الطير من منطق وما نسب إلى النملة من كلام على أنه ليس كلاما إنسانيا أو كلاما حقيقيا يشبه كلام البشر نفهمه ، ولكن أطلق عليه كلاما توسعا أو مجازا تقريبا إلى الأذهان وتيسيرا للإفهام ، وهو أسلوب القرآن الكريم في تقريب المعاني التي لا يستطيع الإنسان استيعابها لتخطيها إدراكه مثل: حديثه عن وصف الجنة والنار وتمثيله لثمار الجنة وأنها تشبه ثمار الدنيا وأنهارها وليس هذا إلا تقريب الوصف ليفهم الناظر ما يسمع أو يقرأ .

وليس هذا المسلك في رسم الصور وتقريب المعاني ببعيد عما جاء في الشعر والنثر قبل نزول القرآن الكريم وبعده ، فهذا سمت العربية في معالجتها المعاني البيانية ، وقدرتها الفذة على ابتكار معاني مجازية أكثر تأثيرا في النفس وأسرع للفهم ، وأجمل في الوقع ، وأبعد عن نفور المتلقي ومله ، والعرب يميلون إلى المجاز ويتأثرون به ويستحسنون ألغازه وجمال أسلوبه .

وقد جاء في شعر العرب أمثلة كثير نسب فيها القول للحيوان والطائر والجماد مجازا . ونجد هذا مألوفا في عامة كلام العرب ، وشعر الجاهلية يقدم نماذج عديدة مثل معلقة امرئ القيس (1) نجد خطابا منه موجها إلى الليل الطويل يطلب منه أن ينجلي:

ألا أيها الليل الطويل ألا انجل　　　بصبح وما الإصباح منك بأمثل

ونجد عنترة بن شداد العبسي يتحدث عن شكوى فرسه إليه بعبرة وتحمحم من وقع ما وقع في صدره من نبل وقنا (2) .

فازور من وقع القنا بلبانه　　　وشكا إلي بعبرة وتحمحم

لو كان يدري ما المحاورة اشتكى　　　ولكان لو علم الكلام مكلمي

ولم يك ذلك كلاما بل فهمه من حاله الذي دل عليه .

وقد سجل ابن جني بعض الأشعار التي نسب فهيا حديث للطير والجمال مثل: الحوض والسحاب ، وذلك كله محمول على المجاز لا الحقيقة ، وعقب على ذلك بقوله: «فهذا كله اتساع في القول .. وكأن الأصل في هذا الاتساع إنما هو محمول على القول وضيق مذاهب الكلام (3) ، ورأى أن أصوات الحيوانات والكائنات وما يوحي به الصمت يسمى كلاما ومنطقا وقولا جوازا: « وإذا جاز أن تسمى الرأي والاعتقاد قولا ، وإن لم يكن

---

(1) شرح المعلقات العشر . وأخبار شعرائها، الشيخ أحمد بن الأمين، الشنقيطي، دار القلم ، بيروت . معلقة امرئ القيس ص86.

(2) الديوان ط مكتبة الأسرة ص202 والمعلقات ص168 .

(3) الخصائص جـ 36/1 .

صوتا ، كانت تسمية ما هو أصوات قولا أجدر بالجواز . ألا ترى أن الطير لها هدير ، والحوض له غطيط
والأنساع لها أطيط ، والسحاب له دوي»^(1) . وتناول ابن جني ما توحي به الهيئة ، فسمت مجازا لغة
توسعا في المعنى ، «فأما قوله: «وقالت العينان سمعا وطاعة» (يعني بيت عمر بن أبي ربيعة) فإنه ، وإن
لم يكن منها صوت ، فإن الحال أذنت بأن لو كان لهما جارحة نطق لقالتا: سمعا وطاعة. وقد حرر هذا
الموضوع وأوضحه عنترة بقوله:

لو كان يدري ما المحاورة اشتكى ولكان- لو علم الكلام- مكلمي

وامتثله شاعرنا [يعني المتنبي] آخرا قال^(2) :

فلو قدر السنان على لسان لقال لك السنان كما أقول

ثانيا ـــ اللغة ظاهرة اجتماعية

إن الفضل في نشأة اللغة عامة يرجع إلى المجتمع البشري الذي يتواصل بها ، فلا لغة دون مجتمع ،
فاللغة ليست ظاهرة فردية فقط يعبر بها الإنسان عن نفسه بل اجتماعية تنشأ عن رغبة في التواصل مع
الآخرين وحاجة المجتمع إلى التعاون والتفاهم وتبادل الأفكار والتعبير عما بالنفس من معان ومقاصد .
واللغة في بنيتها مجموعة من الأصوات تؤلف كلمات ، تتألف منها جمل بيد أن وظيفتها تحقيق مقاصد
اتصالية ، فاللغة وسيلة الاتصال الأولى بين أفراد المجتمع ، وتعد أهم وسائل الاتصال الإنساني ، وتعد سجلا
تاريخيا لحياة المجتمع ترصد سلسلة متتالية من وقائع الماضي وتتفاعل مع الحاضر .

وقد توصل علماء العربية قديما إلى أن اللغة ظاهرة اجتماعية ، يحتاجها الإنسان ليتواصل بها مع
الآخرين ، ويعبر بها عن مقاصده ، ويكتفي بها عن إحضار الشيء الذي يتحدث عنه ، ولابد أن يدل على
محل احتياجاته وعلى مقصوده وغرضه ، فاستعان باللغة للدلالة على

---

(1) نفسه .

(2) نفسه .

ذلك[1] .

وقد توصل ابن جني في زمن مبكر إلى أن اللغة ظاهرة اجتماعية ، وذكر ذلك في تعريف اللغة «أصوات يعبر بها كل قوم عن أغراضهم» ، فاللغة ليست مجردة من وظيفتها الاجتماعية وليست مجرد أصوات تخلو من الدلالة أيضا بل الأصوات والدلالة قاسمان مشتركان في وظيفتها الاجتماعية .

وقال الإمام فخر الدين الرازي واتباعه: «السبب في وضع الألفاظ أن الإنسان وحده لا يستقل بجميع حاجاته بل لابد من التعاون ، ولا تعاون إلا بالتعارف ، ولا تعارف إلا بالأسباب ، كحركات أو إشارات ، أو نقوش أو ألفاظ توضع بإزاء المقاصد ، وأيسرها وأفيدها وأعمقها الألفاظ»[2] .

وقال ابن سينا: «ولما كانت الطبيعة الإنسانية محتاجة إلى المحاورة لاضطرارها إلى المشاركة والمحاورة ، انبعث إلى اختراع شيء يتوصل به إلى ذلك»[3] . فاللغة ظاهرة إنسانية اجتماعية ، يتواصل بها المجتمع ويعبر عن نفسه بها ، كما أن اللغة وسيلة الاتصال الأولى بين أفراد المجتمع ، وأكثرها دقة وتعبيرا واتساعا وأسرعها فهما ، وأعظمها تأثيرا .

وترتبط اللغة ارتباطا شديدا بالمجتمع ، فهي ترقى برقيه وتنحط بانحطاطه ، فالأمم الضعيفة تضعف لغتها ، وتتعرض لغزو لغات أخرى ، وقد تتلاشى أمام لغة الأمة الغازية التي استطاعت بفضل قوتها وحضارتها استعمار الأمة الضعيفة ، فتهيمن عليها سياسيا واقتصاديا وتفرض عليها لغتها وثقافتها ، والمجتمعات الفقيرة تتشبث بجلباب المجتمعات الراقية ، وتحاكيها في لغتها وسلوكها . «وتتأثر اللغة أيما تأثر بحضارة الأمة ، ونظمها ، وتقاليديها وعقائدها ، واتجاهاتها العقلية ، ودرجة ثقافتها ونظرها إلى الحياة وشئونها

---

(1) الخصائص جـ34/1 . ارجع إلى المزهر 36/1 ، وقد نقل عن أبي الحسن بن محمد بن علي الملقب بعماد الدين المعروف بالكيا الهر اسي ، و(وهو فقيه مفسر) ما يدل على ما ذكرناه ، وقد قال ابن خلدون مثله في مقدمته .

(2) المزهر 38/1 .

(3) العبارة ص2 .

الاجتماعية العامة ، فكل تطور يحدث من ناحية من هذه النواحي يتردد صداه في أداة التعبير» (1) .

فاللغة تمثل ما توصلت إليه أمة من الأمم من حضارة ، ومن فكر ، ومن تغير . فقد كان لظهور الإسلام – وما زال أثره كبيرا في حياة اللغة العربية – بل يرجع إليه الفضل كل الفضل في نموها وتطورها واتساعها ، فقد انتشرت بانتشار الإسلام في أرجاء المعمورة ، ومسلمو العالم يحرصون على تعلمها تقربا إلى الله تعالى ، وليفقهوا كتاب الله العظيم .

وقد أثرى الإسلام اللغة العربية بدلالات جديدة للكلمات ضيقة الدلالة مثل: الصلاة ، والجهاد ، والإيمان ، والعقيدة ، والتقوى، والحج ، والزكاة وغيرها من الكلمات التي اتسعت دلالتها وانتشرت على الألسنة ، إلى جانب المصطلحات التي استخدمها علماء الإسلام في الفقه واللغة والنحو والفلسفة وعلوم التفسير والحديث وغير ذلك من العلوم التي استخدمت المفردات بمفاهيم واسعة ، إلى جانب ما استحدثوه من كلمات أعوذهم إليها ما توصلوا إليه من علوم . «فكلما اتسعت حضارة الأمة ، وكثرة حاجاتها ، ومرافق حياتها ، ورقي تفكيرها وتهذيب اتجاهاتها النفسية ، نهضت نفسها ، وسمت أساليبها ، وتعددت فنون القول ، ودقت معاني مفرداتها القديمة ، ودخلت مفردات أخرى عن طريق الوضع والاشتقاق والاقتباس للتعبير عن المسميات والأفكار الجديدة» (2) . فاللغة تتأثر بحضارة المجتمع ، وما يطرأ عليه من جديد .

ويؤثر تطور المجتمع في مستويات اللغة ، فانتقال الأمة من البداوة إلى الحضارة يهذب لغتها ، ويسمو بأساليبها ويوسع نطاقها ، ويكسبها مرونة في التعبير والدلالة . فقد كان لانتقال العرب من طور البداوة القبلية التي صبغت المجتمع العربي بفكرها وسلوكها ، إلى طور الحضارة والانفتاح في الإسلام أثر واضح في حياة اللغة العربية ، فقد كانت مفرداتها تعبر عن حياة البداوة البسيطة ، ثم انتقلت مفرداتها من حياة البادية إلى رغد الحضارة وغضارة المدن .

---

(1) اللغة والمجتمع ، الدكتور علي عبد الواحد وافي ، دار نصفية مصر ص10 .

(2) نفسه ص11 .

إن اللغة في واقعها تمثيل دقيق للمجتمع ومرآة له ، وسجل لما فيه ، وليست هناك لغة دون مجتمع أو مجتمع دون لغة ، فاللغة ليست من صنع الفرد ، بل إنتاج مجتمع ، فالفرد يتعلم اللغة من المجتمع الذي تولد في كنفه وتنمو بنموه وتطوره . وتتأثر به في مدار حياتها .

وأصدق دليل على اجتماعية اللغة ، أنها تختلف في المجتمع الواحد الذي يتحدث لغة واحدة ، فالمجتمع يختلف في بعض العادات والتقاليد والطبائع ، وتوجد كذلك فروق لهجية في اللغة التي يتحدثها هذا المجتمع ، وتظهر هذه الفروق في مناطق محلية مستقلة ، وتزداد حدتها عندما تضعف أواصر التواصل بين هذه المناطق ، بل نجد اللغة تختلف باختلاف الطبقات ، واختلاف أرباب المهن ، فلكل طبقة أسلوب خاص في الحديث يميزها عن غيرها ، وكل أصحاب مهنة يشتركون في مجموعة من المفردات تميز خطابهم عن غيرهم ، فالناجر له كلمات تخصه ، والكافر (الفلاح) له لغة تخصه ، وكذلك البحار ، وغيرهم ، وتتميز كذلك الطبقة المثقفة بأسلوب خاص في الخطاب اليومي ، يدركه أبناء المستويات الأخرى .

واللغة تحمل سمات الشخصية التي تنتجها أيضا ، وقد قيل: «حدثني حتى آراك» ، فحديث الشخص يحمل ملامح شخصيته ، ويتضمن فكره ، ورؤيته ، وهذه الملامح الفردية لا تظهر في أسلوب الفرد إلا في إطار اجتماعي يتميز فيه عن بقية أفراده بفكره وأسلوبه ومفرداته ، وقد قيل إن الأسلوب هو المتكلم نفسه ، فهو صاحبه أو منتجه . وقد وهب الله تعالى الإنسان القدرة على الإبانة والإفهام ، باللغة التي تميز بها عن سائر المخلوقات .

اللغة الفصحى

لكل لغة أكثر من مستوى سواء أكانت لغة مكتوبة أو منطوقة ، وتتعدد مستوياتها في الخطاب المنطوق ؛ لأنه خطاب شفهي لا يتقيد بقواعد الكتابة ، وليس له ضابط عام يقيده عن التنوع والتطور المستمر ، ولهذا فهو خطاب غني بالأشكال اللغوية والأساليب المختلفة التي قد لا تنتمي لقواعد اللغة الأساسية التي ينتمي إليها هذا الخطاب الذي تمرد على بعض قواعدها العامة ، ولم يلتزم بعرفها في مستوياته الصوتية ، والصرفية ، والتركيبية ، والدلالية ، وقد حظى هذا الخطاب بمنزلة كبيرة في التواصل اليومي ، لأنه يعبر عن مختلف المواقف الكلامية في مجال الحياة اليومية ، ويعبر عن لغات جميع فئات المجتمع ، ويسمى هذا الخطاب اليومي بالعامية أو اللغوة المحلية (اللهجة)، وهو على مستوى الجماعات اللغوية المختلفة يسمى لهجة أحيانا .

ولدينا سؤال يطرح نفسه ما هي اللغة الفصحى أو الكلام الفصيح الذي يعد مقياسا للعربية الصحيحة التي يقاس عليها؟

«اختلف العلماء في تعريف الفصيح ، وأشهر ما قيل فيه أن مدار الفصاحة على كثرة الاستعمال وعدمها على قلته»   (1)
.

واللغة الفصحى هي التي توافق المشهور من كلام العرب وسلمت من اللحن ، والإبهام وسوء الفهم

.

ويمثل هذا المستوى من العربية اللغة المشتركة المثالية التي يحاول كل فرد أن يحققه في لغته المكتوبة والمنطوقة ، ويوافق هذا المستوى عرف العربية العام الذي يتفق عليه أبناؤها في مستوياتها الصوتية، والصرفية ، والنحوية ، والمعجمية ، وتمثل هذا المستوى لغة القرآن الكريم وتراث الجاهلية المدون شعرا ونثرا ، وتراث صدر الإسلام حتى القرن الرابع

---

(1) المزهر 188/1 ، اختلف العلماء في الفصاحة: هل تكون في اللفظ أو في المعنى أو في التركيب أو في الصورة البيانية أو البديع ؟

الهجري ، شريطة أن يوافق تراث الجاهلية الذي يعد مصدرا لغويا أساسيا [1] .

وقد بحث علماء العربية قديما مصادر العربية الفصحى المشهورة التي يقيسون عليها ، ويحتجون بها ، فنظروا في قبائل العرب التي يأخذون اللغة عنها ، واعتبروا حال لسانهم ، فأخذوا اللغة عن العرب الفصحاء الموثوق بعربيتهم ممن لم يخالطوا أمما أخرى لا تتحدث العربية ، فوقع اختيارهم على قبائل تتحدث بالمشهور من كلام العرب ، ولم يتأثر لسانها بألسنة أخرى تفسده .

ولسان قريش هو أفصح الألسنة وأبينه وأسهله ، وأكثر ألسنة العرب انتشارا في العرب ، فهو يمثل اللغة المثالية المشتركة ، وكانت تمثل اللغة العليا للشعراء والخطباء والفصحاء ، ولم يكن داخل مكة ازدواج لغوي ، فقد كان لسانها واحدا بيد أن القبائل الأخرى كانت لها لهجة محلية يتواصل بها أبناء القبيلة داخليا ، وتوجد لغة أخرى يتواصلون بها خارجيا على المستوى الرسمي ، تمثل لسانا مشتركا بينها وبين القبائل التي تتواصل معها .

ولم يكن لسان قريش مجرد لهجة محلية تعيش في مكة يتحدثها القرشيون ، بل تمكن لسان قريش من التغلل في ألسنة القبائل الأخرى التي تتواصل معها ، فأثرت لهجة قريش في لهجات تلك القبائل ، وتأثرت كذلك بلهجاتها ، فقد كانت لهجة قريش بمنزلة المركز الذي تصب فيه اللهجات الأخرى ، فأخذت كثيرا من المشهور في لهجات العرب ، وأصبحت بذلك لسانا عاما مشتركا بين جميع اللهجات .

وقد حققت قريش مكاسب لغوية إلى جانب مكانتها التجارية بمكانتها بين العرب ، فقد كانت إمامهم في الجاهلية ، وكانوا تبعا لها في كل شيء: يقصدونها للحج والتجارة ويحضرون منتدياتها ومباريات الشعر والخطابة ، وكان لذلك كله أثره في إثراء لسان قريش بكثير من لهجات العرب .

قال الفراء: «كانت العرب تحضر الموسم في كل عام ، وتحج البيت في الجاهلية ،

---

(1) لقد بحثنا ذلك وتوسعنا في حديثنا عن مصادر اللغة والاحتجاج . وارجع في ذلك إلى أسس علم اللغة العربية للدكتور حجازي ص16، وفي علم اللغة العربية للدكتور عبد الصبور شاهين ص165 ، 166.

وقريش يسمعون لغات العرب ، فما استحسنوه من لغاتهم تكلموا به ، فصاروا أفصح العرب ، وخلت لغتهم من مستبشع اللغات ، ومستقبح الألفاظ» (1) .

وقد نقل ابن فارس عن أبي عبيد الله: «أجمع علماؤنا بكلام العرب والرواة لأشعارهم ، والعلماء بلغاتهم وأيامهم وحالهم: أن قريشا أفصح العرب ألسنة ، وأصفاهم لغة وذلك أن الله جل ثناؤه اختارهم من جميع العرب ، واصطفاهم ، واختار منهم نبي الرحمة محمد ﷺ ، فكانت وفود العرب وحجاجها وغيرهم يفدون إلى مكة للحج ، ويتحاكمون إلى قريش في أمورهم ، وكانت قريش تعلمهم مناسكهم وتحكم بينهم .

ولم تزل العرب تعرف لقريش فضلها عليهم وتسميهم أهل الله ؛ لأنهم الصريح من ولد إسماعيل عليه السلام ، لم تشبهم شائبة ، ولم تنقلهم عن مناسبهم ناقلة ، فضيلة من الله -جل ثناؤه – لهم وتشريفا . إذ جعلهم رهط نبيه الأدنيين وعترته الصالحين .

وكانت قريش – مع فصاحتها وحسن لغاتها ورقة ألسنتها – إذ أتتهم الوفود من العرب ، تخيروا من كلامهم وأشعارهم تلك اللغات إلى نحائرهم وسلائقهم التي طبعوا عليها . فصاروا بذلك أفصح العرب» (2) .

وكانت هناك لغة مشتركة سائدة في منطقة الحجاز ونجد وتهامة ، فقبائل قريش وخزاعة وكنانة وهذيل ، وهوازن تميم كانت تتحدث لهجات متقاربة لا توجد فيها فروق جوهرية تقطع أواصر الاتصال اللغوي ؛ لأن البيئة كانت واحدة وهي بيئة لغوية نقية ، لم تشبها الشوائب التي نالت من لهجات القبائل التي تعيش على أطراف الجزيرة العربية وتواصلت مع أمم أخرى غير عرب ، فأفسدوا بعض لغتهم ، ودخل لغتهم بعض مستبشع اللغات ومستقبح الألفاظ .

قال الفارابي: «كانت قريش أجود العرب انتقاء للأفصح من الألفاظ وأسهلها على اللسان في النطق وأحسنها مسموعا وأبينها إبانة عما في النفس ، والذين عنهم نقلت العربية

---

(1) المزهر 221/1.

(2) الصاحبي ص33 ، 34 ، المزهر ج210/1 وقد نسبه السيوطي لأبي عبيد الله .

وبهم اقتدى ، وعنهم أخذ اللسان العربي من بين قبائل العرب ، هم قيس ، وتميم ، وأسد ، فإن هؤلاء هم الذين عنهم أخذ معظمه ، وعليهم اتكل في الغريب ، وفي الإعراب والتصريف ، ثم هذيل وبعض كنانة وبعض الطائيين ، ولم يؤخذ عن غيرهم من سائر قبائلهم» (1) .

وقيل إن لغة قريش وخزاعة كانت واحدة؛ لأن الديار كانت واحدة ، فخزاعة كانت تجاور مكة بل كانت تسكن مكة قديما ، وأخرجتها قريش منها ، وقيل إن القرآن الكريم نزل بلغة الكعبين ، وهما كعب جد قريش ، وكعب جد هذيل ، فلغة قريش ولغة هذيل كانت أيضا واحدة أو متقاربة .

وهذا يعني وجود لسان مشترك بين هذه القبائل المتجاورة في الديار والمنازل ، وروى أبو عبيد من طريق الكلبي عن أبي صالح عن ابن عباس ، قال: «نزل القرآن على سبع لغات منها خمس بلغة العجز من هوازن ، وهم الذين يقال لهم عليا هوازن ، وهم خمس قبائل أو أربع ، منها سعد بن بكر ، وجشم بن بكر ، ونصر بن معاوية ، وثقيف» . قال أبو عبيد وأحسب أفصح هؤلاء بني سعد بن بكر ، وذلك لقول رسول الله ﷺ: «أنا أفصح العرب بيد أني من قريش ، وأني نشأت في بني سعد بن بكر» (2) . وكان مسترضعا فيهم ، وهم الذين قال فيهم أبو عمرو بن العلاء: «أفصح العرب عليا هوازن ، وسفلى تميم» .

وقد ذهب بعض العلماء إلى أن القرآن الكريم نزل بلسان أهل مصر ، وقيل نزل بلغة الكعبين كعب بن لؤى ، وكعب بن عمرو ، وهو أبو خزاعة ، وقيل غير ذلك أنه نزل بلغات العرب المشهورة جميعا التي خلت من المستقبح .

والقبائل التي اختارها العلماء قديما في الاحتجاج وعدوها في الفصيح ، وجدنا أنها

---

(1) الاقتراح في أصول النحو وجدله ، السيوطي تحقيق محمود فجال . مطبعة الثغر ط1409/1هـ - 1989م ص162 والمزهر 211/1 ، 212 .

(2) وجاء الحديث برواية أخرى: «أنا أفصح من نطق بالضاد بيد أني من قريش» وهو حديث غريب ليس له مصدر، قال السيوطي في مناهل الصفا بتخريج أحاديث الشفا: «أورده أصحاب الغرائب ولا يعلم من أخرجه ولا إسناده» ونسبت أحاديث أخرى عن نشأة اللغة وفضلها إلى النبي ﷺ ولا يعلم لها مصدر.

تعيش في الحجاز ونجد وتهامة ، فد كانت هذه المناطق الجغرافية شبه معزولة عن الاحتكاك الخارجي ، فلم يقع في لغات سكانها تأثر بلغات الأعاجم ؛ لأن طبيعة البيئة وقلة ثرواتها حالتا دون غزوها عسكريا وسياسيا وفكريا ولغويا ، فلم تكن الحجاز إلا ممرا للقبائل ذهابا وإيابا من الجنوب إلى الشمال ومن الشمال إلى الجنوب ، ولم تكن مطمعا إلا في العصر الحديث بعد اكتشاف النفط بها.

بيد أن سكان اليمن جنوبا والشام والعراق شمالا وسكان الخليج شرقا تواصلوا مباشرة مع الأمم المجاورة ، ووقع تأثير متبادل بينهم ، ولهذا لم نجد ذكر لسكان هذه المناطق بين الفصحاء أو في الاحتجاج عند القدماء (1) .

وقد زكى العلماء لغة قريش في الفصاحة؛ لأن لسانها مشهور في العرب ، وكان أكثر تهذيبا وبلاغة ، وخلا من شوائب اللهجات الشاذة ، فلا تجد فيه عنعنة ، ولا عجرفية ولا كشكشة ولا كسكسة ، ولاتلتلة ، ولا تضجع ، ولا غير ذلك من مظاهر اللهجات الشاذة ، وسقط الكلام وضعيفه (2) .

ويرجع ذلك إلى أسباب منها: مكانة قريش ومنزلتها في العرب ، فقد كانت مركزا ثقافيا لقبائل العرب التي كان تؤمها من كل صوب ، فيبارون في منتدياتها بأشعرهم والمباريات الأدبية ، وتحكم كذلك في بعض الحكومات بين القبائل ، وكانت هذه الجلسات تعج بالخطابة والشعر ، وكان للشعراء في هذه القضايا دورهم ، وكنت لأشعارهم خطر كبير في الفصل في الخصومات بين القبائل ، ومن طريف ما يقال في ذلك أن معظم حروب الجاهلية كانت شرارتها الأولى قصيدة أو بيت منها أو خطبة لرجل مفوه ، وقد كان الشعراء يؤججون نار الحرب ويخمدون نارها ، وقد كان شعراء القبائل يحضرون أندية قريش التي تحضرها القبائل في المواسم ، وأهل قريش يجتمعون لها ، فترك ذلك فيهم ثروة لفظية هائلة ،

---

(1) وقد احتج أبو حيان الأندلسي بلغة لخم ، وخزاعة ، وقضاعة ، وغيرهم ، وقال: ليس ذلك من عادة أئمة هذا الشأن . الاقتراح للسيوطي ص164 وهذه القبائل تعيش وسط الجزيرة مجاورة للقبائل السابقة في الاحتجاج .

(2) سيأتي توضيحها .

وربي فيهم ملكة (التذوق) ، فقد كانوا يستحسنون حلو الكلام وينفرون من مستبشعه ، وكانوا ينطقون لسانا عربيا لاعوج فيه ، فنزل به القرآن الكريم ، واحتج به علماء العربية ، وجعلوه في المنزلة الأولى من الاحتجاج .

وقد استبعد علماء العربية القبائل التي تأثرت بلسان الأعاجم أو خالطتهم .

قال أبو نصر الفارابي: « ... وبالجملة ، فإنه لم يؤخذ عن حضري قط ، ولا عن سكان البراري ممن كان يسكن أطراف بلادهم التي تجاور سائر الأمم الذين حولهم . فإنه لم يؤخذ من لخم ولا من جذام ، فإنهم كانوا مجاورين لأهل مصر ، والقبط ، ولا من قضاعة ولا من غسان ولا إيادة فإنهم كانوا مجاورين لأهل الشام ، وأكثرهم نصارى يقرؤون في صلاتهم بغير العربية ، ولا من تغلب والنمر ، فإنهم كانوا بالجزيرة مجاورين بالجزيرة لليونانية ، ولا من بكر ؛ لأنهم كانوا مجاورين للنبط والفرس ، ولا من أزد عمان ، لمخالطتهم للهند والفرس ، ولا من أهل اليمن أصلا ، لمخالطتهم للهند والحبشة ، ولولادة الحبشة فيهم ، ولا من بني حنيفة وسكان اليمامة ، ولا من ثقيف وسكان الطائف لمخالطتهم تجار الأمم المقيمين عندهم ، ومن حاضرة الحجاز ، لأن الذين نقلوا اللغة صادفوهم حين ابتدأوا ينقلون لغة العرب قد خالطوا غيرهم من الأمم ، وفسدت ألسنتهم» (1) .

وهذا الاختيار أو الانتقاء للقبائل في ظاهره فيه شيء من التعسف في عمومه ، وإذا نظرنا في تراثنا سنجد أن كثيرا من شعراء هذه القبائل حجة عند علماء العربية ودواوينهم موثقة ، والإطار الجغرافي ليس حدا فاصلا ، فامرؤ القيس من شعراء الطبقة الأولى الجاهليين وإمامهم ، وهو من أبناء ملوك قبيلة كندة التي تنحدر من أصول يمنية جنوبية ، وكانت مملكة كندة على ساحل الخليج ، وجنوب العراق ، ولها علاقات سياسية بالفرس ، وامرؤ القيس نفسه كان كثير الترحال ، والاختلاط ، وسافر إلى بلاد الروم ، واختلط بهم ، ونزل الشام ، وشعره حجة ، ومثله كثير من شعراء الجاهلية الفحول مثل النابغة الذبياني والأعشى ، وحسان بن ثابت رضي الله عنه ، قبل أن يسلم- وعمرو بن كلثوم والحارث

---

(1) الاقتراح ص 163 .

ابن حلزة ، وغيرهم من الشعراء الذين جالسوا الملوك ، وارتحلوا إلى القبائل وجابوا جزيرة العرب ، ونزلوا الشام والعراق ، وبهما أعاجم وقبائل الشام والعراق لا يحتج بهم .

وأرى أيضا أن هذا كان في الإسلام في زمن التدوين ، ولم يكن هذا الحكم ممتدا في الجاهلية ، وإلا فمن المسلم به أن نخرج الشعراء الذين عاشوا بالعراق والشام من بين شعراء الاحتجاج .

ودليلنا في الاحتجاج بشعراء العراق والشام ، أن علماء اللغة اعتمدوا شعر الإسلاميين الذين عاشوا بالعراق والشام حتى نهاية القرن الثاني الهجري . مثل: جرير ، والفرزدق ، والأخطل والنميري وغيرهم .

وقد استبعد علماء العربية ما دون الشعراء من عامة الناس في الاحتجاج في صدر الإسلام؛ لأن سكان أمصار العراق والشام خالطهم الأعاجم ، وأثروا في خطابهم اليومي ، فلا يحتج بهم ، لأن لغتهم ليست في درجة لغة سكان البادية ممن عاشوا في عزلة بعيدا عن غضارة الحضارة ووخمة مدنها التي تفسد طبع سكان البادية وتعل صحتهم ، وتضعف لغتهم. وقد وجه بعض المحدثين نقدا لاذعا لمنهج القدماء في اصطفاء اللغة التي يقاس عليها ويحتج بها ، ورأوا أنهم تعسفوا في اختيار المشهور من اللغة وترك الشاذ أو النادر، ورأوا أن ترك الشاذ أو لهجات بعض القبائل ضيع كثيرا من لغة العرب التي تفيد في إجازة وجوه متعددة في القاعدة الواحدة وأرى أن منهجهم هذا وحد العرب على نظام واحد للغة، فقد وضعوا قاعدة عامة لكل موضوع يقيس عليها أصحاب اللغة ، وتعدد الوجوه يرهق المتعلم والقارئ ويفتح باب الاختلاف ويعقد القاعدة، ويزيد فيها، وهو ما تأباه الظروف التي تمر بها اللغة .

وقد وجدت بعض ظواهر لغوية في لهجات القبائل التي يؤخذ عنها اللغة (من قبائل الحجاز ونجد وتهامة) ، ولم يعتمدها علماؤنا في الأخذ أو الاحتجاج ، وهذه القبائل عربية محضة لم تخالط الأعاجم ، وليست من القبائل التي لا يؤخذ عنها ممن سبق ذكرهن ، وهذا أيضا يعني أنهم لم يأخذوا بكل ما قالته هذه القبائل ، بل انتقوا المشهور المجمع عليه ، وتركوا الشاذ أو الضعيف وأهملوه في الأخذ والاحتجاج .

وأطلق علماء العربية على الظواهر الشاذة التي لا تتفق مع المشهور من كلام العرب اسم اللغات المذمومة أو الضعيفة ، وقد أحصى علماء العربية القدماء الظواهر الشاذة في لهجات العرب فيما يلي (1) :

1- العنعنة: وهي قلب عينا مثل: أن: عن في: أشهد أنك رسول الله: أشهد عنك رسول الله. وأسلم: عسلم. وأذن: عذن .

وهذه الظاهرة الشاذة تقع في لغة قيس وتميم على المشهور بين العلماء .

2- الكسكسة: وهي قلب الكاف (الضمير) سينا ، أو إلحاق سين بها زيادة ، مثل: منك: منس ، عليك: عليس . وهي لهجة ربيعة ومضر وبكر وهوازن على أرجح الأقوال .

3- الكشكشة: وهي زيادة شين بعد كاف الخطاب في المؤنث في الوقف ، وهو الأشهر - أو في الوقف والوصل معا ، مثل: رأيتك: رأيتكش ، وبك: بكش .

ومن العرب من يبدل الشين مكان الكاف مثل: منك ، منش ، عليك ، عليش ، وهي في لهجة ربيعة ومضر (2) .

4- الشنشنة: وهي جعل الكاف شينا مطلقا ، مثل: لبيك اللهم لبيك: لبيش اللهم لبيش. وهي لغة أهل اليمن .

5- الفحفحة: جعل الحاء عينا ، مثل: حتى: عتى ، أحمد ، أعمد ، وهي على المشهور في لهجة هذيل .

6- العجعجة: جعل الياء المشدة (ياء النسب في آخر الكلمة) جيما مثل: تميمي: تميمج. قرشي: قرشج. وكذلك ياء الإضافة في : غلامي: غلامج. وكتابي: كتابج .

7- الاستنطاء: جعل العين الساكنة نونا إذا جاورت الطاء مثل: أعطى ، أنطى . وهذه في لغة سعد بن بكر ، وهذيل ، والأزد ، وقيس ، والأنصار .

---

(1) ارجع إلى الصاحبي ص35 ، والمزهرة 221/1 ، والخصائص 9 ، 10 .

(2) يوجد نظير لهذه الظاهرة في لهجة بعض أهل مصر الشماليين في ما قلتكش ، ماسألتكش ، ماضربتكش.

8- التلتلة: وهي كسر حركة تاء المضارعة في أول الفعل مثل: تعلمون ، تفعلون ، يصنعون. وهي في لهجة بهراء ، وتعرف بتلتلة بهراء .

9- الوتم: وهي جعل السين تاء . مثل: الناس: النات ، وهي في لغة بعض أهل اليمن .

10- اللخلخانية: وهي اختلاس الألف وحذف الهمزة في النطق من آخر الكلمة ، مثل: مشاالله في «ما شاء اللـه» . في لغة أعراب الشحر وعمان .

11- الطمطمانية (العجمة): وهي قلب اللام ميما في «ال» يقول: «أم» مثل: «ليس من امبرامصيام في أمسفر »أي:« ليس من البر الصيام في السفر» ، ومثل: طاب الهواء: طاب امهواء . وهي لهجة حمير .

اختلاف اللغات

عرف تعدد اللغات قديما باختلاف الألسن الذي يعد آية من آيات اللـه في البشر ، قال تعالى: ﴿وَمِنْ ءَايَٰتِهِۦ خَلْقُ ٱلسَّمَٰوَٰتِ وَٱلْأَرْضِ وَٱخْتِلَٰفُ أَلْسِنَتِكُمْ وَأَلْوَٰنِكُمْ ۚ إِنَّ فِى ذَٰلِكَ لَأَيَٰتٍ لِّلْعَٰلِمِينَ ﴿٢٢﴾﴾ [الروم: 22] . ألسنتكم: أي اللغات أو أجناس النطق وأشكاله (1) .

وهذا الاختلاف يخضع لقانون التطور الاجتماعي في الأرض ، وهو من رحمة اللـه تعالى بعباده الذي جعل الاختلاف الذي يقع بينهم في الرأي أو الجنس أو اللون أو الطبائع أو اللغات أو غير ذلك رحمة اللـه: ﴿وَمَا كَانَ ٱلنَّاسُ إِلَّآ أُمَّةً وَٰحِدَةً فَٱخْتَلَفُوا۟ ۚ وَلَوْلَا كَلِمَةٌ سَبَقَتْ مِن رَّبِّكَ لَقُضِىَ بَيْنَهُمْ فِيمَا فِيهِ يَخْتَلِفُونَ ﴿١٩﴾﴾ [يونس: 19] . وقال تعالى: ﴿وَلَوْ شَآءَ ٱللَّهُ لَجَعَلَكُمْ أُمَّةً وَٰحِدَةً وَلَٰكِن لِّيَبْلُوَكُمْ فِى مَآ ءَاتَىٰكُمْ ۖ فَٱسْتَبِقُوا۟ ٱلْخَيْرَٰتِ ۚ إِلَى ٱللَّهِ مَرْجِعُكُمْ جَمِيعًا فَيُنَبِّئُكُم بِمَا كُنتُمْ فِيهِ تَخْتَلِفُونَ ﴿٤٨﴾﴾ [المائدة: 48] . فالناس في الأصل كانوا أمة واحدة تجمعهم روابط واحدة ﴿كَانَ ٱلنَّاسُ أُمَّةً وَٰحِدَةً فَبَعَثَ ٱللَّهُ ٱلنَّبِيِّۦنَ مُبَشِّرِينَ وَمُنذِرِينَ ...﴾ [البقرة: 213] . قال المفسرون أمة واحدة من لدن آدم حتى طوفان نوح ثم افترقوا .

---

(1) النسفي جـ269/2 ، دار الكتاب العربي ، لبنان .

وهذا الافتراق أو الاختلاف لا يكون إلا بعد أمة أو جماعة ، وسببه كثرة العدد والتنافس والتحاسد والصراعات الداخلية ، وتاريخ الأمم البدائية يثبت أن اختلافهم وتفرقهم يخضع لهذه العوامل وعوامل أخرى اقتصادية لضيق العيش والبحث عن أماكن أخرى أكثر ثراء ورغدا أو الكوارث الطبيعية التي يعقبها هجرة .

وجاء في العهد القديم ما يفيد أن الجنس البشري تشعب بعد الطوفان إلى ثلاث سلالات: «وكان بنو نوح الذين خرجوا من الفلك ساما وحاما ويافث ، وحام هو أبو كنعان ، وهؤلاء الثلاثة هم بنو نوح ومن هؤلاء تشعبت الأرض» [1]، و«بارك الـله نوحا وبنيه ، وقال لهم أثمروا واملأوا الأرض [2] ، وجاء في الإصحاح العاشر مواليد بني نوح» وهذه مواليد بني نوح ، سام وحام ويافث وولد لهم بنون بعد الطوفان» . وذكر أسماء بني يافث والأرض التي سكنوها ، «من هؤلاء تفرقت جزائر الأمم بأرضهم كل إنسان بلسانه حسب قبائلهم بأممهم» . ثم جاء فيه ذكر بني حام ، واسم الأرض التي سكنوها ثم ختم الحديث عنهم بـ «هؤلاء بنو حام حسب قبائلهم كألسنتهم بأراضيهم وأممهم» . ثم جاء ذكر بني سام ومساكنهم وانتهى بالعبارة السابقة ، وختم الإصحاح بـ «هؤلاء قبائل بني نوح حسب مواليدهم بأممهم ومن هؤلاء تفرقت الأمم في الأرض بعد الطوفان» .

ويأتي تفسير سبب اختلاف الألسنة أو اللغات على النحو التالي: «وكانت الأرض كلها لسانا واحدا ولغة واحدة ، ورأى بنو آدم أن يبنوا مدينة لهم بأرض شنعار ، ثم فكروا في أن يعيدوا بناء المدينة على نمط أحدث ، وأن يشيدوا برجا عاليا يعرفون به مدينتهم حتى لا يتفرقوا في الأرض فنزل الرب ينظر المدينة والبرج اللذين كان بنو آدم يبنونهما . وقال الرب هو ذا شعب واحد ولسان واحد لجميعهم ، وهذا ابتداؤهم بالعمل ، والآن لا يمنع عليهم كل ما ينوون أن يعملوه . هلم ننزل ونبلبل هناك لسانهم حتى لا يسمع بعضهم لسان بعض. فبددهم الرب من هناك على وجه كل الأرض ، فكفوا عن بنيان المدينة ، لذلك دعى اسمها بابل ؛ لأن الرب هناك بلبل لسان كل الأرض ، ومن هناك بددهم الرب على وجه كل

---

(1) الإصحاح التاسع من سفر التكوين (18، 19) ص15 .

(2) الكتاب المقدس ، العهد القديم الإصحاح التاسع آية: 1 .

الأرض» (1) .

ولم يذكر العهد القديم شيئا عن ذرية من آمنوا مع نوح أو عقبهم ، كما أنه جزم بأن الأمم ينتمون إلى قبائل بني نوح الثلاثة دون خلط في الأنساب ، وهم جميعا بنو بيت واحد ، يفترض فيهم المخالطة والمصاهرة ، وإشارة العهد القديم إلى اختلاف الألسنة (اللغات) وقع مرة واحدة من اللـه في أرض بابل التي اختلفت فيها اللغات أو تبلبلت فيها الألسنة .

واختلاف اللغات لا يقع في زمن واحد أو متقارب بل يقع في قرون ، ولا يحدث في مكان واحد بل يختلف أهل اللسان الواحد إذا تباعدت بينهم الشقة ولم يتواصلوا ، فتظهر الفروق اللغوية ، وتتأثر كل جماعة بمحيطها ، ونقاء الجنس أو النسل غير مأخوذ به في العلوم التي تعني بالدراسات الإنسانية (علم الأنثربولوجيا) ، ولم يقبل علماء الغرب ما قيل في انقسام البشر إلى أجناس ثلاثة ؛ لأن فيه مخالفة لقانون التطور الاجتماعي ، واختلاف اللغات لا يقع على هذا النحو من الفعل الحتمي في زمن قصير وبيئة واحدة .

وتعدد اللغات يحكمه قانون آخر غير ما جاء ذكره في العهد القديم أنه وقع حتما عن أمر إلهي ، فوحدة اللغة تحكمها وحدة الجماعة ، وكل جماعة لها سمات وخصائص لغوية تميزها عن غيرها ، وتحتفظ بوحدتها وتجانسها في ظل هذا التجمع الموحد المتجانس . وتصبح هذه الوحدة شديدة الارتباط به حتى إذا وقع اختلاف بين هذا التجمع ، فانقسم على نفسه إلى وحدات صغرى مستقلة ظهرت الفروق المحلية في لسان كل جماعة منه ، وتتسع هوة الاختلاف بين هذه الألسنة المتباعدة بمرور الزمن وتزداد الفروق اللغوية الخاصة بين هذه الألسنة حتى تصل إلى مرحلة التميز المحض ، فتصبح هذه اللغوة أو اللهجة التي استقلت عن اللغة الأم لغة مستقلة تتميز بمستويات صوتية وحرفية وتركيبية ومعجمية خالصة.

وهذا يقع في ظروف معينة منها اختلاف عنصر المجتمع ، واختلاف المكان ، وطول الفترة الزمنية التي عاشتها اللهجة بعيدة عن اللغة الأم ، وضعف وسائل الاتصال وقلتها ، والتعدد اللغوي يقع في الأمم البدائية سريعا ، لقلة التواصل وقسوة المعيشة التي تدفعهم إلى

---

(1) الإصحاح الحادي عشر آية 1: 9 .

الهجرة دائما والصراع ويمكن تلخيص عوامل تطور اللهجة إلى لغة فيما يأتي:

أولا : المجتمع: يتواصل المجتمع الواحد بلسان واحد في حالة استقراره وترابطه ، ولكن قد تدفع الظروف التجمعات البشرية بفضل تطورها ونموها إلى الانقسام والهجرة ، فالهجرات الجماعية والانقسامات تقيم مجتمعات جديدة مستقلة ذات كيان مشترك ، وتتأثر اللغة كذلك بجميع ظروف المجتمع الذي تعايشه وترتبط به .

ثانيا: المكان: المكان الواحد من عوامل حفظ اللغة ، ولكن إذا تمت هجرة الجماعات المستقلة إلى أماكن أخرى ، تفرض على الجماعة المستقلة عزلة أو صعوبة تواصلها مع المجتمع الأم ، وقد يحدث أن تنزل تلك الجماعة على أخرى ، فتكتسب لغتها أو تتأثر بها أو تفرض لغتها عليها .

ثالثا: الزمان: إذا طالت الفترة الزمنية ، فإن ذلك يزيد فاعلية الاستقلال والتغير في تلك المجتمعات المستقلة .

رابعا: البيئة: تؤثر البيئة في أهلها وتكسبهم طبائع وعادات ومفردات جديدة تلائمها ، وتؤثر طبيعتها إيجابا أوسلبا في المجتمع الذي يعيش فيها .

خامسا: الشفاهية: فاللغة المنطوقة تتغير تغيرا سريعا عن اللغة المكتوبة ، فالتدوين وعاء اللغة وتراثها يحفظهما بيد أن المنطوق عرضة للتطور والتحريف والتغير . ويلاحظ أن المجتمعات المستقلة عن مجتمع الأم تحتفظ لنفسها ببقايا موروثة من اللغة الأم ، ولكن هذه البقايا تذوب مع مرور الزمن وتتطور هذه الجماعة ، ولكن يمكن إدراكها من خلال ما تبقى لهذه الجماعة من آثار أو نصوص قديمة تستطيع من خلالها إثبات تلك الصلة بينها وبين اللغة الأم .

سادسا: عوامل سياسية: تساهم العوامل في استقلال اللهجة عن اللغة الأم إذا تخذتها لسانا رسميا لها ، وساعدت على استقلال الجماعة التي تتحدثها ، والسياسة هي التي تهيئ للهجة مكانا مناسبا في الخطاب ، وتساعد في نشرها بما تقدمه من دعم مادي وإعلامي .

ويلاحظ أن عوامل الانقسام حدثت قديما في فترة لم تعرف التدوين أو الاستقرار ،

وكان التواصل فيها صعبا ، والظروف البيئية كانت تفرض قيودها على من يعيشون داخلها ، إلى جانب الهجرات كانت تتم بشكل جماعي ، الأمر الذي كان يعين على حفظ تواجدها ، وكان الاحتكاك بين الجماعات ضئيلا فقد كانت تعيش في شبه عزلة ، ومن ثم كان اللسان الشفهي لتلك الجماعات يتطور بفضل عنصر الزمن والمجتمع بعيدا عن اللغة الأم وسببه انقطاع الصلة بها .

وقد جاء في بعض المصادر القديمة روايات عن سبب اختلاف الألسنة ، وأشارت إلى اللسان الأول ، ومصدر هذه الروايات ليس الشرع أو نص ثابت بل إسرائيليات أو أخبار مروية عن أخبار اليهود الذين شاركوا في الحياة الثقافية في الإسلام أو عن طريق الاطلاع على تراث الأمم الأخرى .

وقد جاء في بعض المصادر أن آدم عليه السلام كان يتكلم جميع الألسنة (اللغات) ، وتوارثها عنه بنوه ، فاختار كل واحد منهم لسانا ، وقيل إن آدم كان يتكلم العربية في الجنة ، ثم تحول عنها إلى السريانية بعد أن هبط إلى الأرض ، وهو يشاكل اللسان العربي ، إلا أنه محرف ، فكان لسان جميع من في السفينة إلا جرهم الذي كان لسانه لسان العربي الأول ، وقيل إن التعدد أو اختلاف اللغات بعد الطوفان في بابل ، حيث تبلبلت فيها الألسنة ، فقد نادى مناد: من جعل المغرب عن يمينه والمشرق عن يساره ، واقتصد البيت الحرم بوجه ، فله كلام أهل السماء ، فاختار يعرب بن قحطان هذا اللسان ، وهو العربية ، فلم يزل المنادي ينادي من فعل كذا وكذا فله كذا وكذا ، حتى افترقوا على اثنين وسبعين لسانا ، وانقطع الصوت وتبلبلت الألسن (1) .

وقيل غير ذلك ، وهي روايات عارية من الصحة ، متأثرة بما رواه الإخباريون والقصاص في الأزمنة السحيقة ، وما وضعته الأساطير من خرافات لعجزها عن معرفة الحقيقة .

وكثير من هذه الأخبار مصدرها أحبار اليهود ، أو وضعت في الإسلام ونسبت زورا

---

(1) ارجع إلى: المزهر جـ 31/1 ، 32 .

إلى علم من أعلام الصحابة ، ليوهم الوضاعون صحتها . وقد روي في ذلك روايات يبطل بعضها بعضا وظاهرها مخالف لما توصل إليه العلم . وأمثلة ذلك ما روي منسوبا إلى كعب الأحبار: أن أول من كتب الكتاب العربي والسرياني والكتب كلها آدم عليه السلام . قبل موته بثلاثمائة سنة . كتبها في طين وطبخه . فلما أصاب الغرق ، وجد كل قوم كتابا فكتبوه ، فأصاب إسماعيل عليه السلام الكتاب العربي .   (1)

وقال ابن فارس: «وكان ابن عباس يقول: «أول من وضع الكتاب العربي إسماعيل عليه السلام ، وضعه على لفظه ومنطقه» . والروايات في هذا الباب تكثر وتختلف .   (2)

وهذه الآراء عرفت في الإسلام بعد أن دخل كثير من علماء أهل الكتاب في الإسلام ، وشاركوا في الحياة الثقافية ولم تكن معروفة زمن النبوة بين المسلمين .

---

(1) الصاحبي ، لابن فارس ص10 ، وأدب الكتاب للصولي ص28 . والوزراء والكتاب للجهشياري ص1 . والمزهر لجلال الدين السيوطي . 282/2 ، قال السيوطي: هذا الأثر أخرجه ابن أشته في كتاب المصاحف بسنده عن كعب الأحبار ، المزهر جـ341/2 وكعب الأحبار كان من علماء اليهود ، وأسلم في خلافة عمر رضي الـله عنه .

(2) الصاحبي ص 10 والمزهر جـ 342/2 . قال السيوطي: هذا الأثر أخرجه ابن أشته والحاكم في المستدرك من طريق عكرمة عن ابن عباس رضي الله عنه .

مصادر العربية الفصيحة
ومصادر التوثيق والاحتجاج

اللغة الفصيحة أعلى درجات اللغة مطلقا ، وأفصحها لفظا وأقواها معنى ، وأدقها تركيبا ، وأوجزها لفظا وأغزرها معنى ، وأبينها، وأبلغها ، وهي التي ترتفع عن شواذ اللهجات ، وتجتمع لها خصائص عامة تعرف بها.

ويمثلها النص القرآني ، الذي يعد أفصح نص عربي على الإطلاق وأبينه وأصحه ، فلم يشبه شائبة النقد مطلقا . يليه الحديث النبوي الشريف ، الذي قاله أفصح العرب على الإطلاق سيدنا محمد ﷺ يليه كلام فصحاء العرب شعرا ونثرا الذي تجتمع فيه خصائص العربية ولا يخالف عرفها العام .

ومصادر اللغة منابعها ومادتها الصحيحة التي يعتمد عليها في إقامة لغة صحيحة توافق عرف العربية الفصحى . وهي على ترتيبها التاريخي: الشعر الجاهلي ، والقرآن الكريم ، والحديث الشريف ، وشعر الإسلاميين ونثرهم الذي يوافق العربية الصحيحة ولا يخرج على عرفها ، وقد كان ذلك مصدرا في الأمصار حتى نهاية القرن الثاني ، وفي بادية العرب حتى نهاية القرن الرابع ، أما القرآن الكريم والحديث الشريف فهما مصدرها الدائم الذي لا ينقطع معينه .

والاحتجاج في اللغة هو إقامة الحجة أو الدليل على صحة اللفظ والنص ، والقاعدة في العربية الفصيحة ، ويقيم الحجة على ذلك ما يصح من لفظ ونص صح الدليل عليه في اللغة العربية الفصحى التي يحتج بها ، ومصادر التوثيق اللغوي في العربية مرتبة حسب صحة روايتها ودرجتها في الأخذ والاستشهاد على النحو الآتي:

القرآن الكريم ، الحديث الشريف ، كلام العرب شعرا ونثرا ، وهذه المصادر يقتبس منها ويقاس عليها ، وتعد معيارا للعربية الفصيحة الأصيلة .

أولا: القرآن الكريم

القرآن الكريم: كلام الله المنزل بالوحي على رسوله محمد ﷺ بلسان عربي مبين غير ذي

عوج ، لا يأتيه الباطل من بين يديه ولا من خلفه تنزل من عزيز حكيم ، وهو النص المتعبد بتلاوته والمكتوب في المصاحف ، وقد تكفل اللـه تعالى بحفظه فقال تعالى: ﴿إِنَّا نَحْنُ نَزَّلْنَا ٱلذِّكْرَ وَإِنَّا لَهُۥ لَحَـٰفِظُونَ ۝٩﴾ [الحجر: 9] . وقد حفظ اللـه تعالى كتابه في صدور عباده المؤمنين الذين حملوه في صدورهم محفوظا ، كما حفظوه مكتوبا رسما وضبطا ، وبينوا أحكامه ومعانيه ، وقواعده ، وقد قامت علوم العربية في بدء أمرها في كنف القرآن الكريم . ومقصدها الأول النص القرآني ، ثم عرجت على كلام العرب شعرا ونثرا للاستعانة به في فهم النص القرآني.

وذهب الباحثون في العربية قديما وحديثا من العرب وغيرهم من المستشرقين أن النص القرآني من أقوى النصوص اللغوية وأدقها نقلا ورواية دون غيره من مصادر اللغة فهو فوق الحديث والشعر والنثر ؛ لأن الحديث الشريف دون في نهاية القرن الأول والثاني وانتهى من تدوينه في الثالث ، بعد أن تناقله الرواة فترة من الزمن ، ولكن القرآن الكريم دون في فترة مبكرة، فلم يصبه من اختلاف الرواية ما أصاب الحديث والشعر ، فقصائد الجاهليين لم تدون إلا في نهاية القرن الأول الهجري تقريبا ، وقد ثبت أن بعض صحف القرآن الكريم قد دونت في عصر النبوة ، ودون القرآن الكريم كاملا في صحف في عهد خلافة الصديق رضي اللـه عنه ، وأعيد تدوينها وجمعها في كتاب واحد يعرف بالمصحف في عهد الخليفة عثمان رضي اللـه عنه ، وهي النسخة التي استقرت في أيدي المسلمين حتى الآن ، وعرفت بالمصحف العثماني .

ويعد النص القرآني بهذا رأس مصادر اللغة وأقوى شاهد في الاحتجاج والتوثيق ، وأولى نصوص العربية جميعا تقدما في كل ما يتعلق بالبحث اللغوي .

ويعد النص القرآني أقدم نص عربي مدون . لم يرق إلى نصه الشك ، وهو أول ما دون من نصوص العربية الفصيحة المتداولة وأكثرها رواية .

ويمثل النص القرآني اللغة العربية الفصيحة أصدق تمثيل ، ولم يختلف في ذلك باحث أو عالم باللغة عربا ومستشرقين ، ويعد النص القرآني معيارا للعربية الفصيحة التي يقيس عليها أهل كل زمان لغتهم .

وقد اعتبر علماء العربية القرآن الكريم أساسا أول للقياس ؛ لأنه أفصح نصوص العربية مطلقا وأبلغها وأقواها وأصحها نقلا ورواية بيد أن قوما من النحويين القدماء جانبهم الصواب عندما قاسوا النص القرآني على ما لديهم من شواهد لغوية مأثورة عن العرب الجاهليين وبعض الإسلاميين شعرا ونثرا ، فوضعوا قواعد النحو على ما وافق النصوص العربية ، وأقاموا على كلام العرب قواعدهم ، وأخذوا من القرآن ما وافق آراءهم ، وأولوا ما جاء في النص القرآني مخالفا قواعدهم وشواهدهم، وكان أولى لهم أن يقيسوا لغتهم على النص القرآني وأن يضعوا قواعدهم عليه غير مخالفة لوجوه القراءات ، وأن يأولوا كلام العرب أو يردوه إن خالف النص القرآني . فالنص القرآني أولى بالترجيح من كلام العرب ؛ لأنه الأفصح والأقوى حجة والأصح رواية ، وهو قبل كل هذا بلفظ رب العالمين دون غيره ، فلا يأتيه الباطل من بين يديه ولا من خلفه ، وقد تكفل بحفظه إلى يوم الدين .

وقد وجه الفخر الرازي نقدا لهؤلاء النحاة الذين احتجوا على النص القرآني بكلام العرب ، وجعلوه شاهدا عليه في إحكام قواعدهم وصحتها ، فقال: «كثيرا ما نرى النحويين متحيرين في تقدير الألفاظ الواردة في القرآن ، فإذا استشهدوا في تقريره ببيت مجهول فرحوا به ، وأنا شديد التعجب منهم ، فإنهم إذا جعلوا ورود ذلك البيت المجهول على وفقه دليلا على صحته . فلأن يجعلوا ورود القرآن دليلا على صحته كان أولى» .

وانتقدهم الإمام ابن حزم أيضا في كتابه «الفصل بين الملل والأهواء والنحل» : «ولا عجب أعجب ممن إن وجد لامرئ القيس ، أو لزهير ، أو لجرير ، أو الحطيئة ، أو الطرماح ، أو لأعرابي أسدي، أو سلمي ، أو تميمي ، أو من سائر أبناء العرب لفظا في شعر أو نثر جعله في اللغة وقطع به ، ولم يعترض فيه ، ثم إذا وجد لله تعالى خالق اللغات وأهلها ، كلاما لم يلتفت إليه ولا جعله حجة ، وجعل يصرفه عن وجهه ، ويحرفه عن موضعه ، ويتحيل في إحالته عما أوقفه اللـه عليه» (1) .

---

(1) ارجع في ذلك إلى: دراسات لغوية الدكتور عبد الصبور شاهين، مكتبة الشباب ص73 ، 74 ، 75 .

وقد كانت لغة القرآن الكريم معروفة لجميع العرب حجازين وغير حجازين ، فلم يرد ما يشير أن بعض قبائل العرب الجنوبيين من اليمن أو الشماليين من أطراف العراق ، والشام لم يفهموا النص القرآني ، فكانت الوفود ترد على النبي ﷺ وكان يقرأ عليهم القرآن ، ولم يرو شيئا في إعجامه عليهم ، وقد أكد النص القرآني أنه بلسان عربي مبين أي واضح لا لبس فيه ولا إبهام .

ومن الحقائق المسلم بها أن القرآن الكريم هو أفصح من نطق بالعربية ، وكانت فصاحته على نهج معجز لكل فصحاء العرب ، في عصر تألقت فيه ملكة البيان على أكمل صورها ، لدى قوم لم يعرفوا من صنائع الدنيا سوى صنع البيان ، ولم يبرعوا في فنون الحياة ، براعتهم في قول الشعر والنثر (1) .

فقد أحكم الله عز وجل آياته كتابه الكريم إحكاما لم يبلغه كتاب منزل ولا موضوع ، قال تعالى: ﴿كِتَٰبٌ أُحۡكِمَتۡ ءَايَٰتُهُۥ ثُمَّ فُصِّلَتۡ مِن لَّدُنۡ حَكِيمٍ خَبِيرٍ ۝١﴾ [هود: 1] فهو من عند الله الحكيم في أقواله: ﴿وَلَوۡ كَانَ مِنۡ عِندِ غَيۡرِ ٱللَّهِ لَوَجَدُواْ فِيهِ ٱخۡتِلَٰفًا كَثِيرًا ۝٨٢﴾ [النساء: 82] . أي لوجد هؤلاء العرب فيه فسادا واضطرابا.

وهذا الخطاب موجه إلى أهل العربية أصحاب الحس اللغوي والبلاغي . فلو كان هذا القرآن من عند غير الله أي كان مفتعلا مختلفا ، لوجدوا فيه تناقضا واضطرابا وضعفا كثيرا (2) .

وكان من دواعي قوة الحس اللغوي لدى العربي أنه كان إنسانا فطريا في بيئة نقية من شوائب الحضارات والخرافات والأساطير ، فلم تفسد ذوقه صراعات المادة ، وفلسفات الأمم الخرى ، فكان همه الشاغل لغته التي يتحدثها والتي لا يملك غيرها من المعارف الإنسانية ، فعكف عليها يتفحصها ، وينتقي منها أعذب الألفاظ التي تتمتع بجزالة لفظها وغزارة معناها ، وصقل منها جملا ، وأقام منها شعرا موزونا ، وخطابا قويا موجزا في لفظه

---

(1) دراسات لغوية ، الدكتور عبد الصبور شاهين 73 .

(2) ابن كثير 530/1 .

بليغا في معناه .

وقد ضمنت له العزلة التي يحياها نقاء لغته وصفائها من الدخيل ، فجاء القرآن بلسان أقوى مما صقلوه وهذبوه ، فلم يستطيعوا أن يباروه بأشعارهم ولا بخطبهم ، ولم يجدوا مصرفا عنه إلا اللغو فيه والتلهي عنه أو عدم سماعه لقوة تأثيره وسحره فيهم ، فهم أهل ذوق عال .

وقد رأى كثير من المفسرين واللغويين أن القرآن الكريم بلسان قريش ، وأن لسان قريش أفصح الألسنة ؛ لأنه ارتفع عن مظاهر الشذوذ في لهجات قبائل العرب غير المشهورة التي لا يقاس عليها ، وقد بينا لك في حديثنا عن اللهجات العربية ولا حاجة لنا في إعادته .

وهنالك سؤال يطرح نفسه: ألم يرد في النص القرآني شي من لهجات العرب؟ وهل القرشية في لغة القرآن تعني لهجة قريش الخاصة بهم؟

والجواب عن ذلك يتلخص في أن لسان قريش لم يكن لهجة محلية كلهجة تميم أو هذيل ، يتمتع بمظاهر خاصة ، بل كان لغة عامة جمعت سمات المشهور من لهجات العرب ، فقد ارتفعت لغة قريش عن مستوى اللهجة أو مفهومها الضيق ، ووصلت إلى العالمية في نطاق المجتمع العربي فتداولوها وتواصلوا بها على المستوى الرسمي العام بين القبائل ، فقد كانت لغة قريش بمنزلة اللغة الرسمية لقبائل العرب ، وارتفعت عن مستوى اللهجة المحلية ، وقد أهلها إلى هذا المستوى أن قريشا كانت إمام العرب في الجاهلية ، فالعرب تبع لها ، وقد كانت مركزا أدبيا وروحيا لهم يقصدونه من كل فج عميق .

وقد حظى القرشيون بمنزلة عظيمة بين العرب ، يمكن أن نتحسسها من موقفهم المعاند للدعوة الإسلامية خشية أن يؤثر ذلك فيما كانوا يتمتعون به في العرب من مزايا خاصة ومكاسب سياسية واقتصادية ، فشعروا أن الإسلام سيغير كثيرا مما هم فيه ، فتصدوا له ، وظنوا أنه سيذهب بمهابتهم في العرب ، وقد زادهم الـلـه عز وجل به عزا .

وقد أكد علماؤنا قديما أن لسان قريش لم يكن لهجة محلية بالمفهوم الضيق ، قال الفراء: «كانت العرب تحضر الموسم في كل عام ، وتحج البيت في الجاهلية ، وقريش يسمعون لغات

العرب فما استحسنوه من لغاتهم تكلموا به ، فصاروا أفصح العرب ، وخلت لغتهم من مستبشع اللغات ، ومستقبح الألفاظ»⁽¹⁾ ، وذكر بعضا من مظاهر الشذوذ في لهجات القبائل الأخرى ، وقد ارتفعت لهجة قريش عنها ولم يقع فيها شيء منها . وقد كانت قريش مع فصاحتها وحسن بيانها ورقة لسانها تتخير من كلام غيرها أحسن الألفاظ وأدق المعاني ، فاجتمع لهم صفوة لسان العرب ، والمشهور منه ، فصاروا بذلك أفصح العرب⁽²⁾ .

وقد جاء في أكثر من نص أن القرآن الكريم نزل بلسان قريش ، وأشهر ما روي في ذلك أن عثمان رضي اللـه عنه قال لزيد بن ثابت وسعيد بن العاص وعبد اللـه بن الزبير وعبد الرحمن ابن الحارث بن هشام ، بعد أن أمرهم بنسخ المصاحف : «إذا اختلفتم أنتم وزيد بن ثابت في عربية من عربية القرآن ، فاكتبوها بلسان قريش ، فإن القرآن أنزل بلسانهم»⁽³⁾ .

وروي عن ابن مسعود : أنه كان يستحب أن يكون الذين يكتبون المصاحف من مضر . ونسب إلى عمر رضي اللـه عنه أنه قال : «لا يملين في مصاحفنا إلا غلمان قريش وثقيف» ، وقد كان ذلك في الصحف التي كتبت في خلافة أبي بكر رضي اللـه عنه ، وروي أيضا أن عثمان رضي اللـه عنه قال : «اجعلوا المملي من هذيل والكاتب من ثقيف» . وذلك في مصحفه الذي نسخ في خلافته .

وقد ورد أن عثمان رضي اللـه عنه أمر أربعة من الصحابة أن يكتبوا المصاحف التي نسخت في عهد أبي بكر ، وما في أيدي الناس في مصحف واحد ، وأراد بهذا العمل أن يجمع الناس على القراءة به وترك ما سواه من المصاحف التي كتبها أصحابها بطريقتهم الخاصة في الكتابة ، متأثرين بلهجات قبائلهم .

---

(1) المزهر 221/1 .

(2) ارجع إلى : المصدر السابق 210/1 .

(3) رواه البخاري عن أنس بن مالك رضي اللـه عنه في فضائل القرآن ، باب نزل القرآن بلسان قريش والعرب .

وروي أن الذين أسندت إليه مهمة النسخ أربعة ، وهم على أرجح الروايات زيد بن ثابت الأنصاري ، أحد كتاب الوحي لرسول الله ﷺ ، وعبد الله بن الزبير بن العوام ، القرشي الأسدي ، أحد فقهاء الصحابة ونجبائهم علما وعملا ، وأصلا وفضلا ، وسعيد بن العاص بن أمية القرشي الأموي ، وكان كريما جوادا ممدحا ، وكان أشبه الناس لهجة برسول الله ﷺ ، وعبد الرحمن بن الحارث بن هشام بن المغيرة بن عبد الله بن عمرو بن مخزوم القرشي المخزومي .

فجميعهم من قريش سوى زيد بن ثابت رضي الله عنه ، وقاموا بالنسخ ، وإذا اختلفوا في موضع الكتابة على لغة رجعوا إلى عثمان رضي الله عنه ، فاختلفوا في «التابوت» أيكتبونه بالتاء أو الهاء؟ فقال: زيد بن ثابت: «إنما هو «التابوه» ، وقال الثلاثة القرشيون «إنما هو التابوت» ، فتراجعوا إلى عثمان . فقال: «اكتبوه بلغة قريش ، فإن القرآن نزل بلغتهم» (1) .

وقد فصل العلماء معنى قول عثمان رضي الله عنه: «فإنه نزل بلسان قريش» على النحو التالي: قال القاضي أبو بكر بن الباقلاني: معنى قول عثمان: «فإنه نزل بلسان قريش» ، يريد معظمه وأكثره ، ولم تقم دلالة قاطعة على أن القرآن بأسره منزل بلغة قريش فقط ، إذ فيه كلمات وحروف هي خلاف لغة قريش ، وقد قال تعالى: ﴿إِنَّا جَعَلْنَٰهُ قُرْءَٰنًا عَرَبِيًّا لَّعَلَّكُمْ تَعْقِلُونَ ۝٣﴾ [الزخرف: 3] ولم يقل قرشيا ، وهذا يدل على أنه منزل بجميع لسان العرب ، وليس لأحد أن يقول إنه أراد قريشا من العرب دون غيرها . كما أنه ليس له أن يقول: «أراد لغة عدنان دون قحطان ، أو ربيعة دون مضر ، لأن اسم العرب يتناول جميع هذه القبائل تناولا واحدا» (2) .

وقال ابن عبد البر: قول من قال: «إن القرآن نزل بلغة قريش» ، معناه عندي: في الأغلب و الله أعلم ؛ لأن غير قريش موجودة في صحيح القراءات من تحقيق الهمزات ، ونحوها وقريش لا تهمز» (3) أي لا تنطق الهمزة وسط الكلمة أو آخرها دون أولها ، بل

---

(1) ارجع إلى كتاب فضائل القرآن لابن كثير الملحق بتفسيره جزء 588/4 المكتبة التوفيقية .

(2) تفسير القرطبي ج 61/1 ا المقدمة . وفتح الباري 62/8 .

(3) تفسير القرطبي 61/1 . والهمز منسوب لقبيلة تميم ، تخفيف الهمزة لغة أهل الحجاز ، ومنهم قريش.

تقلبها واوا أو ألفا أو ياء تسهيلا مثل: ذيب ، فار ، جونة ، في ذئب ، فأر ، جؤنة .

ومن المحتمل أن يكون معنى «لسان قريش» عموم لسان العرب والمشهور منه ، وهو ما تكلمت به قريش كما بينا من قبل . وقد روي أن عمر بن الخطاب رضي الـلـه عنه كتب إلى عبد الـلـه بن مسعود رضي الـلـه عنه أن «القرآن نزل بلسان قريش ، فأقرئ الناس بلغة قريش لا بلغة هذيل» (1) .

وقد كان عبد الـلـه بن مسعود من هذيل ، والمراد أن لا يقرئهم على لهجة هذيل الخاصة غير المشهور في العرب ، بل يقرئهم على عموم لسان العرب والمشهور منه ، وهو لسان قريش الذي ارتفع عن شواذ اللهجات .

ولهجة هذيل ليست مستبعدة من القراءة ، ولكن المستبعد منها شواذها غير المشهورة مثل: الفحفحة ، وهي قلب الحاء عينا في مثل حتى: عتى .

وقد جاء في رواية أخرى أن عمر رضي الـلـه قال: «إذا اختلفتم في اللغة فاكتبوها بلسان مضر ، ومضر هو ابن نزار بن معد بن عدنان ، وإليه ينتهي أنساب قريش وقيس وهذيل وغيرهم (2) .

ومعنى القرشية في القرآن ، أنه نزل بعموم لفظ قريش دون غيرها ، وقد كانت هنالك لهجة مشتركة بينها وبين جيرانها خزاعة ، وكنانة ، وتغليب لغة قريش أولى من لهجة غيرها ، ولهذا قال عثمان رضي الـلـه عنه لكتاب المصحف: «ما اختلفتم أنتم وزيد فاكتبوه بلغة قريش ، فإنه نزل بلغتهم» ، وقد روي أنهم اختلفوا في لفظ «التابوت» ، وهو بلغة الأنصار التابوه ، فأمرهم عثمان رضي الـلـه عنه أن يكتبوه «التابوت» على لغة قريش ، ولم يكتبه على لغة زيد بن ثابت وقومه من الأنصار ، وغلب لسان قريش ؛ لأنه أعم في العرب من لسان الأنصار ، ونزل القرآن بلسانهم في مكة أول ما نزل .

وروي عن عبد الـلـه بن عباس رضي الـلـه عنه قال: «نزل القرآن بلغة الكعبيين ، كعب قريش ، وكعب خزاعة ، قيل وكيف ذلك؟» قال: «لأن الدار واحدة» ، قال أبو عبيد: يعني

---

(1) فتح الباري ، طبعة الريان جـ624/8 .

(2) نفسه .

أن خزاعة جيران قريش ، فأخذوا بلغتهم» (1) .

وأشهر دليل على أن القرآن الكريم نزل بلغات العرب المشهورة دون ظواهرها الشاذة الحديث الذي صح عن النبي ﷺ: «أنزل القرآن على سبعة أحرف» قيل على المشهور من لغات العرب المشهورة ، وجميع وجوه المعنى الذي فسر في ضوئها هذا الحديث تفيد وجوه القراءات ، وقد جاءت وجوه القراءات على لهجات قبائل العرب المشهورة ، ودليل ذلك أيضا أن معاني الألفاظ فسرت في ضوء لهجات العرب . ومثال ذلك لفظ «فطر» وهو بمعنى شق. ومعناه عند قريش: «ابتدأ وخلق الشيء ومله وابتدأه ، وقد جاء بهذا المعنى في قوله تعالى: ﴿فَاطِرُ ٱلسَّمَـٰوَٰتِ وَٱلْأَرْضِ﴾ [الشورى: 11] وقد أعلن عبد الـلـه بن عباس ، وهو قرشي ، أنه لم يدر معناها في الآية حتى اختلف إليه أعرابيان في بئر ، فقال أحدهما: أنا فطرتها يريد أوجدتها وابتدأتها ، قال: ففهمت حينئذ موضوع قوله تعالى: ﴿فَاطِرُ ٱلسَّمَـٰوَٰتِ وَٱلْأَرْضِ﴾ وقال أيضا: «ما كنت أدري معنى قوله تعالى: ﴿رَبَّنَا ٱفْتَحْ بَيْنَنَا وَبَيْنَ قَوْمِنَا بِٱلْحَقِّ وَأَنتَ خَيْرُ ٱلْفَـٰتِحِينَ ﴿٨٩﴾﴾ [الأعراف: 89] حتى سمعت بنت ذي يزن تقول لزوجها:تعالى أفاتحك ، أي أحاكمك . ومثل ذلك وقع لعمر رضي الـلـه عنه في قوله تعالى: ﴿أَوْ يَأْخُذَهُمْ عَلَىٰ تَخَوُّفٍ﴾ [النحل: 47] ، لم يدر ما معناها حتى أخبره رجل من هذيل أنها تعني على تنقص لهم ، وأتى له بشاهد (2) .

وجاء في كتاب «غريب القرآن» المنسوب إلى عبد الـلـه بن عباس رضي الـلـه عنه كثر من الألفاظ التي فسرها في ضوء لغات العرب وبعض اللغات السامية (3) ، ومثال ذلك: (السفهاء) : السفيه الجاهل بلغة كنانة ، و(الصاعقة): الموت بلغة غسان (رجزا): العذاب بلغة هذيل ، و(الطور): الجبل: وافقت لغة السريانية ، (ربانيين) علماء . وافقت لغة

---

(1) تفسير القرطبي 61/1 .

(2) تفسير ابن عطية 44/1 وتفسير القرطبي 61/1 ، 62 .

(3) ارجع إلى: غريب القرآن المنسوب إلى عبد الـلـه بن عباس رضي الـلـه عنه ، حققه أحمد بولوط ، مكتبة الزهراء ط1413/1هـ 1993م . وهي روايات جمعت عن عبد الـلـه بن عباس رضي الـلـه عنه ،في زمن التدوين ، وكثير منها متفرق في كتب التفسير والحديث واللغة .

السريانية ، (فصرهن إليك): يعني فقطعهن ، وافقت لغة النبطية ، (حوبا): يعني ذنبا كبيرا بلغة طيء وغطفان ، والحبشة ، (هيت): هلم لك بالحوارنية ، وقيل بالسريانية ، وقيل بالقطبية ، وقيل هي حوارنية وقعت لأهل الحجاز معناها تعال (1) .

وأرى أن الكلمات التي فسرت في ضوء اللغات السامية ، لا يعني هذا أن بالقرآن الكريم لفظ غير عربي ، فهذه الكلمات قد تكون من بقايا اللغة الأم التي عاشت في العربية ، ووقع مثلها في أخواتها الساميات ، كالسريانية والحبشية والعبرية ، وقد تكون قد دخلت العربية وتعربت في فترة سابقة على نزول القرآن ، وهي في حكم الكلمات العربية و الله أعلم (2) .

وقد ذهب بعض العلماء إلى أن المراد هو سبع لغات في القرآن على لغات العرب كلها يمنها ونزارها ، لأن رسول الله ﷺ لم يجهل شيئا منها ، وكان قد أوتى جوامع الكلم ، وليس معناه أن يكون في الحرف الواحد سبعة أوجه ، ولكن هذه اللغات السبع متفرقة في القرآن. فبعضه بلغة قريش ، وبعضه بلغة هذيل ، وبعضه بلغة هوزان ، وبعضه بلغة اليمن (3) .

وقيل إن القرآن نزل أولا بلسان قريش ، ثم رخص فيه أن يقرأ بلسان العرب جميعا ما استقام المعنى ، ومما يقوي هذا أن اختلاف القراءات كان في المدينة ، ولم يقع اختلاف في مكة ، وقد كان النبي ﷺ يقرئ أصحابه القرآن ، وقد روي أن عمر رضي الله عنه أنكر قراءة هشام بن حكيم ، فذهب به إلى النبي ﷺ ، فسمعها ، فقال: «هكذا أقرأني جبريل» ، وقد سمعها عمر من النبي ﷺ غير القراءة التي سمعها من هشام ، وقد أقرها النبي ﷺ ، وقال «هكذا أنزلت إن هذا القرآن أنزل على سبعة أحرف فاقرؤوا ما تيسر منه» (4) .

ويرى بعض العلماء – وهو ما نميل إليه – أن المراد بالأحرف السبعة أوجه مختلفة من القراءات التي أجازها النبي ﷺ تيسرا وسعة على المسلمين على اختلاف ألسنتهم ، وليس

---

(1) ارجع إلى تفسر الطبري ، دار الكتب العلمية ، بيروت م 177/7 .

(2) ارجع إلى الدلالة اللفظية ، للدكتور محمود عكاشة ، مكتبة الأنجلو ، ط2002م ، ص 89 وما بعدها.

(3) تفسير القرطبي 60/1 ، 61 . والبرهان في علوم القرآن للزركشي 83/1 .

(4) صحيح البخاري، كتاب فضائل القرآن، باب أنزل القرآن على سبعة أحرف .

المراد حقيقة العدد سبعة ، ولكن المراد السعة على القارئ ، فالمراد التوسع في أوجه القراءة ، فالقراءات التي أجمع عليها علماء الأمة ، وشهدوا بصحتها وتواترتها عشر قراءات ، وليست سبعة وبعضهم زاد في العشر واحدة ، وبعضهم زاد اثنتين .

وقد روي عن النبي ﷺ أنه قال: «إنه قد وسع لي أن أقرئ كل قوم بلغتهم» ، وهذا يعني الأخذ بلهجات القبائل المشهورة التي كان يعلمها النبي ﷺ ، روي عن أبي العاليه الرياحي أن قوما قرءوا على الرسول ﷺ ، فاختلفوا في اللهجة فرضي قراءتهم جميعا ، فكان بنو تميم أعرب القوم .

وقد سئل الإمام علي رضي الله عنه ، عن صحة ما روي من قول النبي ﷺ: «أنزل القرآن على سبعة أحرف ، كلها شاف كاف» فقال: «صدقوا ، أنزل القرآن على سبعة أحرف ، وأكثر من ذلك على كلام العرب ، بكل شيء كان المعنى فيه واحدا في العربية ، فإذا تكلمت به كان صوابا ، فقد نزل على سبعة أحرف ، وعلى أكثر من ذلك ، وعلى أكثر من بضعة وعشرين حرفا ، إذا كان ذلك جائزا في كلام العرب» (1) .

واختلاف القراءات فيه يسر وسعة على القارئ الذي قد لا يستطيع القراءة بلسان يخالف لسانه والأصوات التي درب عليها ، فقد لا يطيعه لسانه في نطق كلمة على نحو يخالف ما يتكلم به ، ولا يستطيع التحول عن لسانه ، ومثال ذلك تخفيف الهمزة أو تسهيلها على لهجة أهل الحجاز ، قد لا يستطيع بعض المسلمين من غير العرب نطقها وسط الكلمة أو آخرها ، فينطقونها على لهجة أهل الحجاز مثل: بير ، ذيب ، إن تعسر عليهم بئر ، ذئب .

ويدل اختلاف القراءات من وجه آخر على إعجاز النص القرآني وفصاحته ، وأنه من عند الله ، فكلام العرب يحتمل وجها واحدا في الأداء ، وإلا تغير معناه ، وكلام الله تعالى ينطق بلحون العرب ، أي لهجاتهم ، ولا يفسد ، ولا يتناقض ولا يضطرب ، وقد يحتمل النص الواحد وجوها من المعنى والنص ثابت ، وقد يكون لكل قراءة وجه من المعني ، والنص يحتملها جميعا ، ويكفي أن نعلم أن وجوه القراءة تعد مادة ثمينة لعلماء النحو

---

(1) ذكره صاحب كتاب مقدمة المباني ص215 وارجع إلى فتح الباري جـ 664/8 وما بعدها .

يخرجونها على وجوه مختلفة من الإعراب ، وكذا يصنع علماء البلاغة .

وقد كان الصحابة رضوان الله عليهم يجيزون القراءات التي أجازها النبي ﷺ أو صحت عنه ، وظل هذا قائما في خلافة أبي بكر وعمر رضي الله عنهما ، وقد كتب القرآن الكريم في صحف في خلافة الصديق ، ولم يلزمهم بقراءة واحدة ، لأن الجيل الأول من القراء كان من الصحابة رضوان الله عليهم ذوى التقى ، والورع ، والفقه ، وقد وقع الاختلاف في القراءات في الطبقة الثانية التي تلقت القراءة عن الصحابة رضوان الله عليهم ، واعتقد أصحاب كل قراءة أنهم على الحق ، وتعصبوا لها وظنوا أن ما خالفها دون الصواب ، وقد تفرق هؤلاء في الأمصار ، وقد تدارك عثمان رضي الله عنه هذا الخطر الداهم وبحث عن علاج يقطع عليه الطريق قبل أن يزداد اتساعا ، ويستشري في جسم الأمة ، فاهتدى إلى نسخ المصحف الإمام ليجمع عليه الناس ، ويكون مرجعا لهم في الخلاف . وهذا لا يعني أنه أبطل القراءات التي تواترت عن النبي ﷺ أو أجازها لبعض أصحابه ، بل قطع الطريق على الزيادة فيها والخروج عليها ، لأن القراءات المشهورة يحتملها الرسم العثماني ولا تخالفه ، ولم يرد أنه أبطل قراءة مشهورة بل ورد أنه طلب من أصحابه الذين لهم مصاحف كتبوها أن لا تخالف ما أجمع عليه المسلمون ، ولهذا جمع المصاحف التي تخالف المصحف الإمام في الرسم وكذلك الصحف التي بها شيء من القرآن وحرقها حتى لا تكون هنالك نسخ أخرى مخالفة لما أجمع عليه الصحابة بالمدينة ، وقد أجمع علماء الأمة أن هذا الصنع يعد من بدائع أعمال الصحابة وأفضلها على الإطلاق ؛ لأنه قطع طريق الخلاف والشقاق ، وقطع ألسنة الفتنة .

وقد زعم بعض المفترين على الإسلام أن تحريق المصاحف هو الذي قضى على النسخ المتناقضة والمتخالفة ، من القرآن الكريم ، ولولا فعل عثمان هذا لوجدت نصوص كثيرة للقرآن الكريم تضاهي نصوص الأناجيل تقريبا ، وهذا باطل ، لأنه لم يكن هناك مخالفة في النص بل في الرسم ، فلم يكن مستوى الكتابة العربية وصل إلى نضجه الكامل فلم يكتمل نظام الكتابة العربية إلا في الإسلام، فقد كان المصحف رسما لا نقط فيه؛ لأن العرب كانوا في مهد تعلمهم الكتابة ، فلم تنتشر فيهم إلا بفضل الإسلام ، فهم أمة أمية لا تشيع الكتابة فيهم ، وكان للكتابة وجوها من الرسم مختلفة ، وأراد عثمان رضي الله عنه وكبار الصحابة

رضوان الـلـه عليهم أن يجمعوا المسلمين على رسم واحد ونظام واحد يكتب به المصحف ، وترتيب واحد للسور ، وغير ذلك من طرق الضبط التي يكتب بها المصحف وعصم المسلمين من الخلاف والفتنة بفضل الـلـه العظيم الذي تكفل بحفظ كتابة مقروءا ومكتوبا . والنص القرآني المكتوب ليس أساسا في تعلم القرآن الكريم بل النص المحفوظ الذي تنوقل سماعا بالرواية المتواترة عن ثقاة الأمة من المقرئين .

وقد نقلت لنا بعض كتب التراث أخبارا عما كان مكتوبا في مصحف عبد الـلـه بن مسعود رضي الـلـه عنه الذي نسخ مصحفا نسب إليه ، وكتبه على قراءته التي تعلمها من النبي ﷺ ، وسمعه ﷺ يقرأ بها ، وكتب أبي بن كعب مصحفا أيضا ، ونسب لغيرهما من بعض الصحابة مصاحف شخصية تخص كاتبها فقط ، وكان أحيانا يدون فيها بعض المعاني أو الملاحظات ، وكانت تخالف المصحف الإمام في بعض وجوه الرسم والترتيب ، وبعضها لم يكن كاملا ، فظن أرباب الجهل والفتنة في زمن متقدم أن المصاحف بها خلاف ولم تكن مصاحف على النحو الذي كتب به المسلمون المصحف الإمام ، وظن بعضهم دون قصد أن بعض المعاني جزء من الآية أو وجه القراءة ، واتخذ بعض المضللين من ذلك مطعنا يشككون به في القرآن الكريم وسلامة نصه ، وقد تصدى لهم العلماء قديما وحديثا (1) .

وقد أجمع المسلمون على ما تضمنته المصاحف العثمانية ، وترك ما خالفها من زيادة أو نقص مما كان مسموحا به في كتابة القرآن الكريم للتعليم والتدريب ، وأقر علماء المسلمين كذلك كل رواية صحت عن النبي ﷺ ووافقت الرسم العثماني ، وبذلك اجتمع للقراءة الصحيحة شرطان: صحة السند ، وموافقة الرسم ، وأضافوا إليها شرطا ثالثا ، وهو موافقة عرف العربية وقواعدها ؛ لأن القرآن الكريم نزل بلسان عربي مبين ، وقد أقر المصحف الإمام ما استقر في العرضة الأخيرة التي عرض فيه النبي ﷺ على جبريل عليه السلام وأقره عليها ، بعد إسقاط ما نسخ ، وإجازة لحون العرب في القرآن ولهجاتهم .

وكان الرسم خلوا من النقط والشكل فاحتمل وجوه القراءات التي أجازها النبي ﷺ ،

---

(1) ارجع إلى كتاب تأويل مشكل القرآن لابن قتيبة وقد ناقش القضايا التي أثارها الزنادقة في زمنه حول القرآن الكريم .

وقد احتمل الرسم العثماني القراءات المشهورة التي رويت بالتواتر عن جمع كبير من الصحابة والتابعين ، وأصبح للقراءة الصحيحة قانونا عاما يحكمها موجزا في ثلاثة شروط (1) :

الأول: أن تصح نسبتها إلى رسول الـلـه ﷺ .

الثاني: أن توافق الرسم العثماني ولو احتمالا .

الثالث: أن توافق العربية ولو بوجه .

وقد اشتهرت من بين القراءات القرآنية سبع قراءات مشهورة ، نسبت للأئمة السبعة المعروفين بصحة النقل ، واتقان الحفظ ، المأمونين على تأدية الرواية واللفظ وهم (2) :

1- نافع بن عبد الرحمن بن أبي نعيم ، وأصله من أصبهان ، وهو من قراء المدينة المنورة ومات بها سنة تسع وستين ومائة .

2- ابن كثير ، وهو عبد الـلـه بن كثير الداري ، مولى عمرو بن علقمة الكناني ، وهو إمام أهل مكة في القراءة ، ومات بها سنة عشرين ومائة .

3- أبو عمرو بن العلاء بن عمار بن عبد الملك بن الحصين الخزاعي التميمي ، وهو من قراء البصرة ، ومات سنة أربع وخمسين ومائة بالكوفة .

4- ابن عامر ، وهو عبد الـلـه بن عامر اليحصبي ، قاضي دمشق ،وهو من قراء الشام وهو من التابعين ، ومات بدمشق سنة ثماني عشرة ومائة . وليس في القراء السبعة من العرب غيره وغير أبي عمرو بن العلاء الخزاعي التميمي ، والباقون موال (من غير العرب).

5- عاصم بن أبي النجود ، ويقال له: ابن بهدلة ، وهو من التابعين ، وقد حفظ عن أبي عبد الرحمن عبد الـلـه بن حبيب السلمي عن عثمان بن عفان وعلي بن أبي طالب وزيد بن ثابت وأبي بن كعب رضي الـلـه عنهم . ونقل القراءة عنه حفص بن سليمان بن المغيرة الأسدي

---

(1) النشر في القراءات العشر ، لابن الجزري 9/1 .

(2) ارجع إلى الحجة في القراءات السبع للإمام بن خالويه ، تحقيق الدكتور عبد العال سالم مكرم ، دار الشروق ص 61 ، 62.
وقد وقع اختيار ابن مجاهد على هؤلاء السبع .

الكوفي ، وهي المشهورة في مصر . ومات عاصم بالكوفة سنة ثمان وقيل سنة سبع وعشرين ومائة .

6- حمزة بن حبيب بن عمارة بن إسماعيل الزيات ، وهو من قراء الكوفة أيضا ، ومات بحلوان من مصر سنة ست وخمسين ومائة .

7- الكسائي ، وهو علي بن حمزة النحوي مولى لبني أسد ، وهو من قراء الكوفة أيضا ، ومات سنة تسع وثمانين ومائة .

وقد وقع اختيار ابن مجاهد على هؤلاء السبع ، لكثرة الرواة عنهم ، وشيوع قراءاتهم أكثر من غيرها ، وشهرتهم بالثقة والأمانة وطول ملازمتهم القراءة ، وقراءاتهم لا تخرج عما روي عن الصحابة ولا تخرج عن عرف العربية والرسم المصحفي .

واشتهر إلى جوار القراءات السبع ثلاث قراءات المكلمة للعشر ، وهي أيضا مشهورة وأصحاب هذه القراءات:

1- أبو جعفر يزيد بن القعقاع المدني (ت 130هـ) ، روى عنه قراءته نافع بن أبي نعيم (أحد القراء السبعة) وأقرأ بها غيره ، ورواها عنه جماعة منهم قالون ، وكان أبو جعفر قد عرض قراءته على عبد الله بن عباس رضي الله عنه ، وأقره عليها ، وصلى وراءه عبد الله ابن عمر -رضي الله عنهما- وهو يقرأ بها .

2- يعقوب بن إسحاق الحضرمي البصري(ت 205هـ) ، كان إمام جامع البصرة وإمام قراء البصرة في زمانه .

3- خلف بن هشام البغدادي (ت 299هـ) ، وهو أحد الأئمة الثقات الزاهدين .

وهذه القراءات العشر متواترة صحيحة مقطوع بها ، وأجمع على القراءة بها علماء الأمة في القديم والحديث ، واشتهرت في الأقطار الإسلامية .

وبقيت أربع قراءات أخرى غير مشهورة في الأقطار الإسلامية ، ولكنها معروفة عند المتخصصين في القراءات ، وقد عرفت بالقراءات الشاذة ؛ لأنها لم تنتشر في الأقطار الإسلامية ، ولم تبلغ شهرتها والإجماع عليها درجة القراءات العشر السابقة ، كما خالفت

هذه القراءات في بعض الوجوه ، وانفردت بها ، ولم يكثر رواتها ، فقد وردت من طرق غريبة ، وخالفت الرسم العثماني في بعض الحروف ، وخالفت عرف العربية في بعض الوجوه أيضا ، وهذا لا يعني رفضها وفسادها ، ولكن وجه الشذوذ فيها أنها حملت بعض مظاهر الشذوذ في لهجات العرب التي ارتفعت عنها القراءات المشهورة ، بيد أن أهل العربية يأخذون بوجوه القراءات الشاذة في قواعد اللغة ، ويجدونها مادة غنية في البحث النحوي والصرفي والمعجمي . وأصحاب هذه القراءات الأربع:

1- الأعمش الكوفي . 2- الحسن البصري. 3- ابن محيصن المكي. 4- اليزيدي البصري .

وقد أجمع العلماء قاطبة على الاحتجاج بالنص القرآن ، وجعلوه في المرتبة الأولى من الاحتجاج ، وأجمعوا كذلك على الاحتجاج بالقراءات القرآنية المشهورة (السبع والعشر) ، وأجازوا الاحتجاج بكل ما ورد أنه قرئ به سواء كان متوترا ، أما آحادا ، أما شاذا . قال السيوطي: «وقد أطبق الناس على الاحتجاج بالقراءات الشاذة في العربية ، إذا لم تخالف قياسا معروفا ، بل ولو خالفته يحتج بها في مثل ذلك الحرف بعينه ، وإن لم يجز القياس عليه . كما يحتج بالمجمع على وروده ومخالفته القياس في ذلك الوارد بعينه ، ولا يقاس عليه نحو: «استحوذ» و«يأبى» (1) .

وأكد السيوطي على هذا فقال: «وأما ما ذكرته من الاحتجاج بالقراءة الشاذة لا أعلم فيه خلافا بين النحاة ، وإن اختلف في الاحتجاج بها في الفقه ، ومن ثم احتج على جواز إدخال «لام» الأمر على المضارع المبدوء بـ «تاء» الخطاب . بقراءة ﴿فَبِذَٰلِكَ فَلْيَفْرَحُواْ﴾ [يونس: 58] (2) ، كما احتج على إدخالها على المبدوء بـ «النون» بالقراءة المتواترة: ﴿وَلْنَحْمِلْ خَطَٰيَٰكُمْ﴾ [العنكبوت: 12] ، واحتج على صحة قول من قال: إن «الـلـه» أصله «لاه» بما قرئ شاذا : ﴿**وهو الذي في السماء لاه وفي الأرض لاه**﴾[الزخرف:84] (3) .

---

(1) الآية 32 سورة التوبة (ويأبى) والشاهد فتح الباء ، والقياس كسرها ، وليس في العربية (فعل ، يفعل) بفتح العين في الماضي والمضارع – وهو غير حلقي العين واللام – إلا هذا الحرف الفذ .

(2) وهي قراءة «أبي» «وأنس» و «يعقوب» رضي الـلـه عنهم . البحر المحيط لأبي حيان 12/5 .

(3) الاقتراح للسيوطي ص 152 ، 153 .

وقد تتبع علماء العربية وجوه القراءات شرحا وإعرابا، وفصلوا الأمر في ذلك تفصيلا لم يترك ادعاء لمدع ، ولا ظنا لظان ، ويعد ابن مجاهد هو أول من حدد القراءات ، واختار من أشهرها وأكثرها رواية سبعا ، وفتح باب الاحتجاج بالقراءات في مجال اللغة والنحو ، فتسابق تلاميذه ومعاصروه في التأليف في هذا الفن ، فوضع أبو علي الفارسي كتابه الشهير «الحجة» في قراءة السبعة الذي غاص فيه في أعماق اللغة ، وتوسع في موضوعاتها ، وناقش كثيرا من قضايا النحو إذا اعترضته مسألة فيه ، مما زاد الكتابة صعوبة ، فتجاوز حاجة القراء ، وصعب فهمه على كثير من باحثي العربية فجفوه ، فألف أحد معاصريه ، وهو ابن خالويه كتابه في القراءات عرف بين القراء باسم الحجة ، وقد وقفه على القراءات فقط ، فجعل كتابه موقوفا على القراءات القرآنية في ضوء النحو واللغة ، وقد سلك فيه أيسر سبيل ليسهل طلبه وفهمه .

ويمكن فهم منهجه من خلال بعض النماذج التي نذكر منها: قوله تعالى: (مالك يوم الدين) يقرأ بإثبات الألف ، وطرحها . فالحجة لمن أثبتها أن الملك داخل تحت المالك والدليل له: قوله تعالى: (قل اللهم مالك الملك) والحجة لمن طرحها: «أن الملك أخص من المالك وأمدح ؛ لأنه قد يكون المالك غير ملك ، ولا يكن الملك إلا مالكا» .

وقوله تعالى: الصراط: تقرأ بالصاد والسين وإشمام الزاي. فالحجة لمن قرأ بالسين: أنه جاء به على أصل الكلمة . والحجة لمن قرأ بالصاد: أنه أبدلها من السين لتؤاخي السين في الهمس والصفير ، وتؤاخي الطاء في الإطباق ، لأن السين مهموسة ، والطاء مجهورة، والحجة لمن أشم الزاي: أنها تؤاخي السين في الصفير ، وتؤاخي الطاء في الجهر» (1) . وقد عالج القراءات في إطار الأصوات ، واللغة ، وتناول بعض وجوه الأعراب ، وبعض قضايا الصرف.

---

(1) الحجة في القراءات السبع لابن خالويه ، تحقيق عبد العال سالم مكرم ، دار الشروق ص61 ، 62.

وقد وقف أبو علي الفارسي وابن خالويه كتابيهما على القراءات السبع المشهورة والمجمع عليها لقراءة الأئمة الخمسة: ابن كثير ، وأبي عمر بن العلاء ، وابن عامر ، وعاصم ، وحمزة ، والكسائي ، ونافع المعروفين بصحة النقل ، وإتقان الحفظ ، والمأمونين على تأدية (الرواية) واللفظ ، وقد تبنى كل واحد منهم مذهبا من مذاهب العربية ، وقياسا من أقيستها ، وقد تركا الشاذ المنكور ، وهذا لا يعني أنهما لا يعتدان بما فوق القراءات السبع كالعشر والأربع عشرة الشواذ ، فابن خالويه رأي ألا يثقل على القراء بما أثقلهم به أبو علي الفارسي بكتابه الضخم الذي توسع فيه ، فكان ذلك سببا في هجره ، فوقف ابن خالويه كتابة على المشهور فقط ، أما الفارسي ، فقد ذكر عنه تلميذه ابن جني أنه هم أن يضع في القراءات الشاذة كتابا يعالجها فيه نحويا وصرفيا ولغويا ، مثل ما فعل في السبع المشهورة ، ولكن المنية عاجلته قبل أن يبدأ فيه ، فقام ابن جني بما هم به أستاذه ، وأعلن صراحة أنه بكتابه يستكمل مشروع أستاذه في معالجة جميع القراءات القرآنية: قال ابن جني في مقدمة كتابه: «قد هم أن يضع يده ويبدأ به ، فاعترضت خوالج هذا الدهر دونه ، وحالت كبواته بينه وبينه» . إذ أعلن ابن اجنى أنه من أجل هذا تجرد للقراءات الشاذة نيابة عن شيخه في الاحتجاج لها ، ويؤدي حقها عليه ، كما أدى شيخه حق القراءات غير الشاذة ، ورأى أن من الضروري بحثها وتبيين وجوه صحتها ؛ لأنها ضاربة في صحة الرواية بقوة ، فلها سند يقويها ، وتوافق سمت العربية ولا تخرج عليها ، وذات مادة غزيرة في البحث اللغوي .

وابن مجاهد هو الذي صنف القراءات إلى مشهورة ، وقراءات غير مشهورة عرفت بالشاذة ، وغلب الشاذ على ماعدا القراءات السبع التي اختارها ابن مجاهد، وصنف فيها كتابه «قراءات السبعة» [1] ، فاستن به علماء القراءات واللغة في هذا التصنيف وارتضوا عمله ، وأقاموا عليه بحوثهم في القراءات ، فجاء ابن جني وألف كتابه «المحتسب في تبيين وجوه شواذ القراءات والإيضاح عنها» [2] ، استكمالا لكتاب أستاذه أبي علي الفارسي (ت377)

---

(1) ارجع إلى: النشر في القراءات العشر لابن الجزري 36/1 .

(2) حقق الكتاب الأستاذ على النجدي ناصف ، والدكتور عبد الحليم النجار ، والدكتور عبد الفتاح شلبي وصدر عن المجلس الأعلى للشئون الإسلامية .

«الحجة في الاحتجاج للقراءات السبعة» ، وقد ألف ابن جني كتابه في آخر حياته ، واتبع فيه منهج أستاذه ، فهو يعرض القراءة ، ويذكر من قرأ بها ، ثم يبحثها لغويا ويذكر فيها ما أمكن من شواهد ، أو يذكر نظيرا لها فيقيسها عليه ، أو لهجة يردها إليها أو يتأولها ، أو يوجهها على معنى دون معنى أو وجه دون وجه مجملا أحيانا ومفصلا أحيانا أخرى حسب ما يقتضيه المقام وإثبات الحجة ، وتوضيح الفكرة .

وعالج ابن جني هذه القراءات في إطار النحو والصرف معالجة وافية شافية ، ولم يأل جهدا في ذلك ، فقد كان باعثه على تأليفه التقرب به إلى الله عز وجل ، ولهذا أسماه «المحتسب» ، وقد ذكر في وجوه القراءات جميع المعاني التي تحتملها ، وبحث لها عن مخرج في العربية ، ومعظمها مرده إلى اختلاف لهجات العرب ، ومذهب أصحابها في العربية .

ثانيا ـــ الحديث النبوي الشريف

الحديث: كلام رسول الله ﷺ ، المنسوب إليه لفظا ومعنى أو معنى فقط ، وهو بلفظ الراوي ، وهو في اصطلاح المحدثين: قول أو فعل أو تقرير نسب إلى النبي ﷺ ، فالحديث الشريف قد يكون قولا قاله ﷺ ، ويروي عنه ، وقد يكون قول صاحبي حدث بما رآه من فعل النبي ﷺ ، أو أقره النبي ﷺ على فعل ، أو صدق قوله .

وموضوع بحثنا ما نسب إليه ﷺ من قول ، لأن مدار بحثنا اللفظ المنسوب إليه ﷺ من قول ، فلفظ كلامه لا يدخل فيما يطلق عليه كلام العرب ، فقد كان النبي ﷺ يتكلم بوحي قال تعالى: ﴿**وَمَا يَنطِقُ عَنِ ٱلْهَوَىٰٓ ۝٣ إِنْ هُوَ إِلَّا وَحْيٌ يُوحَىٰ ۝٤ عَلَّمَهُۥ شَدِيدُ ٱلْقُوَىٰ ۝٥**﴾ [النجم: 3: 5] ، أي ما يقول قولا عن هوى وغرض ، فإن ما ينطق به بوحي من ربه ، فلا يقول إلا حقا . والوحي هو جبريل عليه السلام ، الذي قال الله عز وجل فيه: ﴿**إِنَّهُۥ لَقَوْلُ رَسُولٍ كَرِيمٍ ۝١٩ ذِى قُوَّةٍ عِندَ ذِى ٱلْعَرْشِ مَكِينٍ ۝٢٠ مُّطَاعٍ ثَمَّ أَمِينٍ ۝٢١**﴾ [التكوير: 19: 21] فجبريل عليه السلام أمين الوحي . والقرآن الكريم بوحي الله لفظا ومعنى ، والحديث معناه من الله ، ولفظه من الرسول ﷺ ، وهو المؤتمن بلسانه العربي على تبليغ ما أمر به: ﴿**وَأَنزَلْنَآ إِلَيْكَ ٱلذِّكْرَ لِتُبَيِّنَ لِلنَّاسِ مَا نُزِّلَ إِلَيْهِمْ وَلَعَلَّهُمْ يَتَفَكَّرُونَ ۝٤٤**﴾ [النحل:44] .

وقد أجمع العلماء قاطبة أن «أفصح الخلق على الإطلاق سيدنا ومولانا رسول الـلـه ﷺ حبيب رب العالمين جل وعلا ، قال: رسول الـلـه ﷺ: «أنا أفصح العرب» ، وروى: «أنا أفصح من نطق بالضاد بيد أني من قريش» . وتقدم حديث: «أن عمر قال: يا رسول الـلـه مالك أفصحنا ، ولم تخرج من بين أظهرنا ...» .

وروي البيهقي في شعب الإيمان عن محمد بن إبراهيم عن الحرث التيمي: أن رجلا قال: يا رسول الـلـه ، ما أفصحك: فما رأينا الذي هو أعرب منك . قال: «حق لي ، فإنما أنزل القرآن علي بلسان عربي مبين» . (1)

وقد اختار الـلـه عز وجل أفصح اللغات وأبينها لسانا لكتابه ولرسوله ﷺ ، قال الخطابي: «اعلم أن الـلـه لما وضع رسوله ﷺ موضع البلاغ من وحيه ، ونصبه منصب البيان لدينه اختار له من اللغات أعربها ، ومن الألسن أفصحها وأبينها ، ثم أمده بجوامع الكلم. قال: «ومن فصاحته أنه تكلم بألفاظ اقتضبها لم تسمع من العرب قبله ، ولم توجد في متقدم كلامها ، كقوله: «مات حتف أنفه» ، وحمى الوطيس» و «لا يلدغ المؤمن من جحر مرتين» ، في ألفاظ عديدة تجري مجرى الأمثال» . (2)

وقد اختلف علماء العربية الأوائل في الاحتجاج بلفظ الحديث الشريف في قضايا اللغة وقواعد النحو الصرف ، ومدار الخلاف في حقيقة نسبة لفظ الحديث إلى النبي ﷺ ، فالحديث الشريف تجوز روايته بالمعنى ، فيكون بلفظ الراوي ، والمعنى للنبي ﷺ ، وهذا النوع قد تطول الرواية فيه وتقصر حسب حرص الراوي على أداء معنى الحديث ، ويحرص الراوي على الإتيان بلفظ النبي ﷺ إن استطاع ، وهذا في الأحاديث المطولة ، ولهذا تعددت الروايات في الحديث الواحد والمعنى واحد ، وهذا ليس مطردا في كل الروايات ، فقد تكون

---

(1) روى الإمام أحمد: في مسنده عن عبد الـلـه بن عمرو بن العاص ، عن النبي ﷺ أنه قال له عندما أمسك عن كتابة الحديث: اكتب فهو والذي نفسي بيده ما خرج مني إلا الحق» وروى أيضا عن أبي هريرة: «لا أقول إلا حقا» ، قال بعض أصحابه: «فإنك تداعبنا يا رسول الـلـه؟ قال: إني لا أقول إلا حقا» وهذه الأحاديث السابقة التي رويت في فصاحة النبي ﷺ صحيحة المعنى بيد أنها واهية السند، وضعفها العلماء. ونص الأحاديث التي رويت بلفظ النبي ﷺ أفضل دليل على فصاحته.

(2) المزهر جـ 209/1 .

الروايات كلها بلفظ واحد متفق عليها. وهذا مما لا شبهة في صحة نسب لفظه إلى النبي ﷺ ، ومن الأسباب التي دفعت علماء العربية إلى عدم الأخذ بالحديث جنس الراوي ، فقد يكون الراوي من الموالي الأعاجم ، واللغة وقواعدها لا تؤخذ من ألسنة غير العرب ، فتوهموا أنه لا يحسن العربية ، ولا يملك سليقة أبناء العربية ، وهذا أيضا غير مطرد ؛ لأن أبناء الأعاجم هم الذين نبغوا في علوم العربية ، وألموا بها ، فكثير من القراء الذين أخذت عنهم القراءات من الموالي مثل: ابن كثير (120هـ) ونافع (169هـ) وعاصم (128هـ) ، والكسائي (189هـ) ، وحمزة (156هـ) .

وكثير منهم اشتغل بعلم الحديث مثل: البخاري ومسلم ، والنسائي ، وابن ماجة ، والترمذي ، وهؤلاء ليسوا بعرب وقد أجادوا اللغة العربية وأتقنوها ، وبعض أعلام اللغة والنحو ليسو بعرب مثل: سيبويه إمام النحاة ، والكسائي ، ونفطويه ، وغير هؤلاء من علماء التفسير والأدب ممن تعلموا العربية وأحسنوا الكتابة فيها .

وقد وقف علماء النحو المتقدمين موقفا غريبا مغاليا من الاحتجاج بالحديث ، وهاجموا من يحتج به ، فتوارى كثير من العلماء من الاحتجاج بالحديث خشية النقد ، وهو يعلم في نفسه يقين ما هو عليه من صحة الاحتجاج ، ولكنه يستحي من المعارضين في الاحتجاج بالحديث أو الأخذ به في اللغة والقواعد النحوية ، ودعواهم في ذلك أن الأحاديث التي صح لفظها في النسبة إلى رسول الـله ﷺ قليلة جدا ، ويوجد ذلك في الأحاديث القصار التي استدل بما ثبت أنها على اللفظ المروي عن النبي ﷺ ، ولكنهم رأوا أن غالب الأحاديث مروي بالمعنى ، وقد تأولتها الأعاجم ، وترى الحديث الواحد في القصة الواحدة مرويا على أوجه شتى بعبارات مختلفة .

وقد أنكر هؤلاء المغالون على ابن مالك صاحب الألفية استشهاده بلفظ الحديث واستشهاده في القواعد النحوية بالألفاظ الواردة في الحديث ، وإثباته القواعد النحوية ببعض الأحاديث ، ولم يعرف غيره من المتقدمين استدل بالأحاديث على إثبات القواعد الكلية في لسان العرب .

ولم يعرف عن المتقدمين من علماء العربية أنهم احتجوا به ، فلم يرد ذلك عن أبي عمرو

ابن العلاء ، وعيسى بن عمر ، والخليل بن أحمد ، وتلميذه سيبويه ، وهؤلاء أئمة البصرة ، والكسائي ، والفراء ، وعلي بن مبارك الأحمر ، وهشام الضرير ، وهؤلاء أئمة الكوفيين . فهؤلاء جميعا لم يستدلوا بالحديث في قواعد العربية . وتبعهم في ذلك بعض المتأخرين من المدرستين ، وغيرهم من نحاة الأقاليم كنحاة بغداد والأندلس وحجتهم في عدم الاستدلال بالحديث في قواعد اللغة عدم وثوقهم أن ذلك لفظ الرسول ﷺ ، قال أبو حيان: «إنما ترك العلماء ذلك لعدم وثوقهم أن ذلك لفظ الرسول ﷺ إذ لو وثقوا بذلك ، لجري مجرى القرآن في إثبات القواعد الكلية» (1) . وقد رد أبو حيان ذلك لأمرين:

أحدهما: أن الرواة جوزوا النقل بالمعنى ، فاختلف ألفاظ الرواية باختلاف لفظ الرواة ، ومتن الرواية الذي قاله الرسول ﷺ واحد . ومثال ذلك الحديث الذي رواه سهل بن سعد الساعدي ، وقد جاء بهذه الروايات عن النبي ﷺ : «زوجتها بما معك من القرآن» (2) ، «ملكتها بما معك» ، «خذها بما معك» ، وغير ذلك من طرق الراوية بألفاظ متعددة في معنى واحد ، وليس للنبي ﷺ من تلك الروايات إلا لفظ واحد ، فأتت الرواة بالمرادف ولم تأت بلفظه . ويرجع ذلك لأسباب منها: جواز صحة الإتيان بالمعنى دون اللفظ ، وتقادم السماع وعدم ضبطه بالكتابة ، والاتكال على الحفظ ، ويصعب حفظ متن الحديث بلفظ في الأحاديث الطوال .

وقد صرح بعض علماء الحديث أنهم يروون الحديث بالمعنى لصعوبة ضبط اللفظ الذي وضع عليه . قال سفيان الثوري: «إن قلت لكم: إني أحدثكم كما سمعت فلا تصدقوني» . إنما هو المعنى ، ومن نظر في وجوه روايات الحديث علم علم اليقين أنهم يرون بالمعنى ، وهذا سبب تعدد لفظ الحديث في كتب الحديث ، ولاشك أن اختلاف الرواية سبب في اختلاف طول الحديث في بعض الروايات وقصره في أخرى.

---

(1) الاقتراح للسيوطي ص 158 .

(2) رواه البخاري ومسلم ، وأبو داود والنسائي ، والترمذي وابن ماجة في كتاب النكاح بروايات مختلفة . وهو بلفظ البخاري عن سهل بن سعد الساعدي «قال: اذهب فقد ملكتها بما معك من القرآن» . وذلك في تزويج الرجل المعسر .

والأمر الثاني: أنه وقع اللحن في بعض ما روي من حديث ، لأن الذين وقع منهم اللحن لم يكونوا عربا أقحاحا أو عرب الطبع ، ولا يعلمون لسان العرب بصناعة النحو ، فوقع في كلامهم ، وهم لا يعلمون ، كما وقع في بعض رواياتهم غير الفصيح من لسان العرب ، والرسول ﷺ ، كان أفصح الناس ، وأبعدهم عن اللحن ، وكان يتكلم بأفصح اللغات ، وأحسن التراكيب ، وأشهرها ، وأجزلها ، وكان يخاطب العرب بألسنتهم.

ولا نميل إلى هذا الرأي في عمومه ، فقد وقع اللحن في كلام أبناء العربية وهو في غيرهم أكثر ، فقد فشى اللحن بانتشار الأعاجم وانتقال العرب إلى الحضر فتغير لسانهم ، ولم يكن اللحن متفشيا في رواة الحديث ، ولم يبلغ هذه الدرجة على ما جاء في كلام أبي حيان وغيره ، فقد ذكرنا آنفا أن كثيرا من الأعاجم الذين تربوا بين ظهراني قبائل العرب ، وصاروا موالى لهم ، تعلموا منهم اللسان العربي ، وحذقو، وحققوا فيه مكانه فاقت أبناء العروبة ، وشواهد ذلك أعلام العربية من الموالى وأعلام الحديث والتفسير والقراءات والأدب .

ولم يكن اللحن متفشيا فيمن ولدوا من أبناء الأعاجم بين العرب أو نشئوا فيهم ، بل كان متفشيا فيمن كان يتكلم لسانا غير عربي قبل أن يتعرب ، وقد كان علماء العربية القدماء مغاليين في حكمهم لتعصبهم لأبناء جلدتهم واعتقادهم أن العرب مفطورون على الطبع والسليقة العربية ، وأنهم ينطقون العربية نطقا صحيحا بالفطرة التي جبلوا عليها ، وصارت طبعا فيهم بالوراثة ، وهذا غير صحيح فالطفل يتقن اللغة التي تعلمها في المهد ، ونشأ عليها ، فأبناء العرب الذين يولدون خارج أرض العروبة لا يحسنون اللسان العربي بسليقتهم ، ولم ينفعهم الطبع ، وصاروا في ذلك مثل الذين اتهمهم القدماء بأنهم ضعاف في اللغة ، فالعربية هي اللسان فمن تكلم العربية فهو عربي. روى أن النبي ﷺ سمع منافقا نال من عروبة سلمان الفارسي ، فدخل المسجد مغضبا ، وقال: «أيها الناس ، إن الرب واحد والأب واحد ، وليست العربية بأحدكم من أب ولا أم ، وإنما هي اللسان ، فمن تكلم العربية فهو عربي» (1) . وأسر الروم صهيبا رضي الله عنه وهو غلام وعاش ببلاد الروم زمنا وتعلم لسانهم ، ثم قدم مكة وعاش بها ، وكان لا يحسن نطق صوت الحاء الحلقي فينطقه

---

(1) لم أعثر عليه في مصادر الحديث .

هاء ، تأثرا باللغة الرومية التي كان يتحدثها قبل العربية ^(1) لغة آبائه . وهذا يدل أن لا علاقة بين الجنس واللغة ، وأن ما ذكر عن السليقة العربية أو الطبع العربي وهم وقع فيه القدماء ، والأصوب أن نقول إن البيئة اللغوية التي ينشأ فيها الطفل هي التي تمكنه من اللغة التي يتقنها لطول عهده بها وممارسته لها وتواصله مع أهلها ومرانه عليها .

ولم يكن مذهب القدماء جميعا ترك الاحتجاج بالحديث ، فقد خالفهم في ذلك ابن مالك ، وابن خروف في الأندلس ، وابن هشام ، والرضي (ت 688هـ) ، والسهيلي (ت 581هـ) . الذي يعد أول من احتج به ، وتبع هؤلاء كثير من المتأخرين ، وذهب المحدثون إلى ضرورة وضع الحديث في الاحتجاج في المرتبة الثانية بعد القرآن الكريم ، لأنهم نظروا في آراء القدماء ، ولم يأخذوا بكثير منها خاصة اعتمادهم على نظرية الطبع والسليقة التي أودت بهم إلى هذا الرأي المتعسف في كثير من وجوهه .

وقد دون الحديث في الفترة التي ظهر فيها تدوينهم العلوم الأخرى ، فقد بدأ تدوينه في القرن الأول ، واتسع في الثاني ، واكتمل في القرن الثالث ، وقد أجاز علماء العربية الاحتجاج بكثير من علماء العرب حتى القرن الثالث ، وامتد عند بعضهم إلى ما بعد ذلك ، فقد كانت هناك قواعد لغوية تحكم علماء الرواية ، وكان معظمهم علماء بالعربية وتعلموا في مدارس أعلام النحو واللغة والشعر ، وألفاظهم في رواية الحديث مما يحتج به ، فالإمام مالك لم يبرح المدينة المنورة ، وكان راوية للحديث ، وكذلك الإمام الشافعي الذي يعد حجة في اللغة فقد نشأ بين فصحاء العرب من هذيل وغيرها وذهب العلماء إلى الاحتجاج بكلامه لفصاحته ، ومما يثير العجب أن علماء العربية يحتجون بشعر الإسلاميين أمثال: الطرماح ، والفرزدق ، وجرير ، وقيس بن الرقيات وغيرهم ، ولا يحتجون بالحديث الذي رواه المعاصرون لهم ، وهم أهل ثقة وأمانة في النقل والرواية ، وكانوا أضبط للغتهم من هؤلاء الشعراء .

---

(1) الطبقات الكبرى ابن سعد ط بيروت جـ 3 وجاء في ترجمة صهيب -رضي اللـه عنه- أنه من أصل عربي . وارجع إلى: من أسرار اللغة للدكتور إبراهيم أنيس ص20 ودراسات لغوية ، للدكتور عبد الصبور شاهين ط1995م ص95 ، 96 .

وقد أكدت مصادر كثيرة أن بعض الصحابة كانت لهم مدونات في الحديث الشريف ، وأشهرهم في ذلك عبد الـلـه بن عمرو بن العاص الذي دون الحديث في عصر النبوة في صحف ، وهي أكثر حجة مما نقل عن العرب شعرا ونثرا ، وتعدد رواية الحديث الأخرى تعد نصا غنيا في اللغة ، لأنها قد جمعت في المعنى الواحد أكثر من لفظ مترادف ، وتعدد الرواية واختلافها مما يؤكد صحتها ، ولكن كلام العرب روى من وجه واحد لا تعدد فيه وروايته هي الأخرى لم تصل إلى درجة الدقة والتحقيق والأمانة التي بلغها الحديث في روايته ، فتوثيق رواية الحديث فيما يعرف بعلم الجرح والتعديل تجعل الحديث الشريف أقوى من الشعر المروي . وقد جانب القدماء الصواب عندما وضعوا مرويات الحديث كلها في منزلة واحدة ، فهناك أحاديث كتبت في عصر النبوة ، ورسائله ﷺ إلى القبائل والملوك ، والتي بعثها إلى عماله في أعمالهم وقواده في السرايا ، والأقوال النبوية المأثورة التي صارت أمثالا وحكما يحتج بها في المواقف المختلفة مثل: «الآن حمى الوطيس» ، و «الحرب خدعة» ، و«إن من البيان لسحرا» ، وغير ذلك .

وقد وجه الإمام الشاطبي نقدا لاذعا لهؤلاء العلماء الذين تصدوا للاحتجاج بالحديث أو لم يحتجوا به وجعلوه لا يرتفع إلى مرتبة الاحتجاج ، فقال: «لم نجد أحدا من النحويين استشهد بحديث رسول ﷺ ، وهم يستشهدون بكلام أجلاف العرب وسفهائهم الذين يبولون على أعقابهم وأشعارهم التي فيها الفحش والخني ، ويتركون الأحاديث ، لأنها تنقل بالمعنى وتختلف روايتها وألفاظها بخلاف كلام العرب وشعرهم ، فإن رواته اعتنوا بألفاظها لما ينبني عليه من النحو ، ولو وقفت على اجتهادهم قضيت منه العجب ، وكذلك القرآن ووجوه القراءات. وأما الحديث فعلى قسمين قسم يعني ناقله بمعناه دون لفظه ، فهذا لم يقع به استشهاد أهل اللسان ، وقسم عرف اعتناء ناقله بلفظه لمقصود خاص كالأحاديث التي قصد بها بيان فصاحته ﷺ فهذا يصح الاستشهاد به في العربية ، ...» .

ونود أن نشير إلى أن اللحن الذي وقع في بعض رواية الحديث ، وقع مثله في نطق بعض علماء العربية المشهورين في قراءة القرآن كالكريم وكلام العرب ، وكتب النحو واللغة بها شواهد في ذلك لمن أخطأ ، وهو يقرأ القرآن أويخطب ، وقد خالف بعض الشعراء

قواعد العربية ورد عليه كثير من علماء العربية وأشهرهم في ذلك الفرزدق الذي يحتج بشعره في النحو واللغة ، فلم تكن آفة اللحن في رواية بعض الحديث فقط ، ولكن وقع في لسان العرب ، ولكن علماء العربية اختصوا علماء الحديث فقط باللحن دون بقية علماء العرب ، وكثير من رواة الحديث كانوا رواة للشعر والمأثور من كلام العرب الفصحاء ، وكأن الموالي قد انفردوا برواية الحديث ، وكثير منم كان راوية للغة والشعر ، والغريب في ذلك أن الموالي من علماء اللغة رفضوا رواية أضرابهم من الموالي رواة الحديث ، فكان سيبويه ، وهو من الموالي لا يحتج بالحديث وكذلك الكسائي .

وقد وجدنا علماء المعاجم يحتجون بحديث رسول الـلـه ﷺ ، وأكثرهم في ذلك ابن منظور صاحب لسان العرب ، ومما يلفت الانتباه أن علماء اللغة بحثوا غريب الحديث في ضوء لغات العرب ، وهم في ذلك يعترفون بلفظه العربي الفصيح ، ثم نقضوا هذا الصنع بتركه في الاحتجاج في النحو ونقد من يأخذ به وتضعيفه وتسخيف رأيه وحجته .

وقد عالج علماء اللغة اللحن الذي ورد في بعض المرويات والألفاظ الغريبة التي لم يجدوها في لسان العرب ، وقد صرحوا أن اللحن وقع من توهم الراوي ، وأن الألفاظ الغريبة بعضها كان مستعملا في عصر النبوة واحتفظ بها المتن ، وأهملت من الاستعمال زمن التدوين أو هجرت في الخطاب ، فأصبحت غريبة ، وما لم يوجد في كلام العرب من الألفاظ المنكرة الموضوعة كان تصحيفا توهمه القارئ من الرسم أو الخط .

ولم يكن هذا شأن الحديث وحده ، بل شأن بعض وجوه القراءات غير المقبولة في القرآن الكريم ، وبعض كلام العرب ، والباحث في نشأة علم النحو يجد أن من دواعي وضع علم النحو ووضع النقط والشكل في الرسم وقوع اللحن في القراءة ، واحتمال الرسم بعض وجوه القراءة المختلفة ، فتتبع علماء العربية والإسلام المخلصون الورعون الآفات واجتثوها من جذورها ، وأصلحوا الفتوق ، ليقطعوا بذلك لسان الفتنة ، ولم يألوا جهدا في المساهمة بكل ما تطلبه العربية من زاد وعتاد تواجه به وعثاء السفر ونوازل الدهر في رحلتها في الحياة ، وغايتهم وجه الـلـه تعالى وابتغاء رضوانه .

ثالثا: كلام العرب

وهو كلام من يحتج بقوله من العرب الفصحاء جاهليين وإسلاميين الذين عرفوا بالفصاحة والبيان ، ويقسم كلام العرب إلى نوعين: كلام منظوم ، وهو الشعر ، وكلام منثور وهو النثر وما يدخل تحته من خطب ، وأمثال ، وحكم وأقوال مأثورة سيارة ، ويدخل فيه أيضا كلام أهل الفصاحة من قبائل العرب ممن لم تشب ألسنتهم شائبة اللحن ، وهم أهل البادية ممن لم يخالطوا الأعاجم ولم يسكنوا الحضر ، ولم تلن عريكتهم اللغوية ، ولم تضعف ملكتهم ولم تنقد لضعيف اللغة .

وقد استطاع علماء العربية أن يجمعوا تراث الجاهلية ودونوه ، ولكن هذا التراث لا يصل مداه في الجاهلية أكثر من مائتي عام قبل الإسلام تقريبا ، وما قبل ذلك لم يصلنا منه شيء ذو قيمة في البحث اللغوي ، ونعني بذلك تراث العربية الشمالية المنتشرة في الحجاز وأقاصيها ، تلك التي نزل بها القرآن الكريم ، ويرجع ذلك إلى أن الأمية كانت متفشية فيهم ، فلم يدونوا تراثهم الأدبي ، فضاع منه الكثير ولم يبق منه إلا ما حفظ في صدورهم وتوارثوه حتى دون في الإسلام في القرن الثاني الهجري والثالث ، وهو قليل جدا قياسا إلى ما فقد ، فلم يكن للجاهليين صنعة في جاهليتهم إلا الشعر والخطابة فتباروا فيهما ، وحفلوا بميلاد الشعراء والخطباء المفوهين .

وقد احتج علماء العربية بكلام العرب الفصحاء الموثوق بعربيتهم على اختلافهم وأشهرهم قبائل: قريش ، تميم ، قيس ، أسد ، هذيل ، كنانة ، واحتج بعضهم بلغة لخم ، وخزاعة ، وبعض الطائيين ، وقضاعة ، وهوزان ، وبني سعد .

وهذا القبائل كانت تعيش في الحجاز ونجد وتهامة وأطراف بلاد الشام الجنوبية ، وهم عرب الشمال قياسا إلى الجنوبيين وهم أهل اليمن وعمان ، وقد نزل القرآن الكريم بلسان أهل الشمال في عموم لفظه ، وهذا لا يعني وجود حدود فاصلة بين اللهجات ، فقد كان هناك تداخل بين لهجات القبائل المتجاورة ، قال عبد الله بن عباس رضي الله عنهما: «نزل

القرآن بلغة الكعبين»⁽¹⁾ يريد كعب بن لؤي جد قريش ، وكعب بن عمرو جد خزاعة قال أبو عبيد:

«يعني أن خزاعة جيران قريش ، فأخذوا بلغتهم» . وقيل نزل القرآن بلغة مضر ، ومضر هي: قريش ،

وكنانة ، وأسد ، وهذيل ، وتميم ، وضبة ، وقيس . وهذه القبائل أسند إليها معظم اللهجات المشهورة ،

ونقل عنها كثير من تراث العربية .

وقد وضع علماء العربية إطارا مكانيا أو حدودا جغرافية للأماكن التي تسكنها بعض القبائل العربية

وينقلون عنها اللغة ويحتجون بكلامها ويقيسون علي لغتهم ، ويقيمون عليه قواعد العربية الفصحى ،

ولهذا فهم يأخذون عن عالية السافلة ، وسافلة العالية ، وهم سكان نجد والحجاز وتهامة فهؤلاء عالية

بلاد اليمن وعمان ، وسافلة بلاد الشام والعراق ، والسافلة وهم أهل اليمن وعمان لا يدخلون ضمن قبائل

الاحتجاج وليسوا ممن يؤخذ عنهم ، لأنهم تأثروا بالأحباش والفرس والهنود ، وتأثر أهل الشمال بمن

جاورهم من الفرس والروم والأنباط والسريان وقبط مصر . ولهذا قال أبو عمرو بن العلاء: « لا أقول:

قالت العرب إلا ما سمعت من عالية السافلة ، وسافلة العالية» فسكان هذه المنطقة قد عاشوا في شبه

عزلة عن الاحتكاك الدائم بالأمم المجاورة ، فسلمت لغتهم من اللحن والدخيل إلا في القليل النادر الذي لا

يفسد عليهم لغتهم ولا يغيرها مثل ألفاظ الحضارة التي تتناقلها الأمم فيما بينها ، وقد عد علماء اللغة

سكان نجد والحجاز أفصح العرب ، وأسلمهم لغة ، وأبعدهم عن اللحن والضعيف . فلم تتأشب لغتهم

بالمجاورة ، ولم تفسد ألسنتهم بالمخاطبة ؛ لأنهم فيما بينهم عرب أقحاح في العربية يتحدثون لسانا

واحدا ، وقد كان علماء اللغة ينزلون البادية ليجمعوا اللغة من ألسنة العرب ، ويدونوها ، ويجمعون

الألفاظ والأشعار والأخبار ويسجلون ذلك كله في صحف ، وكانت هذه مادتهم في صناعة قواعد العربية

وصناعة المعجم ، وأشهرهم في ذلك أبو عمرو الشيباني ، وقد سأل الكسائي الخليل: «من أين علمك هذا؟

فقال: من بوادي الحجاز ونجد وتهامة» ، فذهب الكسائي إلى هذه البوادي ليجمع عنهم لغتهم وشعرهم

وأخبارهم .

وقد حظيت قبائل عربية باهتمام علماء العربية فأكثروا النقل عنها ، وأشهرها: قيس

(1) البرهان في علوم القرآن للزركشي 83/1 وتفسير القرطبي 61/1 .

وتميم ، وأسد ، وهم من سكان البادية ، وأخذت عنهم معظم لغة العرب وأقام علماء العربية على لغتهم قواعد النحو والصرف ، واتكلوا عليهم في الغريب ، ويليهم في ذلك: هذيل ، وبعض الطائيين وكنانة ، وقد دون العلماء شعر شعراء هذيل ، واهتموا به أكثر من عنايتهم بشعر غيرهم من القبائل .

وترك علماء العربية الأخذ عن القبائل التي تعيش في حاضرة العراق والشام واليمن لاحتمال تأثرهم بمن جاورهم ، ووقوع أثر متبادل بين اللغات المجاورة خلال تواصلهم ، فلم يأخذوا عن حضري قط ولا من سكان البراري ممن يسكنون أطراف بلاد الأعاجم مثل لخم وجذام لمجاورتهم أقباط مصر ، ولم يأخذوا من قضاعة وغسان وإياد لمجاورتهم أهل الشام من السريان والرومان وغيرهم ، وأكثرهم نصارى يستخدمون العبرية والآرامية . ولم يأخذوا من قبائل بكر ، لأنهم كانوا مجاورين للفرس والأنباط ، ولا من قبائل عبد القيس بالبحرين ، لأنهم كانوا مخالطين للهنود والفرس ، ومثلهم أزد عمان ، ولا يأخذون من أهل اليمن ، لأنهم خالطوا الهنود والأحباش ، وفي لهجتهم ما يخالف المشهور في العربية . واستبعد العلماء القبائل التي كانت تقع على طرق التجارة التي يمر بها من سبق ذكرهم ممن ضعف لسانهم أو تأثر بالأعاجم ، فاستبعدوا بني حنيفة وسكان اليمامة ، وثقيف بالطائف ؛ لأن تجارة اليمن كانت تمر بهم ، ولم يأخذوا عن حاضرة الحجاز ؛ لأن لسانهم العربي شابه اللحن والدخيل زمن التدوين بسبب هجرة الأعاجم إليها وما وصلوا إليه من رغد العيش من وراء الفتوحات الإسلامية ، فقد استقدموا الموالي إلى بلادهم ، وأكثروا من الإماء المجلوبات من الأسر ، فنشأ جيل ضعيف لغويا في هذه البيئة .

ويبين ابن جني علة عدم الأخذ عن أهل الحاضرة: «علة امتناع ذلك ما عرض للغات الحاضرة وأهل المدر من الاختلال وإفساد للغتهم لوجب الأخذ عنهم كما يؤخذ عن أهل الوبر ، فالمعول عليه إذا هو الفصاحة ، فلو فشا في أهل الوبر ما شاع في لغة أهل المدر من اضطراب الألسنة وخبالها وانتقاض عادة الفصاحة وانتشارها لوجب رفض لغتها وترك

تلقي ما يرد عليها» (1) .

وكان مما انتقد به البصريون خصومهم الكوفيين أنهم يأخذون عن أهل الحضر ، ويتفاخرون عليهم أنهم يأخذون لغتهم من الأعراب أصحاب البداوة ، ولهذا لم يأخذوا عنهم اللغة لشكهم في مصدرهم. وقد امتد الأخذ من أهل البادية حتى آخر القرن الرابع الهجري ، بينما توقف الأخذ من عرب الأمصار في نهاية القرن الثاني ، وسبب ذلك أن لغة العرب ظلت صحيحة في بواديهم ، ولم تصب بآفة حتى نهاية القرن الرابع ، بيد أن لغة عرب الحضارة أو الأمصار أصابها بعض اللحن والضعف بهجرة الموالي إليها أو اختلاطهم بالأعاجم ، وظهور جيل جديد من المولدين تعلموا العربية بالصنعة والتلقين .

وأشهر علماء العربية الذين نزلوا البادية وتعلموا لسانها وأخذت عنهم اللغة: أبو عمرو بن العلاء المازني ، أحد القراء السبعة المشهورين وإمام البصرة في عصره ، وأعلم الناس بالعربية والشعر ومذاهب العرب ، وأفصحهم ، والخليل بن أحمد الفرهودي ، أو الفراهيدي أستاذ سيبويه ، وقد أجمع العلماء على نبوغه ، وحدة ذكائه ، وأنه لم يكن قبله ولا بعده مثله ، فهو مفتاح العلوم ، فقد سبق إلى بدائع لم يسبق إليها ، فمن ذلك أنه وضع أول معجم في العربية وهو «العين» ، وهو الذي وضع أساس البحث في علم الأصوات ، وبحث الأصوات ومخارجها ، وابتكر علم العروض، ولم يكن معروفا بين علماء العربية ، فاكتشف خمسة عشرا بحرا أقام عليها الشعراء أوزانهم الشعرية ، وقد سئل عن مصدر علمه بكلام العرب ، فأخبر أنه تعلمها من ألسنة العرب الفصحاء ، وقد طلبها في بوادي العرب ، وتلقاها عن سابقيه ، ويعد الخليل أكثر علماء العربية أثرا في حقلها ، وأشهرهم على الإطلاق. وقد استودع علمه تلميذه الفذ سيبويه .

وأبو زيد الأنصاري الذي يعد أحفظ الناس للغة ، وأوسعهم رواية ، وأكثرهم أخذا عن البادية ، وقد أخذ عنه اللغة أحد نجباء النحو ، وإمامهم سيبويه الذي نقل عنه كثيرا في كتابه: «وحدثني من أثق بعربيته» يريد أبا زيد الأنصاري .

---

(1) الخصائص جـ3/1 .

وسعيد بن دريد صاحب معجم «جمهرة اللغة» الذي قضى نحو عشر سنين في البادية وتعلم اللغة من أهلها وأملي كتابه الجمهرة من حفظه ، وكان أحفظ الناس وأوسعهم علما .

والفراء أحد علماء الكوفة وخلف الكسائي فيها ، وقد أخذ اللغة من بعض الأعراب الذين وثق بهم ممن كانوا ينزلون الكوفة ، مثل: أبي الجراح ، وأبي مروان وغيرهما .

وأبو عمرو الشيباني ، وهو من أعلم العلماء باللغة ، وأحفظهم وأكثرهم أخذا عن ثقات الأعراب ، وقد روي أنه كان يرتحل إلى البادية ويحمل معه صحفا ، ويعود وقد ملأ حمل حمير من الصحف التي دون فيها ما سمعه من فصحاء البادية شعرا ونثرا ، ولا يعود منها حتى ينفد مداده ويملأ جميع صحفه ، وغير هؤلاء كثيرون مثل أبي عبيدة معمر بن المثنى ، وابن قتيبة ، وابن الأعرابي ، وأبي عبيد القاسم بن سلام ، وابن السكيت ، وثعلب ، ومحمد بن حبيب ، وابن الأنباري ، وغيرهم من علماء العربية المشهورين الذين عرفوا بكثرة العلم ، والدقة والأمانة والورع .

ولقد كان للأعراب مكانة عظيمة عند اللغويين ، لأنهم مصدر لغتهم ، وحجتهم فيها ، وكان من لا يتلقى عنهم اللغة لا يؤخذ بقوله فيها ، ويضعف ، ويفاخر من نزل البادية أنه تلقى اللغة عن فصحاء البادية ، وقد اشتهر أهل البصرة بكثرة نقلهم عن أهل البادية ، ويضعفون لغة الكوفيين ؛ لأنها ليست من أهل البادية ، ويرون أنهم يأخذون عن أهل الحواضر . وقيل إن أهل الكوفة كلهم يأخذون عن البصريين ، وأهل البصرة يمتنعون عن الأخذ عنهم ، لأنهم لا يرون الأعراب الذين يحكون عنهم حجة ، ويضعفون روايتهم فيها ، وفي الشعر أيضا. قال أبو حاتم السجستاني البصري: «إذا فسرت حروف القرآن المختلف فيها ، وحكيت عن العرب شيئا ، فإنما أحكيه عن الثقات منهم ، مثل أبي زيد ، والأصمعي ، وأبي عبيدة ، ويونس وثقات من فصحاء الأعراب وحملة العلم ، ولا ألتفت إلى رواية الكسائي، والأحمر ، والأموي، والفراء ونحوهم» ، فهو لا يأخذ عن الكسائي ولا عن أبي علي الأحمر ، ولا من عبد الله بن سعيد الأموي ، والفراء ، لأنهم كوفيون ، وأهل الكوفة في رأي البصريين ضعاف ومصدر علمهم لا يعتد به في الثقاة .

ولم يكن أخذ اللغة عن الأعراب عاما مطلقا ، بل كان علماء اللغة يأخذون عن جماعة

من ثقات الأعراب ، وعلمائهم ، مثل أبي مهدية، وأبي طفيلة ، وأبي البيداء ، وأبي حيوة بن لقيط ، وأبي مالك عمرو بن كركرة صاحب النوادر من بني نمير ، وأبي الدقيش الأعرابي وكان أفصح الناس ، وقد أخذ الخليل بن أحمد عن هؤلاء واختلف إليهم (1) ، ومنهم أبي الجراح ، وأبي مروان ، وقد أخذ عنهما الفراء ووثق بهما (2) . وقد اشتهر غير هؤلاء في مجال الاحتجاج أو النقل ، وكان لهؤلاء الأعراب دور مهم في الفصل بين العلماء فيما اختلفوا فيه من اللغة ، فيحتكمون إلى الأعراب في مسائل الخلاف ، وأشهر القضايا التي احتكم فيها إلى الأعراب القضية التي وقعت بين سيبويه والكسائي في بغداد في مناظرة بينهما ، فقضوا بصواب رأي الكسائي ، وانصرف سيبويه منها مغموما ، وقيل إنه مات في أثرها ، وهو آيب إلى موطنه الأصلي .

وقد اعتمد العلماء كذلك على مصنفات الأئمة الأوائل ممن تربوا في بيئة عربية قحة لفصاحة لسانها ، وممن يحتج بكلامه من هؤلاء الإمام الشافعي: قال الإمام أحمد بن حنبل «كلام الشافعي في اللغة حجة» (3) .

وقد كان بعض اللغويين والشعراء ينزل البادية ويقضي فيها زمنا يتعلم منهم اللغة ، ويكتب ما يسمعه عنهم ، حتى تقوي ملكته اللغوية ، وتزداد ثروته اللفظية ، وكان أبو عمرو بن العلاء والخليل والكسائي ممن قضوا زمنا في البادية ، وقد ذكر ابن دريد أنه عاش زمنا بين الأعراب ، ومن أشهر الشعراء الذين نزلوا البادية بقصد تلقي اللغة والفصاحة عن أهلها شاعر العربية المتنبي ، والسبب الرئيسي في قوة لغة البادية احتفاظها بالطابع العربي الجاهلي ، وعزلتها عن المجتمع الخارجي الذي تأثر بعوامل الحضارة ، بيد أن هذا الأمر لم يدم طويلا ، فقد شارك البدو في الحياة العامة وخالطوا غيرهم ، فأصابهم ما أصاب أهل الخضر ، وافتقدت العربية إلى عنصر مهم من العناصر الإنسانية التي كانت تحملها وتؤديها على وجها الصحيح ، ولكن الله تعالى سلم فقد اختارها لسان كتابه العظيم

---

(1) المزهر 410/2 .

(2) ارجع إلى المزهر 401/2 .

(3) الاقتراح للسيوطي ص124 .

وحفظها بحفظه ، وكفاها به حافظا أمينا .

ويعد الشعر مصدرا أساسا من مصادر اللغة كما يعد نصا أساسا في الاستشهاد ، فهو ديوان العرب الذي سجلوا فيه تاريخهم ، ووصفوا به أحوالهم ، وأعربوا به عما في نفوسهم في زمن لم يعرفوا فيه الكتابة ، وهم في طبيعتهم أمة تفيض بالمشاعر الجياشة ، فكان الشعر سبيلهم في البوح بها والتعبير عنها ، وقد ساعدتهم بيئتهم القاسية الصافية الفسيحة بمزيد من الإلهام ، وفجرت فيهم طاقات إبداعية هائلة ، ولها الفضل في صفاء نفوسهم ورهافة إحساسهم وسمو روحهم ، ووهبتهم القدرة على الحفظ والكلام ، فلم يكن لديهم شغل شاغل يتلهون به غير صناعة الكلام ومباريات الشعر التي حقق الشاعر في ميادينها شهرة بلغت الآفاق ، فنال منزلة تطاولت لها الأعناق .

وقد كان للشعر انتشار واسع ، وصوت مدوي في حياتهم لسهولة حفظه ، وسرعة دورانه بين العرب وقوة تأثيره لما فيه جزالة اللفظ وإيجازه ، وحلاوة موسيقاه وأثرها في النفس ، والعربي مفطور على سرعة التأثير والاستجابة والانفعال ، وهذا من دواعي تفوقه في مجال الإبداع الشعري .

وقد ظهرت أهمية الشعر في صدر الإسلام ، فقد أدرك النبي ﷺ بالإلهام الإلهي وبوعيه العربي أن للشعر أثرا كبيرا في حياة العرب ، وأنه سلاح ينافح به عن الإسلام ، فجند حسان ابن ثابت -رضي الله عنه- وغيره من المسلمين الذين يقدرون على قول الشعر في الدفاع عن الإسلام والمسلمين والرد على شعراء المشركين ، كما كان يحث حسان على الشعر ، وأن روح القدس يؤيده ، وكان يستحسن بعض شعر العرب ، ويعلن إعجابه ببعض المعاني التي تتضمن حكما ، وكان لحسان دور في المناظرات أو المنافرات التي كانت تقوم بين شعراء الوفود التي قدمت المدينة ، وكانت عبارة عن مباريات كلامية في الخطابة والشعر ، ويذكر كل فريق ماله وما لقومه من عز وجاه ومكانة وبلاء في الحروب ، ويعدد مناقب قومه (1) .

وحسان بن ثابت -رضي الله عنه- هو أحد الشعراء المخضرمين الذين أدركوا الجاهلية

---

(1) ارجع إلى: الشعر في عصر النبوة، الدكتور محمود عكاشة، الأكاديمية الحديثة للكتاب الجامعي .

والإسلام ، واشتهر في الجاهلية بمدح ملوك غسان والحيرة ، واختص في الإسلام بمدح النبي ﷺ والدفاع عنه ، ولم يكن حسان رضي الله عنه رجل حرب ، فكان يناصر رسول الله ﷺ بلسانه بتوجيه منه ﷺ إذ قال: «ما يمنع القوم الذين نصروا رسول الله بسلاحهم أن ينصروه بألسنتهم» ، فقال حسان: أنا لها . ثم أخذ يعرض بأعداء الرسول ﷺ بمثل قولهم بالوقائع والأيام والمآثر ، فكان شعره يقع على نفوس أعداء الإسلام كوقع النبل جملة واحدة. حتى قال أحدهم لو مزج شعر حسان بماء البحر لمزجه[1].

وقد لحق بحسان في الإسلام من شعراء الجاهلية لبيد بن ربيعة ، وكعب بن زهير ، وزيد الخيل (أو الخير) ، والنابغة الجعدي ، والخنساء بنت عمرو ، وغيرهم .

وقد استن الصحابة رضوان الله عليهم سنة للشعر الجاهلية لبيد بن ربيعة ، وكعب بن زهير ، وزيد الخيل (أو الخير) ، والنابغة الجعدي ، والخنساء بنت عمرو ، وغيرهم .

لقد استعان الصحابة رضوان الله عليهم بالشعر وكلام العرب في تفسير القرآن الكريم بعد انقطاع الوحي بوفاة رسول الله ﷺ فقد كان الشعر هو معجمهم الأثير في فهم معاني القرآن الكريم ، وقد صح أن أصحاب رسول الله ﷺ ، والتابعين ، تعرفوا على بعض معاني غريب القرآن وعلموا مشكله باللغة المسموعة من فصحاء العرب والشعر .

وقف عمر رضي الله عنه يخطب ، فقرأ على المنبر ﴿**وفاكهة وأبا**﴾ [عبس: 31] . فقال هذه الفاكهة قد عرفناها، فما الأب . ثم رجع إلى نفسه ، فقال: إن هذا لهو التكلف يا عمر . ووقف يوما على المنبر: ﴿**أو يأخذهم على تخوف فإن ربكم لرؤوف رحيم**﴾ [النحل: 47] . ثم سأل عن معنى التخوف ، فذكر له رجل من هذيل قول الشاعر[2]:

تخـــوف الرجـــــل منهــــا تامكــــا قـــــردا   كـــما تخـــوف عـــود النبعـــة الســـــفن

فقال عمر: «أيها الناس ، تمسكوا بديوان سفركم في جاهليتكم ، فإن فيه تفسير

---

(1) ارجع إلى: الشعر في عصر النبوة، الدكتور محمود عكاشة، الأكاديمية الحديثة للكتاب الجامعي .

(2) تاريخ آداب اللغة العربية 151/1 وتاريخ الأدب العربي ص16 وتفسير القرطبي جـ26/1 .

كتابكم»[1] .

ويعد عبد الـلـه بن عباس رضي الـلـه ترجمان القرآن أول من توسع في الاحتجاج بالشعر في فهم معاني القرآن روى عنه عكرمة أنه قال: «إذا سألتموني عن غريب القرآن فالتمسوه في الشعر ، فإن الشعر ديوان العرب» وقال سعيد بن جبير ويوسف بن مهران: سمعنا ابن عباس يسأل عن الشيء بالقرآن ، فيقول فيه هكذا وهكذا ، أما سمعتم الشاعر يقول كذا وكذا[2] .

وقد روي عنه كثير من التابعين بعض المعاني التي فسرها وتمثل فيها بالشعر ، روى عكرمة ابن عباس – أن رجلا سأله عن قول الـلـه عز وجل: ﴿**وثيابك فطهر**﴾ [المدثر: 4] . قال: «لا تلبس ثيابك على غدر» ، وتمثل بقول غيلان الثقفي:

فـــأني بحمـــد الـلــــه لا ثـــوب غـــادر ليســـــت ولا مــــن ســــوءة أتقنـــع

وسأل رجل عكرمة عن الزنيم، قال: هو ولد الزنى وتمثل بقول الشاعر:

زنـــيم لـــيس يعـــرف مـــن أبـــوه بغـــــي الأم ، ذو حســـــب لئـــيم

ومسائل نافع ابن الأزرق وأجوبتها حافلة بأبيات استشهد به ابن عباس على المعنى الذي فسر به اللفظ[3] .

وكانت العربية في أزهى عصورها عند ظهور الإسلام ، ولم تكن هناك أمة تملك القدرة على الكلام والإبداع الأدبي من أمة العرب ، وقد أنزل الـلـه تعالى القرآن الكريم بلسان عربي مبين غير ذي عوج ، فعلموا أنه ما هو بقول شاعر ، وما هو بقول بشر ، فأفحمهم بيانه ،

---

(1) الموافقات للشاطبي 52/2 ، والدلالة اللفظية للدكتور محمود عكاشة ص46 . والتخوف: التنقص . القاموس المحيط . والتامك: السنام . والقرد: الذي تجعد شعره ، والنبع: شجر يصنع منه السهام . والسفن كل ما ينحت منها .

(2) تفسير القرطبي ، طبعة دار الحديث جـ39/1 ، 40 .

(3) مسائل نافع بن الأزرق ، جمع وتحقيق أحمد الدالي ، الجفان الجابي ، دمشق 1413 هـ 1993م وارجع إلى كتابنا الدلالة اللفظية ص45 .

وأعجزتهم فصاحته ، فأخمل القرآن الشعر وأهله ، ورفع ذكره ، وكفى لفظ القرآن النبي ﷺ الإتيان بالحجة المادية برهانا على صدقه ، فمن سمعه علم أنه يعلوا ولا يعلى عليه ، وأنه يتمتع بغزارة المعنى ، وقوة الاحتجاج .

وقد كان العرب يبحثون في كلامهم عن معنى الشعر ، فلما نزل القرآن الكريم بحثوا في الشعر عن معاني القرآن ، وأصبح الشعر الذي كان يعد فنهم الأول سبيلا لفهم كتاب الله تعالى لقوة لفظه ورصانة تركيبه عما في أيديهم من الشعر ، وقد جعل النص القرآني للشعر أهمية لغوية فلا غناء عنه في معرفة لفظه ومتشابه ، فاستشهدوا بالشعر في بحث معنى القرآن ؛ لأنه النص الوحيد المحفوظ الذي سجل فيه لغات العرب في حقبة زمنية سبقت الإسلام ، ولهذا اهتم علماء العربية به وجعلوه أساسا في توثيق مادة اللغة ، ووقفوا بالشعر عند فترة العصر الجاهلي دون ما بعدها على اعتبار أن هذه الفترة تمثل العربية الفصحى في أزهى عصورها ونضجها ، ففترة العصر الجاهلي هي الفترة النقية في حياة اللغة العربية التي عاشت في بيئة عربية خالصة قبل الإسلام .

وقد تعصب كثير من علماء العربية لإنتاج العصر الجاهلي ، ورأوا أن ما عداه من الشعر الإسلامي لا يبلغ منزلته في قوة لفظه ومعناه . ويعد أبو عمرو بن العلاء (70-150) وهو المقدم في العربية - أكثر علماء العربية رفضا للأخذ عن شعراء الإسلام ، وحكي عنه تلميذه الأصمعي أنه جالسه عشر سنين ، فلم يسمعه يحتج ببيت إسلامي قط ، وقسموا الشعراء إلى طبقات ، أطلقوا على الإسلاميين اسم المحدثين ، وقد كان يعجب أبا عمرو بن العلاء أحيانا بعض شعر المولدين أو المحدثين ، وقال عندما استحسن بعضه: «لقد حسن هذا المولد ، حتى هممت أن آمر صبياننا بروايته» ، وبعضهم هم بتدوين ما سمعه من شعرهم فعرف أنه لمولد فتركه. ولم يكن هذا موقف جميع علماء العربية ، فالخليل كان من المتعصبين للشعر الجاهلي ، ولكن تلميذه سيبوبه خالفه واستشهد بشعر بعض الإسلاميين ، بل استشهد بشعر بشار بن برد وهو معاصر له ، فزعم بعض من أنكر عليه ذلك أنه استشهد به تخوفا من هجائه ، وهذا ليس بمعقول عن سيبويه! .

وقد اعتمد علماء العربية على الشعر مصدرا يأخذون منه اللغة ويحتجون به ، وذلك

لأنه أسهل حفظا وأرقى لغة ، وكان له منزلة شريفة في نفوس العرب فرعوه حق رعايته ، وحسنوه وهذبوه . وقد اعتمد العلماء على ما رواه الثقات عن العرب بالأسانيد المعتبرة من نثرهم ونظمهم ، وقد دونت دواوين عن العرب كثيرة مشهورة ، كديوان «امرئ القيس ، والنابغة الذبياني والأعشى» والمخضرمين مثل« حسان ، ولبيد ، وكعب بن زهير، وكعب بن مالك، والنابغة الجعدي ، والخنساء». وبعض الإسلاميين مثل: «الطرماح ، وجرير ، والفرزدق ، والأخطل ، والنميري ، والعجاج ورؤبة ابنه ، وذي الرمة» .

وقد حقق بعض شعراء الموالي في العصر الإسلامي شأوا عظيما في العربية ، فصارت أشعارهم حجة ، ولكن موقف اللغويين من المولدين حال دون أن توضع هذه الأشعار في موضعها من الاحتجاج ، فقد كان كبار اللغويين يعجبون بشعر يسمعونه ، ويهمون بتدوينه ، فإذا علموا أنه لمولد تركوه ، ونفروا منه لا لعيب فيه غير أن قائله ممن ولد في ربي الإسلام وحضارته ، ولم يرب في جلافة البداوة وظلفها ، ومن شعراء المولدين من الموالي: بشاربن برد وأبو نواس ، وكان شعرهما مما يرضي اللغويين والبلاغيين ، وآخر شعراء العرب الذين أثاروا إعجاب الجميع قديما وحديثا ، أبو الطيب المتنبي أشهر شعراء العرب ، وأقدرهم على الشعر ، وقد كان ابن جني أحد معاصريه وأصدقائه يعجبه شعره واحتج به ويقول: «قال شاعرنا» ويذكر شعره . وشرح ديوانه . وابن جني هو من هو في اللغة (1) .

وقد قسم العلماء شعراء الاحتجاج إلى طبقات ، على النحو الآتي:

الطبقة الأولى: الشعراء الجاهليون كامرئ القيس ، والأعشي ، والنابغة ، وطرفة وعمرو بن كلثوم وغيرهم ، وهؤلاء يحتج بشعرهم إجماعا ، بيد أن الأصمعي أخرج منهم عدي بن زيد ، لأنه كان يخالط الفرس ونشأ فيهم ، وأبا دؤواد الإيادي كذلك وهما شاعران جاهليان ، ولا يؤخذ بشعرهما في الاحتجاج ، لأن ألفاظهما ليست نجدية وبها كثير من الدخيل .

الطبقة الثانية: المخضرمون ، وهم الذين أدركوا الجاهلية والإسلام ، ومنهم:

---

(1) شرح ابن جني ديوان المتنبي، وسماه الفسر.

حسان بن ثابت الأنصاري ، ولبيد بن ربيعة ، وكعب بن زهير ، وزيد الخيل ، والخنساء وغيرهم . وهذا الطبقة يحتج بشعرها جميعا إجماعا مثل سابقتها .

الطبقة الثالثة: الإسلاميون أو المتقدمون ، وهم شعراء صدر الإسلام كجرير والفرزدق والراعي والنميري والأخطل وقيس الرقيات ، وكثير ، وجميل ، والكميت وذي الرمة ، وغيرهم ممن قالوا الشعر في الإسلام (أو في صدر الإسلام) ، ولم يقولوه في الجاهلية . وهؤلاء يحتج بشعرهم ويؤخذ عنهم ، ولكن بعض علماء العربية مثل: أبي عمرو بن العلاء ، وعبد الله ابن إسحاق والحسن البصري وعبد الله بن شبرمة لحنوا: الفرزدق والكميت وذي الرمة وغيرهم وضعفوا بعض شعرهم ، وهؤلاء لا يبلغون درجة من سبقهم في الاحتجاج .

الطبقة الرابعة: وهم المحدثون أو المولدون ، وهي من بعد طبقة صدر الإسلام حتى زمن بشار وأبي نواس ، وهم من شعراء القرن الثاني والثالث الهجريين ، وهم كثير منهم أبو العتاهية ، وبشار ، وأبو نواس ، والبحتري ، وأبو تمام ، وغيرهم ، وهؤلاء لا تؤخذ عنهم اللغة ولا يحتج بشعرهم ، لأنهم تربوا في الحاضرة وتعلموا الشعر ، وخالطوا الأعاجم .

ولنا رأي في التراث الأدبي الذي أنتجه أبناء العربية في ظل الحضارة الإسلامية في عصور الازدهار الأوائل حتى القرن الخامس الذي تسلط فيه الأعاجم على السلطة والحياة الأدبية ، ورأينا هذا نوافق فيه رأي أستاذنا الدكتور عبد الصبور شاهين ، وهو أن تراث هذه الفترة الزمنية عربي في مفرداته ، ولا يقل في سلامته عن تراث عصور الاستشهاد الأولى ، فقد صدر هذا الإنتاج الأدبي عمن يملكون قدرة لغوية وإبداعية ، وتربوا في كنف تراثنا الديني والأدبي ، ونهلوا منه ونمت ملكتهم الإبداعية بفضل روافد هذا التراث الذي استقوا منه مادتهم ، واقتاتوا من موائده .

وقد حرص هؤلاء المبدعون على تعلم العربية من روافدها الأولى من العرب الفصحاء في البادية أو من مصادر اللغة المدونة ، كما حفظوا ما أتيح لهم من تراثها الشعري ، وحذقوا نثرها ، وهم قبل ذلك حفظوا القرآن الكريم منذ نعومة أظافرهم ، وحذقوا قراءته ، وعلموا معانيه فصقل لسانهم في العربية ، وأصبح دربا على التخاطب بها .

وقد تربى هؤلاء الأدباء في مدارس العربية الأولى ، فحذقوا علوم العربية ، وتعلموا النحو ، والصرف ، واللغة وأصبح لهم وعي لغوي مكنهم من إتقان ما يبدعونه ، واختيار الأقوى والأفصح من اللغة ، وصارت لديهم خلفية واعية باللغة يبارون بها غيرهم ممن تخصص في حذقها .

وقد احتفظ لنا تراثنا الأدبي بنماذج رائعة من أعمالهم التي تشهد بعمق وعيهم اللغوي وحذقهم فنون اللغة والأدب ، فتجدهم في كل فن يخوضون ، وقد اتهم بعضهم بأنهم من المتكلفين أو أنهم صناع في فنهم الأدبي ، وهذا يدل أنهم وصلوا إلى منزلة عالية في الإلمام بعلوم التراث وحذقه ، ولم يقفوا عند تراث العربية فقط ، بل تجاوزوه إلى تراث الأمم الأخرى فاستفادوا منه ووظفوه في صناعتهم الأدبية ، وأضافوا إلى فنون العربية فنونا جديدة لم تعرفها من قبل ، وطرقوا أساليب جديدة أفادت الإبداع الأدبي عامة ، فلقد استفاد أبناء العربية من الثقافات التي اطلعوا عليها في شتى علوم المعرفة ، وبلغت قدرتهم أن عربوها ، فشرت فيها الروح العربية ، ومن عظيم فضل اللـه على العربية أنها ليست حكرا على العرب وحدهم أو أبناء العرب وحدهم ، بل هي لغة كل مسلم يحب دينه ، ويحرص على تعلمه ، فقد نهض المسلمون على اختلاف أجناسهم إلى المساهمة في تراث العربية ، فأسهموا فيه إسهامات عظيمة بلغت عنان كل فن فيها وكأنها لغتهم الأولى ، فلم يألوا جهدا في رفعتها والمساهمة فيها حتى صاروا أعلاما فيها وحملوا لواءها حتى العصر الحديث ، ولهم فيها باع كبير ، وهؤلاء في تمكنهم لا يقلون درجة عن أبنائها الأقحاح ، بل ألف بعضهم كتبه بالعربية ، وهو ماهر فيها ، كما ألف بلغة أخرى كالفارسية ، وهو ماهر فيها أيضا ، وخاض بعضهم في دراسة اللغات الأخرى ، وقارنوا بينها وبين العربية (1) .

إننا لا نستطيع أن نهمل إنتاج هؤلاء العظماء المتمكنين ، ولا أن ننكر قوته وسلامته وموافقته عرف العربية ، ولا نستطيع أن نخرجه من فصيحها ، فهو لا ينزل عنه درجة ولا يقل قيمة ، ونستطيع أن نعتد به في لغة الاستشهاد ، ونحن - شئنا أو أبينا- نعده من مصادرنا الأساسية ، ونأخذ عنه ونستشهد به غير مبالين بآراء الرواد من أهل اللغة الذين

---

(1) ارجع إلى كتاب: دراسات لغوية ص102 وما بعدها .

كانوا لا يعتدون بقيمة أعمال معاصريهم من حذاق فنون العربية والمتمكنين منها لا لشيء إلا أنها لا تدخل في تراث الحقبتين الأوليين من تاريخ العربية (العصر الجاهلي وصدر الإسلام) ، وهم يعترفون بفصاحة هذه الأعمال وقوتها وتمكنها مثل ما سبقها ، ولكن سوءتها الوحيدة أن مبدعها من المولدين الذين خلفوا جيل صدر الإسلام في ميدان الأدب .

ولا شك أن تراث العربية الأدبي في جميع عصوره هو مصدرنا في اللغة وفي ميدان الإبداع الأدبي ، وهؤلاء الذين استبعدهم رواد العربية من الاحتجاج هم روافدنا في ميداني اللغة والأدب.

ولا ريب أن أعمال شعراء الإسلام تحمل في جوهرها روح البيان العربي القديم ، وروح التطور اللغوي الذي طرأ على اللغة في مراحلها المختلفة ، وقد حملت لنا هذه الأعمال المستوى الذي وصلت إليه العربية في ظل الإسلام والحضارة التي بعثها المسلمون في الأرض ، ولا شك أن الأجيال المتعاقبة ساهمت في إثراء العربية وتجديدها ، وأنهم جددوا في أساليبها وطوروا في فنونها ، ولم يقفوا بها عند مرحلة معينة تفقدها معاصرتها ومواكبتها للحياة ، فقد سارت العربية في موكب واحد مع تطور الحياة والحضارة ، ولم تعجز عن التعبير عن مراحل النمو الحضاري للمسلمين ، وهذا ما يعطيها قيمة عظيمة بين اللغات ، وما زالت العربية قادرة على النمو والتطور بفضل ما لها من قدرة بالغة على التعبير عن معطيات الحضارة ، والفضل الأول والأخير لله رب العالمين الذي أعطاها مكانها في قلوبنا وأفرد لها مكانا عظيما دون اللغات عامة ، وهو القرآن الكريم الذي تكفل بحفظه إلى قيام الساعة ، فالعربية حية باقية ما بقي كتاب اللـه تعالى ولله الحمد والمنة .

اللغة واللهجة

اللغات في الأصل لغة واحدة ، كما سبق أن بينا ذلك ، وقد حدث صدع في اللغة الأم فأحدث شروخا فيها ، وقد حدث هذا الصدع أولا في جدار المجتمع الإنساني الأول الذي كان أمة واحدة ، فاختلف أو وقع فيه نزاع وصراع ، فافترق إلى أمم صغيرة انفردت كل أمة بنفسها ، ثم تباينت في كثير من الجوانب عن غيرها ، وطال عهد الفراق ، فكانت الأجيال المتعاقبة مختلفة عما تسبقها ، ولا تربطها صلة حميمة بأبناء عمومتها ، بل اتسعت الهوة بينها وبين قرنائها ، فانقطع التواصل ،وباتت كل أمة غريبة عن غيرها ، ووقع في كل أمة منها مثلما وقع في الأمة الأولى ، اختلاف وانفصال وهجرة ، وخلال هذه المراحل نشأت اللهجات في ظل لغة الأمة الأولى ، ثم تمكنت اللهجات من الاستقلال باستقلال من يتكلمونها عن الأمة الأولى ، وتمكنت هذه اللهجات من أن تبني لنفسها شخصية مستقلة ، لا ترتبط باللغة الأولى إلا جذورها الأولى التي تتمثل في بعض المفردات ، وقد طورت من مفرداتها وزادت فيها ، وكذلك في بناء جملها وأسلوبها ، وتمكنت اللهجة بذلك من أن تصبح لغة تنافس اللغة الأم وتنازعها مكانها في الخطاب اليومي ، وقد يكتب لها الغلبة فتقضي عليها وتأخذ مكانها ، وهو المرجح وهذا شأن نشأة اللغات العالمية المعاصرة ، والميتة التي تنتسب إلى لغات أخرى سابقة عليها .

ويطلق على اللهجة اسم: لغة ، ولغوة ، ولسان ، ولحن ، فيقال لغات العرب ، يعني لهجاتهم وكذلك لغوة كأن نقول لغوة محلية أو لغوته مختلفة ، ونقول لسان حمير بمعنى لهجتها ولسان تميم ولسان طيئ . فإذا نسبت اللغة إلى قبيلة فهي تعني اللهجة وكذلك اللسان ، ولكن إذا نسبت إحداهما للعرب «لغة العرب» أو «لسان العرب» ، فهما بمعنى «اللغة العربية» ، وكذلك كلمة لحن تعني اللهجة ، يقال «أنزل القرآن بلحون العرب» أي وجوه القراءات نزلت بلهجات العرب. وقد جاء في قوله تعالى:﴿**ولتعرفنهم في لحن القول**﴾ [محمد: 30] أي لهجته وأسلوبه . واللهجة Dialect في الاصطلاح العلمي الحديث هي مجموعة من الصفات اللغوية تنتمي إلى بيئة خاصة ، ويشترك في هذه الصفات جميع أفراد هذه البيئة .

وتمثل اللهجة مستوى من مستويات اللغة الواحدة في المواقف الكلامية التي يعيشها الفرد في مجال الحياة اليومية ، وتتنوع مجالات حياة الفرد اليومية ما بين مواقف اجتماعية وسياسية وثقافية وغير ذلك ، ولكل مجال منها خطاب خاص به ، وتستخدم اللهجة العامية والفصحى جنبا إلى جنب في خطابنا اليومي ، وتوجد أشكال مختلفة من الازدواج اللغوي Diglossia في بيئة لغوية واحدة ، ويحدد الموقف الكلامي نوع المستوى ووظيفته في الخطاب ، ومستوى المتلقي أيضا يفرض على صاحب الخطاب مستوى معينا يناسبه ومجال الخطاب أو موضوعه أو قناة الاتصال. ولا شك أن اللغة الفصحى أو الخطاب العالي المشترك الذي تشترك فيه هذه المستويات المتنوعة له مكانة ومنزلة ترتفع كثيرا عن مستوى العامية ، فاللغة الفصحى قدسية عند المجتمع العربي ، لارتباطها وثيق الصلة بالدين والتراث والثقافة ؛ لأنها تمثل أعلى مستوى لغوي يخضع لعرف العربية العام ، ولهذا فاللغة الفصحى هي اللغة الرسمية في المجالات العلمية والثقافية (1) .

واختلف علماء اللغة في وضع مفهوم دقيق يميز اللهجة عن اللغة العامة dialected langue commune ، ولا نريد أن نخوض فيما اختلفوا فيه أو نثقل عليك بكثرة الجدال ، ولكننا تحرينا مسائل الخلاف في هذا الموضوع ، فوجدناها لا تخرج عن هذا التصور الذي أضعه بين يديك لترى فيه رأيك ، وهو أن اللغة هي التي تستطيع أن تستقل بنفسها استقلالا تاما يميزها عن غيرها من اللغات التي قد تكون من أسرتها أو شقيقة لها ، وتستقل كذلك عن اللغة الأم التي نشأت عنها ، فتصبح لها شخصية لغوية لها مزايا اللغات الأخرى ، ولا عبرة في ذلك بعدد من يتكلمونها ، فقد يكون أصحابها قليلين قياسا إلى اللغات المجاورة لها مثل اللغة النوبية التي يتحدثها عدد قليل ، وهذا مما يعرضها للفناء ، ولكنها لغة في عداد اللغات ، لأنها تحظى بشخصية مستقلة تميزها عن اللغة العربية التي تحاصرها في صعيد مصر ، وأوشكت أن تحل محلها . وكذلك بعض اللغات الميتة التي تستخدم في إطار ضيق مثل اللغة القبطية في مصر ، والسريانية في الشام والعراق ، ولا عبرة كذلك بأمر الكتابة ، فبعض اللغات العالمية لا تكتب ومن هذه اللغات لغة الهنود الحمر في أمريكا واللغة النوبية

---

(1) ارجع إلى: أسس علم اللغة العربية ص17 ، وفي علم اللغة العربية ص165 -170 .

في مصر والسودان ، وهذا مما يفقدها قدرتها على الاستمرار أو الاحتفاظ بالشكل القديم ، واللغات المنطوقة دائمة التطور ، وكذلك اللهجات كثيرة التعدد ، والتطور ، فليس لها نص مدون أو قواعد عامة تضبط استعمالاتها وأبنية مستوياتها الصوتية والصرفية والتركيبية والمعجمية .

واللهجات إما أن تموت أو تتلاشي وإما أن تتطور إلى لهجة جديدة والفرق بين اللهجة واللغة ، أن اللهجة جزء من اللغة حدث له تغيرات صوتية ، وظهرت بها كلمات خاصة بها ، لكنها لم تستقل عن اللغة بل تعيش في إطارها ، لكن اللغة مستقلة بنفسها وأكثر ثباتا واستقرارا ، وتتطور في تؤدة وتحرص على نظامها ، كما أنها أعم وأشمل من اللهجة في حين أن اللهجة أسرع تطورا ولا تتقيد بقواعد ثابتة ، كما أنها تتعدد في اللغة الواحدة والمجتمع الواحد والمكان الواحد أيضا كما أن اللهجات لا تملك نظاما شاملا أو انتشارا واسعا ، فهي دائما تعيش في نطاق ضيق ، فاللهجات قد تختلف من قرية إلى قرية متجاورتين ، وكذلك تختلف من مدينة وأخرى ، ومن ثم لا توجد بدول تتحدث لغة واحدة لهجة واحدة بل لهجات .

واللهجات تموت أو تتطور إلى أخرى في ظل نظام اجتماعي مترابط يتواصل بلسان واحد ، ويملك نمطا تعليميا متقاربا بين أفراده ، وفي ظل وجود عوامل دينية تلزم المجتمع بلغة ما أو في ظل نظام سيادي يعترف بلغة رسمية في مجال التعليم والخطاب الإعلامي والسياسي ، ومن ثم يموت ما عدا ذلك من اللهجات أو تهمش أو تساعد تلك العوامل على نشر لهجة على حساب أخرى أو تساعد على توحيد الألسنة داخل هذا المنظومة البشرية . واللغات الحديثة كانت لهجات ضمن منظومة اللغة الأم التي نشأت في ظلها ، وعاشت إلى جوارها جنبا إلى جنب ، فوقع ازدواج لغوي Diglossia ، ثم استطاعت اللهجة أن تأخذ مكان اللغة الأم في الخطاب اليومي ، حتى انتظمت بسلك اللغة ذات الشخصية المستقلة وأصبحت اللغة الأم مهجورة ، وليس لها حق المشاركة في الخطاب اليومي الذي باتت غريبة عنه .

ووحدة اللغة تحكمها وحدة الجماعة التي تتحدثها ، فاللغة تعيش في إطار الجماعة

المتماسكة كيانا واحدا لا فروق بينها ، وكل جماعة أو أمة متجانسة تحرص على لغة واحدة متجانسة ، تعبر عنها ، ولكن عندما تنقسم هذه الأمة على نفسها إلى جماعات مستقلة تنقسم معها اللغة التي تتحدثها ، فتظهر الفروق اللغوية التي تميز لغات هذه الجماعات ، وهي لهجات وليست لغات بالمعنى العام ، وقد أطلق عليها بعض الباحثين «لغات محلية » ، فكلما وجدت مجموعات بشرية محلية ، وجدت معها لغوات محلية متميزة في إطار اللغة الأم التي تفرعت منها ، وظهرت فيها هذه اللهجة إلا في الأقاليم التي تخضع لنظام هذه الجماعة التي تربطها لغة واحدة ، وهذه الظاهرة ليست مطلقة أو مطردة في كل الأمم ، فالاختلاف في عناصر السكان قد يؤدي إلى اختلاف في لغتهم بأرض واحدة يسكنونها ، ويقع هذا في الجماعات أو المدن التي تسكنها طوائف مختلفة أو أجناس متعددة دون أن تذوب هذه الفروق بين الأفراد ، فكل جماعة تحرص على الحافظ على لغتها ، ولكنها لا تنجو من تأثير اللغة التي تعايشها في هذا المكان ، وكذلك يقع تأثير بين الطوائف الدينية المختلفة .

فقد تأثرت اللغات الحبشية التي هاجرت من الجزيرة العربية إلى الساحل الغربي الأفريقي باللغات الأفريقية أو لغات الزنوج في المناطق المجاورة ، وتأثرت اللغة العربية في المغرب العربي بلغات البربر في شمال أفريقيا ، ونشأ عن ذلك لهجات غريبة وغير مفهومة لكثيرين من العرب الذين لا يسكنون المغرب العربي، والتي تعرف في المغرب بالأمازيرية .

وللدين أثر كبير في بعض اللغات ، فلغة الدين Religion language أو لغة الشعائر الدينية lituryical language هي اللغة العربية في كل أنحاء العالم الإسلامي ، واللغة اللاتينية هي لغة الطقوس الدينية عند الكاثوليك ، واللغة العبرية هي لغة الدين عند اليهود، واللغة السريانية هي لغة الدين عند النصارى في الشام والعراق ، والقبطية عند المصريين ، والجعزية في كنيسة الحبشة (أثيوبيا) ، وهذه اللغات عدا العربية والعبرية لا تستخدم إلا في إطار الدين فقط ، وبعض المجالات الأخرى ، وتوصف بعض اللغات بأنها لغة جماعة Group language ، وهي التي تستخدم في إطار مجموعة حضارية أو إثنية داخل الدولة ، مثل المهرية - وهي لغة يمنية قديمة - تستخدمها مجموعات يمنية محدودة في اليمن ، وانتقلت مع من هاجر منهم إلى الكويت ، وهي لغة مجموعة إثنية Ethnic language ،

ومثلها البربرية في المغرب العربي ، والكردية في العراق ، وإيران ، وتركيا ، والنوبية في جنوب مصر ولغات الزنوج جنوب السودان وغربها ، وترتبط هذه اللغات بهذه المجموعة ، وتحافظ على استقلالها إذا تمتع أصحابها باستقلال جغرافي ، وتعد لغة ثانية إلى جانب اللغة الرسمية ، وتزيد انتمائهم لها ولقوميتهم ، ولقد تمتع النوبيون باستقلال جغرافي لوقوعهم في منطقة شبه منعزلة حتى عهد قريب ، ولكن لم يستطيعوا المحافظة على هذه الحدود الجغرافية بعد بناء السد العالي ، والتوسع الحضاري في صعيد مصر وسفرهم إلى الخارج وهجراتهم إلى القاهرة والمحافظات الأخرى .

فأهل النوبة من سكان القاهرة الذين يسكنون في منطقة واحدة (إمبابة وما جاورها) يتواصلون معا بلغتهم النوبية ، ويتواصلون مع غيرهم من سكان القاهرة بلهجة أهل القاهرة ، ولكن ضعفت النوبية في الأجيال المتعاقبة وانصهروا في سكان القاهرة ، ولم تعد اللغة القديمة إلا في كبار السن ، وسكان منطقة النوبة من النوبيين في جنوب مصر تعلموا العربية ، وهم في طريق التعريب الكامل ، وقد ساعد في هذا إسلامهم واندماجهم في المجتمع العربي ، وانتشار التعليم فيم ووسائل الإعلام المختلفة .

والأقباط المصريون - مسلمين ونصارى - تعلموا العربية وتعربوا ، لأنها لغة الثقافة والسلطة ، وحدث مثل هذا في عديد من الدول التي دخلها الإسلام ، هذا على مستوى اللغات المختلفة ، ولكن على مستوى اللهجات فلا ، لأن اللهجة تصاحب وجود اللغة في ظل وجود جماعات متفرقة تختلف عن غيرها في المكان والطبائع والصناعة والفكر . ولكن وسائل الإعلام الحديثة تقوم بتسوية الفروق بين أبناء الوطن الواحد ، فقد أصبحت لهجة سكان القاهرة معروفة في أرجاء مصر ، لأنها لسان الإعلام المنطوق ، وانتشار التعليم وسرعة الاتصال ، وكثرة الاحتكاك والتواصل ، جميعهم يساعدون على ذوبان فروق اللهجات في الوطن . فقد حدث تقارب شديد بين اللهجات في جنوب مصر وشمالها ، وقد كانت بينهم فروق عميقة ، وكذلك الفروق بين اللهجات العربية في طريقها إلى الذوبان بفضل التواصل المباشر ووسائل الإعلام ، والوطن العربي به لهجات تكاد تكون غريبة أو لغة أجنبية نحو ما نسمعه من لهجات المغرب العربي التي لا نفهمها ، لتأثرها بالبربرية

والزنجية ولغة المستعمر . واللهجة المصرية سيكتب لها الانتصار على بقية لهجات العرب بفضل قيادة مصر الثقافية .

ومن الملاحظات الفريدة التي يغفل عنها بعض الباحثين أن لغة الأجيال المتعاقبة تختلف ، فلغة الشيوخ تختلف في بعض جوانبها عن لغة الأطفال ، من أبناء الجيل الجديد ، وهم أبناء لغة واحدة ولهجة واحدة ، ويمكن ملاحظة ذلك في اللغة المستخدمة في مصر بدءا من عهد محمد علي حتى بداية القرن التاسع عشر ، ونقارن بينها وبين لغة الخطاب الذي نتكلمه اليوم ، ولنتأمل جيدا اللغة والأسلوب اللذين كتب بهما رفاعة الطهطاوي مؤلفاته ومترجماته واللغة والأسلوب اللذين نكتب بهما اليوم ، لا شك أننا سوف نجد اختلافا في مستويات الخطابين ، وقد أشار إلى ذلك القدماء فيما ذكروه عن تطور العربية عبر عصورها المختلفة . ومن ذلك ما قاله أبو عمرو بن العلاء «العرب كلها ولد إسماعيل إلا حمير وبقايا جرهم ، وكذلك يروي أن إسماعيل جاورهم ، وأصهر إليهم ، ولكن العربية التي عني بها محمد بن علي (بن الحسين رضي الله عنه) اللسان الذي نزل به القرآن ، وتكلم به العرب على عهد النبي ﷺ، وتلك عربية أخرى غير كلامنا هذا» (1) .

فقد تطورت العربية في الإسلام وطرأ عليها تغيير في المفردات والأسلوب ، ويمكن التحقق من هذا من خلال مؤلفات كل حقبة زمنية .

والتغير الذي يطرأ على اللغة الواحدة لا يتعلق بالتكوين الإنساني أو قدرته على الكلام ، وإنما يحدثه ما يقوم به كل جيل من تطوير وما يقدمه من مساهمة في التجديد ، فالإنسان يطور من نفسه في ظل استمرار عجلة الحياة وسرعتها ، وكل جيل يضع لنفسه نمطا جديدا في الحياة ، وهذا ينعكس على اللغة التي يتكلمها ، فاللغة ترتبط بالمجتمع ارتباطا شديدا فترقى برقيه ، وتضعف بتخلفه عن ركب الحضارة .

---

(1) المزهر 33/1 وقد قال محمد بن علي «أول من تكلم بالعربية ونسى لسان أبيه إسماعيل عليه السلام» . المزهر 32/1 يريد أول من تكلم من العرب المستعربة بلغة عرب جرهم الذين نشأ فيهم، وتكلم بنوه لغتهم وجرهم من أهل اليمن وسكنوا الحرم .

واللهجة أو اللغوة المحلية هي نمط لغوي خاص لا يستقل بنفسه عن اللغة الأم التي يعيش في كنفها ويرعاه أبناؤها ، واللهجة سريعة التطور ومتعددة ، فقد تكون لكل قبيلة ولكل قرية لهجة في موطن واحد ، بل قد تختلف لهجات سكان المدينة الواحدة تبعا لاختلاف لهجتهم الأصلية التي كانوا عليها قبل نزولهم إلى المدن ، وقد تهاجر اللهجة مع أصحابها إلى أرض جديدة . ولا عبرة بالعدد ، فاللهجة قد تكون واسعة الاستخدام في دولة ، فيمكنك التمييز بين أهل الخليج وأهل مصر من خلال لهجتيهما ، ولكن الذي يثير مخاوفنا أن بعض لهجات الدول العربية غير مفهومة ، لأنها بعيدة الصلة عن اللغة العربية ، خلافا للهجة المصرية التي فهمها العرب دون مشقة ، وتكاد تتفشى فيهم لهجة المصريين بفضل وسائل الإعلام المسموعة والمرئية وريادة مصر الإعلامية والثقافية ومكانها فيهم .

ولا نستطيع القضاء على اللهجات قضاء تاما ، لكننا يجب أن نحصر وجودها ، وأن نمنع توسعها على حساب اللغة العربية الفصحى ، ويجب كذلك أن نرفع مستوى اللغة في الأمة ، ونقاوم بذلك الصدوع التي تحدثها اللهجات في صرح الأمة ، وأن نسد خلتها ، وأن نرتق الفتق الذي أحدثه اختلاف اللهجات في لغة العروبة والإسلام .

اللهجات العربية القديمة

كان المجتمع العربي قبل الإسلام قبليا يعيش في إطار القبيلة ويعدها دولته الصغرى التي ينتمي إليها ولاء وانتسابا . فالقبيلة كانت الوحدة السياسية الصغرى في المجتمع العربي ، وتشكل نواة دولة صغيرة بأمة صغرى من المجتمع تربطها وشيجة الدم أو النسب ، فأبناء القبيلة أبناء رجل واحد ينتسبون إليه (1) .

وتعد الأرض التي تنزلها وطنا لها ، وتجعل له حمى أو حدودا ، فلا تطأه قبيلة أخرى ، وقد فرضت طبيعة الحياة في الصحراء العربية على المجتمع العربي ظروفا قاسية جدا ، فأرض الجزيرة مجدبة قاحلة ، لا تهب سكانها إلا عطاء زهيدا ، وقد فرضت الجبال والرمال على قبائلها عزلة ، وتسببت هذه الظروف القاسية في عدم استقرار معظم القبائل لعدم توفر أسباب الحياة بشكل دائم في الأرض التي يحلون بها ، فهم دائما في ترحال يجوبون الصحراء بحثا عن الكلأ أو العشب طعاما لأغنامهم وإبلهم ، فلم توفر هذه البيئة القاسية أسباب الاستقرار إلا في أماكن محدودة بجنوب الجزيرة في اليمن وساحل الخليج العربي ، وبعض الأماكن بالحجاز مثل مكة والطائف ويثرب ، وقد كانت الكوارث الطبيعية والصراعات القبلية سببا في نزوح قبائل الجنوب نحو الشمال مما زاد رقعة المتحدثين بالعربية في هذه الأماكن وتعربت بعد الفتح الإسلامي ، وزادت رقعة العروبة بانتشار الإسلام في شمال أفريقيا وهجرة قبائل عربية إليها عن طريق أرض سيناء وعن طريق باب المندب وعبر بعض أهل اليمن وعمان إلى بلاد الحبشة ، فتعرب الساحل الأفريقي الشرقي بانتشار الإسلام فيه ، وغزت العربية لغة سكان هذه المناطق ، فتأثرت بها .

وكانت العوامل البيئية والصراعات والهجرات سببا في قطع الأواصر اللغوية وعدم الاتصال اللغوي الدائم وعدم اندماج اللهجات وانصهارها في لغة عامة ، والحد من الفروق بينها .

وقد كان لقبيلة قريش أعظم أثر في العربية الفصحى ، فقد نزل القرآن الكريم بعامة

---

(1) ارجع إلى كتابنا: الحكم القبلي في العصر الجاهلي ، مكتبة الانجلوا ط2001/1م ص7 وما بعدها .

لسانها ، وقد أجمع العلماء أن لسان قريش أبين لسان وأفصحه في العرب يليه لسان تميم ، وموطن قريش مكة بالحجاز .

ورصدت لهجات العرب في القبائل حسب إسناد أكثر اللهجات وهي: تميم ، أسد ، قيس ، طيء ، ربيعة ، هذيل ، عقيل ، بلحارث بن كعب ، عامر ، فزارة ، سليم. أسد شنوءة أو أزد شنوءة ، قضاعة ، خثعم ، بكر بن وائل ، قريش ، ضبة ، كنانة ، حمير ، فقعس (من أسد) ، دبير (من أسد) غني ، غنم ، بنو مالك (من أسد) ، سعد ، كعب ، نمير ، بنو يربوع ، زبيد ، همدان ، عكل ، مرادة ، عذرة ، خزاعة ، أسد الشرى ، لخم ، وزبيدة.

وقد حكم علماء اللغة على لهجات بعضها بأنه فصيح ، يؤخذ به ويحتج ، وبعضها رديء شاذ لا يحتج به ، وقد وضعوا لذلك مقاييس يقيسون عليها الفصيح والشاذ ، ولم تقبل جميع اللهجات على ما في بعضها من شذوذ لا يتسق مع عرف العربية العام ، أو لا يوافق المشهور من اللغات عند العرب ، وهي اللغات المذمومة التي شذت عن عرف العربية في بضع ظواهرها في مستويات اللغة العربية الصوتية ، والصرفية ، والنحوية ، والمعجمية ، وقد جمع علماء العرب بعض هذه الظواهر الشاذة وقد سبق أن تناولناها في حديثنا عن اللغة الفصحى ، وقد قام علماء العربية أيضًا بحصر مظاهر الاختلاف بين لهجات العرب المأخوذ بها في العربية الفصحى ، والتي جاء بعضها محققا في بعض وجوه القراءات القرآنية في المستويات الآتية   (1)   :

أولا: الجوانب الصوتية:

1- الاختلاف في الحركات مثل: «نَستعين» بفتح النون ، و«نِستعين» بكسر النون . وهي مفتوحة في لغة قريش ، وأسد ، والكسر لغة هذيل مثل: تِعكف ، تِعرج ، لأنهم مولعون بالكسر .

2- الاختلاف في الحركة والسكون ، مثل: «معَكم» بفتح العين و«معْكم» بسكون العين ، وهي لغة ربيعة وغنم ، وهي بالفتح في «مع» في عامة لغات العرب .

---

(1) ارجع إلى: اللهجات العربية في التراث ص121: 124 .

3- الاختلاف في الإمالة والتفخيم في مثل: «قضى» و«رمى» ، فبعضهم يفخم وبعضهم يميل ، وأصحاب الإمالة هم تميم وقيس وأسد وعامة أهل نجد يميلون الألف لكسرة.

4- الاختلاف في التحقيق والاختلاس مثل: «يأمركم» و«يأمركم» . ومثل: **(عفى له)** و**(عفى له)** . وحذف الحركة أو اختلاسها في حالة الوصل ظاهرة وجدت في أعراب عقيل ، وكلاب ، وأزد الشراة .

5- الاختلاف في نطق صوت اللين في الفعل الأجوف المبني للمجهول مثل: ﴿ وَإِذَا قِيلَ لَهُمْ ﴾ [البقرة: 11] قيل بكسر القاف وسكون الياء لغة قريش ومجاوريهم من بني كنانة ، و«قول»: بضم القاف وقلب الياء واو ، لغة كثير من قيس وعقيل ومن جاورهم ، وعامة بني أسد . وقول بالإشمام لغة لهذيل وبني دبير .

6- الاختلاف في صفات الأصوات مثل: جهر قبيل طيىء السين والصاد ، وهما مهموسان (لا يتذبذب فيهما الوتران الصوتيان) يقولون في سقر: زقر ، وفي الصقر: الزقر ، وفي الصراط: الزراط (1) . قال ابن خالويه: (الصراط) تقرأ بالصاد والسين وإشمام الزاي . فالحجة لمن قرأ بالسين: أنه جاء به على أصل الكلمة . والحجة لمن قرأ بالصاد: أنه أبدلها من السين لتؤاخي السين في الهمس والصفير ، وتؤاخي الطاء في الإطباق ؛ لأن السين مهموسة والطاء مجهورة . والحجة لمن أشم الزاي: أنها تؤاخي السين في الصفير ، وتؤاخي الطاء في الجهر (2) . وقيل: الصاد في لغة قريش ، وإشمامها زايا لغة قيس ، والزاي لغة عذرة وكعب وبني القين .

---

(1) السين صوت مهموس ، وإذا أجهر صار زايا ، والمقابل المجهور للصاد الزاي المفخمة التي تشبه نطق الظاء في الخطاب اليومي ، مثل: ظلم . وكلمة الصراط: الأصل فيها: السراط بالسين ، فخمت السين متأثرة بما بعدها (الراء) التي فخمت ، لأنها مفتوحة بعدها مد ، وأعقبها مفخم . وقلب الزاي في الزراط جهر للسين في السراط . و اللـه أعلم . ارجع في ذلك إلى: بحوث ومقالات في اللغة للدكتور رمضان عبد التواب ص235 ، وإملاء ما من به الرحمن للعكبري ص7 .

(2) الحجة في القراءات السبع لابن خالويه ، تحقيق عبد العالم سالم مكرم ، دار الشروق ، ط1397/2 هـ -1977م ، ص63 .

7- الاختلاف في حركة ميم الجمع ، مثل (عليهم القتال) و (يؤتيهم الـلـه) و(وبهم الأسباب) ، ينطقها بنو أسد بالضم دون السكون .

8- الاختلاف في إشباع الحركة وقصرها في مثل: به: بهي ، وله: لهو ، ومنه: منهو .

9- الاختلاف في حركة الحرف الصحيح مثل: فَخْذ ، عَضْد ، ونعْم في نَعْم لغة تميم . ومثلها مَلْك في مَلِك في لغة ربعية . وإبْل في إبِل ظاهرة تميمية ، وظاهرة حذف الحركات بدوية .

ثانيا: الجوانب الصرفية:

1- الاختلاف في إبدال الحروف ، مثل: أن ، وينطقها بعض العرب « عن » فالهمزة تقلب عينا في لغة تميم ، مثل: تحسب عني نائمة ، وهي لغة مذمومة . ويقال إن طيء تقول في إن: هن ، ومثلها قلب الحاء عينا في حتى وعتى بلغة هذيل . والإبدال في « أولئك » ، و « ألالك » . ومثل جبريل: جبرين ، جبرين لغة أسد ، ومثل لعل: لعن ويقول العوام: رخَّ في زخَّ (اشتد) . .

2- ومنها الهمز والإمالة أو التليين مثل بئر: بير . فأر . والإمالة أو تسهيل الهمزة لغة قريش وطيىء يقولون في « يؤاخي ، ويؤاكل » يواخي ويواكل ، والشائع أن الذي يهمز تميم ، والذي يسهل قبائل الحجاز .

3- الاختلاف في الحذف والإثبات ، مثل « استحيَيْت » و « استحيَت » و « صدَدْت » «أصْدَدْت » .

4- الاختلاف في التقديم والتأخير ، مثل «صاعقة» و «صاقعة» ، والصاقعة لغة بني تميم . وهنالك كلمات في الخطاب المعاصر وقع فيها إبدال وتستخدم في أقاليم مختلفة مثل خزرانة (نوع من العصي) تنطق في الدلتا: خرزانة . ومثل: أرانب تنطق في بعض مناطق الدلتا: أنارب ، ومثلها ملعقة: وتنطق معلقة في الدلتا .

5- الاختلاف في الحرف الصحيح يبدل حرفًا معتلاً نحو: «أما زيد» و «أيما زيد»[1] . وهو يعرف بالمماثلة الصوتية مثل دسس: دسّا قال تعالى: ﴿ وَقَدْ خَابَ مَن دَسَّىٰهَا ﴿١٠﴾ ﴾ [الشمس: 10] . ومثل أملي: أملل ، وأمللناه لغة في أملينا ، وقد جاء في القرآن الكريم ﴿ وَلْيُمْلِلِ ٱلَّذِى عَلَيْهِ ٱلْحَقُّ ﴾ [البقرة: 282][2] . وقال سيبويه: قالوا: أصيلال ، وإنما هو أصيلان[3] .

6- الاختلاف في التذكير والتأنيث ، فإن من العرب من يقول: «هذا البقر» و «هذه النخيل» و «هذا النخيل» . وأهل الحجاز يؤنثون «الصراط» وبنو تميم يذكرون ، وممن يؤنثون بنو أسد ، وبعض بني أسد يقولون «هذا إبهام» والتأنيث أجود .

7- الاختلاف في الإدغام مثلك «مهتدون» و «مُهَدُّون» .

8- الاختلاف في صورة الجمع نحو «أسرى» و «أُسارى» وتجمع ناقة على أينق في الفصحى وتجمعها طيىء على «أونق» ، وتجمع ميثاق على مواثق ، وتجمعها طييء على الميَاثق .

9- الاختلاف في الوقف على هاء التأنيث مثل: «هذه أمه» و «هذه أمت» . والمشهور أن أهل حمير يقفون على التاء ، وقد جاء ذلك في قول رجل من حمير: «أما إنه ليست عندنا عربيت» أي ليس عندنا عربية كعربيتكم[4] ، وقوله «عربيت» يريد العربية فوقف على الهاء بالتاء ، وكذلك لغتهم .

وتشير روايات أخرى إلى أن التاء المفتوحة لهجة قريش ، وهي التي جاء عليها الرسم في «رحمت» في المواضع السبعة بالبقرة والأعراف ، وهود وأول مريم ، والروم والزخرف ، ومثلها «نعمت» في أحد عشر موضعا من كتاب الـلـه ، ومثلها «امرأت» في سورة القصص والتحريم وآل عمران ، ومثلها «قرت» بالقصص ، ومثلها «فطرت» بالروم ، ومثلها

---

(1) الصاحبي 30 .

(2) سر الصناعة لابن جني ، وزارة المعارف العمومية 1954م 134/1 جـ200/1 .

(3) كتاب سيبويه: طبعة الخانجي جـ240/4 ومثل ذلك: دنار . ومثل تسررت: وتسريت ، وتقضضت: تقضيت. المقتضب للمبرد ، طبعة المجلس الأعلى للشئون الإسلامية .

(4) الصاحبي ص32 ., اللسان 291/2 مادة وثب .

«شجرت» في سورة الدخان ، و «لعنت» في آل عمران ، و «وجنت نعيم» بالواقعة ، و «وابنت عمران»

في التحريم ، و «معصيت» في المجادلة ، و«كلمت ربك» في الأعراف .

وقد رأى الدكتور علم الدين الجندي أن هذا من أثر لهجة قريش في الإملاء القرآني ، واستدل على

ذلك بالرواية التي وردت في لفظ «التابوت» ، فقد روي أن زيد بن ثابت الأنصاري كتبها بالهاء «التابوه»

على لهجة الأنصار (أهل يثرب) وذلك في قوله تعالى: ﴿ أَنِ ٱقْذِفِيهِ فِي ٱلتَّابُوتِ ﴾ [طه: 31] ، وقوله: ﴿

أَن يَأْتِيَكُمُ ٱلتَّابُوتُ ﴾ [البقرة: 248] ، وقد أمر عثمان رضي الله عنه أن تكتب في المصحف

«التابوت» بالتاء على لهجة قريش، لأن القرآن أنزل بلسان قريش (1) . وقعت هاء التأنيث تاء في بعض

اللهجات المعاصرة كنحو: الحيات، وأثرت التركية في العربية فظهر: عصمت، حكمت، مرفت، وهي: عصمة،

حكمة، مروة.

10- الاختلاف في الزيادة نحو: «أنظر» و «أنظور» ، أنشد الفراء:-

اللـــه يعلــــم أنــــا في تلفتنـــا	يـــوم الفــراق إلى جيراننـــا – صــور
وأننـي حيـث مـا يَثْنِـي الهـوى بصـري	مـن حيـث مـا سـلكوا – أدنـو فـأنظور

11- الاختلاف في المد والقصر مثل: «هؤلاء»، المد لغة الحجاز والقصر لغة تميم وبعض قيس وأسد.

ومثلها: الحيا على ثلاثة أوجه: الحياء من الاستحياء ممدود وحياء الناقة ممدود. والحيا: الغيث

والخصب مقصور يكتب بالألف ، وهو الياء فرارا أن يجمعوا بين ياءين (2) ، والحياء: (ممدود)

المطر أيضًا .

ثالثا: الجوانب النحوية:

1- الاختلاف في الإعراب مثل إعمال «ما» وإهمالها في مثل: «ما زيد قائما» و «ما زيد قائم» فأهل

الحجاز تعمل «ما» بشروط وتميم لا تعمل ما مازيد قائم (3) ، وتميم تهملها .

---

(1) ارجع إلى: اللهجات العربية في التراث 109 ، 110 .

(2) المقصور والممدود للفراء . دار قتيبة ص40 .

(3) تعمل ما تشبيها بعمل ليس بشروط وهي: ألا يزاد بعدها إن نحو: ما إن زيد قائم، وألا تنتقض بنفي نحو: «ما زيد إلا

قائم» وألا يتقدم خبرها على اسمها «ما قائم زيد» ، وألا يتقدم معمول الخبر نحو=

ومثل: «إن هذين» و «هذان» وهي بالألف لغة بني الحارث بن كعب .

وقد خرج أبو حيان قراءة (إنَّ هذان لساحران) أنها جاءت على لغة بعض العرب من إجراء المثنى بالألف دائمًا ، وهي لغة لكنانة ولبني الحارث وخثعم وزبيد ، وأهل تلك الناحية ، ولبني العنبر وبني الهجيم ومراد وعذرة[1] ، والأشهر أنها لبني الحارث بن كعب.

2- إلحاق علامة التثنية والجمع بالفعل في مثل: ظلموني الناس . والأصل في قواعد العربية إفراد الفعل ، فنقول ظلمني الناس . دون إلحاق واو الجماعة بالفعل .

وقد روي أن قبيلة طيىء تلحق علامة التثنية بالفعل إذا كان فاعله مثنى في مثل: «جاءا الرجلان» ، ومثل: «اختلطا دم وماء» ، «وجاءتا فتاتان» . وتلحق كذلك علامة الجمع بالفعل الذي أسند إلى فاعل جمع مثل: «جاءوا الناس» . «وذهبن النساء» .

وحكي مثل ذلك عن قبيلتي أزد شنوءة ، وبلحاث بن كعب ، وهما من القبائل التي تمت لأصل قبيلة طيىء بصلة[2] . وقد عرفت هذه الظاهرة عند علماء النحو القدماء بـ «لغة أكلوني البراغيث» ، وعند المحدثين بـ «ظلموني الناس» .

رابعًا: الاختلاف في الدلالة:

1- التضاد في معنى اللفظ الواحد ، فقد تستخدم قبيلة اللفظ بمعنى وتستخدمه أخرى بمضاده مثل: «وثب» في لهجة حمير باليمن بمعنى أقعد أو أجلس ، وعند أهل الحجاز بمعنى وقف وقفز . روى أن زيد بن عبد الله بن دارم ، وفد على بعض ملوك حمير ، فألفاه في متصيد له على جبل مشرف ، فسلم عليه وانتسب له ، فقال له الملك: «ثب» أي اجلس ، فظن الرجل أنه أمره بالوثوب من الجبل ، فقال: «لتجدني أيها الملك مطواعا» ثم وثب من الجبل فهلك ، فقال الملك: ما شأنه؟ فخبروه بقصته وغلطته في

= «ما طعامك زيد آكلٌ» . وألا تتكرر ما نحو: «ما ما زيد قائم» . وألا يبدل من خبرها معنى موجب نحو: ما زيد بشيء إلا شيء لا يعبأ به» شرح ابن عقيل جـ1/ 302: 304 .

(1) البحر المحيط لأبي حيان 255/6 .

(2) ارجع إلى: مقالات وبحوث في اللغة ، ص 252 ، والاشتقاق لابن دريد ، ص 361 .

الكلمة ، فقال: «أما إنه ليست عندنا عربيَّت: من دخل ظفار حمّر» [1]. أي ليست عربيته كعربيتنا – يعني لهجته – من دخل مدينة ظفار فليتعلم الحميرية .

وجاءت وثب بمعني أجلس في الحديث الذي روته ظمياء بنت عبد العزيز بن موألة ، قالت: حدثني أبي ، عن جدي موألَة: أن عامر بن الطفيل قدم على رسول اللـه ﷺ ، فوثبه وسادة ، يريد فرشة إياها وأجلسه عليها [2] .

ومثل ذلك كلمة «شيم» لها معنيان متباينان من باب الأضداد إذ أحدهما يدل على الإظهار والآخر يدل على خلافه ، فالأول في قولهم: شمتُ السيفَ إذا سللته . والمعنى الآخر خلافه: شمت السيفَ إذا قربته (جعلته في قرابه وهو الغمد) [3] .

روي أن امرأة أسرها عبد اللـه بن أبي حدرد الأسلمي ، وأخبرها أنه قتل رجلا من قومها وأخذ سيفه ، فقالت له: «هذا – و اللـه – غمد سيفه ، فشمه إن كنت صادقا» [4] . أي سله من غمده .

وروى أبو بردة بن نَيَار عن النبي ﷺ ، قال: «إن هذا الرجل جاء وأنا نائم ، فسل سيفي ثم قام به على رأسي ففزعت به ، وهو يقول: يا محمد! من يؤمنك مني اليوم؟ قلت: اللـه!» قال أبو بُرْدَة: فوثبت إلى سيفي فسللته ، فقال رسول اللـه ﷺ: شِمْ سيفَك. قلت يا رسول اللـه ! دعني أضرب عنق عدو اللـه ، فإن هذا من عيون المشركين. فقال لي: اسكت يا

---

(1) الصاحبي ص32 . ولسان العرب 291/2 مادة وثب . قوله عربيت ، يعني العربية ، فوقف على الهاء بالتاء ، فلهجات اليمن تثبت التاء في التأنيث وقفًا ووصلاً ، ولا تقلبها هاء ، وقيل إن هذا هو الأصل في العربية. وقد روي: «ليس عندنا عربية كعربيتكم» يعني لهجة وهذه برواية الشماليين .

(2) الصاحبي ص31 . قال ابن فارس: والوثاب: الفراش بلغة حمير. ارجع إلى الدلالة اللفظية، الدكتور محمود عكاشة مكتبة الأنجلو ص172، 173.

(3) معجم مقاييس اللغة ، تحقيق أبو الحسن بن فارس ، عبد السلام محمد هارون ، دار الجيل ، بيروت م236/3 .

(4) المغازي للواقدي ، تحقيق مارسدن جونس . مؤسسة الأعلمي جـ779/2 .

أبا بردة [1] . «وشم سيفك» : أغمده أو ضعه في الغمد .

2- اختلاف اللفظ ، قيل إن حمير تسمي الذئب: القلوب ، ويسمون الأصابع: الشناتر. ويسمون الصديق: الخلم [2] . وروى أن عمر رضي اللـه عنه سأل عن قوله تعالى: ﴿ أَوْ يَأْخُذَهُمْ عَلَىٰ تَخَوُّفٍ﴾ [النحل: 47] وهو على المنبر ، وقال ما تقولون فيها؟ فسكتوا ، فقام شيخ من هذيل ، فقال: هذه لغتنا. التخوف: التنقص ، فقال: هل يعرف العرب ذلك في أشعارها؟ قال: نعم ، قال شاعرنا أبو كبير يصف ناقته [3] :

تخــوف الرحـــل منهـــا تامكـــا قـــردا   كـــما تخـــوف عـــود النبعـــة الســـفن

وقد أورد ابن قتيبة هذا المعني في قول طرفة – على إحدى الروايتين:

وجامــــل خـــــوف مــــــن نبتــــه   زجـــــر المعـــــلي أصــــلا والمنـــــيح

وذكر أن خوع معناها: نقص ، وقد جاءت في رواية أخرى بلفظ «خوف» : بمعنى نقص ، وهي حينئذ تتفق والقرآن الكريم [4] .

وتوجد وجوه أخرى في اختلاف اللهجات [5] ، وبعضها وقع في اللهجات العربية المعاصرة، وصار معلمًا فيها .

---

(1) المغازي 892/3 .

(2) الصاحبي ص39 .

(3) تفسير البيضاوي جـ 182/3 .

(4) الميسر والقداح ، لابن قتيبة ص 59 ، 60 واللهجات العربية في التراث جـ107/1

(5) ارجع إلى اللهجات العربية في التراث، والمحتسب لابن جني . والمزهر للسيوطي، والاقتراح له أيضًا.

الرموز الصوتية Phonetic Symbols

الرموز الصوتية هي الوحدات التي تتكون منها ألفاظ اللغة المنطوقة والتي تم الاصطلاح عليها لترمز إلى الصوت المنطوق ، وقد أطلق مصطلح حرف في العربية للدلالة على الرمز الكتابي ، والصوت أيضا الذي يرمز إليه ، فقد استخدم الخليل وسيبويه والمبرد ومن جاء بعدهم الحروف بمعنى الأصوات ، فسيبويه يستخدم الحروف ، وهو يتحدث عن مخارج الأصوات ، وصفاتها . وهذا لا يعني أنهم خلطوا بين الصوت Phoneme ، وهو وحدة صوتية ، والحرف الذي يمثل وحدة خطية ، فتارة يشيرون إليه بالرسم ، وأخرى الكتابة ، وقد أطلقه علماء العربية على الصوت باعتبار معناه اللغوي ، فحرف الشيء حده ، ولهذا قال ابن جني «الحرف حد منقطع الصوت وغايته» (1) .

وقال ابن سيناء «والحروف هيئة للصوت وعارضة له ، يتميز بها عن صوت آخر مثله في الحدة والثقل تميزا في المسموع» (2) . وأطلقه علماء العربية على حروف الكلام أي أصواته المكتوبة فعرفت بالحروف الهجائية .

والحروف عند اللغويين حروف التهجي أو الرموز التي ترمز إلى أصوات اللغة ، وقد جاء الحرف عند القدماء بمعنى الرمز الكتابي ، وجاء أيضا بمعنى الصوت .

واللغة في أصل الوضع أصوات منطوقة ، وجميع اللغات مرت بمرحلة الشِّفاهية ، ثم دونت عندما ظهرت الحاجة إلى الاحتفاظ بها مدة طويلة ، فاخترع الإنسان الكتابة ليرمز بها إلى الأصوات المنطوقة ، فوضع لكل صوت منطوق رمز كتابي أو أكثر يشير إليه في الخط ، وشاركت الحضارات في تطوير الكتابة وإدخال تعديلات فيها حتى وصلت إلى المرحلة الأخيرة وهي الأبجدية .

وقد استعار العرب أبجديتهم من بني عمومتهم الساميين ، فقد تعلموا الخط من جيرانهم الأنباط الذين تعلموا الخط من الفينيقيين ، وقد شاع بين الأمم أن الفينيقيين هم

---

(1) سر صناعة الإعراب 16/1 .

(2) أسباب حدوث الحروف ، ابن سينا ط 1352 ص6 .

أول من وضع الأبجدية ، لأنهم كانوا أصحاب نشاط تجاري واسع في البحر المتوسط امتد إلى المدن الساحلية التي تقع على البحر المتوسط ، ولكن البحوث والكشوف التي تمت في القرن التاسع عشر أكدت أن الأوجارتيين (نسبة إلى أوجاريت وهي مدينة بسوريا) ، هم أول من وضعوا الرموز الأبجدية ، فقد قاموا بوضع نحو ثمانية وعشرين رمزا كتابيا ، واستخدموا هذه الأبجدية في الكتابة ، فقام جيرانهم الفينيقيون بإدخال تعديلات على هذه الأبجدية وهذبوها لتكون سهلة الاستعمال ، فتعلم الإغريق منهم الخط ، ولكنهم أدخلوا النظام المقطعي (Syllabic Wrting) بوضع رموز للحركات (ونظيرها في الإنجليزية: a,o,u,I,E) التي ترمز لحركات الفتح والضم والكسر . وقيل إن الفنيقيين هم الذين أدخلوا النظام المقطعي على الرموز الكلمية التي استخدمها المصريون القدماء والفنيقيون وعن الفنيقيين أخذ الإغريق بيد أن الفنيقيين يكتبون من اليمين إلى اليسار فخالفهم الإغريق فبدأوا من اليسار، وعنهم أخذ الأوربيون الكتابة.

وتعلمت أمم كثيرة الخط من الفينيقيين من خلال علاقتهم التجارية بهم ، فنسبوا إليهم وضع الأبجدية ، وليس لهم فضل وضعها بل ما أضافوه إليها ، وما أدخلوه فيها من تعديلات ، ولهم فضل نشرها ، ولكن الفضل الحقيقي في هذا الإيجاز الشديد للرموز يرجع إلى الأوجارتيين الذين قاموا بوضع رموز بسيطة وميسرة ، بعد أن كانت كثيرة ومتعددة وشديدة التعقيد في الرسم كما هو شأن الخطوط التي كتبت بها الأكادية ، والآشورية ، والتي تعرف بالخطوط المسمارية ، لأنها كانت تشبه المسامير ، وتستخدم أيضًا في نقشها ، ويرجع الخط المسماري إلى السومريين الذين كانوا يسكنون العراق قبل هجرة الساميين إليها ، (فيما قبل 5000-6000) ويرجح أنهم من الشعوب الهندو أوربية أو من السلالات الإيرانية القديمة ، فلم يكونوا ساميين . ونصل من هذا أن الخط لم يك من صنع أمة واحدة بل شاركت فيه أمم كثيرة ، وقد أضافت إلي كل أمة شيئًا زاد من أهميته ويسر استعماله ، ويعد الساميون هم أصحاب الفضل في تطويره وتهذيبه ليكون ميسرًا في الاستعمال ، وقد أضافت كل أمة إليه ما يلائم لغتها .

وكثير من أبناء العروبة والإسلام يعتقدون أن الحروف العربية المستعملة الآن من صنع

العرب ، والحقيقة أن تاريخ استعمال العرب الأبجدية التي نتكب بها اليوم لا يتجاوز ميلاد النبي ﷺ تقريبًا، فكثير من الروايات تؤكد أن الخط الذي بين أيدينا الآن والذي كتب به المصحف الشريف بعد أن أدخلت تعديلات عليه - لم يك منتشرًا بين العرب ، وإنما كان يعرفه أفراد قليلون في مكة وغيرها ممن كانوا يخالطون تجار الأنباط ، وقد تعلمه في بدء الأمر بعض العرب الذين يسكنون دومة الجندل أو ينزلون قريبًا منها ، وهؤلاء كانوا أقرب العرب للأنباط الذين كانوا يعيشون في جنوب الشام في منطقة الأردن ، وتعلم بعض تجار قريش الخط، منهم أبو سفيان ، وأبوه حرب بن أمية ، وعمر بن الخطاب ، وعثمان بن عفان رضي اللـه عنهما وغيرهم .

ولم يك الخط الذي تعلمه هؤلاء مكتملاً ، بل كانت به بعض العيوب ، مثل عدم النقط وكان حرفيًا يعبر عن الأصوات دون المقاطع ، ولم يك شائعًا بين العرب ، مما تسبب في اختلاف الكتابة به ، وقد تدارك علماء العربية هذا فعالجوا هذه العيوب ، فأدخلوا تعديلات عليه في الرسم ، كما زادوا فيه النقط والشكل ، وقد يسد الشكل عيبًا آخر في الخط الذي يعبر عن الصوامت فقط ولا يعبر عن الصوائت أو الحركات .

وقام العرب مثل غيرهم بإدخال تعديلات كثيرة على الأبجدية التي استعاروها من جيرانهم حتى تلائم هذه الأبجدية طبيعة اللغة العربية ، وتفي بمتطلباتها ، فأضافوا إليها ، وحسنوا فيها وهذبوها وعدلوا من رسمها ، وأصبحت لها خطوط عديدة تكتب بها ، وما زالوا يضفيون عليها ويأخذون منها ، حتى كسوها ثوب العروبة ، فأصبحت خطًا عربيًا خالصا يختلف عن الأصل الذي اقتبس منه ، وقد استطاع الخط العربي أن يسد حاجات العربية ، ويفي بمتطلباتها ، فأصبح خطًا حضاريًا يعبر عن فكر الأمة وإبداعها ، واعتورته أمم كثيرة دخلت الإسلام ، ويرجع الفضل كل الفضل في انتشار هذا الخط وتطوره إلى القرآن الكريم ، فقد اعتني به علماء العربية ؛ لأن أول مصحف كتب به . والترتيب الأبجدي القديم الذي نقله العرب عن الساميين هو: أبجد ، هوز ، حطي ، كلمن ، سعفص ، قرشت ، (ثخذ ، ضظغ) . والست الأواخر زادها العرب.

وتستقل العربية من بين الساميات (العبرية ، والسريانية ، والحبشية) برموز الأصوات

الأسنانية (ث ، ذ ، ظ) ولا يوجد رمز الضاد في العبرية والسريانية ، ولكنه يوجد في الحبشية ، ورمزا الظاء ، والغين لا يوجدان في العبرية ، والسرانية ، والحبشية ، ولهذا فالرموز (ثخذ ، ضظغ) تعد عربية وزاد العرب رموزًا جديدة لها بإضافة زيادة إلى رمز صوت قريب منه أو ما يشاكله ، وتستخدم الساميات هذا الترتيب في خطوطها .

واستحدثت علماء العربية ترتيبًا آخر عرف بالترتيب الألفبائي ، وهو ترتيب عرفه العرب على يدي نصر بن عاصم ، ويحيى بن يعمر تلميذي أبي الأسود الدؤلي . وقد قاما بإعجام الحروف ، وإهمالها ليزول الالتباس بعد ما اختلف الناس في قراءة آيات القرآن ، وقد قام برسم الترتيب الألفبائي Alphabetic Writing المتبع حتى أيامنا : أ ، ب ... وعدد حروفه تسعة وعشرون حرفًا. ويخطئ بعض الناس عندما يستعملون اسم الأبجدية ، وهي تخص الساميين ، أو مستعملي الترتيب السابق ، أو حساب الجمل ، بدل تسمية الألفبائية ، أو حروف المعجم ، وقد ظهر ترتيب عربي آخر ، وهو الترتيب الصوتي الذي اكتشفه الخليل بن أحمد الفراهيدي المتوفي (170هـ) وهو الذي رسم لتلميذه سيبويه أسس علم النحو في اللغة العربية ، فضلاً عن وضع علم العروض وعلم الأصوات ، وقد بناه على تدريج الحروف من أقصى الحلق إلى الشفتين (1) . فكان يذوق الحرف بزيادة ألف على أوله ، وسكون على آخر الحرف كما في: أب ، أت ، أجْ ، أغ ، فوجد أن العين تخرج من أقصى الحلق ، فسمي الكتاب باسمها ، وتابع حتى أتي على آخر الحروف ، ورتبها على الشكل الآتي:

ع ، ح ، ه ، خ ، غ ، ق ، ك ، ج ، ش ، ض ، ص ، س ، ط ، د ، ت ، ظ ، ذ ، ث ، ر ، ل ، ن ، ف ، ب ، م ، ي ، و ، ء .

وعدد حروف هذا الترتيب ثمانية وعشرون حرفًا ؛ لأنه لم يدخل فيها رمز الألف الذي جعله والهمزة صوتًا واحدًا ثم جاء سيبويه فأعاد النظر في آراء الخليل ، وحدد أماكن خروج الأحرف معينا مكان اصطدام هواء الرئتين بالحلق والفم ، والشفتين ، واللسان ، والأسنان.

---

(1) سر صناعة الإعراب لابن جني ص20 . وارجع إلى مقدمة العين للخليل بن أحمد .

وعدل في ترتيب الخليل ، فجاء ترتيبه على النحو الآتي (1) :

ء ، ا ، ه ، ع ، ح ، غ ، خ ، ق ، ك ، ج ، ش ، ي ، ض ، ل ، ر ، ن ، ط ، د ، ت ، ص ، ز ، س ، ظ ، ذ ، ث ، ف ، ب ، م ، و .

وعدد أصوات هذا الترتيب تسعة وعشرون صوتًا وهو ما عليه المحدثون. وتسمى حسب خروجها على النحو الآتي:

1- الأصوات الجوفية أو الهوائية أو المد ، وهي الألف في قال ، والياء في عليم ، والواو في شكور ، وهذه هي الأصوات الطويلة ، والقصيرة فهي الكسرة والضمة والفتحة . وقد سميت جوفية كناية عن فراغ الحلق والفم عند التلفظ بها ، وهوائية ؛ لأنها تنتهي بانقطاع الهواء الخارج من الرئتين ، ومد لأن هواء الرئتين لا يعترضه شيء فيحدث المد.

2- الأصوات الحنجرية ، وهي: الهمزة والهاء .

3- الأصوات الحلقية ، وهي: العين والحاء .

4- الأصوات اللهوية: وهي القاف ، فقط ، وتخرج من منطقة اللّهاة .

5- الأصوات الطبقية ، وهي: الكاف ، والغين ، والخاء ، وهي من الطبق والحنك الرخو الذي يلي الغار الصلب من الدخل .

6- الأصوات الشجرية أو الغارية (سقف الحنك الصلب) . نسبة إلى شجر الفم ، وهي من بين وسط اللسان وما يقابله من الحنك الأعلى ، وهي ثلاثة مخارجها متقاربة ، الجيم ، والشين ، والياء .

7- الأصوات اللثوية (اللثة العليا) ، وهي: اللام ، والراء ، والنون ، وتسمى أيضا الأحرف الذلقية نسبة إلى ذلق اللسان أي طرفه ، والنون تخرج من طرف اللسان بينه وبين ما فويق الثنايا . والراء تخرج من مخرج النون غير أنه أدخل في ظهر اللسان ،

---

(1) كتاب سيبويه جـ 431/4 .

واللام تخرج من حافة اللسان وما يليها من الأسنان العليا .

8- الأصوات اللثوية الأسنانية ، وهي: الدال ، الضاد ، التاء ، الطاء ، الزاي ، السين ، الصاد. وتسمى (ط ، د ، ت) بالأحرف النطعية: نسبة إلى نطع الفم ، وهو سقف غار الحنك الأعلى ، لأنها تخرج من بين طرف اللسان وأصول الثنايا ، وتسمى (ص ، ز ، س) عند القدماء بالأحرف الأَسَلية: نسبة إلى أسَلَة اللسان أي رأسه ، لأنها تخرج من بين طرف اللسان وأطراف الثنايا العليا قريبًا من الأسفل ، وتسمى «الصفيرية» نسبة إلى صفتها ، وهذه الأصوات (د ، ض ، ت ، ط ، ز ، س ، ص) يطلق عليها عند المحدثين «الأصوات الأسنانية اللثوية» .

9- الأصوات الأسنانية: وهي ثلاثة الظاء ، والذال ، والثاء ، وتخرج من طرف اللسان مع أطراف الثنايا العليا والسفلى .

10- الأصوات الشفوية نسبة إلى الشفة ، وهي: الباء ، والميم ، الواو ، وتخرج الثلاثة من بين الشفتين ، ولهذا تسمى شفتانية عند بعض المحدثين (1) .

11- الأصوات الشفوية الأسنانية ، ويوجد منها حرف واحد في العربية ، وهو الفاء ، ويخرج من باطن الشفة السفلى وأطراف الثنايا العليا.

ويوجد عند القدماء الأحرف الخيشومية نسبة إلى الخيشوم ، وهو أقصى الأنف والخياشيم ، وهي: الميم ، والنون ، والمشددتان في حالتي الإدغام والغنة ، وتسمي الميم والنون أنفيتين ، وليس الأنف مخرجا لهما ، ولكنه حجرة رنين لهما ، فمخرج الميم الشفتين ، ومخرج النون اللثة .

وتسمى الضاد حافية ، لأنها تخرج من أول حافة اللسان وما يليها من الأضراس ،

---

(1) أطلق عليها الدكتور أحمد مختار عمر الأصوات الشفتانية، نسبة إلى الشفتين (كتاب دراسة الصوت اللغوي، عالم الكتب) وأميل إلى هذا الاسم، لنفرق بين ما تشترك فيه الشفتان، وبين ما تشارك فيه الشفة السفلى مع الثنايا العليا، وهو صوت الفاء . وقد بينت ذلك في كتابي «أصوات اللغة». الأكاديمية الحديثة للكتاب الجامعي.

وكذلك اللام تخرج من حافة اللسان ، وما يليها من أسنان الحنك الأعلى . هذه هي مخارج الحروف على المشهور بين علماء اللغة المحدثين والقدماء .

وتعد دراسة القدماء مخارج الأصوات من الدراسات المتقدمة التي سبقت جهود الغربيين في العصر الحديث ، وقد اعتمد علماء العربية على الملاحظة والتجريب لمعرفة مخارج الأصوات ورائد هذه الدراسات الخليل بن أحمد الفراهيدي الذي اعتمد على حسِّه اللغوي وعلمه الغزير، واعتمد كذلك على جهود علماء القراءات القرآنية في هذا المجال ، فاستطاع أن يضع تصورًا علميًا دقيقًا للدراسات الصوتية ، واستكمل جهوده تلميذه الفذ سيبويه الذي طور نظرية أستاذه في الأصوات وعد سيبويه إماما لمن أتى بعده .

وقد وجه بعض المحدثين نقدًا للدراسات الصوتية القديمة ، واتهموا علماء العربية الذين بحثوا الأصوات بالتقصير ، وأن دراستهم الصوتية غير دقيقة وجانبها الصواب في بعض المواضع التي تتعلق بمخارج الأصوات العميقة .

وهم معذورون في ذلك ، ومأجورون - إن شاء الله - أجرين على ما أصابوا فيه ، وأجرًا على ما جانبهم الصواب فيه ، ولهم في ذلك ما يبرئ ساحتهم ، فلم تك لديهم دراسات صوتية سابقة يستعينون بها في بحث أصوات العربية ، هذا أمر ، والثاني يسقط عنهم كل وزر ، وهو أن دراسة الأصوات ومخارجها تحتاج إلى تشريح الجهاز الصوتي وأجهزة تصور المواضع التي تمر بها الأصوات خلال الأداء الصوتي أو نطق الصوت ، وهي الأدوات التي ساعدت علماء اللغة المحدثين في معرفة الجهاز الصوتي . ولم يتمكن العلماء من معرفة الوترين الصوتيين إلا بالأجهزة الحديثة ، وكان هذا عقبة أخرى في تقدم الدراسات الصوتية عند العرب .

وقالت المستشرقة أوديه: «ودون أن نذهب إلى التأكيد أن اكتشاف الحبال الصوتية كان سيعدل من طريقتهم في دراسة اللغة ، فإن من الممكن الافتراض على كل حال بأن معرفتهم غير الكافية بتشريح الجهاز الصوتي قد أعانتهم إلى حد كبير في وصفهم الذي اعتمد جوهريًا

على مخارج الحروف» [1] ، بيد أن ابن سينا (370هـ -428هـ) قدم وصفا تشريحيًا دقيقا للحنجرة ، وبين أجزاءها وحركتها في الكلام ، وبين عملية الكلام وحدوث الأصوات [2] .

ولم يستطيع علماء اللغة المحدثين أن يضيفوا جديدًا إلى ما توصل إليه القدماء ، إلا بعد أن يسرت لهم الأجهزة الحديثة رؤية الأعضاء الداخلية ، وتشريحها ، فاستطاعوا أن يصفوها وصفًا دقيقًا ، وهو وما لم يستطع عمله القدماء ، لعجزهم عن رؤية الأجزاء الداخلية خلال النطق أو تشريحها ، ولكنهم استطاعوا أن يصفوا تلك الأصوات وصفًا تقريبيًا .

وتختلف الأسماء التي أطلقها القدماء على أعضاء النطق الداخلية عن الأسماء العلمية التي أطلقت على هذه الأجزاء الداخلية حديثًا ، فالأصوات الحلقية عند القدماء: (ع ح هـ خ غ) عند الخيل بن أحمد ، وهي عند سيبويه (ء ا هـ ع غ خ) وهي عند المحدثين (ع ، ح) فقط ، فالهمزة والهاء عندهم حنجريان والغين والخاء طبقيان ، ولكن يتبين من حديث القدماء عن الحلق أنه يعني الحنجرة والحلق والطبق معًا ، والأجهزة الحديثة هي التي كشف عن الفرق بين الحنجرة والحلق ، وقد استطاع سيبويه أن يصل إلى هذا الكشف الحديث في تقسيمه الأصوات الحلقية في قوله: «فللحلق منها ثلاثة ، فأقصاها مخرجًا: الهمزة ، الهاء ، والألف ، ومن أوسط الحلق مخرج العين والحاء ، وأدناها مخارجًا من الفم: الغين والحاء» [3] ، وهو يعني بمنطقة أقصى الحلق ما دونه أي الحنجرة ، وهي مخرج الهمزة ، والهاء والألف ، ثم أوسط الحلق ، وهو يعني الحلق نفسه ، ثم المنطقة التي تقع أدنى الفم من الحلق ، وهي الطبق ، وهذا يعني أن الحق اسم عام لهذه المنطقة ، فالقدماء لم يستطيعوا وضع تحديد دقيق لهذا المناطق الداخلية التي لا تراها العين ، لعدم وجود الأجهزة التي امتلكها المحدثون وساعدتهم في البحث ، فالحنجرة والحلق عند القدماء شيء واحد ، ولهذا لم

---

(1) بحث في فونولوجيا اللغة العربية ،مجلة الفكر العربي ، ليبيا عدد (9 ،8) 1979م ، ص 33.

(2) كتاب أسباب حدوث الحروف لابن سينا ، تحقيق محمد حسن، ويحيى مير، ومراجعة الدكتور سالم الفحام، والأستاذ أحمد راتب، مطبوعات مجمع اللغة العربية دمشق ط1983/1م ص64 والقانون في الطب لابن سينا ، مؤسسة عز الدين 1970م جـ44/1 .

(3) كتاب سيبويه جـ431/4 .

يستخدموا وصف حنجري في وصف الأصوات التي تخرج من هذه المنطقة .

واختلف المحدثون مع القدماء في مخارج بعض الحروف التي تخرج من المناطق الداخلية ؛ لأن القدماء كانوا في حاجة إلى أجهزة تصور الأعضاء الداخلية خلال النطق ، فاعتمدوا على الملاحظة الحسية من الخارج بوضع الأصابع على المناطق الخارجية ، أو الشعور بالحرف خلال النطق .

والدراسات الحديثة ترى أن الأصوات الحنجرية هي: الهمزة ، والهاء ، والحلقية هي: العين والحاء ، واللهوية هي القاف ، والطبقية هي: الكاف والغين والخاء ، أما بقية مخارج الفم القريبة فلا خلاف فيها إلا في ألفاظ الوصف ، والمحدثون أنفسهم اختلفوا في تصوراتهم للأصوات وما زالت الهمزة محور خلاف بينهم ، فبعضهم يراها صوتًا مهموسًا وبعضهم يراها صوتًا مجهورًا ، وآخرون يرونها ليست بمهموسة ، ولا بمجهورة ، وأميل إلى أنها مهموسة ؛ لأن الحنجرة تكون مغلقة ، ثم تفتح كاملة ، فينطلق الهواء المحتبس دون اهتزاز الوترين الصوتيين اللذين يكونان في حالة ارتخاء تام .

ومصطلح الحرف يشير في علم العربية إلى شكل الكتاب أو الرمز الذي يشير إلى الصوت كتابة ، وأشار به القدماء أيضًا إلى الصوت ، ويفسر المستشرق السوفيتي . غابوتشان ذلك بأن مسمى الحرف في علم العربية جاء نتيجة للتجريد ، ويرى أن التسمية العربية لأي حرف تفيد أشكاله الأربعة ، الحرف المضموم ، والمفتوح ، والمكسور ، والساكن أي أشكاله مع الحركات المختلفة ودون الحركة . ويعني ذلك أن الحركات تعد عناصر صائته تدخل في تكوين الحرف ، وليست صوامت تضاف إلى الحروف ، والحرف المؤلف من عنصرين (صامت ، وصائت) يعد وحدة لا تتجزأ في بنية الكلمة . (1)

والكتابة التي ترمز إلى الصوت والحركة التي تصاحبه مقطعية، فالمقطع يتكون من صامت وصائت (مثل: كا في كاتب) وقد يكون المقطع قصيرًا أو طويلاً وهو نوعان مغلق ومفتوح، فالطويل المفتوح مثل «كا» في كاتب، والقصير المفتوح مثل«ذَ» في ذهاب، والطويل

---

(1) ارجع إلى: غ. م . غابوتشان : حول مسألة بنية الكلمة السامية . اللسان العربي عدد 19م 1 ص33 .

المغلق مثل: «هاب» في ذهاب ، والقصير المغلق نحو: «تب» في كاتب .

ويرى الأستاذ غابوتشان أن الكتابة العربية هي كتابة مقطعية syllabicwriting تسجل المقاطع الصوتية فقط عن طريق تخصيص علامة للمقطع وذلك بالرمز بالحرف إلى الصوت، وبوضح رمز للحركة التي تصحب الحرف ، ويرى بعض الباحثين خلاف هذا معترضين على هذا الرأي ، ويرون أن الكتابة العربية ليست مقطعية (1) .

وهذا التفسير الذي قدمه الأستاذ غابوتشان لمصطلح «الحرف» في علم العربية ، يكشف لماذا تدرس الأصوات في علم العربية من حيث تقسيمها إلى صامتة وصائتة ، وقد بين ابن جني في كتابه سر صناعة الإعراب ، الفرق بين الصامت والصائت وفصل الأمر فيهما . وقد لاحظ بعض العلماء أن عدد أصوات العربية يفوق عدد حروف الرسم ، ويرجع ذلك إلى عدم وجود رمزين مستقلين لواو المد وياء المد مثل حرف الألف ، فعدد الحروف في الأبجدية العربية (29) حرفًا باعتبار «لا» حرفًا يمثل ألف المد واللام حاملة لها وذكر سيبويه أصواتًا أخرى في العربية تظهر من الاحتكاك بين الأصوات وتأثير بعضها في بعض، وبعض أصوات ظواهر اللهجات (2) ، وقام علماء العربية بالتمييز بين الساكن والمتحرك. لذا بحثوا الألف (التي هي صائت غير قصير) كما بحثوا الهمزة «التي هي أقرب الأصوات الصامتة إلى الألف من حيث المخرج وجعلوا لكل منهما رمزا مستقلا ، (ا ، ء) ، ولكنهم لم يجعلوا لياء المد والياء الصامتة ، ورمزين مستقلين ، ورمزوا لهما بحرف واحد في الأبجدية (ى) ، ولم يرمزوا كذلك لواو المد (التي هي صائت غير قصير) ورمزوا لها بحرف واحد في الأبجدية (و) . والتفريق بين هذه الأصوات بالحروف كان سيدرأ كثيرًا من اللبس والمشقة التي يعانيها القارئ .

وبحث المستشرقون أصوات العربية من حيث تقسيمها إلى صوامت وصوائت ، وأيدهم الباحثون العرب المحدثون في ذلك ، فحددوا الصوامت والصوائت في النظام العربي كما يأتي:

---

(1) مجلة اللسان العربي عدد 20 ، 1404هـ ، 1983م ص13.

(2) الكتاب جـ433/4.

- عدد الصوامت (ثمانية وعشرون) صوتًا يدخل فيها الواو غير المدة والياء غير المدة في مثل واو العطف ، وواو ولد ، والياء في يد ، يقظة .

- عدد الصوائت (ثلاثة) أصوات قصيرة هي الحركات (الفتحة ، والكسرة ، والضمة) و(ثلاثة) أصوات غير قصيرة هي (الألف ، والواو ، والياء) وهي الأصوات الطويلة في مثل: عماد ، شكور ، سميع (1) .

- وقد درس بعض علماء العربية الأصوات من حيث تقسيمها إلى صامتة وصائتة مثلما بحثوا مخارجها ، وميزوا بين الصائت والصامت ، وقد استطاع ابن جني أني يضع تصورا دقيقا للصوامت وللصوائت وهو غير مسبوق فيه ، ولا يختلف عما أجمع عليه علماء عصرنا ، فالصوت الصامت هو الذي يحدث بسبب اعتراض في مجري الهواء ،قال ابن جني: «اعلم أن الصوت عرض يخرج مع النفس مستطيلا متصلا حتى يعرض له في الحلق والفم والشفتين مقاطع تثنيه عن امتداده واستطالته ، فيسمى المقطع أينما عرض له حرفا» (2) .

والصوت الصائت هو الذي يتحقق من امتداد الصوت واستمراره «فاتسع مخرج الحرف حتى لا ينقطع الصوت عن امتداده واستطالته ، استمر الصوت ممتدا حتى ينفذ» ، ثم يذكر ابن جني هذه الصوائت ، فيقول: «والحروف التي اتسعت مخارجها ثلاثة: الألف ثم الياء ثم الواو» (3) ويعني بها حروف المد أو اللين أو العلة . والواو والياء المتحركتان في مثل ولد ، يد صامتتان وليستا صائتتين .

وهذا التقسيم الذي وضعه ابن جني ، ووصفه لا يختلف عما توصل إليه المحدثون ، فالأصوات في علم اللغة الحديث تقسم على نوعين: أصوات صائتة Vowels Voyelles ، وأصوات صامتة Cosonants Consonnes.

---

(1) ارجع إلى بحث الدكتور جعفر دك الباب ، مجلة اللسان العربي عدد 19/م1 ص35 .

(2) سر صناعة الإعراب ابن جني ، تحقيق حسن هنداوي ، دار العلم ، بيروت ، ط1405/1 ، 1985 جـ7/1 ، 8 .

(3) نفسه .

(أ) الصوت الصائت يكون صائتًا إذا كان النفس الذي يؤدي إلى إصداره يجري طليقًا لا يعترضه عائق حتى خروجه من الفم حرًا طليقًا دون احتكاك بأعضاء النطق ، ويتبين هذا من خلال نطق صوت "a" أو "o" ، ويتمثل هذا النوع في حروف العربية: الألف ، الواو ، الياء . ولكن العرب لم يرمزوا للحركات القصيرة بحرف بل برمز يوضع مصاحبًا الحرف.

(ب) الصوت الصامت يكون صامتًا إذا صادف النفس الذي يؤدي إلى إصداره عائقًا في موضع بدء صدور النفس من الرئتين حتى يجاوز الشفتين أو يخرج من الفم ، وإن شئنا الدقة حتى يخرج من الجهاز التنفسي الذي ينتهي بالفم والأنف . ويمثل هذا النوع في العربية جميع حروفها التي تبلغ ثمانية وعشرين ، ويدخل في هذه الأصوات الواو والياء المتحركتان في «ولد ، واد ، ويمين ، ويسار ولا تدخل فيها ألف المد في مثل» الوادي ، وشاكر ولا تدخل فيها الواو والياء الساكنتان الممدودتان.

واستطاع علماء العربية كذلك أن يفصلوا بين نوعين من الحركات Vowels ، النوع الأول: الحركات القصيرة Short vowels وهي الفتحة ، والكسرة ، والضمة .

والنوع الثاني: الحركات الطويلة Long vowels وهي: الألف ، والياء ، والواو . أي أصوات اللين والمد . ورأي علماء العربية أن الحركات القصيرة أبعاض الحركات الطويلة قال ابن جني: اعلم أن الحركات أبعاض حروف المد، واللين ، وهي الألف ، والياء ، والواو ، فكما أن هذه الحروف ثلاثة ، فكذلك الحركات ثلاثة ، وهي الفتحة ، والكسرة ، والضمة، وبعضهم رأى أن الحركات الطويلة امتداد للحركات القصيرة وإشباع لها . بيد أنهم رمزوا للحركات الطويلة بالحروف فقط ، خلافًا للإغريق الذين رمزوا لجميع الصوائت بالحروف وتركوا الحركات فقد أغنت :U , I , O, E , A عن الحركات في الكتابة الإنجليزية وغيرها من اللغات التي تستخدم هذا النظام الكتابي.

ولا يوجد اختلاف بين القدامي والمحدثين في مفهوم الحركات وصفاتها ، فالحركات أصوات مجهورة ولا يسمع عند إنتاجها احتكاك أو انفجار ، لأن ممر الهواء يظل مفتوحًا ،

ويحدث هذا المرور تذبذبًا في الأوتار الصوتية ولولا الجهر فيها لاختلط صوتها بصوت هواء الزفير .

ولقد فرق علماء العربية بين الحركات والحروف على أساس استمرار الصوت الإنساني في الخروج عبر ممر الهواء دون أن يعترضه عضو من أعضاء النطق أو تعرض الصوت لعضو من أعضاء النطق ، فيعوق مرور الهواء بمنعه ثم إطلاقه أو تضييق ممره ، فتتغير هيئته وصفاته التي كان عليها أو يحدث تقسيم للأصوات عندما تعترضها أعضاء النطق في الجهاز النطقي . فالحركات الطويلة والقصيرة لا تعترضها أعضاء النطق ، فأطلق عليا صوائت ، والنوع الثاني الذي تعترضه أعضاء النطق يسمى صوامت ، وتشكل معظم أصوات العربية ، فعدد الصوامت ثمانية وعشرون صوتًا منها الواو والياء الصامتتان ، ولا تدخل ألف المد ، وياء المد ، وواو المد في الصوامت بل الصوائت ، ولا يوجد رمز مستقل للواو أو الياء ، فالرمز «و» يرمز للواو الصامتة ، واو المد الصائتة – وكذلك رمز «ى» يرمز للياء الصامتة وياء المد . والألف لا تكون إلا ساكنة صائتة، ويرمز لها في العربية برمز واحد، وهذا الرموز الصائتة في الأبجدية العربية يجعلها ضمن الأنظمة المقطعية .

نشأة الكتابة

الكتابة سمة من سمات الحضارة والتقدم ، فقد وجد الإنسان حاجة ملحة إلى إيجاد وسيلة ميسرة تحفظ له ما يتعلق بذهنه من أفكار حتى لا تذوب أو تضيع بمرور الوقت ، وفرضت عليه علاقاته الاجتماعية ضرورة وجود مكاتبات يتواصل بها مع الآخر أو يسجل فيها ما يريد ، فوضع لنفسه رموزًا تصويرية تذكره بما قد ينساه ، وكانت هذه الرموز الصورية موافقة لأعيان الأشياء التي تتعلق بها ، فهذه الصور والأشكال ترتبط بما يراه الإنسان في الطبيعة ، فهي رموز حيوانات وطيور وأعضاء جسم الإنسان ، كما اضطر الإنسان إلى تجسيد ما يريد الحديث عنه بالصورة المنحوتة على الجدران والحجارة ، فكتب الإنسان الأول تاريخه مصورًا ثم وضع إلى جوار الصور بعض الرموز التي تكمل الصورة ، ثم تطور هذا النظام التصويري إلى مرحلة أخرى ، وهي استخدام الرموز ، فوضع رموزًا كثيرة ومتعددة شديدة التعقيد ، ثم هذبها واختصرها في رموز قليلة ، حتى وصلت الرموز

الصوتية إلى شكل نهائي ، وهذا الجهد الكبير ليس من صنع فرد أو جماعة بل من صنع الحضارة الإنسانية على امتداد تاريخها ، وسوف نتناول مراحل تاريخ الكتابة بإيجاز لنتعرف منه على تاريخ لغتنا العربية وخطها .

ويرى جلب Gelb أن الكتابة من حيث كونها نشاطًا بشريًا عامًا ، وصلت إلى الطور الألفبائي على مراحل متلاحقة منطقيًا بحيث تكون كل مرحلة ناتجة عن المرحلة التي سبقتها وتسلمها إلى المراحل التالية ، وقد مرت الكتابة بالمراحل التالية:

أولا: المرحلة التصويرية Pictograms: وهي التي جسدت المعاني التي تعبر عنها والأجسام بالصور التي تصفها على هيئتها في العالم الخارجي أو في الذهن .

ثانيًا: المرحلة السابقة على الكتابة وتشتمل على نوعين:

أ- الوسيلة الوصفية التصويرية ب- المرحلة الاستذكارية .

ثانيًا: المرحلة الكتابية الحقيقية ، أي الكتابة الصوتية ، وهي بدورها ثلاثة مراحل متتالية:

أ- طور الكلمية Logograms . ب- طور المقطعية الخالصة Syllabic writing .

جـ- طور الألفبائية .

والمرحلة التصويرية لا تقصد إلى التعبير الفني ، بل تتمثل فيها الأفكار الرئيسية في الكلام بواسطة رسوم معبرة تخلو من التفاصيل الصغيرة ثم اتخذت هذه الصور شكلاً رمزيًا يعبر عن الفكرة Ideograms ، لكنها لا تعبر عن صوت .

والمرحلة الوصفية التصويرية التي تناولت وصف التفاصيل ، فجسدت المعنى والأفكار تجسيدًا واقعيًا محاكية حقيقة موضوع الأشياء التي تتحدث عنها . وهي التي سبقت الكتابة ، ومهدت اكتشافها . وهي المرحلة الاستذكارية التي استخدمت علامة أو رموزًا لتحديد شخص ما أو للتعبير عن حكمة أو مثل مأثور (1) . والرمز فيا ليس إلا إشارة

(1) الكتابة العربية والسامية ص68 ، 69 .

استذكار فقط.

وهاتان المرحلتان ليستا كتابية بالمعنى الصحيح ، فالكتابة تستعمل بالتواضع أو اتفاق الناس حول قيمتها الصوتية وقراءتها ، ولكن هاتين الطريقتين السابقتين تحملان اختلاف وجهات النظر واختلاف التفسير . والكتابة تقتضي أن تتفق المجموعة أو أصحاب اللغة على كتابة أشكالها وقراءتها ، وقد تطلب هذا أن تكون الكتابة صوتية أو وتعبر عن الصوت المنطوق ، ومن ثم رمز لكل صوت منطوق برمز كتابي يرمز إليه في الخط المكتوب ، فالكتابة تختزل الأصوات الكلامية ، ويمكن استنطاقها مرة أخرى من خلال قراءتها ، فالكتابة وعاء الكلام المنطوق .

مرحلة الكتابة الصوتية: وتقسم على الأطوار التالية:

أ- طور الكلمية Logograms: وهي التعبير عن الكلمة الواحدة ، سواء أكانت من مقطع واحد أو أكثر بشكل واحد ، وهذا مستعمل في السومرية وتسمى كتابتها المسمارية والمصرية ، والحبشية ، والصينية ، ونظام الكتابة الصيني يستعمل الكتابة للإشارة إلى معاني الكلمات وليس للإشارة إلى أصوات.

ب- طور المقطعية الخالصة Syllabic Writing: وهي التعبير عن مقطع صوتي واحد سواء أكان كلمة قائمة بذاتها أم جزءًا من كلمة بشكل واحد ، وهذا مستعمل في الإيلامية Elamite وفي السامية (الغربية) واليابانية .

ج- طور الألفبائية Alphabetic Writing ، أي التعبير عن كل صوت في اللغة ، سواء أكان صامتا أو صائتا بشكل واحد، فالرموز تعبر عن الأصوات المفردة ولا تعبر عن المقاطع في النظام الألف بائي.

ويرى Gelb أن اليونانيين أول من طور الكتابة إلى هذه الطريقة وتبنته أمم أخرى مثل الرومان والهنود. ويرى أن الساميين أدخلوا هذا النظام على كتابتهم بإضافة رموز الحركات إلى الرسم ، فالكتابات السامية كالعبرية والآرامية والعربية أصبحت كتابات ألفبائية عندما أدخلت نظاما متكاملا من الأشكال التي تعبر عن الصوائت (رموز الحركات) ، والفضل في

هذا – كما يقول – يعود إلى اليونانيين الذين طوروا الأبجدية السامية بإدخال رموز للصوائت ، ولولا النظام الذي أدخل لاحقا لما أصبحت هذه الكتابات ألفبائية ، وقد أدخل المسلمون بعض التعديلات على الأبجدية القديمة ، ليتمكنوا من قراءة ما يكتبون قراءة صحيحة ، وقد بدأ هذا التعديل في رسم المصحف ، بإضافة النقط ثم الشكل إلى الرسم .

ويتبين من هذا الرأي أن تطور الكتابة بدأ مع المصريين (المقطعية الكلمية) ، فالساميين (المقطعية الخالصة) فاليونانيين (الألفبائية) . وهذه الآراء التي تبناها Gelb تعرضت للنقد ، لأن اللغات التي استشهد بها لم تلتزم بشكل كتابي موحد ، والسامية ليست مقطعية بل ألفبائية وقد أدخل المسلمون على الرموز الكتابية التي يرمز منها كل حرف لصوت منفرد برموز الحركات القصيرة، ورمزوا للأصوات الصائتة الطويلة برموز كتابية فصار النظام الكتابي العربي مقطعياً (1) .

أصل الكتابة السامية

يرى بعض العلماء أن الخط الهيروغليفي المصري القديم هو أصل الألفباء ، وذلك إثر اكتشاف نقوش مكتوبة يشبه بعضها الرموز الهيروغليفية ، ويقترب بعضها من رموز الألفباء السامية ، وأن لغتها على الأرجح سامية ، وقد أحدث هذا الاكتشاف اهتمام علماء اللغة ، مما دفعهم إلى النظر من جديد في كثير من آرائهم حول أول من استخدم الرموز الكتابية وأصل الأبجدية .

وقد قامت بعثة غربية بالتنقيب في خرائب معبد هاتور في سرابيط الخادم الواقعة في الجزء الجنوبي من شبه جزيرة سيناء ، في (1904م 1905) فعثرت على أحد عشر نقشًا مكتوبة برموز غير معروفة كتبت حوالي 1500 ق.م ، وتحتوي هذه النقوش على نظام كتابي ثابت ، ولا ترتبط بنظام كتابي محدد ، فهي تكتب من اليسار إلى اليمين على خلاف السامية ومعظم الكتابة المصرية ، ويرجح أن الذين كتبوا هذه النقوش ساميو الأصل ؛ لأن لغة النقوش سامية أو قريبة منها ، وتبين منها تأثرهم بالمصريين وخاصة في أسماء الأعلام.

---

(1) نفسه .

181

وتضاربت الآراء حول أصلهم فرأي يرى أنهم الهكسوس الذي حكموا مصر، وآخر يرى أنهم مهاجرون من فلسطين كانت تستخدمهم السلطة المصرية للعمل في مناجم سيناء .

ويرجح أن عدد حروفها سبعة وعشرون حرفًا ، وتسمى بالنقوش السينائية sinaitic أو السنائية الأم Proto sinaitic . وتضاربت الآراء حول نسبتها إلى الهيروغليفية أو السينائية ، وهل هي مقطعية أم ألفبائية ، ويرجح أنها ألفبائية لا مقطعية حيث إن المقطعية تزيد في حروفها عن ذلك .

ويرى رأي آخر أن الخط المسماري الذي اتخذه الأكديون بعد هجرتهم إلى العراق ، وكتبوا به لغتهم هو أصل الألفباء السامية ، ويحتج هذا الرأي بأن الألفباء السامية مزيج من عناصر ثلاثة هي المصرية والبابلية وعنصر مخترع ليس مأخوذًا من غيره .

وهذا الرأي غير مقبول لأن الكتابة الفينيقية ألفبائية والمسمارية مقطعية ، كما أن عدد رموز الفينيقية اثنان وعشرون ، بينما تستخدم الكتابة المسمارية مئات الرموز ، ففي الآشورية نحو 570 شكلاً بني مقطع وعلامة مخصصة . والكتابة المسمارية كانت تستعين بالعلامات التصويرية Ideograms Logoroms أي رسم صورة الشيء بدلاً من الرمز بكلمة مكتوبة على خلاف الكتابة الفينيقية . ويستبعد أن تكون الكتابة المقطعية السومرية الأكادية قد تطورت إلى كتابة ألفبائية كالتي استعملها الفينيقيون ، لأنها ظلت كما هي رغم تاريخها الطويل في بلاد ما بين النهرين ، ولم يحدث أن تطورت كتابة مقطعية إلى ألفبائية (1) .

وهناك رأي آخر - ضعفه العلماء - يرى أن الألفبائية السامية مأخوذة من جزيرة كريت (قريت) حيث قام الفلسطينيون بنقلها من كريت إلى فلسطين في القرن الثالث عشر (ق.م) وأخذها الفينيقيون عنهم .

وهذا الرأي غير مقبول أيضًا ؛ لأن تاريخ الألفباء الفينيقية يرجع إلى ما قبل تاريخ الكتابة الكريتية ، ولا تتوفر الأدلة الكافية حول هذا الادعاء (2) .

---

(1) ارجع إلى الكتابة العربية والسامية ص29 وما بعدها .

(2) الكتابة العربية والسامية ص34 وما بعدها .

وهناك آراء أخرى ترى أن السامية جاءت من الأبجدية القبرصية ، وآخر يرى أنهم أخذوا أبجديتهم عن الحثيين بأسيا الصغرى ، وهي رموز تشبه الهيروغليفية ، تحتوي على عدد من العلامات التصويرية Ideogroms والعلامات المخصصة determinative وهذا الرأي هو الآخر غير مقبول(1) .

وذهبت جماعة من العلماء إلى أن الكتابة المصرية القديمة أصل الألفباء الفينيقية ، ومعظمهم من المستشرقين ، وعزوا هذا الرأي إلى مصادر يونانية قديمة ، وإلى الكشوف الحديثة ، وقد كان فك رموز الهيروغليفية في القرن التاسع عشر سببًا في زيادة هذا الاعتقاد ، فقد رأى شامبوليون Champollion أشكال الفينيقية منتزعة من الكتابة المعروفة بالهيروغليفية(2) . وهذا الرأي غير مقبول أيضًا بسبب اختلاف طبيعة الكتابتين وعدد كل منهما .

ولكننا في النهاية نقول: إن عامل التأثير وارد بين اللغات سواء تعاصرت أو سبقت لغة منها الأخرى ، ما دام هناك احتكاك مباشر ، ولا نستطيع أن نزعم أن لغة معينة أخذت طريقة كتابتها من لغة أخرى دون حجة تلزمنا بذلك ، وما قيل حول أصل الكتابة الفينيقية مبني على الاجتهاد أو ضروب الظن ، ولكننا لا نستطيع أن ننكر تأثرهم بثقافة من احتكوا بهم احتكاكا مباشرًا ، وقد يكون من أثر هذا الاحتكاك مع أمة ذات حضارة ولها طريقة كتابية . ومن المسلم به أن الأبجدية الرمزية التي ترمز إلى الأصوات المنطوقة ، والتي تعددت في عصرنا حسب تعدد اللغات هي صورة مبسطة ومتطورة عن مراحل سابقة كانت أكثر تعقيدًا من ناحية الشكل والعدد وطريقة الكتابة ، وأن الكتابة الأولى لم تكن تعبر عن أصوات اللغة بشكل دقيق ، والتاريخ يحتفظ لنا بنماذج من ذلك ، ونقل لنا صور بعض الرموز الكتابية ومراحل تطورها وما زالت تلك الرموز حتى الآن عرضة للتغيير والتطوير والتعديل حسب ما تتطلبه اللغة التي تتخذها خطًا لها .

إننا في النهاية نصل إلى أن الحضارة الإنسانية جميعها شاركت بنصيب يتفاوت مع ما

---

(1) نفسه ص41 .

(2) الكتابة العربية والسامية ص42 وما بعدها .

قامت به غيرها في صنع الحروف الكتابية ، فقد قامت الجماعات اللغوية باستعارة الخطوط ثم قامت بإحداث تعديلات فيها بزيادة أو بنقص حتى تتكيف الكتابة المستعارة مع اللغة التي دخلت إليها ، فالحروف الكتابية تأثرت بطبيعة اللغة التي اتخذتها خطًا لها .

ولا نتسطيع أن نضع تصورًا دقيقًا لما كانت عليه اللغة الأولى ، وأن نعرف ما هي ، ولا أن نعرف مصدر الكتابة الأولى ، وأول من كتبها لعدم وجود أدلة كافية يثق في صدقها العلماء ، فكثير من الأمم ادعت لنفسها أن لغتها هي اللغة الأم مصدر اللغات ، وأنها أفضلها على الإطلاق ، وأنها أقدم لغة ، وأنها أيضًا أول من وضع الخط ، وهؤلاء يعوزهم دليل صادق يؤكد حقيقة ادعائهم . وزعم بعض أهل اللغة أن أول من استخدم القلم آدم ، وهو أول من تعلم الخط ، وقيل أكثر من هذا ، ولكن لا حجة فيما يقال ، ونضرب عن هذا صفحًا لعدم جدواه .

إن معظم آراء العلماء تتفق على أن الساميين هم أول من وضعوا نظامًا كتابيًا ميسرًا أخذت عنه الحروف الكتابية العالمية التي مازالت يستعمل بعضها حتى الآن ، والبعض الآخر متطور عن النظام الذي ابتكره الساميون ، وهذا الرأي لا ينفي وجود محاولات سابقة تجاه تبسيط الكتابة وإزالة ما بها من صعوبات تعوق حركتها في الحياة .

وتوجد قضية خلاف أخرى ، وهي: من هم أول من ابتكر النظام الكتابي الأبجدي من الساميين؟ قد يكون الجواب معروفًا لدى كثيرين ، وهو: الفينيقيون هم الذين ابتكروا هذا النظام الكتابي الميسر . وهذا جواب فيه نظر ، فالفينيقيون هم الذين نشروا هذا النظام الكتابي ، ونقل عنهم بحكم طبيعة نشاطهم التجاري مع المدن الساحلية التي تقع على البحر المتوسط جنوب أوربا ، وشمال أفريقيا ، ولكنهم ليسوا بمبتكري هذا النظام ، بل جيرانهم الشماليون وهم الأوجاريتيون (نسبة إلى مدينة أو جاريت أو أجريت) فهم الذين قاموا بإدخال تعديل كبير على الرموز الأكادية الآشورية التي بلغت المئات من الرموز المسمارية (نحو 750 رمزًا وعلامة تقريبًا) .

فقاموا بوضع نحو 27 رمزًا للأصوات الكلمية ، وهو عدد قريب جدًا من الأصوات التي حددها علماء الأصوات في اللغات العالمية ، فالعربية على سبيل المثال تحتوي على (29)

صوتا بالإضافة إلى ستة أصوات أخرى أضافها سيبويه تنتج من تأثير الأصوات في بعضها وتجاورها وعدها فروعًا وقال: «وأصلها من التسعة والعشرين، وهي تستحسن في قراءة القرآن والأشعار» وهي النون الخفيفة، والهمزة بين بينَ، والألف التي تمال إمالة شديدة ، والشين التي كالجيم ، والصاد التي كالزاي، وألف التفخيم في قول أهل الحجاز: الصلاة والزكاة والحياة . وذكر أصوات أخرى لا تستحسن في قراءة القرآن ولا في الشعر (1) ، ولكن الأصوات الأساسية الصامتة في العربية لا تتجاوز 28 صوتًا صامتًا بالإضافة إلى ثلاثة صوائت ، وهي أصوات المد أو اللين (ا ، و ، ى) ويرمز للأصوات العربية بتسعة وعشرين حرفًا ، وعدد حروف العبرية القديمة 22 حرفا ، وكذلك السريانية ، والفينيقية ، وهذه لغات عاصرت الأوجاريتية الكنعانية. ويرجع إلى الفينيقيين الفضل في نقل هذا الخط إلى مناطق أخرى ، فيسرت له مهمة انتشاره بين الأمم المجاورة والأمم البعيدة لسعة نشاطهم التجاري.

وقد أخذ العرب الأبجدية من خطوطها اللهجات الآرامية (التدمرية ، والنطبية) ، وكان عدد رموزها اثنين وعشرين رمزًا ، وهي على الترتيب التالي: أبجد ، هوز ، حطي ، كلمن ، سعفص ، قرشت ، وأضاف إليها العرب إليها ستة حروف من جنس بعض حروفها وهي (ثخذ ، ضظغ) لترمز إلى بقية أصوات العربية ، وتقابلها (بجد كپت) في الساميات ، فلهذه الأصوات نطق آخر على الترتيب التالي: ڤ ، غ ، ذ ، خ ، ف ، ث .

لقد انتشر النظام الكتابي بين سكان الشام والعراق من الساميين ، ولكن وصل هذا الخط إلى العرب في مرحلة متأخرة عاصرت ظهور الإسلام ، وهذا لا يعني أن العرب لم يعرفوا الخط ، فقد استخدم العرب خطوطًا أخرى عرفت بخط المسند الذي وضعه أهل اليمن ، وانتشر بين الساميين الشماليين بهجرة الجنوبيين إلى الشمال ، ولكن أعني بالخط الذي تعلمه العرب في مرحلة متأخرة في النظام الكتابي الذي ما زال مستعملاً حتى اليوم ، وقضي على الخطوط الأخرى السامية الجنوبية والشمالية وتعلمه منهم الذين يسكنون شمال منطقة الجزيرة مجاورين للفنيقيين والعبريين والآراميين ، وكتب لهذا الخط البقاء بفضل رجال

---

(1) ارجع إلى الكتاب جـ432/4 .

تعلموه من قريش في فترة ظهور الإسلام ، فكتبوا به القرآن الكريم ، وأصبح رسمًا للمصحف الشريف ، واستخدمته الدولة الإسلامية في دواوينها رسميًا بعد أن عربت دواوين الشام والعراق في عهد عبد الملك بن مروان . فقد كان هذا الخط مستعملاً في كافة المعاملات اليومية ، فقام علماء المسلمين بإدخال تعديل عليه ، وتعددت خطوطه ، وأصبح فناً من الفنون التي باري فيها العرب غيرهم .

ويتبادر إلى الباحث سؤال مهم هل الكتابة العربية مقطعية أم أبجدية ؟

رأى بعض الباحثين في العربية أن الكتابة العربية كتابة مقطعية تسجل المقاطع الصوتية فقط عن طريق تخصيص علامة (حرف) لكل مقطع ترمز إليه . ورأي فريق آخر أن الكتابة العربية ليست مقطعية ، بل تمثل الصوامت فقط دون الصوائت .

ونود في البداية أن نبين معنى مقطع في اللغة: المقطع هو أصغر وحدة صوتية في تركيب الكلمة ، له حد أعلى أو قمة إسماع ، وله نهاية صوتية يمكن ملاحظتها بتقطيع الوحدات الصوتية للكلمة ، فهو يشبه الفواصل الداخلية في الكلمة ، ويتكون المقطع في اللغة العربية من وصوتين على الأقل: صامت (صوت مثل ب ، ج ، ح) يليه صائت (حركة طويلة أو قصيرة) والصوت الصائت هو قمة Peak المقطع ، ولا يبدأ المقطع في العربية بصوت صائت (حركة) ، ويمكن توضيح هذا من خلال كلمة: «كَتَبَ» تحتوي هذه الكلمة على ثلاثة مقاطع : صوت صامت (ك) وحركة (الفتحة) + صوت صامت (ت) وحركة (الفتحة) + صوت صامت (ب) وحركة (الفتحة) ، ونلحظ أن الخط وضع رمزا للصوت الصامت ، واكتفى بوضع فتحة على الصامت للدلالة على الصائت القصير .وهناك سؤال يطرح نفسه: هل تعد رموز الحركات القصيرة (الضمة والفتحة والكسرة) بديلا للرموز الخطية التي ترمز لها في الكتابة العربية ، فهل الكتابة العربية بهذا تعد مقطعية أم أن هذه الرموز الإضافية لا تدخل في الوحدات الكتابية ، فتعد العربية ليست مقطعية ؟ .

أرى أن نظام الكتابة العربية قد عبر عن الحركات الطويلة بالحروف (ا ، و، ي) بيد أنه لم يرمز للحركات القصيرة بحرف كتابي لئلا يزداد عدد حروف العربية، ويزداد حجم كلماتها فكل حرف في العربية تصحبه حركة أو سكون، وهذا يعني أن الحروف ستزيد على عددها

أربعة حروف أخر إضافة إلى رمزين جديدين للواو والياء الممدودتين ورمزين للساكنتين القصيرتين في مثل: قَوْل، بَيْت ، ورموز أخرى للظواهر الصوتية ، ولكن العلماء اكتفوا بالحركات التي تزاد في الحروف لتعبر عن هيئة الحرف في الأداء، ويتعرف المتكلم على المقطع من خلال الأداء الصوتي، ويستطيع أن يتعرف عليه من خلال الكتابة المشكولة (المضبوطة) نحو: «عَادِلْ» يتكون من مقطعين «عَا» و «دِلْ» والأول طويل مفتوح، والثاني قصير مغلق، وقد تعرفت عليهما من خلال حرف المد الألف والحركات، وهذا يعني أن نظام الكتابة العربية مقطعي.

ويعد الإغريق هم أول من قاموا بتحليل أصوات اللغة ، فقد بدءوا بتحليل أصوات اللغة ، وبلغوا في تحليلهم الصوتي مرحلة ما يسمى «التقطيع الثاني» ، والتقطيع الأول تقطيع الكلمة (اللفظة) إلى المقاطع الصوتية التي تتالف منها ، أما التقطيع الثاني ، فيقصد به تمييز الوحدات الصوتية الأولية التي يتألف منها المقطع الصوتي . (1)

وهذا لا يعني أنهم سبقوا غيرهم في وضع الرموز المقطعية ، فقد سبقهم في هذا الأكاديون والآشوريون الذين وضعوا رموزًا كثيرة لتعبر عن الصوامت وحركاتها ، فقد رمزوا لكل صامت في حالة من حالات نطقه برمز خاص يرمز له ، فالخط المسماري سجل علامات الإعراب الأصلية والفرعية أيضًا ، لكن الفينيقيين قاموا بتجريد الرموز الكتابية من العلامات التي تدل على حالاتها النطقية ، واكتفوا بالرمز إلى الصامت فقط بحجة تيسير الكتابة ، فقام الإغريق بإضافة رموز بديلة للحركات في الأبجدية التي تعلموها من الفينيقيين لتلائم هذه الرموز لغتهم .

والأبجدية الحقيقية هي التي تشتمل على إشارات متميزة (حروف) تفيد الأصوات الصامتة والصائتة على حد سواء ، مثل الأبجدية الحبشية القديمة التي تستخدم في كل رمز علامة تدل على أدائه في حالات الضم، والفتح، والكسر والسكون ويختلف رسمه مع الحركات الطويلة أيضًا، وأحيانا يختلف رسم الحرف فيها في كل حالة من هذه الحالات ،

---

(1) ارجع إلى: الدكتور جعفر دك الباب ، الساكن والمتحرك . في علم اللغة . اللسان العربي ، عدد 20 ، 1403 ، 1983م .

فأصبح تعليم هذه الأبجدية صعبًا لكثرة رموزها التي تبلغ نحو 182 رمزًا ، فالحبشية تتكون من ستة وعشرين حرفًا ويختلف الحرف باختلاف الحركة، وفيها ستة حركات وسكون.

والأبجدية الفينيقية والأبجدية العربية (التي أخذت عنها في أرجح الأقوال) ليست من هذا النوع الذي يسجل الصامت والصائت أو الرمز إلى الصوت ووضعه في الأداء من ناحية الضم ، والفتح والسكون والكسر ، ومن ثم استحدث علماء العربية الشكل في مرحلة مبكرة من استخدام الكتابة لما وجدوا الحاجة إليه ملحة في قراءة المصحف الشريف قراءة صوتية صحيحة دون لحن ، لأن الرسم الذي كتب به لم يضع رموزًا لطريقة القراءة أو الأداء. وقد اتخذ علماء العربية رموزًا كتابية للحروف الصائتة (ا ، و ، ى) وهي حروف مد ساكنة ، وجعلوا هذه الرموز في حروف الكتابة ، فعبروا بذلك عن الصوائت الطويلة، نعرف بها المقطع االطويل، بيد أن الحركات القصيرة تكثر في العربية ، فلكل حرف حركة تصاحبه فزادوا علامات تضاف إلى الحروف تعرف بالشكل في نحو: فَرِحَ وظَرُف، فاكتمل بها النظام المقطعي.

والكتابة العربية القديمة المجردة ليست مقطعية ، لأنها تسجل الصامت فقط ووضعت رموزًا ترمز إليه دون الصوائت التي رمزت لها في الإسلام بعلامات مستقلة فوق الرمز (الحرف) أو تحته . ولا يعد الشكل في العربية جزءًا من الكتابة أو الأحرف الكتابية ؛ لأننا لا نستعين به إلا عند الضرورة لتوضيح النطق بالكلمة حتى لا تلتبس بنطق آخر له معنى آخر ، مثل: جَنَّة ، وجُنَّة ، وجِنَّة .

ويعد النظام الذي وضعه الإغريق في تمييز الوحدات الصوتية التي يتألف منها المقطع الصوتي ، نظامًا مقطعيًا ؛ لأنه يشتمل على إشارات متميزة تفيد الأصوات الصامتة والصائتة ، فقد عمدوا إلى تدوين إشارات أخرى تفيد أصواتًا صائتة .

وإضافة الشكل إلى الحروف لا يعني قصور الكتابة العربية وعجزها عن التعبير ؛ لأن طبيعة لغة الإغريق أرشدتهم إلى ضرورة استكمال الأبجدية الفينيقية ، فاستخلصوا نظامهم الأبجدي في الكتابة من أسلوب الكتابة ، وكل لغة تعدل من رموزها الكتابية (الأبجدية) بقدر ما يكفي حاجتها في التعبير ، فالأبجدية الإغريقية تعجز عن التعبير بالعربية ، ولا تفي

بجميع أصوات العربية ، كما أن حجم الكلمة سيصبح كبيرًا إن كتب بأبجدية الإغريقية أو اليونانية أو غيرها من الأبجديات التي تعد امتدادًا لها ، وقد اضطرت الأمم الإسلامية التي استبدلت الأبجدية العربية بالأحرف اللاتينية إلى تعديل رموز الأبجدية اللاتينية وإضافة رموز أخرى إليها لتفي بمتطلبات اللغة التي ترمز إليها ، ولم يكن هذا الفعل حلاً رشيدًا في التعليم أو في مواكبة حضارة الغرب ، فلم يقدم هذا التغيير جديدًا ، سوى ما جلبه عليهم من التغريب وفقد الهوية ، وهدم معارفهم التراثية التليدة ولا حول ولا قوة إلا بالله!

إن الإغريق لم يغيروا من لغتهم لتساير الأبجدية التي اقتبسوها من غيرهم بل استخلصوا من الأبجدية التي استعاروها نظامًا أبجديًا جديدًا في الكتابة يفي بمتطلبات لغتهم ، ولم يبلغ بهم الحمق إلى تغيير لغتهم أو تقليد غيرهم في نظامهم الكتابي ، لقد كانت هذه الأمة المتقدمة أوعى كثيرًا من هؤلاء الذين تنكروا لدينهم وتراثهم ولغتهم ، فسعوا في هدمهم جميعًا ، وقد كان الإغريق أصحاب حضارة ، وهؤلاء ليسوا منها في شيء!.

وقد قام أسلافنا بإحداث تطوير وتغيير في الأبجدية التي نقلوها عن الأنباط أو عن الفينيقيين أو عمن أخذوا عنهم الكتابة، فقد نقل العرب عنهم بشكل غير مباشر عن طريق جيرانهم الأنباط الذين سكنوا أطراف الشام والعراق على حافة الصحراء .

ولم يرتكب هؤلاء حمقًا طائشًا ، فاستبدلوا لغتهم بلغة أمة متقدمة مثل الفرس أو الروم ، فقد أضافوا إلى الرسم النبطي الفينيقي ما يسد حاجة العربية في التعبير عن أصواتها ، فاستحدثوا الشكل ، وأعادوا تعديل رسم الحروف في الكتابة حتى صار رسمًا عربيًا خالصًا يخالف الرسم الأصلي الذي أخذ عنه كثيرًا من خصائصه ، فقد زادوا فيه رموز الأصوات الأسنانية (ث، ذ، ظ)، ورموز الأصوات (ض، غ، خ) ، ورموز أصوات المد الطويل (ا، و، ى) وزادوا الحركات والنقط، فأصبح نظام الكتابة الجديد مقطعيًا .

ولم يدع الإغريق أنهم وضعوا الكتابة ، بل عزوها إلى الفينيقيين الذين نقلوا عنهم أبجديتهم مباشرة دون وسيط ، وقد كان بين العرب والفينيقيين وسيط ، وهم الأنباط الذين ورثوا الفينيقيين في منطقة غرب الشام من الناحية الجنوبية (لبنان وفلسطين والأردن) .

ويرجع الفضل إلى الإغريق في استحداث نظام كتابي جديد متطور ، فقد انتقلت

189

الأبجدية الفينيقية على أيديهم من رموز مجردة من الصوائت إلى بنية لغوية ذات خصائص تتكيف مع مقتضيات بنية اللغة الإغريقية المتميزة جذريًا عن بنية الفينيقية ومثيلاتها من اللغات ، فقد حفظ النظام الجديد الذي استحدثه الإغريق في الأبجدية كيان اللفظ الصوتي ، ويستطيع القارئ أداءه دون لحن من خلال رموزه الكتابية الأمر الذي تعجز عنه كثير من الأبجديات التي لا تحفظ أداء اللفظ صحيحًا ، ومن هذه الأبجديات الأبجدية العربية مجردة من الشكل ، فلفظ «الجنة» غير مشكول ، يحتمل من ناحية الخط الجنان التي يرفل فيها المؤمنون ، والجنون الذي يصيب العقل ، والجن ، والفرق الجوهري بين النظامين الكتابيين بين الرموز الفينيقية والعربية والرموز الإغريقية أن البنية الفينيقية والعربية تتميز بأن أصل الكلمات فيها تحدد على أساس الوحدات الصوتية التي يتألف منها الأصل ، دون الاكتراث بوصف كل مقطع منها (قصير أم طويل ، مفتوح ، أم مغلق) ودون الاكتراث بتحديد نوع الصوت الصائت الذي يشتمل عليه المقطع (فتحة ، أو كسرة ، أو ضمة ، أو ألف المد ، أو ياء المد ، أو واو المد) .

وكل مقطع صوتي يشتمل بالضرورة على صوت صائت ، مهما كان وصف المقطع ، أو نوع ذلك الصائت ، ويشتمل كذلك على صوت صامت أو أكثر تبعًا لوصف المقطع: مفتوح أم مغلق ، وهذا يستوجب في كل نظام وضع رموز تشير إلى جميع الأصوات الصامتة التي تدخل في المقاطع الصوتية التي تتألف منها الكلمات ، وهذا يتطلب أيضًا وضع رموز تشير إلى الأصوات الصائتة ، وتحدد موضعها من المقطع ، وتبين وصفها ، ونوعها (طويلة ، أو قصيرة) ويمكن معرفة نوع الصائت استنادًا إلى الخصائص البنيوية التي تعكس قواعد الصرف في اللغة مثل: قائل: قا: صامت + صائت طويل ، (مقطع طويل مفتوح) ، ئِلْ: صامت + صائت قصير + صامت ساكن (مقطع قصير مغلق) .

والبنية الإغريقية تختلف عنها ، فأصل الكلمات فيها لا يمكن تحديده فقط على أساس المقاطع الصوتية التي يتألف الأصل منها ، بل يتوجب لتحديد بيان وصف كل مقطع منها وتحديد نوع الصوت الصائت الذي يشتمل عليه المقطع ، ولهذا دونت الكتابة الإغريقية إشارات تفيد جميع الأصوات الصامتة ، وإشارات أخرى تفيد جميع الأصوات الصائتة التي

تدخل في المقاطع المكونة لأصل الكلمات ، فوضعت رموزًا كتابية أو حروفًا تشير إلى الصوائت ، وسارت على نهجها نظم الكتابة التي أخذت عنها مثل: الإنجليزية التي ترمز إلى الصوائت بـ: a, e, o, u, i وتسمى الحروف المتحركة وما سواها ساكن .

والكتابة الفينيقية (وكذلك النبطية التي نقل عنها العرب خطهم) لا تقوم على تدوين المقاطع بوضع رموز تشير إلى الصامت والصائت ، ولم تخصص حروفًا للصوائت في كل رمز صامت ليرمز إلى نوع الحركة أو الصائت أو وصف المقطع ، وقد سد هذه الفجوة الإغريق عندما اقتبسوا الأبجدية الفينيقية ، فوضعوا رموزًا للصوائت مثلما وضع الفينيقيون رموزًا للصوامت ، فاكتمل الأداء الصوتي في الرسم الكتابي ، ولكن العربية تأثرت في نظامها الكتابي بالنظام النبطي الذي نقل عن الفينيقين ، فخلا الخط العربي في بدء استخدامه من رموز الصوائت ؛ فقد كانت أبجدية مجردة من الحركات القصيرة أو الطويلة ، ولم تك منقوطة .

فليست هناك رموز للأصوات الصائتة في الخط العربي القديم ، ثم ظهرت الحاجة إليه ،فظهر رمز الفتح الطويل الذي يسمى ألفًا (خط قائم دون رأس العين أو الهمزة) ويتوهم كثير من أبناء العربية حديثًا أن الألف والهمزة حرفًا واحدًا لتشابه رسم الهمزة المفتوحة التي تكتب على ألف هكذا «أ» مع رسم الألف «ا» وبينهما فرق كبير في النطق ، وتناولت هذا في كتاب «مبادئ تعلم اللغة العربية» (1) .

ولكن العربية لا تشير إلى الحركات القصيرة (الفتحة ، الضمة ، الكسرة) برموز أبجدية بل بعلامات توضع أعلى الحرف أو أسفله واللغة العبرية هي الأخرى لا تستخدم رموزًا أبجدية تشير إلى الصوائت الطويلة ، بل تستخدم ما يطلق عليه في العربية (الشكل أو التشكيل) للدلالة على الصائت القصير والطويل ، وكذلك السريانية .

---

(1) قيل إن رمز الألف (ا) في الألفبائية العربية كان في الأصل رمز الهمزة ، ولم يكن للألف رمز ، ولكن الخليل جعله رمزا للألف ، واتخذ للهمزة رمزا جديدا (ء ، أ ، ؤ ، ئ) وقد عالجت هذا الموضوع في كتابي «مبادئ تعلم اللغة العربية»، دار النشر للجامعات .

وما زالت هنالك بقايا من الرسم القديم لا تضع رموزًا أبجدية في الرسم الكتابي للصوائت ، والرسم المصحفي يضع للفتحة الطويلة (الألف) علامة صغيرة تشبه الألف في الرسم للدلالة عليه ،وكذلك في بعض المواضع التي ينطق فيها الكسر الطويل أو الضم الطويل . وهذه العلامات لا تعد جزءًا من الرسم ، فقد أدخلت عليه في فترة لاحقة على زمن نسخ المصحف ، مثال: هذا ، هذه ، هؤلاء ، والأصل الصوتي هاذا ، هاذه ، هاؤلاء ، وما زالت هنالك بعض الكلمات التي لم يرمز فيها للألف ، مثل لفظ الجلالة «الـلـه» الألف بعد اللام الثانية ، وقبل الهاء ، وكذلك «الرحمن» أصلها صوتيا: الرحمان . وإسحق: إسحاق ، ويس: ياسين .

وقد يحذف الرمز الكتابي عمدا لتكراره في مثل: رءوف ، داود ، وقد يبدل الرمز بغيره في مثل مسئول أصلها: مسؤول، ولا نجد كذلك رمزا كتابيا لنون التنوين في الكلمات النكرات: كتابٌ ، كتابٍ ، كتابًا (برمز مختلف خطًا) ، وحرف الجواب إذن ، وهو حرف يقع في صدر الكلام معه الجواب والجزاء لكلام سابق ، وتحذف النون أحيانا، ويعوض عنها تنوين «إذا» في قوله تعالى: ﴿ قَالَ فَعَلْتُهَآ إِذًا وَأَنَا۠ مِنَ ٱلضَّآلِّينَ ﴿٢٠﴾ ﴾ [الشعراء: 20] (1) .

ونجد في بعض الألفاظ رموزا كتابية ليس لها وجود في الأداء الصوتي للفظ ، كالألف الذي يوضع بعد واو الجماعة في مثل: قالوا ، ودوا ، ولم تكن هذه الألف في أصل الخط ألفا وإنما كانت خطا مائلا يوضع في حالة وجود كلمة مكونة من حروف غير متصلة مثل ردوا ، ودوا حتى لا تلتبس واو الجماعة بواو العطف ، أو تدخل في الخط في الكلمة التي تليها ، لأنها غير متصلة بما قبلها ، واصطلح علماء العربية على وضع رمز الألف بعد واو الجماعة في نهاية الكلمة ، ووضع على كل ألف زيادة صفرا مستديرا في الخط المصحفي مثل: «قالوا» حتى لا تنطق صوتا ، ونجد كذلك بعض الأعلام الممنوعة من الصرف تنتهي بها ولا تنطق مثل:﴿ وَثَمُودَاْ فَمَآ أَبْقَىٰ ﴿٥١﴾ ﴾ ﴿ سَلْسَبِيلًا ﴾ ﴿ قَوَارِيرَاْ مِن فِضَّةٍ ﴾ (2) ، ونجد أيضا الياء زيادة في الخط في مثل: ﴿ مِن نَّبَإِي۟ ٱلْمُرْسَلِينَ ﴾ ﴿ بَنَيْنَٰهَا بِأَيْي۟دٍ ﴾ .

---

(1) ارجع إلى: وصف المباني في شرح حروف المعاني للمالقي . دار ابن خلدون ص68 ، 69 .

(2) اختلف العلماء في الألف الزائدة في سلسبيلا، وقواريرا، فقيل زيدت لحفظ الحركة وقيل زيدت إتباعًا .

وتركت الصوائت من الخط المصحفي في مثل: «الكتب» [الكتاب] ، «داود» [داوود] ، «يلوُن» [يلوون] يحي [يحيى] «ولي اللـه» [وليى اللـه] . «إلفهم» [إيلافهم] «كتابه بيمينه» [كتابهو بيمينهى] .

وقد يعول في النطق على الحرف الملحق على الخط ، ويترك الحرف الذي جاء في الخط ، ومثال هذا: ﴿ ٱلصَّلَوٰةَ ﴾ (تنطق الواو ألفا) و ﴿ كَمِشْكَوٰةٍ ﴾ تنطق الواو ألفا و ﴿ مَوْلَىٰهُ ﴾ ينطق رمز الياء ألفا ، وكذلك ﴿ ٱلتَّوْرَىٰةَ ﴾ ، وكتب الخط على الأصل الذي جائت منه الكلمة، فالصلاة من صلو، والمشكاة من شكو ، ومولاه من ولي .

وقد يترك رمز صوت صامت مثل: ﴿ وَكَذَٰلِكَ نُجِى ﴾ أصلها «ننجي»، وقد يبدل رمز الصوت برمز غيره الذي صار إليه مثل: ﴿ وَيَبْصُطُ ﴾ أصلها يبسط ، وكلمة «السراط» التي تكتب ﴿ ٱلصِّرَٰطَ ﴾ تقرأ الزراط أيضًا عند بعض العرب (1) .

وقد يهمل الحرف في الوصل ، وينطق في القطع ، مثل : ﴿ قَالَ أَنَا۠ خَيْرٌ مِّنْهُ ﴾ وتنطق صوتيا في حالة الوصل: أنخير منه ، بإهمال الألف ، وكذلك قوله تعالى: ﴿ لَّٰكِنَّا۠ هُوَ ٱللَّهُ ﴾ تنطق: ولاكنَّهو اللـه ، بغير ألف «نا» ، وقد وضع عليها في المصحف الصفر المستطيل (2) .

ويلاحظ اختلاف الحرف المكتوب عن الصوت المنطوق في الأفعال الآتية: سعىٰ، مشىٰ ، رأىٰ ، وفي الكلمات التالية: سلمىٰ ، خضرىٰ (ألف التأنيث المقصورة) . ويقال إنها كانت في الأصل تنطق ياء، ثم تطورت صوتيا إلى ألف ، وتنطق في بعض اللهجات ممالة بين الألف والياء أو تنطق ياء خالصة ، ورأى علماء الخط أن ما كان أصله ياء كتب بالياء وما كان أصله واوًا كتب بالألف نحو: قضى: يقضي، مضى: يمضي، ودعا: يدعو، ورجا: يرجو.

ويأخذ رمز الهمزة أشكالا مختلفة في الخط تبعا للحركة التي ينطق بها ، فالهمزة في حالة الفتح تكتب على ألف (أ)، وفي الضم تكتب على واو «ؤ» وفي حالة الكسر تكتب على ياء «ئ» .

---

(1) ارجع إلى إملاء ما من به الرحمن، للعكبري، جـ8/1 والمحتسب جـ41/1 والكشاف جـ21/1 .

(2) الصفر المستدير يوضع على الألف التي تلحق بواو والجماعة، والصفر المستطيل يوضع على الألف التي تهمل لترمز إلى حركة الفتح في مثل: «سلسبيلاْ» و«قواريراْ» .

وتوجد بعض حروف الهجاء التقليدية ترمز إلى صوتين، ومثال هذا رمز الواو (و) ورمز الياء (ى) فهما يرمزان إلى صامتين في مثل: ولد، يد، ويرمزان كذلك إلى صائتين، وهما واو المد في مثل: عليم وحكيم وشكور وغفور .

وترمز هاء التأنيث (المعقودة) في الخط إلى صوتين صامتين هما التاء المفتوحة (ت) والهاء (هـ) في مثل «رحمة الـلـه» ينطق رمز تاء التأنيث كما ينطبق رمز التاء صوتيًا في حالة الإضافة والوصل، فهو في النطق رحمت الـلـه، وقيل إن هذا هو الأصل، وينطق هاء في الوقف قال تعالى: ﴿فِيهَا كُتُبٌ قَيِّمَةٌ ﴾ [البينة: 3] .

وهناك مشكلة أخرى في وضع الخط أن الرموز التي وضعت للدلالة على الحركات تشبه الرموز التي وضعت رموزا لأصوات وضعت للدلالة على صوت صامت نحو ياء المضارعة في يذهب، والياء في يَد وعيَال ومثلها الواو في وَلد وعوّاد ليستا صائتتين بل حرفين صامتين، ولكن استخدم كذلك للدلالة على الحركات الطويلة، في مثل سميع، وشكور، وأطلق عليهما حرفي المد والعلة واللين، وكان من الممكن استدراك ذلك في بدء استخدام الأبجدية الفينيقية في العربية، ولكن لم تكن هناك حاجة إلى ذلك لعدم شيوع الكتابة في أمة أمية لا تجيد النطق، ولها سليقة لغوية قوية ترتجل بها الكلام في الخطاب اليومي، وكانت العربية صافية نقية لا يشوبها اللحن أو الدخيل، فكان العرب يضبطون النطق بسليقتهم، فكان الخط رسمًا غير منقوط أو مشكول، ولم تحظ العربية بهذا النقاء كثيرا بعد أن خرجت من عزلتها في الفيافي إلى أمم لا تجيد الحديث بها، ففشي فيها اللحن، وفسد لسان بنيها بعد أن سكنوا الحضر، وخالطوا الأعاجم، هذا إلى جانب اللهجات العربية المختلفة، فأصبحت هنالك حاجة ملحة إلى وضع النقط والشكل، ويرجع الفضل في هذا التطور الذي لحق بالخط إلى القرآن الكريم، فالخطأ في القراءة، أو شيوع اللحن وقع أولا في قراءة القرآن الكريم، فقد تأوّل الشكل غير المنقوط على وجه من النطق في مثل «فتبينوا» قرأ بعضهم «فتثبتوا» ، لاحتمال الرسم العثماني هذين الوجهين ، فأدرك علماء العرب هذا، فوضعوا النقط، لئلا يقع التصحيف والاحتمال في القراءة .

واحتمل لفظ «ملك» مجردا من الشكل ودون رمز الألف (حركة المد الطويلة في مالك) وجوه القراءات التي صحت عن النبي ﷺ وأجازها فأجاز القراء أن يكون مالكا (اسم فاعل)، وأن يكون مَلِكا (مفرد ملوك)، أو أن يكون مَلَكَ (فعل ماض) وعلى هذا أتت وجوه القراءات فيه مع تزكية من قرأ «مالك» لعمومه على المعاني السابقة، فهو سبحانه وتعالى مالك الملك ، وقد احتمل الرسم المجرد بعض وجوه القراءات الصحيحة، واحتمل وجهًا واحدًا بعد وضع النقط والشكل .

ويمكن تلخيص سمات نظام الكتابة العربية فيما يلي:-

(1) يقوم نظام الكتابة العربية على تدوين رموز (حروف) تشير إلى الأصوات الصامتة التي يتألف أصل الكلمات منها ، وهي رموز مجردة من إشارات تشير إلى ما يطرأ على كل رمز من أوضاع مختلفة النطق ، فليس في نظام الكتابة العربية رموز أساسية تمثل الأصوات الصائتة القصيرة (الحركات: الضمة ، الفتحة ، الكسرة) التي توضع في الصوامت (عدم الحركة) ، وقد استحدث علماء العربية في فترة لاحقة رموزا مستقلة لا تدخل في صميم العربية توضع أعلى الحرف الصامت ، وأسفله تشير إلى وضع الضم ، والفتح، والكسر ، وهو ما يعرف بالشكل ، وقد استخدم في بادئ الأمر في الرسم المصحفي ثم عمم في العربية وطرأ تعديل فيه ، ويطلق على الكلمات التي صاحبتها الحركات القصيرة مشكولة أو مضبوطة ومعجمة .

(2) كانت الأبجدية العربية في بادئ الأمر متأثرة بالأصل الذي جاءت منه مجردة من النقط والشكل ، فاستحدث العلماء الإعجام أو النقط ، فوضعوه على الحرف أو تحته لئلا يلتبس بغيره ، وهذه العلامات تميز الحروف المتشابهة مثل: ب ت ث ، ج ح خ ، د ذ ، ر ز ، س ش ، ص ض ، ط ظ ، ع غ ، ف ق ، فالأبجدية الأم لم تك منقوطة أو معجمة ، ومن ثم أطلق على الأسلوب الذي كتب به مصحف عثمان رضي الـلـه عنه الرسم العثماني ، لاختلافه في الكتابة عن النظام الذي استحدثه علماء العربية لضبط الخط العربي وتدعيمه ببعض الزيادات ليستطيع مواجهة كافة العقبات التي تتصدى لها اللغة العربية ، ومنها اللحن ، والدخيل ، وانتشارها بين الأعاجم ممن لا يحسنون نطق

العربية ، ويطلق على الحروف التي توضع عليها نقط أو تحتها حروف معجمة ، لتميزها عن غيرها التي تشبهها ، وكان الكتاب يصفون الحروف ، فيقولون الجيم المعجمة ، والحاء المهملة .

(3) تطلب النظام الأبجدي وضع رمز يرمز إلى السكون (عدم حركة الصوت الصامت) ليبين نوع أداء الصوت ، وقد أصبح ممكنا هذا بعد وضع علامات الشكل في الكتابة التي ترمز إلى الحركات ، فأضيف رمز جديد إليها يدل على السكون يشبه العدد الحسابي «5» ، وقد كان في أول الأمر رأس الحاء «ح» .

(4) تطلب الأمر كذلك وضع رموز ترمز إلى الحركات الطويلة تختلف عن الحركات القصيرة لئلا تلتبس بها ، فوضع الألف ، الواو ، والياء دليلا على الأصوات الصائتة الطويلة ، وهي ما يطلق عليها حروف المد في العربية ، وهذه الحركات الصائتة الطويلة تتصل بالأصوات الصامتة ، مثل: عاد ، شكور ، عليم. فوضع الألف للدلالة على التفتح الطويل ، والواو (و) للدلالة على الضم الطويل ، والياء للدلالة على الكسر الطويل . (ى) . وهي ساكنة لا تقع في أول الكلمة ، فالعربية لا تبتدأ بساكن .

ولألف المد وهمزة الوصل رمز واحد في الكتابة «ا» بيد أن همزة الوصل تقع قبل حرف ساكن في أول الكلمة، والألف لا تقع أولاً لسكونها ولا تسبق ساكنًا ولا تليه،ويفتح ما قبلها دائمًا .

ويلاحظ أن الألف تشبه همزة القطع المفتوحة في مثل «أحمد»، وهمزة الوصل التي تخلو من رمز أعلاها (رأس العين) في مثل «اسم ، ابن» ، ولكن الهمزة صوت صامت وهي شديدة في النطق وهمزة الوصل يتوصل بها إلى نطق الساكن بعدها ، وهي عبارة عن همزة خفيفة تصحبها كسرة وهي (الأصل فيها ‒ أو ضمه) مثل اسم ، أو ضم في مثل: أُخرج، اقتل [1] . وكذلك حرف الياء يشير إلى ياء المد في مثل «سميع» ، وهي حرف صائت غير قصير ، ويشير كذلك إلى ياء الصامت غير المد ، وفي مثل يأكل ، يد ، يمين ، يسار . وحرف

---

(1) الفرق بين الألف ، وهمزة القطع والوصل أن الألف مدة طويلة ، وهو صوت صائت ولا يقع في أول الكلمة ، والهمزة صوت صامت غير مدة ، وكذلك همزة الوصل ليست مدة .

الواو يرمز إلى واو المد ، وهي صوت صائت غير قصير ، وإلى الواو غير المدة ، وهي صوت صامت فواو المد في مثل: أكول ، طموح ، والواو الصامتة ، والألف صائتة مد . ويفرق بينهم بإطالة مد الصائت ساكنا دون حركة ، والصامت قصير متحرك ، فالواو في نوي مفتوحة بينما (الألف) التي رمز لها بالياء خطا ساكنة مد وكذلك الياء رمز المضارعة في يبيع مفتوحة قصيرة الحركة ، وفي سميع صوت صائت ساكن طويل (1) .

والدليل على أن الواو والياء صامتان في بداية اللفظ أن العربية لا تبدأ بساكن ، والصوائت ساكنة ، ويمكن وضع الحركات القصيرة على الواو والياء ، فعند بناء الأفعال التي تبدأ بحرف الواو أو الياء للمجهول توضع ضمة على الأول . ولا توضع حركات على الصوائت الطويلة (المدات) بل تسبقها على الحرف الذي قبلها ، فتوضع عليه لتناسب حركة الحرف الذي يليها ليسهل نطقها مثل: قال ، القاف مفتوحة ، لتكون دليلا على الفتح الطويل ، وسميع الميم مكسورة لتناسب حركة الميم نطق ، الكسر الطويل ، و «شكور» : الكاف مضمومة لتناسب نطق الضم الطويل ، وهكذا يوضع لكل صائت طويل حركة سابقة تناسبه .

ويتبين لنا بعد هذا العرض أن الكتابة العربية مقطعية ؛ لأنها رمزت للصوائت الطويلة بالحروف، ورمزت للقصير منها بالحركات، وهي ما خالفت فيه نظام الكتابة الإغريقية فقد رمزت للصوائت كلها بالحروف أو الحبشية القديمة الذي يكتب الحرف بمصاحبة حركته الطويلة والقصيرة ، ومثل هذا في الإنجليزية deep عميق دل رمز «E» على طول المقطع ، والكلمة كلها تعد مقطعا واحدًا طويلاً مغلقًا .

وقد عالج علماء العربية القدماء مشكلة عجز الخط النبطي عن التعبير عن النظام المقطعي في الكلام ، فالأبجدية التي استعارها العرب من الأنباط مجردة من علامات ترمز إلى الحركات الطويلة والقصيرة أو الأصوات الصائتة . فوجد علماء العربية ضرورة البحث عن رموز للصوائت لتسد النقص في النظام الأبجدي النبطي ، فاستحدثوا الحركات ، والرموز

---

(1) ارجع إلى: الساكن والمتحرك في علم اللغة ، اللسان العربي عدد 14/20 ، 15 وذهب الدكتور جعفردك الباب إلى آراء فيها نظر ولا تحظى بالقبول في كل الوجوه وقد خالفته في كثير منها.

التي تشير إلى المد (الألف ، والواو ، والياء) من جنس الصوامت نفسها ، فوضعوا ، رموز ثلاثة للمد الطويل في الفتح ، والكسر ، والضم ، (ا ، ى ، و) وعلامة السكون وعلامة التنوين في المفرد ، وعلامة عوض في الجمع ، وهي النون في جمع المذكر السالم والمثنى ، والتنوين يرمز إلى السكون ضما وفتحا وكسرا .

وقد جعل العلماء رموز حروف المد ضمن الأبجدية العربية ، فزادوا فيها ألفا توضع بمصاحبة اللام في «لا» وواوا ، وياء. وبهذا تصبح العربية 29 حرفا بزيادة الألف في «لا» والتي تمثل ألف المد ، واللام حاملة لها . هما معا لا يشكلان رمزا ، وجيء باللام لئلا تلتبس الألف بالهمزة المفتوحة «أ» ورمز الألف كان قبل رمز الهمزة ، ودليل ذلك الهمزة الأولى في اسمه «ألف» مثل باء ، فاستعارة الخليل للألف ، واختار للهمزة رأس العين ، لأنها عنده قريبة المخرج منه ، وقد جعل الألف رمز حركة المد؛ لأنه جعل الهمزة والألف صوتًا واحدًا . يبدل أحدهما من الآخر ، فلم يفرق بينهما

(1)

ودرس علماء العربية الأصوات من ناحية المخارج ، وقسموها إلى ساكنة ومتحركة ، واستخدموا مصطلح الحرف للدلالة على ما اصطلح عليه علم اللغة الحديث بالصوت ، وميز علماء العربية كما بينا آنفا بين الصامت والصائت .

ويرى علم اللغة الحديث أن الأصوات الصامتة وحدها يمكن أن توصف بأنها ساكنة أو متحركة
(2)
. أما الأصوات الصائتة سواء أكانت قصيرة (الحركات) أم غير قصيرة (أصوات المد) ، فيمكن بحكم طبيعتها وصفها بأنها ساكنة .

وهناك سؤال يطرح نفسه: هل أخطأ علماء العربية عندما وصفوا المدات الثلاث (الألف ، والواو ، والياء) بأنها سواكن أم أن مصطلح «ساكن» في وصف حروف المد له دلالة أخرى غير «السكون» ؟

---

(1) ارجع إلى الساكن والمتحرك ، مجلة اللسان عدد 20 ، ص15 .

(2) ارجع إلى الساكن والمتحرك ، اللسان العربي ص15 يرى الدكتور جعفر أن العربية ليست الكتابة العربية غير مقطعية وقد خالفته في ذلك .

198

يرى بعض الباحثين أن مصطلح ساكن الذي وصفت به حروف المد في علوم العربية ، يعني أن إشباع لفظ حركة المتحرك يشبه السكون ، فالإشباع بمد الحركة كالسكون لا ينتج عنه مقطع جديد ، بل يؤدي فقط إلى تغيير وصف المقطع ، والمد ليس فيه تنوع صوتي ، بل يلتزم فيه الناطق صوتا واحدا لا يتغير مخرجه ، فأصبح إشباع المد نظير السكون الذي يعني عدم حركة الصوت ، ومد الألف أو الياء أو الواو لا يظهر منه حركات كالتي تطرأ على الصامت . فعلماء العربية وصفوا المدات بأنها سواكن أي صائت غير قصير ، لأنها تظهر نتيجة إشباع الحركة المناسبة لكل منها ، وإشباع المد نظير السكون في غير المتحرك . ولا يشبع مد المتحرك مثل الواو المتحركة في مثل وزن ، وعوى صوت صامت وليس صائتا ، وكذلك الياء المتحركة في الفعل الماضي «يبس» صوت صامت .

والإشباع يكون في حرف العلة الساكن الذي سبق بحركة تجانسه ، فوضعوا لكل حرف صائت حركة تناسبه في ما يسبقه ، ولم يضعوا سكونا فوق المدات ، كما أن الواو والياء الصامتتان لا تسبقهما حركة تناسبهما أو تشاكلها في النطق في كل الحالات ، فكلمة عوى فتح ما قبل الواو والواو يناسبها الضم في حالة كونها صوتا صائتا ، والياء في بيت صوت لين وليس مدا ؛ لأنه لم يسبق الحركة تجانسه وكذلك الواو في قوْل لين وليست مدًا فالمد يلزمه حركة تجانس صوت العلة الممدود .

ونلاحظ أن الكلمات التي تتكون من صوامت يحظر فيها وضع سكون على الواو والياء إن كانتا صامتتين إلى جانب اختلاف حركة الحرف السابق لهما ، كما تقع الواو والياء الصامتتان في أول الكلمة ، ولو كانتا صائتتين لما جاءتا في أول الكلمة ، وأصوات المد لا تقع في أولها ، لأنها أصوات ساكنة .

وتعامل الواو والياء في وسط الكلمة ونهايتها معاملة الساكن والمتحرك في علم العروض ولا تأتيان ساكنتين في أولها ، كما أن إشباع حركة المد في العروض يعامل معاملة الساكن دون زيادة ، وهذا يدل على إشباع المد لا يولد مقطعا جديدا ، ولكن يؤدي إلى

وصف المقطع ، فنقول: مقطع طويل أو مقطع قصير (1) . وقد كشف العروضيون قديما عن النظام المقطعي في الألفاظ لتحديد الأوزان الشعرية ، وما يطرأ عليها من علل تغيير .

وقد وضع الخليل بن أحمد الفراهيدي علم العروض العربي انطلاقا من خصائص النظام الصوتي في العربية الذي يقوم على أن الصوت الصامت المتحرك يمثل مقطعا صوتيًا ثنائيًا ، وأن الحركات لا تستقل عن الأصوات الصامتة ، وإنما تظهر في الأداء مصاحبة الأصوات الصامتة ، فميز الخليل بين الصوت الساكن والصوت المتحرك لتحديد أوزان البحور ، وعللها ، وميز بين الأوتاد والفواصل التي تتركب منها الأوزان (2) .

ويتبين من تحليل الأسباب والأوتاد والفواصل المقاطع الصوتية التي تتألف منها اللغة العربية:

1) السبب الخفيف وهو يتألف من حرفين أولهما متحرك وثانيهما ساكن (-5) مثل: لَمْ ، مقطع قصير مغلق (صامت مفتوح + صامت ساكن) .

2) السبب الثقيل ويتكون من حرفين متحركين (- ، -) مثل: لِمَ (أر) قصير مفتوح + قصير مفتوح . ومثل: لكَ ، بِكَ .

3) الوتد المجموع ويتكون من حرفين متحركين وساكن (- ، -5) مثل على ، قصير مفتوح + طويل مفتوح (صامت + حركة مد طويلة) .

4) الوتد المفروق ويتكون من متحرك وساكن ومتحرك (-5 ، -) مثل: ظهْر ، قصير مغلق (صامت مفتوح + صامت ساكن) + قصير مفتوح .

5) الفاصلة الصغرى وتتكون من ثلاثة أحرف متحركة وحرف ساكن (- ، - ، -5) مثل: جَبَلَن ، قصير مفتوح + قصير مفتوح + قصير مغلق (صامت متحرك + صامت ساكن) .

---

(1) ارجع إلى الساكن والمتحرك ، اللسان العربي ص16 .

(2) ارجع إلى الساكن والمتحرك ، اللسان العربي ص16 .

6) الفاصلة الكبرى وتتكون من أربعة أحرف متحركة وحرف ساكن (- ، - ، - ، -5) مثل: سمكتن: قصير
مفتوح + قصير مفتوح + قصير مفتوح + قصير مغلق (صامت مفتوح + صامت ساكن) . (1)

ويتبين لنا أن المقاطع العروضية تقوم على المقاطع التي تتألف منها الكلمات، ولا يمكن التعرف عليها من خلال الكتابة وحدها غير المشكولة بل من خلال الأداء الصوتي الذي يبين الساكن والمتحرك، والقصير والطويل والمدغم والمُظهر والمنطوق وغير المنطوق، وقد استعان العلماء بعلامات تزاد في الكتابة تعين القارئ على معرفة ذلك مع الرموز التي تعبر عن الحركات الطويلة (الألف، والواو، والياء)، والشكل المصحفي الذي وضعه العلماء يضبط قراءة النص، ويمكن من خلاله التعرف على المقاطع الصوتية في الكلمات .

وهذا مبلغ علمنا، وللعلماء في ذلك مذاهب وفوق كل ذي علم عليم.

---

(1) علم العروض والقافية ، الدكتور عبد العزيز عتيق ، دار النهضة العربية ص8 ورمز «-» للحرف المتحرك ورمز «5» للسكون .

اللغة المنطوقة واللغة المكتوبة [1]

اللغة في أصل الوضع أصوات مركبة تتألف منها كلمات ترمز إلى معان في النفس ، وقد هيأ الله تعالى الإنسان للفظ بها بما خلقه فيه من أعضاء لها القدرة على إصدار أصوات معينة ، ووهبه القدرة على التحكم فيها ، وأدائها على وجه ما اصطلح عليه مع غيره في التواصل ، وله القدرة على تطويرها والزيادة فيها وهذه الأصوات تختلف في صفاتها التي تميز بينها ، وتختلف في توزيعها وفي كمها وفي أدائها في اللغات المتباينة .

وقد أجمع علماء اللغة على أن اللغات المعاصرة امتداد للغة الأم التي تكلم بها أول إنسان ، وتعد تطورًا صوتيا للمنطوق اللغوي الأول ، وأجمعوا كذلك على أن الإنسان الطبيعي غير المعاق يتعلم اللغة عن طريق السماع والتلقين دون أن يعي مدلولها إلا بعد أن تكتمل عنده ملكة الكلام ، وينمو عقله فيربط بين الرموز الصوتية وبين ما ترمز إليه من معان في النفس ، وذلك بعد أن تلقاها من محيطه الاجتماعي مجردة من دلالتها المعنوية فالطفل يرمز بالألفاظ إلى أشياء يعاينها، ولا يدرك معناها وتليها مرحلة التذوق والتفكير التي تمكنه من الإبداع والابتكار في مجالات اللغة المختلفة وهذه المرحلة يتفاوت فيها البشر حسب قدرتهم الذهنية وملكتهم الروحية .

ولا شك أن الإنسان مر بمرحلة الكلام أو النطق أولاً ، وظل على ذلك عمرًا إلى أن ظهرت الضرورة إلى وجود وسيلة يحفظ بها كلامه ، وينقله إلى غيره عبر مسافات طويلة دون النقل الشفهي الذي لا يحتفظ إلا بمضمون المنطوق ، ويتصرف فيه الناقل ، ويطوعه لأسلوبه ، فينقل للمرسل إليه خطابا آخر غير الذي تكلم به المرسل ، فاستطاع الإنسان اختراع رموز كتابية مرت بمراحل تطور ، ورمز بها إلى ما ينطقه من أصوات ، وهذا الاكتشاف يعد أعظم نقلة حضارية في حياة البشرية ، لأن الكتابة أول مراحل الحضارة [2] ، وهي المرحلة التي استطاع الإنسان فيها تدوين تاريخه ، فاللغة المنطوقة هي

---

(1) لقد قمت بإعداد هذا البحث في عام 1997م ، 1417هـ بالهرم ، ثم أعدت النظر فيه ، فوجدته مناسبا لموضوع هذا الكتاب ، فجعلته فيه ، وقد رأيت أن أحتفظ به كما هو دون إحداث تغيير كبير في جوهره .

(2) زعم بعض اللغويين القدماء أن آدم عليه السلام أول من خط بالقلم ، ورأى بعضهم أن آدم عليه السلام تلقى الخط توقيفا أو وحيًا مثلما تلقى اللغة وحيا ، وقد ثبت لدى أهل العلم تحقيقا أن اكتشاف=

التي ميزت آدمية الإنسان عن غيره ، والكتابة هي التي دونت تاريخه ومراحل تطوره وما توصل إليه من علم ، وقد اخترع الإنسان الكتابة بعد أن استقر في مكان اتخذه وطنًا، فدفعته الحاجة إلى وضع رموز للدلالة على أشياء في وعيه.

واللغة في الأصل أصوات مركبة ، فهي ذات طبيعة صوتية منطوقة ومسموعة ، والكتابة رمز مجرد لهذه الأصوات المنطوقة ، وتجسيد لها وتعبير عن واقعها الصوتي في أقرب صورة رمزية مرئية ، وتقوم الكتابة بحفظ هذه الأصوات المسموعة مدونة لفترة طويلة دون تغيير أو تحريف عن الأصل الذي كتبت به ، لأن النص المدون ثابت ، بيد أن الأصوات المنطوقة غير ثابتة ، وإذا أراد الباحث دارسة اللغة دراسة علمية صحيحة درس صورتها المنطوقة أو الصوتية لا النص المكتوب ؛ لأن اللغة في أصل الوضع أصوات مسموعة ، والكتابة لا تمثل صورتها الصوتية على ما هي عليه في الأداء الصوتي ، فكثير من العناصر الصوتية المنطوقة لا تظهر في الكتابة ولا تعبر عنها ، مثل النبر والتنغيم وطبقة الصوت ، وهي عناصر تشارك في الدلالة ، وزيادة على ذلك أن الخط العربي لا يدون اللغة تدوينا مقطعيا بل صوتيا فقط ، فهو يدون الصوامت دون حركاتها عدا الحركات الطويلة فقط ، وليس في الخط ما يدل على بداية المقطع ونهاية قمة الإسماع فيه ، وليس في الخط ما يرمز إلى الحركة التي تصاحب نطق الصامت ، فالقارئ يحتاج أولا أن يفهم المعنى حتى يتمكن من القراءة الصحيحة ، والأصل أن نفهم المعنى مما نقراءه ، فاستحدث علماء العربية الحركات فشكلوا بها الكلمات .

فالخط ذو إمكانيات معينة في التعبير عن الواقع الصوتي ولا يحمل في رسمه صورة دقيقة للمنطوق ، وهذا شأن جميع الخطوط في كل اللغات بيد أن بعض الخطوط تعبر عن أصواتها عن غيرها من خطوط اللغات الأخرى ، لأن نظامها الكتابي وضع رموزا تعبر عن

= الكتابة وابتكارها وقع في وقت متأخر ، وساهمت فيه أمم عديدة – قيل السومريون أو الأجاريتيون ، أو الفينيقيون وقيل غير ذلك – والذي نحن عليه أن الحضارات القديمة ساهمت في وضع الخط وتطوره ، ومازال الخط يحتمل التطوير حتى الآن. وقد جاء في كتاب الصاحبي لابن فارس ، والمزهر للسيوطي وصبح الأعشي في صناعة الإنشا للقلقشندى وكتب الإنشاء وأدب الكُتَّاب روايات تخبر أن آدم أول من كتب أو تعلم الخط وقيل إسماعيل عليه السلام وقيل غير ذلك ، و اللـه أعلم .

جميع الأصوات الأساسية والثانوية ، والخط العربي لا يمثل جميع أصوات اللغة العربية ، لأن العرب استعاروه من غيرهم واستحدثوا فيه رموزا جديدة ليتلاءم مع النظام الصوتي في العربية ، لكنه لا يحمل تصويرا دقيقا له ، فقد رمز الخط العربي إلى الأصوات الصامتة مثل الهمزة ، والباء ، والتاء ، والثاء ... ... ورمز كذلك إلى الحركات الطويلة ، وهي ألف المد ، واو المد ، وياء المد ، ولكنه لم يرمز إلى الحركات القصيرة برموز كتابية تدخل ضمن رموز الكتابة العربية ، واستدرك علماء العربية ذلك بوضع علامات إضافية في الخط ترمز للفتحة القصيرة والضمة والكسرة ، واستحدثوا رمزًا للسكون ، ولكن هذه الرموز الثانوية لا تعد أصلا في الخط ، وليس الكاتب ملزما بها بل هو مخير فيها ، ويعد هذا قصورا في الخط ؛ لأن القارئ لا يستطيع أن يميز بين نوع الحركة أو الساكن والمتحرك من خلال الخط إن لم يكن مشكولا أو مضبوطا برموز الحركات الإضافية ، فهو لا يستطيع التمييز بين المصدر والفعل في «ضرب» مجردًا من الشكل ، ولا يستطيع كذلك معرفة المعلوم والمجهول منها إن كانت فعلا ، لعدم وجود حركة أو رمز يدل على طريقة النطق المراد به المعنى.

ولا نستطيع كذلك التعرف على المضعف وغير المضعف من الأصوات في الخط دون رمز يدل عليه في مثل: «قتل» بتضعيف التاء لدلالة على المبالغة ، فاختلاف الحركة يؤدي إلى اختلاف المعنى في الكلمة السابقة ، واحتمال الجيم الحركات الثلاث في كلمة «جنة» يؤدي إلى ثلاثة معاني متباينة .

وهذا أقوى دليل على مشاركة الحركات في الدلالة في اللغة العربية وأنها جزء من المعنى التركيبي أو معنى الجملة ، وقد بينا ذلك في حديثنا عن الرموز الصوتية
(1) .

ودليل آخر عن عجز الحروف أو النظام الكتابي عن التعبير عن كل أصوات اللغة ، أن مجموع أصوات اللغة أكثر من مجموع الحروف التي تكتب بها ، وقد يوجد في اللغة المكتوبة رموز كتابية لا تمثل أصواتا في الكلمة مثل: الألف التي تلحق واو الجماعة في الفعل الماضي قتلوا ، ذهبوا ، ليس لها وجود صوتي ، ولكنها زيدت في الخط للدلالة على واو الجماعة حتى

---

(1) ارجع إلى كتابي التحليل اللغوي في ضوء علم الدلالة دار النشر للجامعات وحديثنا عن حركات الإعراب في الدلالة الصوتية .

لا تلتبس بواو بنية الكلمة أو أن يظن أنها من كلمة أخرى إذا جاءت في كلمة لا تتصل حروفها أو أن يظن أنها واو العطف إذا وقعت في آخر الكلمة ، وكذلك توجد بعض الكلمات بها أصوات لا ترمز إليها في الخط وهي غالبا متأثرة بنظام الرسم القديم مثل: الـلـه (تعالى) ، والرحمن ، ويسن ، وهذا وهذه وهؤلاء، وغيرهن من الكلمات اللائي لم يرمز فيهن إلى الألف (الحركة الطويلة) برمز كتابي ، ويوجد في اللغة العربية رمزان كتابيان يرمزان إلى صوتين أحدهما صامت والثاني صائت (حركة مد) وهما رمزا الواو (و) ، والياء (ي) ، فالواو في «ولد» «ورد» صوت صامت متحرك في العربية ، بيد أنها في شكور ، غفور ، صوت صائت(حركة مد طويل في اللغة العربية) ، وكذلك الياء الأولى في ياسين ، ويزيد صوت صامت متحرك ، والياء الثانية صوت صائت (حركة مد طويل) (1) .

وتوصل العلماء من ذلك إلى دراسة اللغة العربية من خلال صورتها المسموعة في الأداء دون نصها المكتوب الذي لا يمثل جميع أصواتها ، ونصل من ذلك أيضا إلى أن اللغة المنطوقة هي ألأصل في الوضع ، وليس النص المدون ، ونصل من هذا إلى أن اللغة نوعان نوع منطوق أو شفهي أو شفاهي ، ونوع مكتوب مدون ، ولكل نوع سمات خاصة تميزه عن الآخر ، وهذان النوعان يشاركان في التواصل الاجتماعي ، فاللغة وسيلة الاتصال الأولى في المجتمع ، ويتحقق هذا التواصل اللغوي في شكلين أساسيين هما: اللغة المنطوقة واللغة المكتوبة .

أولاً: اللغة المنطوقة

اللغة المنطوقة هي لغة الأداء الصوتي الذي تظهر فيه جميع العناصر الصوتية الأساسية والثانوية ، أو هي: لغة الخطاب اليومي الشفهي . والأصوات هي أصل طبيعة اللغات جميعا ، فأية لغة أصوات منطوقة ، وهذا هو الأصل ، أما كتابتها فمرحلة تالية لنطقها ، ولا تعد الأصل فيها . ومصطلح اللغة المنطوقة قد يعني اللغة الشفهية، وقد يعني اللغة المقروءة، ومصطلح اللغة الشفهية أدق تعبيرًا عن لغة الخطاب اليومي، وقد يراد باللغة المنطوقة

---

(1) ارجع إلى أسس علم اللغة العربية ص 9، 10 ، 11 . وقد بينا ذلك في الرموز الصوتية .

مصطلح اللغة العام، وهي تقارب ما يعرف بالتعبيرات غير اللغوية التي تؤدي معنى لغويًا مثل: الحركات والإشارات، والرموز، وهذه الأشياء ليست لغة بل رمزًا تعبيريًا .

واللغة المنطوقة من الناحية التاريخية أسبق من اللغة المكتوبة ، فالإنسان تعلم اللغة أولاً ونطق بها ، ثم اخترع رموزا كتابية لترمز إلى أصوات اللغة ، ولم يستطع وضع الحروف إلا بعد أن اكتشف أصوات اللغة فرمز إليها برموز ، وقد دونت بعض اللغات القديمة في مرحلة متأخرة فحفظ بعضها من الضياع مكتوبا ، وهناك لغات لم تتح لها فرصة التدوين ، فاندثرت فلم نر لها من باقية تدلنا على شيء من مفرداتها أو قواعدها .

وإن معظم اللغات التي يتكلمها العالم اليوم لم تكتب إلا بعد فترة متأخرة من وجودها ، فبعضها كتب في زمن حديث ، والكثير منها كتب مؤخرا ، ومازالت في العالم لغات منطوقة لم تكتب مثل لغات بعض القبائل في أفريقيا ولغات الهنود الحمر في أمريكا، واللغة النوبية في جنوب مصر، وهذه اللغات في طريقها إلى الفناء وبعض اللغات التي ليس لها نظام كتابي استعارت حروفا من لغة أخرى وطوعتها لنظامها الصوتي بزيادة أو تعديل .
(1)

واللغة المنطوقة أسرع تطورا وانتشارا ، وأكثر تداولا في الخطاب اليومي ، كما أنها تعد حقلا غنيا للعامية الدارجة ، فاللهجات والعامية الدارجة موطنهما الأصلي اللغة المنطوقة ، وقد تعني اللغة المنطوقة عند بعض اللغويين النص المقروء ، «ونبادر هنا إلى القول بأننا لا نعني باللغة المنطوقة ما يقابل لغة الكتابة أو اللغة الفصيحة التي تقابل اللهجات المحلية ، وإنما نعني بها الشكل المنطوق للغة الكتابة . فالتفرقة بين هيئتين للخطاب بلغة واحدة . وهذا هو المفهوم العلمي في البحوث المتخصصة في اللغة المنطوقة في اللسانيات الحديثة »
(2)

وقد عرفها بعض المحدثين بأنها الكلام التلقائي المصوغ صياغة حرة في مواقف تبليغية

---

(1) ارجع إلى: منهج البحث في الأدب ، ماييه ، ترجمة الدكتور محمد مندور ، دار العلم للملايين 1946 ص95 ، 96 .

(2) اللغة المنطوقة واللغة المكتوبة «بحث في النظرية» دكتور محمد العبد دار الفكر العربي للدراسات والنشر والتوزيع . القاهرة ط 1 ، 1990م ص61 .

طبيعية . أو أنها تعني لغة الخطاب اليومي لا النظام اللغوي . ويستعمل مصطلح (الموقف التبليغي Communications situation) مرادفا لموقف الكلام Speech situation . ويندرج تحت الموقف التبليغي الموقف الاجتماعي Social situation الذي يصنعه شخصان على الأقل ، يشتركان في أفعال شفهية محددة في نوع من التفاعل المركز entrierte interoktionz والتفاعل المركز يعني كما يشير (جوفمان goffman) – توجه اهتمام المشتركين في الكلام مرارا إلى شيء أو موضوع بعينه (1) .

واللغة المنطوقة لها السبق من الناحية التاريخية ، فقد كانت المرحلة الأولى للاتصال الشفوية أو الشفاهية ، والتي تعد سابقة في كل اللغات ، فاللغة أولاً منطوقة ثم تلتها مرحلة الكتابة ، وهناك بعض اللغات نشأت وأخذت مكانها اجتماعيا ثم زالت من الوجود ، ولم تبق لنفسها رسما كتابيًا يحفظها أو يبقي بعض من آثارها ، كما أن عدد اللغات العالمية يتزايد كثيرا جدا عن عدد الحرف الهجائية يقول (فيليب بروتون): «تعد اللغة من المسلمات التاريخية التي سبقت بكثير اختراع الكتابة أو الخطابة . وبينما يحصي اللغويون ثلاث آلالف لغة منطوقة حاليا (وأربع آلاف لغة أخرى اندثرت) ، فإن المدون منها لا يتجاوز المائة بفضل الكتابة (سواء الرمزية الأبجدية (2) أو غيرها) وبعض اللغات بل معظمها اقترض حروفًا هجائية من لغات أخرى مجاورة أو دخيلة أو تغلبت على نظامها الكتابي بما لها من خط متقدم ومبسط» (3) . فالعرب تعلموا الكتابة من بعض إخوانهم الشماليين الذين خالطوا السريان والفنيقيين، وأقباط مصر أخذوا الكتابة عن اليونانيين وبعض الأمم التي دخلت الإسلام أخذوا الكتابة العربيةوزادوا فيها ما يعبرعن لغتهم .

والشفوية أصل في النصوص القديمة ، ومرت بها معظم الآداب القديمة ، فكانت تلقي على السامعين وتحفظ عن ظهر قلب ، ويرونها جيلا بعد جيل إلى أن سجلت ، كما هو

---

(1) المصدر السابق .

(2) ثورة الاتصال نشأة أيدلوجية سيرج برو (فيليب بروتون) . ترجمة هالة عبد الرؤوف مراد . دار المستقبل العربي . 1993م . ص15 .

(3) المصدر السابق .

الحال في التراث الجاهلي الذي بدأ تسجيله على رأس المائة الثانية من الهجرة تقريبا [1] . ولم يكن للرمز الكتابي أهمية في بدء التدوين، فالعلماء لم يعتمدوا عليه في نقل الرواية وفضلوا المشافهة؛ لأنها كانت تحافظ على الأداء الصوتي للنص بكل ما يحمله من دلالات تعبيرية، ولم يك نظام الكتابة ناقلاً أمينًا؛ لأنه كان عرضة للتخريف والتصحيف والخطأ، وكان لا يدون العناصر الصوتية ولم يعتمد عليه رواة العرب بقدر ما اعتمدوا على السماع والحفظ ، فكانوا يسمون الخطأ واللحن تصحيفا بل كانوا يذمون من يعتمد على الصحف دون الحفظ ، لأن الرواية السماعية كانت تحتفظ بما للنص من سمات صوتية ، وكانت تلك النصوص تبدع وتحاك وتمحص في خلد مبدعها دون أن يكتبها ، وكانت تلقي أيضا سماعا ، ومن المسلم به أن الكتابة أو التسجيل سيفقدها كثيرا من محتوياتها ، فالأداء الشفهي أكثر دقة فيها من الكتابة التي تفقد اللغة حيويتها وحركتها. وتحولها إلى جسد ميت لا حياة فيه .

ولعل من أعظم الأدلة على سبق الشفوية أن مرحلة الكتابة جاءت بعد مرحلة التكلم ، وأن معظم اللغات اخترعت رموزا كتابية لها ، وسجلت بعض آثارها بعد فترة متأخرة من ظهورها ، بل هناك لغات ليس لها نظام كتابي ، ولهذا لم تجد ما يحفظها ، وتلاشت واندثرت آثارها من حافظة ناطقيها بتغلب لغة أخرى أو هلاك أصحابها [2] .

وما زال الأدب الشعبي يعتمد على الشفوية التي قيلت بها النصوص القديمة والتي سجلت متأخرة بعد انتشار الكتابة عند معظم الأمم ، والأدب الشعبي مثال صادق وأمين على مرحلة الشفوية العفوية التي تحدث الإنسان بها منذ هبوطه على الأرض حتى الآن ، وهي الشفوية التي رددت بها النصوص القديمة زمنًا طويلاً ، وهذا يدل على أن الخطاب الشفوي كان أسبق وجودًا من المكتوب ، وأكثر تأثيرًا ، وأوسع انتشارا ، فالإنسان العادي ينتج من الحديث أكثر مما ينتج من المكتوب ، كما أن المجتمع اللغوي يوجد بين أفراده أميون (تتفاوت نسبتهم من مجتمع وآخر) لا يستخدمون الكتابة ، وهذا هو السبب في أن كثيرا من

---

(1) مقال: (الكتابة ومفهوم النص) عبد الملك مرتاض (دكتور بجامعة وهران) ، مجلة (اللغة والآداب) جامعة الجزائر ، قسم اللغة العربية وآدابها عدد 8 (ملتقى علم النص) 1986 ، 1406هـ . ص25

(2) ارجع المصدر السابق ص26 ، 27 .

علماء اللغة المعاصرين يعطون اهتماما كبيرا للغة المنطوقة ، ويعدونها الشكل الأساس على حين يوجهون إلى اللغة المكتوبة اهتماما أقل (1) . والدراسات الغربية اتجهت نحو الخطاب المنطوق واهتمت به اهتمامًا كبيرًا، ودعت إلى دراسة اللغة الشفهية، وتأثر بهم بعض العرب، فعكفوا على دراسة العامية، وأسرفوا في الحديث عن أهميتها، وهذا الاتجاه له خطورته على لغتنا العربية.

وقد كانت لغة العرب لغة شفاهية ذات تراث شفاهي ، فالعرب أمة أمية لا تعرف الكتابة ، فحفظ العرب تراثهم في أفئدتهم حفظا ورواية إلى أن دونوه بعد أن دونوا القرآن الكريم والحديث ، وفكروا في جمع اللغة وآدابها ، فكتبوا ما يحفظونه من شعر ونثر عن أجدادهم الجاهلين ، كما دونوا بعض لهجات القبائل ولم يهملوها مشهورة أو شاذة ، بل تناولوها في أطراف أحاديثهم ، وسموها لغات مثل لغة تميم والحارث بن كعب وطيىء ، وقاسوا على تلك اللغات التي خرجت عن العرف اللغوي في بعض الخصائص ، واهتموا بالجانب الصوتي ، والكلمات ، فالعرب اهتموا بالكتابة الصوتية ، ولم يكن ذلك إلا مظهرا من مظاهر الاهتمام باللغة المنطوقة ، واهتموا بالمشافهة والسماع في جمع المادة اللغوية ، بما نقلوه عن الرواة أو الحفاظ ، ووضعوا قاعدة السماع والقياس عليها في النحو لضبط قواعد اللغة ونطقها ، ولهذا اهتموا بتسجيل اللغات والاحتجاج بالمأثور المجمع عليه ، ونفروا من التصحيف والتحريف . ولم يكن هذا الأمر عفويا ، بل كان مضبوطا بقواعد محكمة ، وضعها علماء اللغة والنحو ، فاللغوي ينقل ما سمعه دون تصرف ، ويذكر مدى حجته ، ومن نقل عنه ، ووظيفة النحوي أن يختار لنفسه الحجة ويقيس عليها (2) . يقول السيوطي مفرقا بين دور النحويين واللغويين في الاحتجاج بما نقل عن العرب من قول مأثور: «اعلم أن اللغوي شأنه أن ينقل ما تنطق به العرب - ولا يتعداه- وأما النحوي فشأنه أن يتصرف فيما ينقله اللغوي ، ويقيس عليه» (3) . فعالم اللغة يرصد الظاهرة دون تدخل فيما ينقله سماعا ، ويسجلها ويبوبها ، على النحو الذي تلقاها به .

---

(1) مدخل إلى اللغة العربية ، دكتور محمد حسن عبد العزيز ، دار الهاني للطباعة (دون تاريخ) ص160 .

(2) بناء الجملة العربية - محمد حماسة عبد اللطيف - دار الشروق ط1996/1م 1416هـ . ص16 ، 17 .

(3) المزهر في علوم اللغة وأنواعها ، السيوطي (عبد الرحمن جلال الدين) تحقيق محمد جلال المولى [بالاشتراك مع آخرين] ، دار إحياء الكتب العربية (مصر) د- ت ، ط3 ، جـ 59/1 .

وقد اهتم العرب بالجانب النطقي أو الأداء الصوتي في شتى فنونهم المنطوقة أثناء الإلقاء كالخطابة بجميع أنواعها ، والشعر ، واستخدموا في ذلك بعض المصطلحات التي تصف النطق عند القراء والبلاغيين مثل: التلوين الصوتي من حيث التنغيم والإيقاع وارتفاع الصوت وانخفاضه ، والهمس والجهر ... وحددوا أوصاف النطق الشفوي ، فوضعوا قواعد الوقف والابتداء ، والمطالع والخواتيم ، ويمثل إلى جانب هؤلاء الأدباء واللغويون .

وقد فطن علماء اللغة إلى أهمية الخطاب المنطوق أو الحديث المنطوق ، أو الشكل الأدائي للكلام ، لأنه يمثل الطبيعة الصوتية للغة ، ويحمل خصائصها الصوتية التي تشارك في التعبير (1) .

واكتشف علماء العرب هذه الطبيعة الصوتية قال ابن جني (ت 392هـ) معرفًا اللغة بأنها: «أصوات يعبر بها كل قوم عن أغراضهم» (2) فاللغة أصوات منطوقة وليست كتابة، وهذه الأصوات تدل على معنى، وتختلف باختلاف المجتمعات، فكل جماعة منهم تعبر عن نفسها بلفظ خاص، وقد سبق ابن جني الغربيين في هذا الكشف وهو من أبناء القرن الرابع الهجري. ويوظف مصطلح «الكلام» في أكثر من موضع ، ويقف عنده أحيانا وقفات متأنية ، شارحا مفهومه ممثلا لمادته ، كأن يقول مثلا « فأما الكلام فكل لفظ مستقل بنفسه ، مفيد لمعناه ، وهو الذي يسميه النحويون الجمل »، وكقوله أيضًا « فكل لفظ استقل بنفسه ، وجنيت منه ثمرة معناه فهو كلام » (3) .

وقد يفهم من قول ابن جني السابق أنه يخلط بين اللغة والكلام ، ولكن القارئ الواعي لا يستطيع أن يجزم بهذا التفسير ذلك أنه في تعريف «اللغة» استخدم كلمة «أصوات» ، والأصوات في جانبها الأدائي المعبر لا تكون إلا في الكلام المنطوق ، كما أنه ينهي عبارته في تعريف الكلام بقوله: « وهو الذي يسميه اللغويون الجمل »، ومصطلح الجمل مصطلح ذو

---

(1) علم اللغة الاجتماعي . (مدخل) الدكتور كمال بشر ، دار الثقافة العربية (مصر) 1994م ص16 .

(2) الخصائص ، ابن جني ، تحقيق محمد علي النجار . دار الكتب المصرية . 1371هـ 1952م 33/1 .

(3) المصدر السابق 1/ص18 ، 19 . ونقل عن سيبويه: قال سيبويه: « واعلم أن قلت القول ما كان كلاما لا قولاً » .

مفهوم تجريدي (لا أدائي) ينضم إلى جملة المصطلحات الأخرى الضابطة لقواعد اللغة لا الكلام ، ولكنه يوجه اهتمامه واحتفاءه بالمنطوق ، وتؤكد النصوص التي استشهد بها ابن جني أنه منشغل بالجانب الأدائي الواقعي للغة ، وهو الكلام Parole. ومما يؤكد احتفاء ابن اجني بالكلام المنطوق عوده إلى مصطلح « الكلام » مبينا أصله اللغوي ودلالته العامة في كلام العرب . يقول في معرض التفريق بين « القول » و « الكلام » القول تحرك به الشفاء سواء أكان له أثر يدوم في حياة الناس أو لم يكن ، وأما الكلام فهو من الأصل اللغوي نفسه الذي منه جاءت لفظة « كلم » (بتسكين اللام) وهو الجرح ، والمكلوم هو الجريح ، فالكلام هو ذلك الذي يحز الجلود حزا ، ليدوم له في حياة الناس أثر وليترتب عليه – بالتالي – فعل يغير من صورة تلك « الحياة » (1) ، يقول الدكتور كمال بشر: « وبديهي أن الذي يؤثر في حياة الناس ، ويقع منهم موقعا فاعلا محدثا بهم وبحياتهم شيئا من التغيير هو الخطاب المنطوق المعبر عنه باللفظ في كلام ابن جني السابق (2) . وعلى هذا المفهوم نفسه جاء قول امرئ القيس (3) :

ولـــو عـــن نثـــا غـــيره جـــاءني وجـــرح اللســـان كجـــرح اليـــد

واللسان هنا (وإن كان يطلق على اللغة في عموم معناها) المقصود به (الكلام) الذي يناظر أثر اليد ، وهي جارحة الجوارح التي إن وظفت أنجزت وغيرت ، وقد يكون التعبير بالجرح ، وكذلك اللسان (الكلام) يجرح (أي يؤثر تأثيراً سيئا في بعض حالاته) .

ويدخل في إطار الاهتمام « بالكلام » (الخطاب المنطوق) ما يجري علي سلوك العامة والخاصة جميعا في المواقف الاجتماعية من نحو قولهم: سامع كلامي؟ سمعت ؟ اسمع أولاً .... إلخ ، إذا السماع أثر فيزيائي لأصوات منطوقة بالفعل تعمل عملها في ذهن السامع

---

(1) الخصائص 1/ص14 .

(2) علم اللغة الاجتماعي (مدخل) ص 68 .

(3) امرؤ القيس بن حجر الكندي ، والبيت بديوانه تحقيق محمد أبو الفضل إبراهيم . دار المعارف . مصر ط5 ص185 والبيت من بحر المتقارب ، وهو: ولو عن نثا غيره جاءني وجرح اللسان كجرح اليد

وسلوكه جميعا ، وعليه جاء قول شاعرهم [1] :

لـو يسـمعون كـما سـمعت كلامهـا   خـروا لعـزة رُكعـا وسـجودا

وقد يستخدم المصطلح « الكلام » أحيانا في معنيين ينسحبان على « اللغة » و « الكلام» في نظر القائلين بالتفريق بينهما ، ومنه قول قائلهم [2] :

إن الكـلام لفـي الفـؤاد وإنمـا   جعـل اللسـان علـى الفـؤاد دلـيلا

فالكلام في الشطر الأول قد يعني « اللغة » بمعنى القواعد والضوابط الكامنة في العقل (المعبر عنه بالفؤاد) ، ولكنه في الشطر الثاني قصد به الأحداث المنطوقة الفعلية [3] ويُأوّل مفهوم البيت بتفسير آخر ، هو الاهتمام باللسان (الكلام المنطوق) لا بالمخزون العقلي من ضوابط اللغة وقواعدها ... وإنما المهم ما يقول اللسان ويفصح عنه ، ودليل هذا الاهتمام باللسان البنية اللغوية المسبوقة بالأداة « إنما » دليل الحصر لبيان مزيد من الاهتمام وقصر الإفادة عليه [4] .

وقد اهتم النحاة بالمنطوق الذي ترتبط به الفائدة ، ولا فائدة لمنطوق ما لم يلق مسرحه ومقامه الملائم له ، ويظهر هذا واضحا من افتتاحية ابن مالك لألفيته ، حيث يستهل عمله هذا بقوله: كلامنا لفظ مفيد كاستقم [5] . فالإخبار عن الكلام باللفظ دليل على إرادة الملفوظ أو الخطاب المنطوق ونعت هذا اللفظ بالمفيد لبيان قيمته ودلالته ، ولا تكون هذه القيمة ولا تتحق تلك الدلالة إلا في سياق اجتماعي ، تتواءم جوانبه مع هذا المنطوق وبنيته اللغوية ، والأهم في الدلالة في هذا التفسير ، تمثيله « الكلام » بعبارة « استقم » في صيغة الأمر ، والأمر خطاب مباشر ، والخطاب كلام موجه إلى متلق ، وليس مجرد أصوات ترسل

---

(1) كثير عزة .

(2) الخصائص 20/1 .

(3) علم اللغة الاجتماعي « مدخل » ص 68 .

(4) المصدر السابق ص 69 .

(5) (شرح ابن عقيل) بهاء الدين عبد الـلـه بن عقيل ، تحقيق وشرح محمد محيي الدين عبد الحميد ، مكتبة دار التراث - القاهرة - ط1400/20هـ 1980م ص13 .

في الهواء ، أو تحاور مع النفس ، ودون أداء فعلي وعقلي.

ويؤكد الدكتور بشر أن سياق العبارة التي جاء فيها (كلامنا) مقصود به الخطاب المنطوق ، لأن « قواعد اللغة وضوابطها لا تستخلص ولا يمكن الحصول عليها إلا من مادة واقعية منطوقة ، وهي « الكلام » ، ومن ثم تدارك الأمر وأتبع مصطلحه هذا « كلامنا » ، وعين مقصوده بـ « اللفظ » أي الملفوظ المنطوق ، وتفسيرنا هذا يأتي على وفاق تفسيرنا لمقولة ابن جني السابقة: « اللغة أصوات يعبر بها كل قوم عن أغراضهم » ، فعلى الرغم من توظيف مصطلح « اللغة » صراحة ، فإن بقية العبارة تشير بلا التواء إلى احتفائه بالمنطوق المعبر عنه بالأصوات في العبارة ذاتها (1) .

ويختتم الدكتور بشر بقوله: « وتفسيرنا هذا الذي ذكر عبارات هذين العلمين الكبيرين يتمشى جملة وتفصيلا مع آراء جمع من الثقاة المحدثين الذين يعرفون اللغة بأنها « أصوات تعبر عن معان ... » وحقيقة الأمر أن اللغة مهما اختلف الدارسون في تحديد مفهومها - قوامها وعمادها « الأصوات » أي الكلام المنطوق ، وغاية الأمر أن قوما منهم يؤكدون على ذلك الجانب المستخلص من هذه الأصوات (وسموه اللغة) ، وآخرين همهم الأول والأخير دراسة هذا المنطوق نفسه (الموسوم بالكلام عند بعضهم) ، فالقبيلان لا ينكران هذا المنطوق ولا حقيقته . وإن كان فريق منهم لا يأخذه في الحسبان أخذا مناسبا في دراسته وفقا لرؤيتهم الخاصة ، وتساوقا مع منهجهم الذي اختاروه (2) .

ولقد تحول الأمر إلى صالح اللغة المكتوبة بعد أن كانت مهملة عند القدماء، فقد اعتد الجيل الثاني من بعد عصر التدوين بما دونه الأولون من تراث الأمة الشفهي، فأصبح هذا التراث المدون مصدرًا للعلماء يثقون به وينقلون عنه ويردون الرواية الشفهية غير المتواترة خشية لما يقع فيها من خلط وتقديم وتأخير وتبديل وزيادة أو وضع .

ولعل من الأسباب التي جعلت اللغة المكتوبة قديما أهم من المنطوقة أن النحاة التقليدين قدموها ، واهتموا بها وأضفوا عليها صفة القداسة ، واعتبروها الأساس وسفهوا

---

(1) علم اللغة الاجتماعي ص70 .

(2) المصدر السابق ص71 .

أمر المنطوق ، لأنه يتعرض للفساد ، وظل تعقيد اللغة وتحليل مستوياتها معتمدا على الشكل المكتوب باعتباره أساسا للقراءة والتكلم (1) .

ونسبته إلى القدماء جعلت له مكانة خاصة عند العلماء الذين اعتمدوا على آراء العلماء في التأليف، ونقلوا عنهم واحتجوا برأيهم ، وقد أصبحت اللغة المنطوقة في القرن الثالث الهجري مهملة، فلم يعبأ العلماء بها ووكلوا أمرهم لمن سبقهم في النقل والرواية والاحتجاج.

ولكن اتجه البحث اللغوي حديثا نحو اللغة المنطوقة ، باعتبارها أكثر دورانا وانتشارا ، وقد ساعد على ذلك الأجهزة الحديثة التي ساعدت على حفظ المادة المنطوقة مسجلة ، كما وضعوا رموزا جديدة للأصوات المنطوقة ، واستخدموا في الدراما الأجهزة الحديثة في تسجيل الكلام وتحليله وابتكروا نظاما جديدا يحصى فيه كل صوت ينطق عن طريق الكتابة الصوتية « Phonetical alphabet » (2) وقد تبنى هذا الاتجاه علماء اللغة الغربيون ، وتأثر بهم بعض العرب من أتباع الحداثة والتنوير ! والخطاب اليومي المعاصر يحتاج معالجة علمية ترتضى بمستواه اللغوي.

وقد اهتمت الدراسات الحديثة سواء مجال الدراسات اللغوية أو الدراسات الأسلوبية باللغة المنطوقة الحية وأعطتها أهمية كبيرة ، وبرز هذا الاهتمام في مجال دراسات اللهجات ، وبيان ملامحها الصوتية وارتباطها باللغة المشتركة أو الفصحى .

واهتمت أيضا بلغة الحديث اليومي ، فالمدارس اللغوية الحديثة اعتنت باللغة الحية لغة الحديث الفعلية في فترة زمنية محددة ومعاصرة ، وبذلك أتت دراساتهم وصفا حقيقيا واقعيا للغة ما ، كما هي مستخدمة حاليا لا الاستخدامات التي عفاها الزمن ، وأصبحت في بطون الكتب أو أمثلة مصنوعة (3) .

وهي دعوة إلى معالجة اللغة معالجة حديثة تعتمد على توظيفها في الخطاب المعاصر، وذلك في ضوء قواعد اللغة ومعجمها، فلغة الخطاب اليومي

---

(1) اللغة المنطوقة والمكتوبة (بحث في النظرية) الدكتور محمد العبد ص13 .

(2) العربية والغموض . دراسة لغوية في دلالة المبني على المعنى . الدكتور حلمي خليل ، دار المعرفة الجامعية - الإسكندرية ط 1988م ص175 .

(3) اللغات الأجنبية تعليمها وتعلمها ، الدكتور نايف خرما ، والدكتور على حجاج ، عالم المعرفة - الكويت عدد 126 ، 1408هـ ، 1988م . ص29 .

تحتاج تقويمًا يسددها إلى مستوى اللغة الفصحى.

وتعد المدرسة البنيوية « The structural School » رائدة البحث في الخطاب المنطوق ، فقد أولت اهتمامها له ، فكلف أعضاؤها بدراسة « لغة الحديث الشفهي بالدرجة الأولى » ، خلافا لما كان يفعله التقليديون ، واعتبروا هذا المظهر من مظاهر اللغة الأولى والأساس والأهم ، بينما أتت دراستهم للغة المكتوبة تالية وثانوية (1) .

وترجع الأهمية الحقيقية في دراسة الخطاب المنطوق - في الخمسينات - إلى تلاميذ دي سوسير من أمثال سابير ثم بلومفيد ثم سكينر ، وأتى من بعدهم ويلز وهاريس وبايك وفريز من علماء اللغة التطبيقيين ، وقد امتد أثر هؤلاء في الدراسات اللغوية النظرية في أواخر الخمسينات من القرن الحالي ، ولكن ما زالت الشكوى موجودة من إهمال البحث الجاد في اللغة المنطوقة ،وبالرغم من أن رائدا مثل فيرث Firth قد دعا اللغويين منذ أكثر من نصف قرن إلى دراسة المحادثة ، حيث إنها المفتاح إلى فهم أفضل لماهية اللغة ووظيفتها ، فإن الدراسة الجادة للخطاب المنطوق Spooken Discourse لم يسبق إليها اللغويون وإنما سبق إليها ونبه إلى أهميتها الاجتماعية علماء اللغة والأنثروبولوجيا .

ويؤرخ العلماء البداية الحقيقية لاكتشاف اللغة المنطوقة باعتبارها موضوعا من موضوعات علم اللغة ببداية الستينات من هذا القرن .فمنذ تلك الفترة انتشر البحث بين اللغويين في اللغة المنطوقة مقارنة بنظيرتها المكتوبة من الناحيتين: النظرية والتطبيقية (2) .

والحقيقة أن أول من درس اللغة المنطوقة أو لغة الخطاب اليومي هم علماء اللغة الأوائل، فقد عالجوا لهجات القبائل، ولهجات سكان المدن، وعرّفوا الفصيح منها والرديء

---

(1) اللغات الأجنبية ص28 .

(2) اللغة المكتوبة والمنطوقة .بحث في النظرية ص14 . نحن لا نميل إلى دراسة لغة الخطاب اليومي أو العامية ، لأن شخصية اللغات الأوروبية تختلف عن شخصية العربية ، فاللغات الأوربية لغات حديثة متطورة عن لغات أخرى بيد أن العربية لا يصح منها إلا مستوى اللغة الفصحى ، ويجب أن ننهض بالخطاب اليومي إلى درجة اللغة الفصحى ، وأن لا نعطيه رعاية تؤكد وجوده في مقابل الفصحى ،فيصبح لدينا ازدواجية لغوية ، ونحن نريد خطابا واحدا بلغة واحدة هي لغة القرآن الكريم.

والدخيل وقياس ذلك في العربية، ونجد ذلك في «كتاب سيبويه» الذي بحث اللهجات المعاصرة له وقياسها في العربية وبعض العلماء أفردوا كتبًا لمعالجة كلام العوام وحكمه في العربية، فأثبتوا فصاحة بعضه وضعفوا بعضًا ولحنوا بعضًا.

ويرى الدكتور محمد العبد أن الاتجاه نحو بحث الخطاب المنطوق [في الغرب] قد تم على مراحل وهي:

المرحلة الأولى: دراسة اللهجات وجمعها وبيان خصائصها ومقارنتها باللغة الأدبية أو المعيارية ، فظهر علم اللهجات Pialectology ففهمت اللغة المنطوقة – في تلك المرحلة – على أنها تعني اللهجة أو اللغة الدارجة أو العامية . (1)

المرحلة الثانية: نهضة البحث في الطبقات اللغوية Sprochs التي ارتبط النشاط فيها بموضوعات رئيسية في اللغة الدراجة وذلك في الخمسينات من هذا القرن . وقد بدأ التصنيف في مجال بحث طبقات اللغة ثلاثيا: اللغة المكتوبة Geschriebene Sprache واللغة الدراجة Umgangss Prache ، واللهجة Mundart ، ولكن اتجه البحث النحوي إلى تصنيف اللغة تصنيفا ثنائيا هو اللغة المكتوبة واللغة المنطوقة ، من أجل ذلك يمكن القول بأن السبب غير المباشر للبحث في اللغة المنطوقة في الستينات من هذا القرن يرجع إلى البحث النحوي . (2)

المرحلة الثالثة: وهي المرحلة التي شهدت تحول طرق البحث اللغوي من المنهج التاريخي Diachronisch إلى المنهج الوصفي Syncnronisch بعد دوسوسير Desaassure وقد تبنته البنيوية الأمريكية فصار بحث اللغة المنطوقة من الأسس المهمة في البحث اللغوي بعامة .

هذا وقد رأى البنيويون أن الشكل المكتوب للغة ليس إلا تسجيلا ماديا لأصوات حية منطوقة ولعل خير شاهد على هذا قول بلومفيلد: « إن الشكل المكتوب ليس لغة ، ولكنه

---

(1) اللغة المكتوبة والمنطوقة (بحث في النظرية) ص15 .

(2) المصدر السابق .

طريقة تسجيل اللغة بواسطة إشارات ورموز مرئية »[1] . ونرى أن هذا وصف للخطاب اليومي في اللغات الأوربية ، ولا تنتظم في هذه الاتجاهات العامية العربية لأن اللغة العربية الفصحى ترتفع عن العامية الرديئة ، والذي يجب أن نرعاه ونعتني به من الخطاب المنطوق هو الخطاب المقروء لا غير ، وهو الذي يعتمد على عرف العربية الفصحى ، ويمثل جانبها الشفهي في العصر الحديث ، لأنه قراءة للنص العربي المدون الذي يخضع لقواعد اللغة وأساليبها المعهودة ، ولا ننساق وراء بحوث الغرب في لغتهم الدارجة العامية ، لأن لغتهم الكلاسيكية أصبحت بالية في خطابهم المعاصر ، وهذا شأنهم وشأن لغتهم ، ولا تنتظم في ذلك العربية .

ونحن نسعى إلى لسان عربي واحد يجمع أبناء العروبة والدين، واللهجات أول المفارق التي تجعلنا شيعًا لا جماعة لنا، وهذه اللهجات الرديئة لا تحظى بما تحظى به عربيتنا الجميلة من حسن اللفظ ورقته وغزارة معناه وجماله في السمع، وسبكه في التركيب مع غيره، ناهيك عما تثيره العامية في النفس من شعور بالمهانة والوضاعة والابتذال، وقد أبدلنا الله تعالى خيرًا منها لسانًا عربيًا مبينًا يعلو ولا يعلى عليه.

---

(1) المصدر نفسه ص16 .

ثانيًا: اللغة المكتوبة

اللغة المكتوبة أو المدونة هي التي رمز إلى رمزها الصوتية المسموعة Phonatic Symbols برموز كتابية مقروءة ، تتأثر بنوع الخط الذي تكتب به وبأسلوب الكاتب ، وقواعد الكتابة ، وقواعد اللغة المكتوبة ، وهذا النوع يتميز بأنه أكثر رقيًا وانتقاء، وأكثر ثباتا ، وأطول عمرا ، لأنه يمكن الاحتفاظ بالمادة الكتابية مدونة فترة طويلة بيد أن الأصوات رهينة زمن الأداء ، ويصعب الاحتفاظ بها فترات طويلة ، لأنها متطورة وغير ثابتة وعرضة للنسيان والتحريف ، ولهذا عرفت اللغة المكتوبة بلغة النصوص الثابتة ، وارتبطت بالتراث القديم والنصوص المقدسة ، والآثار. وتأتي اللغة المكتوبة في المرحلة الثانية بعد نشأة اللغة ويعد هذا من المسلمات التاريخية فقد سبقت اللغة اختراع الكتابة بزمن بعيد . ^(1)

وقد ذهب علماء اللغة قديما وبعض الأوربيين حديثا إلى أن اللغة المكتوبة أو مادة النصوص أهم من اللغة المنطوقة ، ويرجع سبب ذلك إلى أنهم اعتمدوا في تقعيد اللغة ، وتحليل مستوياتها على الشكل المكتوب ، باعتباره أساسا للقراءة والتكلم ، وباعتباره – على قول ماريانه لوشمان – Mariane Loschman تخزينا لنتائج عمليات الإرسال والاستقبال أو القول والتلقي » ^(2) وقد قام علماء العربية بتدوين لغات العرب ووصفوا مظاهرها ومعانيها بعد أن انتشر اللحن في اللغة بسبب تداخل الألسنة واختلاط اللغات بعد الإسلام ، واعتبرت مصنفاتهم اللغوية مصدرا لمن أتى بعدهم ، وتحولت مآثر العرب المنطوقة شفاهة في عصور الاحتجاج ، إلى لغة مكتوبة . في عصور التدوين ، فقد كانت المادة المسموعة للغة العربية أسبق من المكتوبة أو المقروءة . ونذكر هنا نسخ المصحف وتدوين السيرة النبوية والحديث الشريف والرسائل القضائية والديوانية، وشعر الجاهلية وصدر الإسلام فكل ذلك دون بعد أن كان محفوظا ، يروي ويسمع ، ويتلقاه الرواة مشافهة ، فقد

---

(1) ثورة الاتصال . نشأة أيدلوجية جديدة ، فيليب بروتون سيرج برو؛ ترجمة هالة عبد الرؤوف مراد . دار المستقبل العربي 1993م . ص15 .

(2) اللغة المكتوبة واللغة المنطوقة ص13 ، 14 .

كانوا يذمون من يعتمد على الصحف في بدء التدوين ، ويرون أن روايته يقع فيها تصحيف ، ويسمونه مصحفي ، ولا تؤخذ رواية عن مصحفي أي من يعتمد على قراءة الصحف . حتى انتشر التدوين ، واعتمدوا على المكتوب ، فتركوا المشافهة واعتمدوا على النص المكتوب . وقد مرت الكتابة ماديا بمرحلة الكتابة الرمزية سواء أكانت تصويرية بحتة أو معبرة عن الأصوات (1) . وقد تناولنا ذلك في « الرموز الصوتية » .

ورأى دوسوسير وأتباعه والبنيويون من أمثال سابير Sapir وبلومفيلد Bloom Field ، وهوكت Hokett وجليسون Gleason أن الشكل المكتوب للغة ليس إلا تسجيلا ماديًا لأصوات حية منطوقة . شاهد ذلك قول بلومفيلد : إن الشكل المكتوب ليس لغة ، ولكنه طريقة تسجيل اللغة بالإشارات والرموز المرئية (2) . فالكتابة لا تمثل اللغة المنطوقة تمثيلا كاملا ، والكتابة التي نتحدث عنها هي الكتابة الأبجدية التي تربط فيها الوحدة الخطية Grapheme بوحدة صوتية أو فونيم على اعتبار أنها التعبير الرمزي لها (3) . و« الكتابة إشارات تصويرية أو خطية تتصل بإشارات صوتية « لغوية » (4) . فقد وضع الرمز الكتابي بإزاء صوت لغوي يرمز إلي الخط ، ولا علاقة معنوية بين الرمز الصوتي ورمزه الكتابي ، فالصوت مجرد من المعنى ، وكذلك الحرف المكتوب لا معنى له إلا ما اصطلحنا عليه أنه يرمز إلى صوت معين في اللغة .

---

(1) ثورة الاتصال ص16 . ويرجع تاريخ نشأة الكتابة الرمزية في بلاد ما بين النهرين قبل ميلاد المسيح بأربعة آلاف عام تقريبا ، وكانت في بدايتها تصويرية بحتة أي تستخدم رسما تصويرا للتعبير عن شيء أو شخص معين كأن ترسم شجرة للتعبير عن الشجرة ... ثم تطورت في عام 300 تقريبا قبل الميلاد ، فأصبحت الرسوم أكثر تجريدية ، ولا توجد علاقة تصويرية مباشرة بين الكلمة والرسوم المعبرة عنها ، مثل اللغة الهيروغليفية. ثم تطورت الكتابة ، وبدأت الكتابة في تطورها تنفصل تدريجيا عن الصورة ، وعن التعبير التماثلي عن الأشياء ، وأسفر هذا الوجه من تجريد الكتابة عن اختراع الحروف الأبجدية ، التي حققت انفصالا عن الصورة ، حيث أصبحت تعتمد على مجموعة صغيرة من الرموز المجردة الشفرية تمثل الأصوات المنطوقة . ثورة الاتصال ص 16 ، 17 ومعرفة اللغة، يول ص22 .

(2) اللغة المكتوبة واللغة المنطوقة: ص 16 .

(3) العربية والغموض دراسة في دلالة المبنى على المعنى، الدكتور حلمي خليل ص175 .

(4) مدخل إلى الألسنة . بول فابر ، كريستيان بايلون . المركز الثقافي العربي. بيروت ط1992/1م ص75 .

ويرى جودي Goody أن التفكير التحليلي analytic Thinking يحصل لدى الفرد عند كتابة اللغة المكتوبة ، ذلك أنها تدوين للكلام ، ويمكن الإنسان من امتلاك الكلمات المفردة ومعالجة نظامها وتطوير صور التفكير المنطقي . ويحدد جودي للغة المكتوبة وظيفتين أساسيتين: (إحداهما): وظيفة التخزين the storiage function التي تتجاوز بعملية التوصيل الزمان والمكان . (والأخرى): هي نقل اللغة من المجال السمعي إلى المجال البصري ، والسماح بسبر أغوار الكلمات ، والجمل في سياقتها الأصلية Original contexts (1) .

ويدلنا تاريخ الكتابة على أنها قد أحيطت بأجواء سحرية ، حتى إنها بعد أن تجردت من كل صفة سحرية ، ظلت محاطة بهالة من الرهبة والاحترام ، ذلك أن الناس قد احتفظوا بما للنص المكتوب من خرافة . ومازلنا نكرر « هذا مكتوب » أو « قد كان ذلك مكتوبًا ، كما أننا نتصور المقدور مسجلا في كتاب كبير تطوي منه في كل يوم صفحة . وتعد الرموز المكتوبة في حد ذاتها صلة مهمة في العلاقة التاريخية بين اللغة والثقافة والبناء الاجتماعي ، فقد تخلصت الكتابة من الأساطير التي ارتبطت بها في العالم القديم ، وشاركت في جميع نواحي الحياة الحديثة اقتصاديًا وسياسيًا وإعلاميًا (2) .

ويتجلى الشكل الكتابي في الذهن لعدة أسباب يذكرها دي سوسير ، **أولاً-** الشكل الكتابي الذي طبع في أذهاننا ، وكأنه شيء مستمر وثابت وكأنه أكثر ملاءمة من الأصوات المحافظة على وحدة اللغة عبر الزمن ، وهكذا فقد ابتكرت وحدة زائفة تماما ، أن الرابط الخارجي للكتابة تعد ملاحظته أو الإمساك به أكثر سهولة من الرابط الحقيقي (الرابط الصوتي) . **ثانيا-** يعطي بغالبية الناس انتباها كبيرا للانطباعات المرئية ببساطة ، لأنها أكثر ثباتا ، ووضوحا من الانطباعات السمعية ، ولهذا فهم يفضلون الصورة الكتابية التي تعمل على فرض نفسها عليهم على حساب الصوت. **ثالثا:** يحسم الأمر لصالح الكتابة عندما لا يكون هناك توافق بين اللغة – والإملاء ، فإن استمرار الخلاف يكون صعبا على كل شخص

---

(1) اللغة المكتوبة ، واللغة المنطوقة ص27 .

(2) المصدر السابق ص28 .

باستثناء اللغوي ، وإذا لم يقدم حلا للمشكلة ، فإن الشكل الكتابي هو الذي يفوز حتما ، لأن أي حل مدعوم بها يكون سهلا ، ولهذا فالكتابة تحمل أهمية لا تستحقها » (1) . ويرجع اهتمام العلماء بالنص المكتوب قديما إلى أنه ثابت ويحافظ على مضمونه اللغوي وثقله ويمكن نقله عبر مسافات بعيدة على عكس اللغة المنطوقة (2) .

ولم يعد الاحتفاظ بالمنطوق ونقله إشكالاً في عصرنا ، لأن التسجيلات والأشرطة ، وغير ذلك من أشكال الأحاديث المحفوظة تحقق للغة المنطوقة ميزة الاستمرار والانتقال إلى أماكن بعيدة في العصر الحالي ، ويمكن الحفاظ على مادتها الصوتية كاملة مسجلة على شرائط ويغني ذلك عن كتابتها في العصر الحالي ، والتسجيل الصوتي يحتفظ بالمنطوق وعناصره الصوتية، بينما الكتابة تعجز عن الحفاظ عليه كاملاً.

وقد دافع الدكتور تمام حسان عن اللغة المنطوقة مستشهدا بالتقدم الفني في مجال البحث اللغوي بقوله: « إذا كان للكتابة على النطق ميزة الدوام وإمكان الاستحضار مرة أخرى وإعادة التجربة ، وتخطي حدود الزمان والمكان ، فإن النطق له عليها ميزة الحياة والحركة ، وربما أصبحت له قدرة مشاركتها عنصر الدوام وإمكان الاستحضار مرة أخرى ، وإعادة التجربة وتخطي حدود الزمان والمكان بعد اختراع أشرطة التسجيل أو الإذاعة ، والتليفزيون ، وفي كل هذه المخترعات يحفظ النص بدلالته النغمية وبالموقف الاجتماعي ، ويزيد التليفزيون عليها الاحتفاظ بتعبيرات ملامح الوجه وحركات أجزاء الجسم كالرأس واليدين مما يجعل الموقف أقرب إلى الحياة » (3) ، ولكن هذا لا يطرد في كل الخطابات المنطوقة ، التي لا تتاح لها هذه المجالات .

وقد أشار الدكتور حلمي خليل إلى أوجه الاختلاف بين اللغة المكتوبة والمنطوقة ، يقول: « منذ أن أصبحت الدراسة اللغوية دراسة علمية موضوعية قائمة على دراسة اللغة

---

(1) دي سوسير: فصول في علم اللغة العام ص 56 .

(2) اللغة المكتوبة والمنطوقة ص30 .

(3) اللغة العربية معناها ومبناها . الدكتور تمام حسان: ص277 وهذا لا يعني أنه يدعو إلى العامية بل يعني مستوى الأداء المنطوق الذي يحتفظ بجميع العناصر الصوتية .

المنطوقة Spokenlanguage وجد علماء اللغة أن هناك فروقا بين اللغة المنطوقة واللغة المكتوبة written تتمثل في أشياء تفتقر إليها اللغة المكتوبة ، وتعين السامع على إدارك المعاني ، وفهم الدلالة مثل: النبر Stress ، والتنغيم Intanation ودرجة علو الصوت Laudness وسرعة الكلام Speech . (1) وهي العناصر المنطوقة التي تختفي من النص المكتوب لعدم وجود رموز كتابية ترمز إليها .

الكتابة والنص

للنص مفاهيم عديدة ، أشهرها: ما عين من قول ، أو هو القول الثابت الذي ينص به في الاحتجاج ، فمفهوم النص يدور في معنى كلام معين منصوص عليه بلفظ أو كتابه أو محفوظا يعرف بثباته وعراقته ، وهو في المشهور: صيغة الكلام الثابتة المنسوبة لصاحبها دون تغيير ، فالقرآن الكريم والحديث الشريف ومأثور كلام العرب شعرا ونثرا كان محفوظا في الصدور ثم دوّن .

وقد ارتبط النص المحفوظ الثابت بالكتابة ؛ لأنها الوسيلة الوحيدة قديما لحفظه من النسيان أو التحريف ، فقد اتخذ الناس الكتابة لتدوين ما يحفظون من نصوص مقدسة ، وقد ظهرت الكتابة قديما في كنف المعابد ورجال الدين ، لأنهم بحثوا عن وسيلة لحفظ النصوص المقدسة التي كانوا يتوارثونها جيلا بعد جيل ، ثم استخدمت في مجالات أخرى .

ويمر النص بمراحل ، المرحلة الأولى الفكرة أو الإلهام ، وهي المرحلة التي تطرح فيها فكرة النص في الذهن ، ثم مرحلة الإنتاج ، ويعبر المبدع عنها قولا أو كتابة ، وهو ما يعرف بقناة الاتصال التي يعبر منها النص من الكاتب أو المبدع إلى المتلقي ، وينتهي دور المبدع عند ذلك ، لتبدأ مرحلة الفهم والتأويل أو التفسير ، وهي مرحلة تخضع لميول المتلقي وثقافته ، فيأوّل النص في ضوء ما لديه من انطباعات شخصية ويظل المعنى أو مقصد المبدع معزولا في المفردات المنطوقة أو المكتوبة ، ويظل مراده الأصلي مجهولا ويحتمل وجوها من التأويل ، ولكننا لا نرى أن مهمة المبدع انتهت بعد أن كتب النص الذي يعد جزءا منه ويمثل أفكاره

---

(1) العربية والغموض ص175 .

واتجاهاته وقدراته الإبداعية ، فالنص - تجاوزا - هو المؤلف ، ويمكننا فهم النص من خلال ما نعرفه عن المؤلف .

وقد كان النص قديما هو المحفوظ في صدور الناس ، والذي يتبارون في حفظه ، أو هو المنطوق الذي يدل على قدرتهم الإبداعية ، وقد ساعدت مرحلة الشفوية في النص على سمو الجانب البلاغي ، وارتقاء الألفاظ والأساليب ، وهي الأدوات التي استعان بها المبدعون في كتابتهم ، والتي تعد من ثمار الخطاب الشفهي .

وهذا المفهوم الكتابي للنص جاء حديثا بعد أن انتهت مرحلة الشفهية أو عصور الشفهية التي نشأت فيها الآداب القديمة ، فدونت تلك الآداب ، وقُرأَت مكتوبةً بعد أن كان القراء يستمتعون بها مسموعة ، وقد ظلت كذلك تقرأ حينا - في المنتديات حتى بعد أن دونت ، فالكاتب يكتب نصًا ثم يقرأه على الحاضرين ، وقد أخذت الكتابة مكانتها حتى في الآداب الشعبية التي أصبحت هي الأخرى مكتوبة ، بعد أن توافر عليها جمع من المهمتين بها ، فشرعوا في كتابتها أو تسجليها صوتيا خشية أن تذوب وتضيع ، مثلما شرع رواة الشعر الجاهلي ونوادر اللغة في تسجيل ما في حافظتهم من آثار أدبية . ففقد الفن الشعبي ووظيفته الاجتماعية في الخيال الشعبي ، وفقد كذلك أهم عناصره الصوتية ، فقد عجزت الكتابة عن تصوير الأدب الشعبي كما هو مروي ، ليصبح الأدب الشعبي هو الآخر نصا بالمفهوم الحديث. وما زال الباحثون يبحثون علاقة النص بالكتابة .

يرى رولان بارت أن النص: « نسيج الكلمات المنظومة في التأليف والمنسقة بحيث تفرض شكلا ثابتا ووحيدا ما استطاعت إلى ذلك سبيلا ... والنص الذي يوجد الضمان للشيء المكتوب » (1) . وهذا التعريف يعتد بالناحية الشكلية للنص من حيث تكوينه ، كما أنه يضمن حفظ الشيء المكتوب وبقاءه دون أن يضيع في قافلة النسيان ، فالنص المكتوب

---

(1) نظرية النص رولان بارت ترجمة محمد خير البقاعي . بيروت مجلة العرب والفكر العالمي عدد 1988م ص89 .

وعاء اللغة والغلاف الذي يحفظ الكلام من عوامل الزمن والنسيان (1) .

وقد أولى ريكور الكتابة اهتمامه ، فأسس نظرية للحدث الكتابي تميزه عن الحدث الكلامي ، وقد اندفع متحمسا إلى العناية بالنص المكتوب ، ومن المنطلق يعرف النص بأنه: «كل خطاب تم تثبيته بواسطة الكتابة» «ولكن ما هو هذا الشيء الذي يتم تثبيته بواسطة » ؟ « إن ما تثبته الكتابة هو خطاب كان بإمكاننا قوله ، إلا أننا – مع ذلك - وبالتدقيق نكتبه لأننا لا نقوله ، وإن هذا التثبيت الذي تمارسه الكتابة يحدث ليحل محل الكلام ذاته ، أي أنه يحدث في اللحظة التي كان بإمكان الكلام أن يحدث » . ولذلك فإن النص لا تحصر مهمته في تسجيل كلام سابق عليه ، بل قيمته في أن يسجل حرفيا مباشرة بواسطة الكتابة ما يريد الخطاب قوله . هذه الاستقلالية المميزة التي تجعلها تأخذ مكان الكلام ، هي التي تطابق ولادة النص » (2) . ويتجلى في هذا التعريف عدة ملاحظات ، وهي:

- يجمع ريكور بين مفهومي النص والخطاب . وهذه مسألة خلافية بين الباحثين .
- لا يكون النص نصا إلا بعد كتابته أي تثبيته حرفيا ، وعلى هذا الرأي تستبعد النصوص الإبداعية الشفوية ، كالشعر الجاهلي والخطب والأمثال والحكم ... (3) .

وينحو «فاولر» نحو بول ريكور أو قريبا منه ، فيؤكد «أن النص معناه البنية السطحية الأكثر إدراكا ومعاينة. وإذا كانت البنية السطحية عند اللساني هي متوالية الجمل ، في تطورها ، وتتابعها ، فإن تيار الجمل يؤدي إلى تحديد سرعة وإيقاع القراءة ، كذلك كانت العلاقة بين التركيب والإخبار هي المحور المركزي في بنية النص » . ويدخل فاولر الجوانب الفيزيقية مثل الخط ، وتقسيم الفقرات ، والفصول والصفحات ، ضمن مكونات

---

(1) ارجع إلى: مقالات في الأسلوبية د/منذر عياش . منشورات اتحاد الكتاب العربي . دمشق 1990م ص206 .

(2) النص والتأويل، بول ريكور، ترجمة منصف عبد الحق ، مجلة العرب والفكر العالمي عدد 1988/3م ص37، 38 ، والكتابة ومفهوم النص د/عبد الملك مرتاض ص12 .

(3) الكتابة ومفهوم النص . عبد الملك مرتاض ص 12

النص» [1] . إن اللغة المكتوبة لغة عامة أو مشتركة ، هي الوسيط في الأحداث التبليغية بين جميع أولئك الذين يتكلمونها . وهي تمثل دائما تقاليد وقواعد محافظة [2] .

وقد عكف كثير من الباحثين على الاهتمام بالشكل الكتابي أو الخطاب المكتوب ، « عن طريق هذا الشكل الكتابي ، ويختلف النص عن الكلام ، وذلك باعتبار أن الكتابة كمؤسسة لاحقة بالكلام ، استعملت لتثبت بواسطة الخطية الكتابية كل ما قاله الخطاب شفويا . وترتبط الكتابة بذلك بعملية القراءة ، وتجعل النص مختلفا عن الكلام الذي نجد فيه العلاقة بين المتكلم والمستمع المباشر في مقام وذات وإحالة مشتركة . إن الكتاب يصبح موجودا من خلال النص ، بما أنه مسجل بواسطة الكتابة ، ويصبح الشرح والتأويل من إنتاج القراءة [3] .

يقول (يوري لوتمان): « فإن الشكل الكتابي يتجلى لاعتباره مجرد وسيلة اصطناعية لتسجيل النص ، بوصفه إشارة إلى الطبيعة البنائية ، ويقوم الوعي البشري بمقتضاها بوضع النص المقترح عليه داخل بنية معينة من العلاقات » [4] . على أن الثقة في النصوص المكتوبة يجب أن تقرر دائما في حذر [5] .

وقد أفادت الدراسات اللسانية من البحوث السابقة واهتمت بدراسة الخطاب ، واستفاد منها محللو الخطاب ، فهذه الدراسات اللسانية الحديثة تدعو إلى ضرورة بحث الخطاب من الناحية الاتصالية ، وليس من ناحية الكتابة أو النطق ، فالمهم هو أن تصل الرسالة إلى المتلقى ، وتؤدي وظيفتها « وهذا يعني أنه ينبغي علينا أن ندرس استراتيجيات الخطاب العربي سواء أكانت استراتيجيات متعلقة باللغة المنطوقة أم استراتيجيات متعلقة

---

(1) تحليل الخطاب الروائي والزمن، السرد، والتبئير، سعيد يقطين ص43 .

(2) اللغة المكتوبة والمنطوقة ص50 .

(3) انفتاح النص الروائي ، النص . السياق الدكتور سعيد يقطين ص27 ، 28 .

(4) تحليل الخطاب الشعري ، بنية القصيدة . يوري لوتمان ترجمة دكتور محمد فتوح - دار المعارف مصر 1995م ص52 .

(5) دراسات لسانية تطبيقية الدكتور مازن الوعر ، طبعة دار طلاس ، دمشق . ص101 .

باللغة المكتوبة ، (التراث الشفوي أو التراث المكتوب) ، وذلك لمعرفة العوامل التي نكون كل خطاب لغوي يمكن توصيله » .

وتتميز اللغة المكتوبة عن اللغة المنطوقة بعدد من الخصائص ، وهي:

- أنها محافظة على الاستعمالات القديمة ، ولا يطرأ عليها تغيير أو تطوير سوي في الخط الذي تكتب به ، ولهذا فالنصوص المكتوبة عل جدران المعابد ، تعد أصدق تمثيل للغة العصر الذي كتبت فيه ، وكذلك نصوص الكتب المقدسة المدونة التي لم تعبث بها يد الزمن .
- أنها أكثر موافقة لقواعدها واتباعا لها ، لأن الكاتب عندما يكتب يلتزم بقواعد لغته وأصولها المتبعة ، فالكاتب يحرص على أحكام لغته ، ويضبط مفرداتها حتى يمكن المتلقي من فهمها فلا تضطرب عليه .
- أن الكاتب يضمِّن النص المكتوب كل شيء يستوفي معناه ، فلا يترك للقارئ في نصه مرجعا خارجيا أي خارج النص ، ولهذا يكتب تفاصيل كل شيء ويشير إلى كل شي في النص ويسهب في التفاصيل حرصا على الإفهام . فالكاتب يعوض النص المكتوب ما فقده في الأداء الصوتي من عناصر صوتية تشارك في الدلالة ، مثل النبر والتنغيم وطبقة الصوت والوقفات ، وكذلك يعوضه كتابة ما فقده من إحالات إلى العالم الخارجي وما تساهم به الحركات الجسمية في الدلالة .
- أن النص العربي المكتوب يحتمل وجهًا أو وجهين أو ثلاثة من القراءة، وقد لا يسع إلا قراءة واحدة، ويرى بعض الباحثين أن اللغة المكتوبة لا تحمل كم الاختلاف الكبير الذي يقع في اللغة المنطوقة ، فالمكتوب من اللغة يحمل الصيغة العامة تقريبا ، ولا يستغرق الفروق التي تقع في اللهجات ، وإن كان النص المكتوب يحتمل وجوها متعددة من القراءات ، بيد أن اللغة المكتوبة ثابتة بطبيعتها وتحتفظ بنصها الأصلي (1) .

(1) ارجع إلى: علم اللسان ، أنطوان ماييه ، ترجمة الدكتور محمد مندور ، دار العلم ، لبنان 1946 ص86 .

العلاقة بين المكتوب والمنطوق

العلاقة بين اللفظ المنطوق والكتابة علاقة وضعية اصطلاحية اتفق عليها المجتمع، فقد تواضع أهل كل لغة على رموز كتابية ترمز إلى أصوات لغتهم ولا توجد علاقة نسب بين الحرف والصوت، والصوت نفسه لا يدل على معنى ، والأصوات التي تؤلف لفظًا ترمز إلى معنى اصطلح عليه الناس . وهما يختلفان باختلاف اللغات.

الكلام المنطوق عبارة عن موجات صوتية تصل إلى الأذن يتعارف عليها أبناء مجتمع واحد أو عدة مجتمعات ذات أصل واحد ، ولغة مشتركة. والكتابة رموز مرئية للأصوات اللغوية المسموعة ، ترتبط فيها الوحدة الخطية Grapheme بوحدة صوتية أو فونيم Phoneme على اعتبار أنها التعبير الرمزي لها (1) .

إن العلامة اللغوية ممتدة في الزمن نطقا وفي المكان كتابة ، فهي تشغل حيزا من المكان وبرهة من الزمان ، فإذا نطق الفرد بكلمة ما فإنها تستمر بضع ثوان ، وإذا كتبها فإنها تحتل مكانا معينا على الورق ، وإن الباحث في علم اللغة ، ليجد أن كل اللغات العالمية ، لغات ذات طبيعة صوتية ، وإن معظم الاختلافات التي تظهر في نطق الأصوات لدى أهل اللغة لا تظهر في الكتابة (2) . فاختلاف النطق والعناصر الصوتية تختفي في الخط .

وقد صرح علماء اللغة بعجز النظام الكتابي عن تصوير النظام الصوتي لهذه اللغة ، خاصة اللغة المنطوقة ، ويعلل الدكتور حلمي خليل ذلك بقوله إن « الكتابة بطبيعتها من حيث هي رموز مرئية للأصوات عاجزة عن تصوير كافة الخصائص الصوتية في اللغة ؛ لأنها تسقط من حسابها عوامل كثيرة تظل وقفا على اللغة المنطوقة مثل عامل السرعة والزمن والبعد واختلاف النطق حسب اللهجات الإقليمية ، وكل ذلك يؤدي إلى أن نطق أي صوت لغوي عمل فردي من فرد إلى فرد ، وفي الوقت نفسه يرون أن هناك تنوعات مختلفة لنطق الفونيم الواحد فيما يسمى بألفون Allophone وهو يمثل الاختلاف أو التنوع في نطاق

(1) العربية والغموض . دراسة لغوية في دلالة المبنى على المعنى ، الدكتور حلمي خليل ، ط 1988 ، دار المعرفة الجامعية ص135 .

(2) علم النفس اللغوي . الدكتورة نوال محمد عطية المكتبة الأكاديمية ط3 ، 19995 ، ص26 .

صوت واحد من فرد إلى فرد ، وعندما يتحول الصوت اللغوي إلى حرف مكتوب تختفي هذه الاختلافات وغيرها مما يصاحب الكلام. وقد اكتشف علماء اللغة المحدثون هذه الفروق ، فلجئوا إلى التسجيل الصوتي ليحتفظوا بمادة الكلام واستعانوا في ذلك بالأجهزة الحديثة في تسجيل الكلام وتحليله وابتكروا نظامًا جديدًا للكتابة يضع رموزًا كتابية لكافة العناصر الصوتية المنطوقة في الكلام . وهو النظام المعروف باسم الكتابة الصوتية Phonetical Alphabet .

(1)

ويرى فندريس أن النص المكتوب لايعد تمثيلا دقيقا للكلام ، فلسنا – على عكس ما يتصور كثير من الناس – نكتب كما نتكلم ، بل إننا نكتب أو نحاول أن نكتب كما يكتب غيرنا . وإن أقل الناس ثقافة يشعرون ، بمجرد وضع أيديهم على القلم ، بأنهم يستعملون لغة خاصة غير اللغة المتكلمة (= المنطوقة) ، لها قواعدها ، واستعمالاتها كما أن لها ميدانها وأهميتها الخاصين بها »

(2)

ويشرح فيرث Firth هذه القضية مرة أخرى بقوله: « إن كثيرا من الناس عندنا يظنون أن كلامهم سوف يكون أفضل إذا تكلموا على نحو ما يكتبون ، أو على نحو ما تقضي الإنجليزية المعيارية Standard English المستخدمة في الكتب ، وكثير من الناس يقول كذلك بقانون مخالف: « أكتب كما نتكلم » ومن الواضح أن المرء يكتب بالطبع كما يتكلم . وغالبا ما يرتبط هذان الشكلان من السلوك اللغوي أحدهما بالآخر ، لاسيما إذا استخدما للتعبير عن أغراض متشابهة . ولكن ثمة أشياء تقال أفضل مما نكتب ، كما أن ثمة أشياء أخرى يكون من الأسهل كتابتها ، ولا يمكن لها أن تشكل جانبا من المحادثة ، وإن أمكن قولها في جماعة لغوية ذكية فحسب »

(3)

. والحقيقة أننا لا نستطيع أن نكتب كما نتكلم ، أو نكتب كل ما نتكلمه ؛ لأن مستوى الأداء الصوتي يختلف عن نظام الكتابة .

وقد كلف القدماء والمحدثون بالشكل المكتوب ، وأعطوه أهمية أكبر من المنطوق ، وقد

(1) ارجع إلى العربية والغموض ص175 .

(2) محمد العبد (دكتور): اللغة المكتوبة والمنطوقة ص29 .

(3) نفسه .

طوعوا نطقهم للشكل المكتوب ، وحاولوا الاقتراب منه ، فالعديد من الناس يعتقدون أنه لكي تتكلم بدقة يجب أن تحاول الاقتراب من الشكل المألوف للاستخدام الكتابي » (1) . ولو سألت الرجل العادي عن صلة القربى بين الكلام والكتابة يخبرك بأن الكلام ترجمة أو تحول رديء ومبتذل للنص المكتوب .

ويقول دي سوسير إن موضوع اللغة ليس الصيغ الكلامية والكتابية للكلمات أو إن الصيغ المتكلمة وحدها تشكل الموضوع ، ولكن الكلمة المتكلمة مقيدة بشكل أساس بصورتها الكتابية حتى إن الصورة الكتابية تسعى لاغتصاب الدور الرئيسي ، فالناس يهتمون بالمكتوب ، ويعتنون به أكثر من عنايتهم بالأصوات المنطوقة (2) . ونخالف رأي من يرى أن اللغة الصوتية ، سابقة على كل أنواع الرمزية ، ومتقدمة عليها من ناحية الأهمية والاستعمال بما في ذلك الإشارات التي تصاحب الكلام (3) ؛ لأن المجتمع الإنساني يقدس الكتابة ويحتفي بها ، لأنها تمثل لغة المجتمع العليا .

ويتساوق نظام الكتابة طرديا مع درجة محاكاة اللغة المنطوقة ، كلما زادت المحاكاة كان النجاح أوقع ، وكلما تناقص قلت نسبة النجاح ، يقول دي سوسير: « اللغة والكتابة نظامان متميزان في العلاقات ، ووجود الثاني من أجل غرض واحد هو تمثيل الأول ، ووجود الكتابة من أجل تمثيل اللغة » (4) .

وقد فرق قدماء العرب – في وقت مبكر – بين الكتابة كرموز والأصوات المنطوقة التي تعبر عنها ، فقد أشار حمزة الأصفهاني إلى أن الفيلسوف العربي – الكندي (ت 260هـ) هو أول من تنبه للاختلاف بين النطق والكتابة في اللغات المختلفة ، فقد وضع لنفسه ألف باء

---

(1) لغة الحوار عند المازني ومحمد عفيفي ، دراسة لغوية أسلوبية – مصطفى بكري شحاتة ، كلية الألسن- عين شمس 1990 قسم اللغة العربية 1990م ص30 .

(2) فصول في علم اللغة العام ، دوسوسير ، ترجمة أحمد نعيم كراعين ، دار المعرفة الجامعية 1985م ، ص53 .

(3) اللغة بين المعيارية والوصفية ، تمام حسان ، دار الثقافة ، الدار البيضاء 1980م ص115 .

(4) فصول في علم اللغة العام ص53 .

صوتية خاصة به ، يقول الأصفهاني: « إنه لّما احتاج إلى استعمال لغات الأمم من الفرس والسريان والروم واليونان وضع لنفسه كتابة لها أربعين صورة مختلفة الأشكال متباينة الهيئات ، فكان لا يتعذر عليه كتابة شيء ولا تلاوته » (1) .

وقد اتهمت اللغة المنطوقة بأنها ذات جوانب سلبية عديدة منها أنها سريعة التغير عندما لا توجد صورة مرئية أو مكتوبة فاللغة المكتوبة تأخذ بجماع اللغة المنطوقة وتحد من سرعتها تغيرها ، « فاللغة لها تقاليد شفوية ثابتة ومحددة ومستقلة عن الكتابة ، ولكن تأثير الصيغة المكتوبة تحجب رؤيتنا هذه » (2) .

ويدفع الدكتور تمام حسان الاتهام عن اللغة المنطوقة مستشهدا بالتقدم التقني في مجال البحث اللغوي: « إذا كان للكتابة على النطق ميزة الدوام وإمكان الاستحضار مرة أخرى وإعادة التجربة وتخطي حدود الزمان والمكان ، فإن النطق له عليها ميزة الحياة والحركة والموقف الاجتماعي ، وربما أصبحت له قدرة مشاركتها عنصر الدوام ، وإمكان الاستحضار مرة أخرى وإعادة التجربة ، وتخطي حدود الزمان والمكان بعد اختراع يحفظ النص بدلالة النغمة أو الموقف الاجتماعي ، ويزيد التليفزيون عليها الاحتفاظ بتغيرات ملامح الوجه وحركات أجزاء الجسم ، الرأس واليدين مما يجعل الموقف أقرب شي إلى الحياة » (3) .

ويولي بالي charl bally اهتمامه باللغة المنطوقة وخاصة في مواقف الحوار في تمييز طريف يقيمه بين اللغة المنطوقة واللغة المكتوبة يقول: « اللغة المكتوبة ، إنما هي دائما مظهر لحالات الذهن وأشكال التفكير التي لا تجد عادة تعبيرا عنها في اللغة العادية وسياق اللغة

---

(1) التنبيه على حدوث التصحيف الأصفهاني: أبو عبد الله بن الحسين ، تحقيق محمد أسعد طلس . مطبوعات مجمع اللغة العربية . دمشق 1388هـ 1968 .

(2) فصول في علم اللغة العام ص54 .

(3) العربية معناها ومبناها، تمام حسان، دار الثقافة والدار البيضاء (د .ت) . ص277 ، والدكتور تمام لا يدعوا إلى العامية وهجر الفصحى بل يدعو إلى الارتقاء بالخطاب المنطوق ورفع مستواه اللغوي ليصل إلى درجة الفصحى ، لأن الخطاب المنطوق أكثر انتشارا ، وأسرع فهمًا ، لأنه لا يستغرق الأساليب المعقدة والألفاظ الغريبة .

المكتوبة يختلف عن موقف الكلام ، فاللغة المكتوبة محرومة من النبر المعبر وحركات الوجه واليد التمثيلية ، بالإضافة إلى أن الحوار يتضمن الموقف دائما بشكل طبيعي ، بينما يجتهد الكاتب في خلق هذا الموقف في الكتابة فيستوفي الناس كل ما يعبر عن العالم الخارجي، وتبقى القاعدة الأصلية للبحث اللغوي عند بالي في المعايشة الخلاقة للكلام » [1] .

وقد حظيت اللغة المنطوقة الانفعالية أو العاطفية – كما يسميها بالي – بالنصيب الأوفر من الدراسات اللغوية ، فإنها قد حظيت أيضا بالنصيب الأكبر من الدراسات الأسلوبية التي تقوم على هذه الدراسات اللغوية بل قصر «بالي» دراسة الأسلوب على الخطاب المنطوق ، فقد رأى أن الكلام العامي الجاري على الألسنة أجدى بدراسة اللغوي من التعبيرات الأدبية المنتقاة » [2] . فهذا شان اللغات الأخرى ، ولكن العامية في العربية تعد آفتها وخطرًا عليها .

وقد اهتمت الأسلوبية باللغة المنطوقة كما يقول فاليري: « إن الأدب لا يمكن أن يكون شيئا آخر سوى ضرب من التوسع والتطبيق لبعض اختصاصات الكلام ، فالذي يسمح لنا بالتصريح بوجود هذا الرباط الفاعل هو أن العمل الأدبي في وضعه كعمل فني شعبي حث الباحثين على الحديث عن الدور الأكبر للكلام في الأدب ، بل إن مادة بأكملها (مادة دراسية) ، وهي الأسلوبية Lastylistique ، قد ولدت إلى جانب الدراسات الأدبية واللسانية ، وتعرف اليوم عدة دراسات وإطروحات كتبت عن لغة هذا الكاتب أو ذاك أن الكلام يأخذ تعريفه هنا بوصفه مادة الشاعر أو العمل الأدبي » [3] . يقول المسدي: « إن الإنسان في جوهره كائن عاطفي قبل كل شيء ، فاللغة الكاشفة عن جوهره هي لغة التخاطب بتعبيراتها المألوفة » [4] .

(1) النشأة الأولى لعلم الأسلوب، الدكتور صلاح فضل ، الإعلام العراقية عدد 7 تموز 1984م ص28 .

(2) الاتجاه الأسلوبي في النقد الأدبي شفيع السيد: دار الفكر العربي د . ت ص94 .

(3) في أصول الخطاب النقدي الجديد ، تزفيان تودروف ، ترجمة أحمد المديني ، بغداد ط1987/1م: مقال (علاقة الكلام بالأدب) .

(4) النقد والحداثة ، عبد السلام المسدي ، دار الطليعة ، بيروت 1983م ط1 الأولى . ص44 .

والعمل الأسلوبي يقوم على تتبع الشحن العاطفي في الكلام أولا ، فإذا عاينا وسائل التعبير الحاملة للشحنات الوجدانية انتقلنا إلى دراسة خصائص الأداء ، وحقل البحث الأسلوبي يتحد بظواهر تعبير الكلام ، وفعل ظواهر الكلام على الحاسية ، وعلم الأسلوب يأخذ من اللغة وسائل تعبيرية ، تبرز المفارقات العاطفية والإرادية والجمالية بل الاجتماعية والفنية، وتتكشف أولا في اللغة الشائعة والتلقائية التي تبرز في العمل الفني (1) .

وقد وجه بالي علم الأسلوب إلى دراسة الخطاب المنطوق ، فعلم الأسلوب هو « العلم الذي يقتصر على دراسة وقائع التعبيرية التي تترجم في فترة معينة من حركات فكر وشعور المتحدثين باللغة ودراسة التأثيرات العضوية الناجمة عن هذه الأنماط لدى السامعين والقراء » (2) .

وقد كان للمدرسة البنيوية صدى في أوساط الدراسات العربية ودارسيها ، فقد قامت دراسات لغوية على اللهجات المحلية للقرى والمراكز والمحافظات والمدن ، وسجلت مظاهر هذه اللهجات وطبقت النظريات الحديثة عليها (3) . وتأثر الباحثون بالمناهج الغربية ، بعد أن كان العرب قديما وحديثا لا يلتفتون إلى اللهجات أو الخطاب المنطوق ، وينظرون إليهما نظرة إزدراء وتسفيه ، وأنهما لا يستحقان أهمية البحث ، ويرون في دراستها غضاضة وسفاهة ، فكان الخطاب المكتوب هو الأساس ؛ لأنه يعتمد على اللغة الصحيحة ، وينأى عن الشاذ والرديء ، وعد الإغراب والتوعر في اللغة تمكنًا منها ولسنا ، فتباروا في حفظ نوادر اللغة وغريبها.

وقد تنبه بعض علماء اللغة المحدثين إلى أهمية الخطاب المنطوق ، وأولوه اهتمامهم ؛ لأنه في الحقيقة هو المؤثر اجتماعيا ، وصاحب الدور الفعال ، ويحظى بمساحة عريضة من الانتشار والاستخدام اليومي في كافة أنشطة المجتمع اليومية ، فالناس في حياتهم العادية لا يحتاجون إلى كتابة أو تمحيص في الأداء الكلامي بل ينطلقون في تلقائية محاكين الحدث مباشرة

---

(1) النقد والحداثة ص 46 .

(2) النشأة الأولى لعلم الأسلوب ص22 .

(3) اللغة المكتوبة والمنطوقة ص23 .

دون إعداد أو تكلف ، ولا يلتفتون إلى تسجيل كلامهم إلا في المواقف الرسمية التي تستدعي الإعداد والتنقيح .

فالمجتمع العادي لا يمتلك ناصية اللغة الفصحى ، ليتواصل بها بل تكاد تنعدم الأساليب الرصينة في المجتمعات العربية التي تسودها الأمية والفقر اللغوي ، اللهم إلا بعض المناطق النائية والمعزولة داخل الصحاري والتي احتفظت بنصيب من بعض مظاهر اللغة العربية الصحيحة التي تتخلل بعض أحاديثهم اليومية والتي توجه إليها بعض الباحثين حديثًا ليكشفوا اللثام عن لسان تلك المناطق قبل أن يصيبه العطب أو يتسرب إليه اللحن المتفشي في المجتمعات المتمدينة والممسكة بتلابيب كلمات أجنبية في ثنايات أحاديثها اليومية ، وهؤلاء لا يملكون نصيب القدماء من اللغة، لكنه أقرب وأفضل ممن يعجزون عن أداء عبارات صحيحة مكتوبة ومشكولة ، فأصبحت لغتهم مبتذلة تخالف عربيتنا الصحيحة .

والمجتمع العربي يحظى بلغة اتصال مشتركة يتواصل بها المتحدثون من بلدان مختلفة ، ولا توجد معوقات لهذا الاتصال ، لأنه أقرب إلى العربية من العامية المتباينة في الاختلاف ، فبعض اللهجات يستعجم علينا فهمها ، واللغة المشتركة هي التي تحظى باهتمام الباحثين في المقام الأول . واللغة المكتوبة على ما نالته من اهتمام القدماء ، وما أضفوه عليها من قداسة وتعظيم ، إلا أن واقعنا الحديث يشهد بغير ذلك ، فالخطاب المنطوق العادي هو صاحب المقام الأول في الأداء الاجتماعي والمعبر عن نشاطه ، يقول الدكتور بشر: « الكلام المنطوق هو المادة الحقيقية للدرس اللغوي ، أما اللغة المكتوبة بالرغم من صلاحيتها مادة للدرس اللغوي تقابلها صعوبات جمة في الطريق من أهمها فقدان المسرح اللغوي ، وفقدان النطق الفعلي » (1) . ونتيجة لعدم اهتمام المسئولين باللغة ، ودعم مؤسساتها ، واستخدامها في وسائل الإعلام واعتبارها لغة رسمية في جميع المصالح ، أصبحت العامية هي لغة الخطاب الأول اجتماعيا حتى في الأوساط الرسمية والطبقات الراقية التي كانت تعد العامية لغة السوقة وتنأى عن التلفظ بها احتكارا لها وترفعا عن التشبه بالعامة، وكان هذا شأن جميع المجتمعات ، وقد زاد بعض المحدثين الطين بلة ، عندما هرولوا وراء البحوث الغربية في لغة

---

(1) دراسات في علم اللغة . دكتور كمال بشر ، دار المعارف ، ط1973م . ص58 .

الحديث اليومي، ونقلوا عنهم معتبرين أن ذلك يتساوق مع اللغة العربية ولهجاتها العامية . ولم يسلم الغربيون بالخطاب العامي إلا بعد أن تغلب على لسان المجتمع ، يقول ماريوباي: «وأولى علم اللغة معظم اهتمامه للغة المتكلم ، وإن كان يوجه كذلك إلى اللغة المكتوبة شيئا من الاهتمام » (1) . ويرجع سبب انتصار العامية على الفصحى في الخطاب اليومي إلى ميل المجتمع إلى اليسر والبساطة في الأداء ، فاللغة الفصيحة تتعثر على لسان مجتمع فقير لغويا لم يتمرن لسانه منذ الصغر عليها ، والنطق أيسر كثيراً من الكتابة ، والفرد يستطيع أن يعبر في حديثه العادي بالاستعانة بحركات جسمية عما يريد على عكس حالته إذا ما شرع في الكتابة التي يفتقد فيها إلى الأسلوب المعد الذي يصلح للكتابة ، وكذلك عوزه إلى اللغة التي تسعفه بالكلمات ، التي لم ينشأ عليها لسانه في الصغر فكيف ينطق بها ؟

ويبين تشومسكي أسباب الاهتمام بالغلة المنطوقة ، فيقول إن « معظم علماء اللغة يرون أن من البديهي أن يأتي الكلام أولا أو بعبارة أخرى ، لأن سلسلة الأصوات rang of sound التي تصدر عن أعضاء النطق هي الوسط الذي تتشكل منه اللغة ، أما اللغات المكتوبة ، فهي نتيجة تحول الكلام إلى صور مرئية « visual » ، وكل اللغات المعروفة بدأت أولاً كلغة منطوقة ، وهناك بعض اللغات لم تكن مكتوبة من قبل البتة ، ثم خضعت للكتابة في عهد قريب جدا » (2) . ويرجع تدهور الفصحى ، إلى الاهتمام بالعامية والاعتراف بها لغة رسمية، وهذا يشكل جزءا من المشكلة ، والسبب الرئيسي ، هو عدم الاعتراف باللغة الفصحى لغة رسمية في كافة مؤسسات الدولة ، وخاصة الإعلامية لما لها من دور رئيس في تثقيف الأميين عن طريق السمع . وقد انطلقت نداءات عديدة تدعو إلى اتخاذ العامية بديلا للفصحى العربية ، مقلدين في ذلك الغربيين ، الذين رفعوا لواء لغة الخطاب اليومي .

ويؤكد تشومسكي دعوته إلى اللغة المنطوقة فيقول: « من الضروري أن نعي أن اهتمامنا

---

(1) أسس علم اللغة ماريوباي: ترجمة وتعليق أحمد مختار عمر . عالم الكتب ط2 . 1983م - 1403هـ . ص35 .

(2) نظرية تشومسكي اللغوية ، ص42 .

ينصب على اللغة المنطوقة دون المكتوبة »[1] فقد أصبح أمرا مسلما به في علم اللغة اعتبار الكتابة ، نظاما ثانويا للغة ، وظهر من بين العرب من يدعو إلى الاعتراف بالعامية - متأثرين بالغربيين ، واللغات الأوربية ورأوا ضرورة ذلك في ظل الأجهزة الحديثة التي تغنيه عن التدوين فيقولون: ولعل من الأسباب التي سفهت من قيمة الخطاب المنطوق قديما ، أنه عرضة للضياع والتغير ؛ لأنه غير محفوظ في قوالب كتابية ، أما الآن ،فإن التسجيلات والأشرطة وغير ذلك من أشكال، والأحاديث المحفوظة تحفظ اللغة مثل الكتابة[2] .

ويقول الدكتور محمد العبد: « ويمكننا الآن القول بأن الكلام يتمتع حقا بميزات تفتقدها عملية التسجيل الكتابي للحدث التبليغي ، فالإنسان يمكنه أن يمارس الكلام في الوقت نفسه الذي يباشر عملا آخر يدويا كما يمكنه ملاحظة اتساع اللغة المنطوقة لكل مجالات الحياة الإنسانية ونشاطاتها ، بما فيها من دقائق وشئون صغيرة يومية[3] .

وحري بالإشارة هنا أن الكتابة تظل عاجزة - إلى حد ما - عن أن تكون تمثيلا دقيقا متكاملا للكلام ، فضلا عن عجز الكتابة عن إظهار صورة أمينة للغة المنطوقة هجائيا أو فنونولوجيا في بعض الأحيان ، فإن الكتابة - بأعرافها المستقرة الثابتة - لا تمتلك أدوات تسجيل الجوانب الموضوعية غير اللغوية في الحدث التبليغي ، أو أثناء عملية التكلم speaking مثل حركات اليد وتعبيرات الوجه ، وإيماءات الرأس ، والذراعين ، والرجلين أحيانا ، وإشارات الجسم الدالة لغويا واجتماعيا بوجه عام general bodilygesture ، ولابد أن تدل اللغة المكتوبة على هذه الجوانب غير اللغوية ، وذلك بالوصف اللغوي الصريح ، على نحو ما نجد عادة في لغة الرواية والمسرحية (من إشارات الروائي إلى كيفية حديث الشخصية ، وكذلك الكاتب المسرحي والمخرج في كيفية أداء الكلام والإلقاء على

---

(1) نظرية تشومسكي اللغوية لايونز (جون) ترجمة وتعليق دكتور حلمي خليل . دار المعرفة الجامعية الإسكندرية 1985م ص42 .

(2) اللغة المكتوبة والمنطوقة (بحث في النظرية) ص30 . وأسس علم اللغة لماريوباي ، ترجمة أحمد مختار عمر ، ط1403/2هـ 1983م ص39 .

(3) محمد العبد: اللغة المكتوبة واللغة المنطوقة ص30 .

نحو يرتبط بالحدث أو الموضوع) (1) . وليس هذا مبررًا للاعتراف بالعامية ، وإهمال الفصحى ونظامها الكتابي ، لأن الخطاب المنطوق هو الذي فذ عن قواعد اللغة والكتابة ، وليس هذا في العربية وحدها بل في جميع اللغات .

وقد دفعت الفروق السابقة بين المكتوب والمنطوق إلى القول « إن الصورة المكتوبة للغة ، التي كانت ولا زالت ، وستظل ذات أهمية ضخمة للجنس البشري في نقل المعاني من مكان إلى مكان عبر السنين (على الرغم من تضاؤل قيمتها نسبيا أمام وسائل القرن العشرين المختلفة في تسجيل أصوات الكلام المنطوق) . فالكتابة عند ماريوباي مفيدة ومضرة؛ إنها مفيدة بمقدار ما أمدتنا به من مادة لتلك اللغات التي اختفت من عالم الوجود . وهي مضرة ، لأنها ليست دائما أمينة في إعطاء الصور المنطوقة كما هي ، بل ربما كانت خادعة ومضللة . وليس هناك مثال في هذا المقام أدل على التعبير عما نقول من طريقة الهجاء الحديثة للغة الإنجليزية التي تعطي صورة جزئية ، وكثيرا ما تكون مضللة لطريقة النطق اليوم» (2) .

ونقول في نهاية المطاف: لسنا من أنصار العامية ، معاذ اللـه – ولا ندعوا إليها ، ولا نسير خلف من حملوا لواءها ، ولسنا من أنصار بعض العرب والمستشرقين الذين يدعون إلى استبدال اللغة الأم الفصحى وما تملكه من ثروة لغوية أصيلة باللهجات العامية ، والذين توهموا أن العربية الفصحى تعوق حركة التقدم ومسيرة الحضارة ، وهم في هذا يتمثلون بأوربا التي استبدلت لغاتها بلغات محلية ، فاختارت كل دولة لهجة اتخذتها لغة ، فظهرت اللغات الأوربية الحديثة ، التي تدرس بها العلوم الحديثة ، هذا شأن أوربا التي لا تنتمي جميعها إلى قومية واحدة ولا تملك تراثا واحدا ، ولم تك لديها لغة حضارة ، وتراث ، ومن هذا اتخذت أوربا اللاتينية لغة مشتركة في العلوم ، لتتفادى مشكلة اختلاف اللغات .

ولغتنا العربية ترقى عما عليه اللغات الأوربية ، فهي في المقام الأول لغة دين ، قال تعالى: ﴿ إِنَّآ أَنزَلْنَٰهُ قُرْءَٰنًا عَرَبِيًّا لَّعَلَّكُمْ تَعْقِلُونَ ﴿٢﴾ ﴾ [يوسف: 2] . وقال تعالى: ﴿ وَهَٰذَا لِسَانٌ عَرَبِىٌّ مُّبِينٌ ﴿١٠٣﴾ ﴾ [النحل: 103] و﴿ إِنَّآ أَنزَلْنَٰهُ قُرْءَٰنًا عَرَبِيًّا لَّعَلَّكُمْ

---

(1) المصدر السابق ص31 .

(2) ماريوباي: اسس علم اللغة ص 60 واللغة المكتوبة والمنطوقة ص31 .

﴿ تَعۡقِلُونَ ۝٣ ﴾ [الزخرف: 13]

ولو علم الـلـه تعالى في العربية تقصيرا في البيان والتبين لما ألزم عباده المؤمنين بنص القرآن العربي يتعبدون به ، وأي لسان آخر يترجم إليه القرآن لا يسمى قرآنا بل تفسيرا وشرحا ، ولا يسمى كلام الـلـه ، فكلام الـلـه تعالى هو النص العربي المحفوظ .قال تعالى: ﴿ كِتَٰبٞ فُصِّلَتۡ ءَايَٰتُهُۥ قُرۡءَانًا عَرَبِيّٗا لِّقَوۡمٖ يَعۡلَمُونَ ۝٣ ﴾ [فصلت: 3] . وقال تعالى: ﴿ إِنَّآ أَنزَلۡنَٰهُ قُرۡءَٰنًا عَرَبِيّٗا لَّعَلَّكُمۡ تَعۡقِلُونَ ۝٢ ﴾ [الزخرف: 13] . وليت من يعادي لغة القرآن الكريم يعقل ، ويهتدي إلى صوابه ، ويعلم أن الـلـه تعالى لم يجعل لها بديلا، ولو كان في هذا اللسان خلل أو ضعف لما ألزمنا اتباع لفظه العربي ، ولو كان في دوران الزمان به عيب يشينه لما أوجب التزامه، والنص عليه .

واللغة العربية لغة الحضارة الإسلامية عاشت في خدمتها زهاء ألف وأربعمائة سنة ومازالت العربية وافية بمتطلبات الحضارة الحديثة الوافدة ، ولم تألو جهدا في التعبير عنها وسد حاجاتها إلى مفردات مولدة تعبر عن المبتكرات الحديثة . واللغة العربية لغة تراث سبق ظهور الإسلام بنحو ستمائة سنة تقريبا - وصلنا منه تراث مائتي سنة قبل الإسلام شعرا ونثرا- ومازالت لغة الإسلام والعرب والتراث حتى الآن، وستظل إلى قيام الساعة إن شاء الـلـه، بفضل كتاب الـلـه تعالى العربي . وتعد العربية بهذا صاحبة أضخم تراث وصاحبة أطول لغة خطاب في التاريخ ، فليس من بين لغات العلم من تطاول العربية في تاريخها الطويل ، بل تعد العربية أقدم لغة سامية ، وقد أثبت العلماء أن تاريخ اللغات السامية التي وصلتنا آثارها يرجع إلى ما قبل الميلاد بنحو ألفين وخمسمائة عام ، ولكن لم تصلنا آثار عن اللغة العربية ، لأنها لم تك مكتوبة ، وما وصلنا مكتوبا قليل جدا ، لكن علماء اللغة الذين درسوا تاريخ اللغات العالمية أكدوا أن اللغة العربية هي أقرب اللغات السامية إلى السامية الأم ؛ لاجتماع كثير من خصائص اللغات السامية فيها ، وذهب بعضهم إلى أنها اللغة الأم ، وأصابها تطور وتغيير في كثير من مظاهرها .

ولو أننا اعتمدنا رأي من رأي أن التراث العربي يبدأ قبل الإسلام بنحو أربعمائة سنة أو يزيد وهي الفترة التي أطلق عليها « الجاهلية » والتي وصلنا بعض تراثها الأدبي شعرا

ونثرا ، ستصبح العربية أيضا إمام اللغات العالمية المعاصرة في طول تاريخها وأنها أطول لغة خطاب اجتماعي ولغة أعظم تراث إنساني ، وهي اللغة الوحيدة في العالم التي احتفظت بمظاهرها القديمة في المفردات والقواعد ، وغيرها من اللغات شابها اختلاف كبير عما كانت عليه وتخلصت من كثير من مظاهرها القديمة ، وتخلصت من القواعد وبدلت مفرداتها ، فأصبحت غريبة عن الأصل ، والفضل في حفظ العربية يرجع إلى القرآن الذي يعد القلعة الحصينة التي تمنع اللغة العربية من أعدائها . واللغة العربية أيضا لغة قومية لأمة عربية واحدة تمتد من الخليج شرقا إلى المحيط غربا ، وتنتشر العربية بين المسلمين خارج هذه المنطقة وتعد لغة ثانية بعد اللغة الوطنية .

وقد ذكرنا آراء العلماء في اللغة المنطوقة لندرك الخطر الذي يواجه العربية في مسيرتها ، وأن اللهجات العامية المفككة في الوطن العربي تهدد أمنها وسلامتها ، ويجب النظر في كافة الأسباب التي أهلت الخطاب العامي لهذه المنزلة الواسعة ، لنجعل أسباب نموه وانتشاره أداة لنشر العربية الصحيحة بين أبناء الأمة ، لتكون بديلا له ، وهذا لا يتم إلا بإخلاص النية لله تعالى ولدينه وصدق العزم عليه .

وهذه غايتنا التي لا نألوها جهدا ، و الـلـه تعالى حسبنا في ذلك . والحمد لله رب العالمين .

اللغات السامية [1]

بدأ التقدم الحقيقي في علم اللغة بعد أن اكتشف الأوروبيون اللغة السنسكريتية (لغة الهند القديمة) ، وقد لاحظ العلماء الأوروبيون الشبه الواضح للسنسكريتية باللغات الأوربية القديمة من الجوانب الصوتية والصرفية والنحوية .

فلقد اكتشف في عام 1786م مسئول الحكومة البريطانية السيد ويليام جونز الذي كان يعمل بالمحكمة العليا في الهند أن اللغة القديمة للقانون الهندي الذي كان يدرسه وتعرف بالسنسكريتية، لها صلة باللغة اليونانية واللاتينية، فاللغة السنسكريتية أكثر إحكامًا من اليونانية وأغزر إنتاجًا من اللاتينية، وأصفى نقاء من كليهما وتشترك معهما في الأفعال، وأشكال القواعد.

وكان فرديج شليجل F. Schelgal أول من طالب بدراسة البنية اللغوية للغة السنسكريتية ، وقد رأى أن اللغات الأوربية القديمة مثل الإغريقية واللاتينية والجرمانية من أصل سنسكريتي ، وساد اعتقاد في القرن الثامن عشر أن السنسكريتية هي الأصل النقي القديم لطفولة اللغة البشرية ، ولكن هذا الاعتقاد زال بعد تقدم البحث اللغوي .

وقام فرانتس بوب بمقارنة اللغات الأوربية المختلفة للتعرف على اللغة الأقدم التي خرجت منها كل هذه اللغات وكان البحث اللغوي في النصف الأول من القرن التاسع عشر موجها نحو البحث عن اللغة الأقدم ، ولذا ارتبط البحث بالنصوص القديمة ، وكانت بحوث الأوربيين تعني بدراسة اللغات الهند أوربية .

وقد أخذت البحوث اللغوية منهجًا علميا في النصف الثاني من القرن التاسع عشر . استفادت في ذلك من التقدم المنهجي في العلوم الطبيعية ، وحاولت استخراج القوانين المفسرة للتغير اللغوي ، وبدأت الكشوف الكثيرة التي تمت في القرن التاسع عشر ، وأماطت اللثام عن لغات قديمة بائدة .

---

(1) لقد أعددت هذا الموضوع سنة 1999م بالزمالك . القاهرة .

واكتشفت اللغة المصرية القديمة والأكدية والعربية الجنوبية ، وذلك من خلال الكشوف الأثرية ، وظهر علم اللغة المقارن في تلك المرحلة ، وقام أتباع هذا المنهج بالمقارنة بين اللغات الهندية والأوربية ، ثم باقي اللغات للتعرف على بقية الأسر اللغوية ، وهي الأسر التي يجمعها أصل واحد تفرعت منه .

وقسم اللغويون الأوربيون في القرن التاسع عشر اللغات المختلفة إلى مجموعات . فهناك أسرة اللغات الهندية – الأوربية التي تضم عددا كبيرا من اللغات المنتشرة في منطقة شاسعة تبدأ من الهند وإيران إلى أوربا . وهناك أسرة اللغات السامية التي تنتمي إليها اللغة العربية ، وتسمية «اللغات السامية» غير دقيقة علميًا، فقد أخذ هذا الاسم من الكتاب المقدس الذي جاء فيه أن نوحًا خلف ثلاثة بنين ينتسب إليهم البشر جميعًا هم: سام، وحام، ويافث، ولم يذكر شيئًا عن ذرية من آمن مع نوح، وهذا التقسيم العرقي للبشر ونقاء الجنس أو السلام اختلف فيه العلماء ولم يقبله بعضهم، وإلى جانب هاتين الأسرتين الكبيرتين هناك أسرات لغوية كبيرة أخرى . ويقوم تصنيف اللغات إلى أسرات على أساس أوجه الشبه بين هذه اللغات من الجوانب الصوتية والصرفية والنحوية والمعجمية ، وهذا التصنيف يعني أن اللغات المندرجة في أسرة لغوية واحدة ترجع إلى لغة واحدة ، وهي الأصل الذي تفرعت منه لغات الأسرة كلها .

وتنقسم الأسرة الهندية – الأوربية إلى عدة أفرع ، وهي الفرع الروماني ، ويضم – الفرنسية والإيطالية والأسبانية والرومانية ، وهي اللغات اللاتينية ، والفرع الجرماني ، ويضم الإنجليزية والألمانية والنوردية القديمة والدانمركية   (1) . والفرع اليوناني ، ويضم اليونانية الكلاسيكية ، وهي لغة اليونان القديمة ، واليونانية الحديثة لغة اليونان الحديثة . الفرع السلافي ، ويضم الروسية والبولندية والأكرانية والتشيكية والسلوفاكية والصربوكرواسية والبلغارية ، وهذه الأفرع يحتوي كل فرع منها على لهجات إلى جانب اللغات المعروفة التي ذكرناها . ويطلق مصطلح اللغات الأفر أسيوية على مجموعة كبيرة في غرب أسيا وشمال أفريقيا ، ومنها اللغات السامية ، وقد صنفت هذا اللغات في أسرة واحدة

---

(1) علم اللغة العربية الدكتور حجازي ، وكالة المطبوعات بالكويت . 119 ، 120 .

لوجود خصائص مشتركة بينها ، ثم تباعدت خصائصها بعد ذلك على مدى التاريخ .

وتضم هذه الأسرة اللغات السامية: العربية (الشمالية والجنوبية) والأكدية والآشورية والكنعانية والآرامية والحبشية ، وتضم اللغات المصرية القديمة والبربرية والتشادية والكوشية (1) .

وتضاربت الآراء حول موطن الساميين الأصلي ، وأرجح تلك الأقوال أنهم هاجروا من جنوب جزيرة العرب ، وأنا أميل إلى هذا الرأي ، فقد كان جنوب الجزيرة موطن استقرار وحضارة ، كما يعد موطن طرد سكاني حيث هاجرت منه أمم عديدة إلى الشمال ، وقد حدثنا التاريخ عن هجرة بعض القبائل العربية من الجنوب ، فسكنوا العراق والشام ، وكانت الهجرة العربية من الجنوب إلى الشمال متأخرة عن هجرة الأكديين والكنعانيين ، ولم تتجه الهجرة إلى الشمال فقط ، بل اتجهت غربا نحو أفريقية ، فقد عبر بعض الساميين مضيق باب المندب في مقابل اليمن وصبغوه بالصبغة السامية ، وغلبوا سكانه الأصليين من الحاميين ، وأطلق على لغتهم الحبشية ، ودخلت السامية في صراع مع لغات السكان الأصليين ، فقد استطاعت لغة الوافدين أن تدخل في صراع معها حتى صارت الغلبة لها رغم تأثرها باللغات الموجودة بأرض المهجر ، فقد « كان السومريون أكثر حضارة ، وكان الأكديون الوافدون فيما يبدو لا يقلون عن السومريين عددا ، ولذا لم تستطع الأكدية أول الأمر أن تقضى على السومرية في العراق ، فقد وقع فيها ازدواج لغوي استمر أكثر من ستة قرون (2500ق .م-1900ق .م) وفي هذه الفترة اختلط السومريون البسطاء بالسومريون الأكثر حضارة ، واندمج السومريون شيئا فشيئا مع الساميين الأكديين ، واستطاعت اللغة الأكدية في النهاية أن تنتصر على اللغة السومرية ، وتحل محلها في الخطاب اليومي ، واستخدمت الخط المسماري ، فلم يكن للأكاديين الوافدين خط أو رسم كتابي يدونون به لغتهم ، استعاروا الخط المسماري من لغة السكان الأصليين ، وقد تأثرت الأكدية ببعض

---

(1) يطلق بعض العلماء اسم اللغات الحامية على: اللغات البربرية، والنوبية، ولغة الهوسا، والفولبا، ويطلقون اللغات الكوشية على: لغات البشارية، والبجة، والماهو، والجالا، والصومالية. وقد عرفت هذه اللغات جميعًا بالحامية، نسبة إلى أولاد حام الذين سكنوا أفريقيا على ما جاء في العهد القديم.

مظاهر اللغة السومرية ، فقد اختفت منها بعض الأصوات الحلقية (ع ، ح ، هـ) ، وهي من أصوات السامية الأم .

وتنقسم اللغات السامية إلى عدة فروع رئيسية ، ويتفرع كل فرع منها إلى مجموعة من اللهجات يطلق عليها لغات:

- لغات المنطقة الشرقية ، وتشتمل على اللغة البابلية ، واللغة الآشورية .

- لغات المنطقة الغربية ، ويشتمل على اللغات: الكنعانية ، واللغة الآرامية . وتفرعت الكنعانية إلى ثلاث فروع ، وهي فرع شمالي ، وبقيت منه اللغة الأجريتية ، وفرع متوسط وهو الفينيقية ، والفرع الجنوبي . وهو العبرية .

- لغات المنطقة الجنوبية ، ويشتمل على العربية ، والحبشية ، وتتفرع العربية إلى فرعين فرع جنوبي وفرع شمالي ، ولغات الفرع الجنوبي هي السبئية والقتبانية والحميرية والحضرمية والهرمية .

والفرع الشالي ، ويتفرع إلى فرع مندثر اندثر باندثار أهله ، وهم العرب البائدة: عاد وثمود وطسم وجديس ، وفرع لغة العرب الباقية ، وهو الذي عم لهجات العرب ، وهو التي نزل بها القرآن الكريم ، وفيه لهجات مشهورة وغير ذلك، وقد توحدت على اللغة التي نزل بها القرآن الكريم.

وتتفرع الحبشية هي الأخرى إلى فروع ، وهي: الأمهرية والتيجرينية والتيجرية والهررية والجوراجية . ونتناول فيما يأتي فروع اللغات السامية:

اللغة الأكدية:

وهي لغة في الفرع الشرقي الشمالي من اللغات السامية ، وسميت باللغة الأكدية (أو الأكادية) نسبة إلى «أكد» أول مدينة سكنها الساميون الوافدون في شمال بابل بأرض العراق حوالي سنة 2500 ق.م ، وقد أطلق عليها هذا الاسم تمييزا لها عن اللغة السائدة في جنوب الرافدين آنذاك ، وهي اللغة السومرية لغة السكان الأصليين (5000-6000ق م) ، والسومريون شعب ذو حضارة زراعية ، وكانت له رموز كتابية تعرف بالمسمارية ، وكانت

كتابتهم مقطعية (تدل رموزها الكتابية على الأصوات الصامتة وحركتها) . ويطلق على هذه اللغة أيضًا اللغة البابلية، نسبة إلى بابل، وهي عاصمة للمملكة التي أقامها الساميون بالعراق، ولكن بعض العلماء أطلق عليها اسم الأكدية ليميزها عن اللغة السومرية في الجنوب . وتطلق اللغة الأكدية عند بعض العلماء على اللغة البابلية والأشورية معًا لقرب الشبه بينهما وتداخلهما.

ويضم الفرع الأكادي أو الأكدي من اللغات السامية كل اللغات واللهجات التي نشأت عن اللغة السامية الأولى ، وقد دخلت أرض العراق مع الوافدين الساميين إليها سنة 2500 ق .م . (1) ولا شك أن الأكدية قد تأثرت باللغة السومرية بالرغم أنها دخلت في صراع معها دام نحو ستة قرون ، وكان النصر حليفا للغة الدخلاء الوافدين من الساميين .

واللغة السومرية من أقدم اللغات التي دونت ، وقيل أقدمها ، وقد أظهرت الكشوف الحديثة عددا كبيرا من النقوش السومرية ، واتضحت ملامح اللغة السومرية ، وملامح الحضارة التي سجلها السومريون بلغتهم ، ولكن لم يستطع العلماء التعرف على الأسرة التي تنتمي إليها السومرية ، فبعض العلماء يرى أنها تنتمي إلى اللغات الهندأوربية ، لوجود صلة بينها وبين السنسكريتية القديمة . ويرجح بعض العلماء أنها تنتمي إلى أسرة بادت كل لغاتها ، ولم يكتبها أهلها ، ولم يبق لها أثر يعين على معرفتها ، فلم تكن الكتابة شائعة ، فكانت معظم اللغات شفاهية منطوقة غير مكتوبة .

واللغة الأكدية هي أقدم لغة سامية مدونة ، فقد دونت أقدم نصوصها حوالي سنة 2500ق .م ، والأكديون هم الجماعات السامية التي هاجرت من مهد الساميين في جزيرة العرب – على أرجح الأقوال – إلى العراق ، وتعد هذه الهجرة أقدم الهجرات السامية ، وكان العراق قبل هجرة الساميين إليه مركز حضارة السومريين ، والسومريون شعب لا علاقة له بالساميين ، ولغته تختلف اختلافا كبيرا عن اللغات السامية ، بل عن اللغات الأفروأسيوية بأسرها .

---

(1) علم اللغة العربية الدكتور حجازي ص151 .

تعلم الساميون الوافدون من السومريين نظام الكتابة ، وكان السومريون يدونون لغتهم برموز تشبه المسامير ، فأطلق عليها الكتابة المسمارية وذلك يرجع إلى أشكال الكتابة الوتدية Wedge التي كانت تنقش في ألواح من الطين أو تحفر في حجر بآلة، وتعتمد هذه الرموز المسمارية - بصفة عامة - على تدوين كل كلمة بعد تقسيمها إلى مقاطع ، ولذا فهي كتابة مقطعية من ناحية الأساس العلمي ومسمارية من ناحية الشكل، وقد احتاجت إلى عدد كبير من الحروف للتعبير عن المقاطع الصوتية المختلفة والحركات التي تصحب الحرف.

وهذا الخط - رغم تعقيده وصعوبته - له من ناحية التعبير عن الواقع المنطوق ميزة واحدة هو أنه يدون الحركات ضمن المقطع ، فالمقطع الواحد يتكون من صامت وحركة على أقل تقدير ، ومثال ذلك كلمة « كَلْبُ » بالأكدية ، يتكون المقطع الأخير من الباء والضمة صامت + حركة صائتة وهي الضمة) ، ويدون برمز مسماري مخالفا للرمز الدال على الباء والفتحة ، ويختلف عن الرمز المسماري الذي يدل على الباء والكسرة (1) . وأهم ما احتفظت به الأكدية من اللغة الأم ظاهرة الإعراب حيث تظهر على أواخر الكلمات علامات الرفع والنصب والجر على نحو ما نجد في الأسماء العربية المعربة ، وتختلف عن باقي اللغات السامية باختلاف بعض أصوات الحلق (ء-هـ-ع-ح-غ-خ) فقد اختفت أصوات العين والحاء والهاء من الأكدية ، ويبدو أن ذلك نتيجة تأثير اللغة السومرية التي لا تعرف هذه الأصوات الحلقية ، وهذا يرجح أنها من فروع اللغات الهندأوربية عند بعض العلماء.

وقد تغلغل نفوذ الأكديين في العراق ، وتغلبوا على سكان العراق الأصليين السومريين إلا أن هذا لا يعني تلاشي لغة السومريين وعدم تأثرهم في اللغة الأكدية ، فقد ساد المنطقة ازدواج لغوي بين الأكدية والسومرية امتد نحو ستة قرون منذ دخول الأكديين العراق (2500 ق .م) ، وتوجد نقوش بكلتا اللغتين من هذه الفترة ، ويقسم العلماء النقوش الأكدية المدونة بعد ذلك إلى عدة مراحل تاريخية لغوية (بابلية وآشورية) ، فقد امتدت اللغة الأكدية من القرن الخامس والعشرين قبل الميلاد حتى سقوط آخر الدول الآشورية في القرن السابع قبل الميلاد ، وكانت اللغة الآرامية تزاحم الأكدية في العراق حتى غلبتها بعد أن

---

(1) المدخل إلى علم اللغة ، دكتور حجازي ص100 ومعرفة اللغة، يول ص24، 25.

دخلت في صراع معها ، وهذه المراحل التاريخية هي: المرحلة القديمة ، ثم الوسيطة ، ثم الجديدة ، ثم المتأخرة .

والمرحلة الأولى في تاريخ الأكدية هي المرحلة التي دخلت فيها في صراع مع لغات السكان الأصليين من السومريين ، ووقع ازدواج لغوي أي وجود لغتين في المنطقة ، وستكون الغلبة لمن له السلطان السياسي ، ومن يتمتع بمستوى حضاري راق . وأدى ذلك في النهاية إلى سيادة اللغة الأكدية ، وتلاشت اللغة السومرية ، ويوجد عدة من النقوش السومرية والنقوش الأكدية في هذه الفترة التي ساد فيها ازدواج لغوي ، وقد تركت السومرية آثارا في حياة الأكديين ، فلقد تعلم الأكديون الكتابة من السومريين ، فسجلوا لغتهم بالخط المسماري ، ومن أشهر اللغات القديمة التي كتبت بالخط المسماري اللغة الحيثية بآسيا الصغرى ، وهي لغة هندية – أوربية ، وليست هناك علاقة قرابة بين السومرية والأكدية ، وكذلك السومرية لا تربطها علاقة باللغة الحيثية .

وتقوم الكتابة المسمارية على أساس صوتي ، فالكلمة تقسم إلى مقاطع ، ولكل مقطع رمز يكتب به . وبهذا يختلف الخط المسماري عن الأساس الذي يقوم عليه الخط الهيروغليفي الذي كتبت به في الفترة الزمنية نفسها اللغة المصرية القديمة ، فالخط الهيروغليفي لا يقوم على تدوين الصوت المنطوق ، بل على أساس الكتابة بالصورة ، في حين أن الخط المسماري يبين طبيعة اللغة الأكدية ، ويجسد النطق الصوتي لها [1] ، ومثال ذلك حركات الإعراب التي تظهر على نهاية كلمة « كلب » [2] .

الحالة الإعرابية	الأكدية القديمة	الأكدية الوسيطة والجديدة والمتأخرة
الرفع	Kalbum	Kalbu
النصب	Kalbam	Kalba
الجر	Kalbem	Kalbe

(1) ارجع إلى: معرفة اللغة، يول، ص23، 24. وموجز تاريخ علم اللغة ص223 .

(2) ارجع إلى: علم اللغة العربية ص154 .

ونجد تشابها بين النهاية الإعرابية في الأكدية والعربية ، وتتحدد هذه النهاية بوظيفة الاسم في الجملة ، والميم التي تنتهي بها الصيغ المذكورة في الأكدية القديمة والتي تعرف بظاهرة التميم فتقابل نون التنوين في العربية ولها بقايا في العربية مثل: ابنم، وفم، فأصلها بنووفوه . وأما حروف الحلق في السامية ، والتي تعد سماتها المميزة ، فقد اختفت في الأكدية ، ولعل ذلك من تأثير السومرية فيها ، فاللغة السومرية لا تعرف من حروف الحلق سوى الهمزة والخاء ، فاختفت حروف الحلق منها ، فقد قلد الأكديون السومريين في عدم نطقهم: العين والحاء والهاء ، ومثال ذلك الكلمات: بعل، قمح، نهر، ونوضحها فيما يأتي (1) :

الصيغة السامية والعربية	الصيغة الأكدية دون النهاية	الصوت المفقود	التعويض
بعل	Be:L	العين	مد الحركة
قمح	Qe:m	الحاء	مد الحركة
نهر	Na:r	الهاء	مد الحركة

ولقد تأثرت الأكدية بالسومرية في نطق الضاد والظاء أيضًا، وظهر الأثر واضحًا في المفردات فقد انتقلت كلمات من السومرية إلى الأكدية ، وانتقلت من الأكدية إلى العبرية والعربية بعد ذلك ، فقد دخلت العربية بعض الكلمات السومرية ، مثل: هيكل ، في السومرية Ekollum: البيت الكبير . ودخل العبرية ، فأضافت إليه هاء ، وانتقل منها إلى الآرامية والعربية ودخلت كثير من مفردات الحضارة والحياة اليومية التي استعارها البابليون لخطابهم اليومي .

وامتد التأثير السومري أيضا إلى بناء الجملة الأكدية حيث يأتي الفعل السومري في آخر الجملة ، بينما يأتي في اللغة السامية في اول الجملة ، فتسمى جملة فعلية ، وقد يأتي في الجملة الاسمية خبرا ، ولكن اللغة الأكدية تأثرت بالسومرية ، فقد أتى الفعل في نصوص نثرية في آخر الجملة ، ولكن احتفظ بالصدارة في أول الجملة في الشعر الأكدي .

---

(1) علم اللغة العربية ص156 . وأسس علم اللغة العربية ص158 .

وترجع أهمية اللغة الأكدية إلى أنها أقدم لغة سامية دونت ، ولذا يعد وجود أية ظاهرة لغوية في الأكدية والعربية دليلا إلى كون الظاهرة موروثة عن اللغة السامية الأولى ، ويمكن التأريخ لأقدم الظواهر في اللغة السامية عن طريق المقارنة بالأكدية والعربية .

ودخل الأكديون في الإمبراطورية الفارسية ، وانهار الاستقلال السياسي في المنطقة اللغوية ، وظلت الأكدية لغة الحياة والدولة حتى القرن السابع قبل الميلاد ، وبسقوط الدولة الآشورية في القرن السابع قبل الميلاد بدأ احتضار اللغة الأكدية في حين بدأ انتشار الآرامية بعد أن اتخذتها الدولة الفارسية في دواوينها ، فصارت لغة الحديث والمعاملات اليومية ، وأهم الآثار التي خلفتها الأكدية: ملحمة جلجاميش وشريعة حمورابي وعدد كبير من النقوش ذات المضمون السياسي والاجتماعي (1) وتعد اللغة الآشورية امتدادًا للغة الأكادية أو قريبة الشبه بها ، وقد أطلق العلماء على البابلية (الأكدية) والآشورية اسمًا واحدًا ، وهو الأكدية نسبة لأول مدينة سكنها الساميون في العراق .

وتعد اللغة العربية والأكدية أقدم لغتين ساميتين ، ولكن الأكدية تعد أسبق اللغات السامية تدوينًا ، حيث ترجع بعض نصوص الأكدية القديمة إلى نحو خمسة وعشرين قرنا قبل الميلاد تقريبا .

اللغة الآشورية

وهي اللغة السامية الثانية التي أعقبت البابلية (أو الأكدية) التي تكلمها من سبقوهم من إخوانهم إلى العراق وعاشوا في أكّد ثم بابل، والآشورية نسبة إلى مدينة آشور التي جعلها الآشوريون عاصمة لهم بعد أن ضعف ملك الأكاديين، وهي قريب التقاء نهر دجلة بنهير الزاب، ولغتهم قريبة الشبه بالبابلية أو الأكدية، وأطلق عليها بعض العلماء الاسم الأخير لقرب شبهها بها، وتميزًا لهما عن السومرية، فهي والأكدية من أصل واحد بيد أن السومرية ليست منهما، وقد تمكن الآشوريون من إقامة ملك لهم بديلاً لملك إخوانهم الأكديين الذين سبقوهم وصارت لهم السيادة بعد هجرتهم إلى العراق بنحو مائتي سنة، فقد هاجروا إلى

---

(1) علم اللغة العربية ص156، 157 .

العراق سنة 3500 ق.م، وأسسوا آشور 1300 ق.م ، واستولوا على بابل سنة 800 ق.م، وواصلوا توسعهم إلى سوريا وفلسطين، وصارت لهم دولة قوية، ثم ضعفت، فغزاها الكلدانيون والسريان، وقد تأثروا باللغات المحلية وخاصة السومرية فاتخذوا نظامها الكتابي فكتبوا به.

اللغة الأُجَريتية

هي الفرع الشمالي من اللغة الكنعانية ، وتعد اللغة السامية الثانية من ناحية تاريخ تدوين أقدم النقوش ، فقد دونت نقوشها حوالي سنة 1400 ق .م أي بعد مائة سنة من هجرة الأكديين إلى العراق شرقًا ، واللغة الأجريتية (أو الأوجاريتية) تنتمي إلى الكنعانية ، وقد اكتشف العلماء النقوش الأجريتية سنة 1929م في أطلال مدينة قديمة تسمى « أجريت» (1) بالقرب من « راس شمرا » على ساحل الشام ، وقد جاء هذا الاسم في النقوش المكتوبة ونسبت اللغة إليها . وتمثل اللغة الأجريتية أقدم لغة سامية عرفتها منطقة الشام .

والأجريتية تميز بين أصوات تداخلت بعد ذلك في العبرية مثل (الحاء والخاء الساميتان القديمتان) ، فقد تحولت الخاء السامية إلى حاء في العبرية ، والأجريتية تميز بين الحرفين في النطق مثلها في ذلك مثل العربية ، ولكن التقى الحرفان في صوت واحد وهو الحاء في العبرية .

وقد دونت الأجريتية بخط أبجدي ، ويعد هذا الخط مرحلة متطورة نقلت نظام الكتابة إلى مستوى بسيط ودقيق إلى حد بعيد . فقد طور الأجريتيون نظام الكتابة إلى أبجدية ، وتقوم الكتابة الأبجدية على أن يعبر الرمز الواحد أو الحرف عن صوت واحد من أصوات اللغة ، وبهذا يحتاج تدوين اللغة إلى عدد محدود من الرموز .

ويعد الأجريتيون بهذا هم أول من حاول تبسيط نظام الكتابة ، وأخذت عنهم باقي

---

(1) المدخل إلى علم اللغة ص102 ، تنطق مدينة أجريت بضم الهمزة وفتح الجيم ، وتكتب كذلك أوجاريت .

الحضارات فكرة الكتابة الأبجدية ، أما من ناحية الشكل ، فقد دون الأجريتيون حروف أبجديتهم برموز تشبه المسامير ، ولذا تعد الكتابة الأجريتية كتابة مسمارية أبجدية ، فقد وضعوا نظاما أبجديا جديدا ، أكثر تطورا وأسهل كتابة من الخط السومري ، وأقل عددا منه ، ولكنه تأثر بالشكل الذي كتبت به اللغة الأكدية . وللكتابة الأجريتية موقع فريد بين الكتابات السامية ، لأنها مكتوبة بأشكال مسمارية ، فهي بذلك تشبه الكتابات الشمالية في كونها ألفباء ، وتشبه الكتابة الأكدية في كونها مسمارية ، وقد اختلفت الآراء حول أصل هذه الألفباء .

وقد تم اكتشاف النقوش الأجريتية وفك رموزها في آذار سنة 1928م في رأس شمرا- أجريت قديما الواقعة شمال اللاذقية – ، وقد قامت البعثة الفرنسة بالتنقيب عن آثار هذه المنطقة فعثرت على ألواح طينية مكتوب عليها بخط مسماري لم يكن معروفا من قبل ، وهو خط منسي منذ أكثر من ثلاثة آلاف سنة ، كما اكتشفوا عددًا من الألواح في السنة التالية ، فتم الكشف عن أجريت القديمة ، وقد قام بفك رموز الأجريتية ثلاثة علماء ، وهم الألماني H.Bauer والفرنسيان E.Dhorme وch.Viroleaud وقد افترض Bauer أمرين لفك طلاسم الكتابة أولهما: أن الكتابة الأجريتية ألفبائية ، وذلك أن عدد أشكالها (27حرف) فيما هو أرجح ، بالإضافة إلى ثلاثة أخر ، ويوحي هذا لخط بنظام ألفبائي لا مقطعي . والأمر الثاني: أن لغة هذه النقوش سامية . فاستطاع أن يفك الرموز الأجريتية فكًا شبه كلي في أيام قلائل (1) .

وقد بينت تلك الكشوف أن اللغة الأجريتية إحدى فروع اللغات السامية ، وتنتمي إلى الفرع الكنعاني الشمالي في منطقة الشام التي عاش فيها بعض المهاجرين الساميين الوافدين إليها من الجنوب الموطن الأصلي للسامين .

وينقسم الفرع الكنعاني السامي على لغات محلية تتوزع في المنطقة الشمالية الغربية من الجزيرة (سوريا ، لبنان ، فلسطين ، الأردن) قسم شمالي ، ولم يبق منه إلا الأجريتي ،

---

(1) الكتابة العربية السامية ودراسة في تاريخ الكتابة ، وأصولها عند الساميين ، دكتور رمزي بعلبكي ، دار العلم للملايين ص89 وما بعدها .

والعمورية ، وهي لغة مندثرة لا أثر لها ، واللغة الأجريتية هي اللغة الوحيدة المعروفة للباحثين من لغات الفرع الكنعاني الشمالي ، فقد كانت هناك لغات أخرى مثل العمورية بادت منذ زمن بعيد ، وليست هناك نقوش مدونة بها ، ومن ثم لم يتعرف العلماء على صورة واضحة لها بين اللغات القديمة ، وقد جاء اسم مدينة أجريت التي نسبت إليها اللغة الأجريتية في مراسلات وجدت بالعراق ومصر من القرنين الثامن عشر والرابع عشر قبل الميلاد ، واللغة الأجريتية هي آخر لغة اكتشفت في القرن العشرين 1929م ، فلم تكن معروفة قبل هذا التاريخ .

وقد وجد العلماء أن النقوش الأجريتية مكتوبة بخط مسماري ، وهو الخط الذي كتبت به من قبل اللغات السومرية والأكدية والحيثية ، ولكن عدد الحروف التي استخدمتها الأجريتية أقل من الرموز المستخدمة في الخط المسماري ، وذلك يرجع إلى طبيعة الكتابة الأكدية ، واختلافها عن الكتابة الأجريتية ، وذلك أن الأكديين كتبوا لغتهم برموز مسمارية يدل كل منها بصيغة عامة على مقطع ، وقد تطلب ذلك مئات الرموز ، ولكن الأجريتيين يسروا نظام الكتابة ، فكتبوا لغتهم برموز قليلة لا تتجاوز الثلاثين ، ولم تعد هناك حاجة إلى كم العدد الذي استخدمه الأكديون .

لقد عبر الأجريتيون عن كل صوت من أصوات اللغة بحرف واحد ، ولذا كانت الحروف بعدد الوحدات الصوتية الموجودة في لغتهم ، غير أنهم جعلوا للهمزة المفتوحة رمزا ثم للهمزة المضمومة رمزا ، ثم للهمزة المكسورة رمزا ، وهذا القصور في تدوين الهمزة أصبح ميراثا تناقلته كل الكتابات السامية بعد ذلك . وبذلك كان الأجريتيون أول من دون اللغة تدوينا صوتيا يقوم على أساس استخدام الحرف الواحد للوحدة الصوتية الواحدة ، وقد كانت الهيروغليفية تدون بكتابة صورية مقطعية . والطريقة التي اتبعها الأجريتيون في الكتابة جعلت اللغة في متناول الجميع ، وقد شاع بين الباحثين أن الإغريق هم أول من وضع الأبجدية المقطعية التي ترمز فيها الحروف إلى الصوامت والصوائت ، أو يرمز للصوت الصامت برمز كتابي ، ويرمز كذلك إلى الحركات برموز كتابية ، والطريقة التي استخدمها الأجريتيون في الكتابة مكن لها أن تمضي في ركب الحضارة ، وأن تستخدمها في

الأمم الأخرى ، كما قام الفينيقيون من بعدهم بتعديل هذه الطريقة لتخرج في وضع أيسر ، فانتشرت الكتابة بين الأمم ، ولكن الكتابة التي استخدمها الأجريتيون تعد قاصرة عن الكتابة الأكدية في جانب اختفاء الحركات بها والاكتفاء بالرمز إلى الصوامت ، فالرمز المقطعي الذي كتبت به الأكديون كان يدل على الصامت مع الحركة ، فالباء المضمومة يختلف رمزها عن رمز الباء المنصوبة ، وكذلك المجرورة ، ومن ثم يمكن التعرف على البنية الصوتية للحركات الأكدية من خلال شكل الرمز الصامت مع الصائت ، ولكن شكل الكلمة الرمزي في الكتابة الأجريتية يفتقد إلى هذا الجانب ويعد قصورًا ، لأن الأجريتين لم يدونوا الحركات على الإطلاق ، بل دونوا الصوامت فقط . وقد ظلت الكتابات السامية تدون الصوامت دون الحركات على نحو ما فعل الأجريتيون عدة قرون حتى استحدثوا الحركات ، فوضع أهل كل لغة لأنفسهم رموزا للصوائت ، ليتمكنوا من النطق الصحيح للكلمات فزاد العبريون الحركات في كتابتهم، ووضح العرب الشكل في الكتابة في الرسم المصحفي أولاً، وانتشر منه في الكتابة عامة ، وقد مر ذلك أيضا بمراحل .

وقد وضع الأجريتيون لأول مرة في التاريخ النظام الأبجدي ، فقد رتبوا الحروف على طريقة: ا . ب . ج . د . ه . و . ز . ح . ط . ي . ك . ل . م . ن . س . ع . ف . ص .ق . ر . ش . ت . [مع ملاحظة أن رمز الألف «ا» (الخط القائم) رمز الهمزة، ثم استحدث العلماء رمزًا آخر للهمزة «ء» (رأس العين) وجعلوا حرف الهمزة القديم «ا» رمزًا لصوت الفتح الطويل الذي نسميه ألفًا] وقد ظل هذا الترتيب مستخدمًا عن الشعوب التي تعلمت الخط من الأجريتيين بطريقة مباشرة أو ممن أخذ عنهم ، وقد تعرض هذا للتعديل في بعض اللغات ^(1) . وقد وضح الخليل بن أحمد الترتيب الصوتي الذي يقوم على المخارج الصوتية، وأعاد تلميذه سيبويه النظر فيه وعدل بعضه، وهو: الهمزة، والألف، والهاء، والعين، والحاء، والغين، والخاء، والكاف، والقا، والضاد، والجيم، والشين، والياء، واللام، والراء، والنون، والطاء، والدال، والتاء، والصاد، والزاي، والسين، والظاء، والذال، والثاء، والفاء، والباء، والميم، والواو. ووضع ترتيب آخر عربي يقوم على تشابه الحروف وهو المأخوذ به في التعليم:

---

(1) علم اللغة ص106

251

ء، ب، ت، .... و، ى .

وتعد اللغة الأجريتية من اللغات السامية التي احتفظت ببعض سمات السامية الأم ، مثل الأكدية والعربية ، لأنها دونت في فترة مبكرة مكنت لها الاحتفاظ بالعديد من صفات الأم ، وهي في هذا الجانب تعد أقرب اللغات الكنعانية إلى العربية . فالعربية احتفظت بصفة عامة بالأصوات السامية الأولى ، فهي تميز بين الحاء والخاء ، وقد تحول هذان الصوتان في العبرية والفينيقية إلى صوت واحد ، وهو الحاء ، كما تميز العربية بين العين والغين ، وكذلك الأجريتية ، ولكنهما في العبرية صارا صوتا واحدا وهو العين .

وترجع أهمية دارسة الأجريتية إلى أنها تكشف عن كثير من ظواهر اللغة الأم ، كما تعين على دراسة أخواتها الساميات في مراحلها الأولى وما أدركها من تغير مثل عبرية العهد القديم ، والفينيقية ، كما أن دراسة هذه اللغة تعين على دراسة اللغات الكنعانية الأخرى ، كالعبرية ، والفينيقية ، والبونية .

ويلاحظ أن الأكدية قد ساهمت في وضع النظام المقطعي في الكتابة ، فقد رمزت إلى صوت وحركته برمز واحد ، ولهذا شكل الحرف باختلاف حركته ، وقد تسبب هذا في كثرة رموزها وصعوبة الكتابة بها ، فقام الأجريتيون بوضع رمز واحد لكل صوت ، وجردوا الرموز من الحركات تيسيرا على المتعلمين والكُتَّاب ، فلم تتجاوز رموزهم الصوتية ثلاثين رمزا (بلغت سبعة وعشرين رمزا) ، فكان هذا الأمر حسنًا في جانب تيسير الكتابة ، وكان سيئا بخلوه من الرموز التي تشير إلى الحركات التي تصاحب نطق الصوت ، ويرجع إليهم الفضل في تيسير النظام الكتابي الذي أخذه عنهم الفينيقيون وطوروه ، ونقلته عنهم الأمم التي احتكت بهم احتكاكا مباشرا أو غير مباشر ، ونسب إليهم اكتشاف الأبجدية ؛ لأنهم تواصلوا معهم وأخذوا الأبجدية عنهم فظنوا أنهم هم الذين وضعوها ، والحقيقة أن الأجريتيين هم الذين وضعوا النظام الأبجدي الميسر ، وقام بنشره الفينيقيون .

اللغة الفينيقية

تنسب الفينيقية إلى الفينيقيين ، وهم قوم كانوا يقيمون في بلاد العرب الجنوبية على سواحل المحيط الهندي ، والخليج الفارسي ، واستدل العلماء على ذلك من اسمهم ، فهو

مشتق من كلمة إغريقية هي: فينكي ، ومعناها: « النخيل » فبلادهم بها نخيل ، وهذا ينطبق على بلادهم بجزيرة العرب ، فلا يوجد نخيل بالبلاد التي هاجروا إليها ، وهي البلاد الواقعة على الساحل الشرقي للبحر المتوسط: فلسطين ، وسوريا ، ولبنان ، ومن أهم مدنها: صور وصيدا . وقد رأى المؤرخون أن هجرتهم كانت في أوائل القرن السادس عشر قبل الميلاد ، وقد كان لهم نشاط تجاري واسع مع البلاد التي تطل على البحر المتوسط .

ويرجع إليهم الفضل في نشر النظام الأبجدي الذي نقلوه عن الأبجدية الأجريتية ، فقاموا بتطويرها وتعديل حروفها لتلائم لغتهم ، فتعرفت الأمم التي احتكت بهم على نظامهم الأبجدي ، ففشى فيهم أن الذين وضعوا النظام الأبجدي هم الفينيقيون ، لأنهم تعلموا الخط منهم . ويعد اليونانيون هم أشهر الأمم التي تعلمت منهم ، فقاموا بتطويره ، وأضافوا إليه رموزا للصوائت ، فعالجوا أصوات الحركات التي تصاحب الأصوات الصامتة فنظامهم الكتابي مقطعي . وتمثل الفينيقية الكنعانية المتوسطة ، وقد تناولنا الفرع الشمالي منها ، وهو الأجريتية ، واللغة الفينيقية إحدى لغات المجموعة الكنعانية التي تم العثور عليها في الساحل الفلسطيني واللبناني والسوري ، فقد وجدت مجموعة نقوش في هذه المناطق ، وفي الساحل الأوربي الجنوبي ، وبعض مدن شمال أفريقيا القديمة ، وهي المناطق التي ارتبطت معها بعلاقات تجارية .

وأقدم ما عثر عليه العلماء من اللغة الفينيقية بضع جمل وجدت في مجموعة رسائل تل العمارنة بصعيد مصر ، وتمثل لهجة منطقة جبيل في القرن الرابع عشر قبل الميلاد ، ولكن أكثر النقوش ترجع إلى الفترة بين سنة 1000 ق .م وسنة 100م . (1)

وقد امتد أثر اللغة الفينيقية بامتداد نشاطهم السياسي والتجاري ، فقد وجدت نصوص فينيقية في تل العمارنة بمصر ، وقد كان الفينيقيون مهتمين بالتجارة البحرية في البحر المتوسط ولهم نفوذ واسع فيه ، ويتبين ذلك من خلال النصوص الفينيقية الموجودة في قبرص ، وانتشرت في المحطات التجارية الفينيقية في البحر المتوسط ، فقد وجدت نقوش

---

(1) أسس علم اللغة العربية ص164، 165 .

فينيقية في الساحل الأوربي في جنوب أسبانيا . وقد امتد أثر اللغة الفينيقية إلى المغرب ، فقد أسس الفينيقيون مدينة « قرت حدشت » على الساحل التونسي ، وقد أطلق على اللغة الفينيقية التي استخدمها الفنيقيون في شمال أفريقيا اسم « البونية »، وقد انتشرت في ساحل تونس على مرحلتين: البونية القديمة والبونية الحديثة . وتبدأ البونية الأولى بانتشار الفينيقين في منطقة الساحل التونسي في القرن التاسع قبل الميلاد ، وتنتهي بسقوط الكيان السياسي للدولة البونية سنة (146ق .م) حينما قضى الرومان على دولتهم بعد صراع على السيادة على البحر المتوسط ، فاستطاعوا احتلال عاصمة البونيين « قرطاجنة » واحتلوا المنطقة اللغوية البونية ، ودخلت البونية مرحلتها الثانية بعد احتلال الرومان ، فقد تأثرت اللغة البونية باللغة اللاتينية ، ودخلت ألفاظ منها ، وضعفت أصوات الحلق في اللغة البونية الجديدة تحت تأثير الرومانيين الذين غزوا البونيين (1) .

وقد حدث خلط في تدوين بعض الأصوات بالحروف ، فالبونيون خلطوا بين الكلمات التي تكتب بحرف العين والكلمات التي يجب أن تكتب بالهمزة ، وخلطوا كذلك بين الكلمات التي تكتب بالحاء والكلمات التي تكتب بالهاء ، وجاء هذه الخلط من تأثير اللغة اللاتينية في البونية الحديثة حيث تقلب العين البونية إلى همزة في اللاتينية وكذلك الحاء تقلب إلى هاء في النطق .

وقد تأثرت الكتابة البونية بما أدخله الرومان اللاتينيون إلى الأبجدية من حركات ، فقد أدخل البونيون الحركات على الكلمات تأثرا بالرومانيين واليونانيين، والمعروف أن الأجريتيين استحدثوا نظاماجديدا للكتابة أيسر مما وضعه السومريون والأكديون ، وقد قام الفينيقيون بتعديل الأبجدية ، وأخذها عنهم الرومانيون واليونانيون ، ولكن الآخرين قاموا بإدخال الحركات على الصوامت في الكتابة . فقد تعلم اليونانيون الكتابة الأبجدية أثناء احتكاكهم بالفينيقيين في القرن التاسع قبل الميلاد تقريبا، والكتابة الفينيقية امتداد مباشر للأبجدية الأجريتية ، وقد قام الأجريتيون بتبسيط نظام الكتابة وجعلوها أبجدية . واحتفظ الفينيقيون بفكرة النظام الأبجدي ، وتعلم اليونانيون الكتابة من الفينيقيين ، وأصبحت

---

(1) علم اللغة العربية ص162 .

الحركات واتجاه الكتابة سمتين تلازمان كل اللغات التي أخذت الأبجدية عن اليونانية ، وقد ساهم اليونانيون والرومانيون في تطوير النظام الأبجدي . (1)

اللغة العبرية

اللغة العبرية هي الفرع الجنوبي من فروع الكنعانية ، وترجع هذه التسمية إلى اسم من تحدثوا بها وهم العبرانيون ، وهم بنو إسرائيل ، وقد سموا بالعبرانيين نسبة إلى عابر جد إبراهيم عليه السلام الأكبر ، وقد نسبوا إليه لشهرته في التاريخ ، وإسرائيل هو يعقوب بن إسحاق عليهما السلام ، وسموا باليهود نسبة ليهوذا بن يعقوب ، وقيل غير ذلك.

وترجع أهمية العبرية إلى أنها أهم اللغات الكنعانية على الإطلاق ، وأوسعها انتشارا ، وأكثرها نتاجا في مختلف فنون القول ، وقد دونت بها أسفار العهد القديم ، وعاشت أزهى عصورها الأدبية في دولة الأندلس الإسلامية التي عادت فيها للحياة مرة ثانية ، فقد شارك اليهود في الحياة الأدبية ، فكتبوا بالعبرية ، وسجلوا آدابهم بها ، وكتبوا قواعدها متأثرين في ذلك بنحاة وأدباء العرب . (2)

وقد بدأ تاريخ اللغة العبرية في القرن الثاني عشر قبل الميلاد عندما دخلت قبيلة إسرائيل أرض فلسطين ، فتعلموا لهجة المنطقة التي حلوا بها واتخذوها لغة لهم ، وهي إحدى اللهجات الكنعانية ، وقد ظهرت عدة نقوش عبرية قليلة جدا ، وهي أقل من النقوش الفينيقية ، ولكن تم العثور على مجموعة نصوص دينية عرفت باسم لفائف البحر الميت dead Sea Scrolls ، وترجع إلى الفترة ما بين القرن الثالث قبل الميلاد والقرن الثاني الميلادي ، واللغة العبرية القديمة هي لغة العهد القديم ، وهو ما يدعى بالكتاب المقدس عند اليهود ، وقد دون الكتاب المقدس على مراحل متعاقبة ، وقد دون أول الأمر بالخط العبري غير المضبوط بالشكل أي أن النص المدون كان نصا يدون الصوامت ، ولا يدون الحركات القصيرة ، وقد وضعت الحركات في مرحلة تالية امتدت من القرن الخامس الميلادي حتى

---

(1) علم اللغة العربية ص163 ، 164 .

(2) ارجع إلى تاريخ اللغات السامية ، إسرائيل ولنفس ، دار العلم، بيروت ، ص77، 78 . والأمم السامية ، تاريخها وحضاراتها، حامد عبد القادر، نهضة مصر ص110 .

القرن التاسع الميلادي ، وقد وضع علماء العبرية الحركات متأثرين بالطريقة التي وضع بها النساطرة الشرقيون حركاتهم .

وأهم الكتب الدينية التي وضعها اليهود بالعبرية كتاب « المشنا » ، وهو الكتاب الثاني بعد العهد القديم ، ويعني المشنا التثنية أو التكرار ، وقد ألف هذا الكتاب بعد أن قضى الرومان على أخر كيان سياسي لليهود سنة 70م ، وقد كان رجال الدين يقرءون نص المشنا بالعبرية ثم يشرحونه باللهجة المحلية بعد أن عاش اليهود مختلطين بجماعات دينية أخرى تختلف معهم في اللغة ، ومن ثم تعددت شروح المشنا بتعدد اللهجات ، وقد سادت اللغة الآرامية في هذه الفترة ، وشرح بها علماء اليهود كتبهم العبرية . وكتب علماء اليهود المشنا بلغات متعددة ، وقد عرف الشرح بالتلمود ، وهو يتضمن المشنا وشرحه ، وقد « عرف التلمود البابلي » ، وهو يتألف من المشنا ومن الشرح المدون باللهجة الآرامية الفلسطينية ويسمى الجمارا ، والجمارا تعني النص المكمل أو الإكمال ، وهي تختلف باختلاف اللهجة الآرامية ، وباختلاف مؤلفيها .
(1)

وقد عادت العبرية إلى الحياة مرة أخرى في ظل الدولة الأندلسية في العصور الوسطى ، وتأثرت بالثقافة العربية وجهود علماء اللغة العرب ، فقد شارك اليهود في الثقافة العربية مشاركة عميقة ، فكانوا يتعلمون العلوم العربية ، وألف اليهود كتبا بالعربية والعبرية ، ووضعوا قواعد العبرية متأثرين بقواعد العربية وكتبوا في اللغة العبرية ، وألفوا معاجم عبرية ، واستخدموا في ذلك الأبجدية العبرية والعربية . وعرفت هذه بالعبرية الوسيطة ، أما العبرية الحديثة فهي اللغة الرسمية الأولى في إسرائيل ، وتسمى (Evrit) .

وقد ظهرت العبرية في ثوب جديد حيث تأثرت باللغات الأوربية (لغات معظم المهاجرين) ، فدخلتها مفردات كثيرة منها ، وتأثرت بطريقة النطق الأوربية ، فاختفى النطق بأصوات الحلق والإطباق ، لأنها غير موجودة في اللغات الأوربية .
(2)

(1) علم اللغة العربية ص169 ، 170 .

(2) علم اللغة العربية ص171 ، 172 . وأسس علم اللغة العربية 174 .

الفرع الآرامي

الآرامية لغة الآراميين الذين ينسبون إلى آرام ، وقيل إن آرام بن سام بن نوح عليه السلام ، والذي نميل إليه أن آرام اسم الأب الأكبر لهذه القبيلة التي تسمت باسمه ، ولا نعلم عنه شيئا ، وقد جاء نسبه في العهد القديم إلى نوح عليه السلام ، وقد شكك العلماء فيما ذكرته التوراة أن البشر ينقسمون على ثلاث أسر ، وهم أبناء سام ، وحام ، ويافث - من بعد الطوفان ، ولم يلتفت العهد القديم إلى ذكر شيء عن ذرية الذين آمنوا مع نوح، ونجوا معه ، ونظرية نقاء الجنس مرفوضة علميا ، وهذه فترة لم تتوافر لدينا معلومات كافية عنها غير ما حدثنا به العهد القديم ، وهو المصدر التاريخي الوحيد الذي نقل عنه العلماء ، وقد كتب في مرحلة متأخرة جدًا من بدء الخليقة الذي حدثنا عنه ، ولا ندري مصدره ، فقد دون العهد القديم على مراحل تاريخية متتابعة ، وقد تناول تاريخ البشرية تمهيدا لسرد تاريخ بني إسرائيل والحديث عن كل ما يتعلق بهم فنجد فيه: بدء الخليقة ، وإدريس وطوفان نوح عليهما السلام ، وإبراهيم ، وبنيه ، وتناول الفترة التاريخية التي تلت عهد موسى عليه السلام ، وما تعرض له اليهود من سبي والمعاناة التي عانوها أثناء السبي ببابل .

والهدف من وراء سرد الأحداث هو التأريخ لشعب إسرائيل المختار ، ولهذا تناولوا الأمم التي احتكت باليهود وخالطوهم ، ومن هؤلاء الآراميين ، وتشير المصادر إلى أن الآراميين قبيلة من القبائل السامية التي كانت تعيش بالبادية في الشمال الشرقي من جزيرة العرب على حدود بلاد العراق ، واستطاعوا أن يدخلوا إلى حوض نهر الفرات ، فاستقروا به ، وأسسوا دولة قوية في القرن الحادي عشر قبل الميلاد ، وهاجر بعضهم إلى الشام فاستقروا بها .

ويضم الفرع الآرامي مجموعة من اللهجات المتقاربة في بنيتها تقاربا كبيرا ، وقد انتشرت هذه اللهجات في مناطق من الشام والعراق ، وتجاوزت هذه اللغة حدود الجزيرة فدخلت بلاد فارس ، فاتخذتها الدولة الفارسية لغة للدواوين فترة من تاريخها . وأهم

اللهجات الآرامية القديمة[1] :

أ- الآرامية القديمة

ب- آرامية الدولة

جـ- السريانية

د – النبطة

هـ - المندعية

أ – الآرامية القديمةأ

وهي الآرامية التي ترجع إلى الفترة بين القرن العاشر قبل الميلاد والقرن الثامن قبل الميلاد ، وقد وجدت نقوش هذه اللهجة في مناطق مختلفة من الشام والعراق ، وأهم مايميز الآرامية القديمة عن اللهجات الآرامية الأخرى ، أنها تستخدم القاف في كلمة « أرقا » ( ) ومعناها الأرض[2] . وتأتي في اللهجات الأخرى أرعا ( ) فقد تحولت الضاد ، وهي الأصل في السامية الأم إلى قاف في الآرامية القديمة ، وتحولت في اللهجات الأخرى إلى عين ، وهذا التحول الصوتي يعد غريبا على القانون الصوتي ، ويصعب تفسيره ، ومعنى هذا أن الضاد العربية هي الامتداد المباشر للضاد في اللغة السامية الأولى ، والتي تحتفظ العربية بالعديد من ظواهرها .

ب – آرامية الدولة

وهي الآرامية المستخدمة في النقوش الكثيرة التي دونت في القرون من السابع إلى الخامس قبل الميلاد ، وقد أطلق عليها هذا الاسم ، لأن دولة الفرس الأخمينيين اتخذت الآرامية لغة رسمية في الدولة ، وكان الآشوريون قد اتخذها في الدولة الآشورية على نطاق واسع بعد أن ضعف سلطانهم ، وغزت الآرامية أرضهم ، فقد استخدم الأشوريون الآرامية في الكتابة إلى جانب الأكدية حتى سقطت الدولة الآشورية سنة 625 ق .م على أيدي الفرس الأخمينيين ، ودخل العراق في إطار الإمبراطورية الفارسية واعترف حكام الفرس بالآرامية ، واتخذوها لغة رسمية في كل أنحاء الدولة ، ولعل سبب ذلك أن الآرامية قد

---

(1) ارجع إلى علم اللغة العربية ص172 ، 173 .

(2) علم اللغة العربية ص173 .

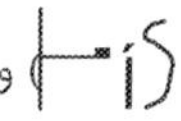

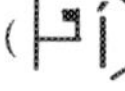

انتشرت ووجدت حتى داخل إيران نفسها ، وأصبحت الآرامية لغة دولية تستخدم في منطقة واسعة من العالم القديم في التعامل السياسي والتجاري بين أبنائها وغير أبنائها ، فقد تم العثور على نقوش آرامية في العراق والشام وإيران وشمال الجزيزة العربية ومنطقة أسوان بمصر ، كما وجدت بعض نقوش منها في آسيا الصغرى ، مما يؤكد انتشارها .

وقد دعم وجودها أن الدولة الفارسية جعلتها لغة الدواوين ، فأصبحت لغة التعامل الدولي في الشرق القديم حتى مطلع القرن الرابع قبل الميلاد حيث قامت دولة الفرس الساسانيين خلفا للأخمينيين ، فعدلوا عن استخدام الآرامية في الدواوين والإدارة ، وليس معنى ذلك انتهاء الآرامية ، فقد ظلت لغة الخطاب اليومي في العراق والشام ، وقد استطاعت خلال تلك الفترة (من القرن السابع إلى الخامس ق .م) أن تتغلب على لغات أخرى ، وتحل محلها مثل الأكدية في العراق والعبرية والفينيقية وغيرها من اللهجات في الشام حتى أصبحت اللغة الأولى في العراق والشام .

ج - السريانية

السريانية إحدى لهجات الآرامية ، وقد ارتبط هذا الاسم بانتشار المسيحية حيث عدل المسيحيون عن استخدام اسم الآرامية لارتباطه بالوثنية إلى اسم السريانية .

وقد انتشرت السريانية ، لتصبح لغة جماعة كبيرة تعيش في الشام والعراق بعد أن كانت في منطقة محدودة في شمال الشام . وقد ازدهرت السريانية مع انتشار المسيحية ، وارتبطت باليهودية ، فالسريانية تكون مع لغة التلمود البابلي والمندعية آرامية واحدة يطلق عليها المجموعة الشرقية ، وهي المجودة بالعراق ، وهذه اللهجات الثلاث تتفق في عدد كبير من الخصائص اللغوية ، فهي تتقارب من ناحية البنية اللغوية .

وقد تأثرت آرامية التلمود البابلي بالعبرية التي كتبت بها بعض أسفار التوراة ، وارتبطت باليهودية ، وأخذت مندعية الصابئة بالعراق اتجاها خاصا بها ، وتأثرت السريانية المسيحية في الشام بالثقافة السائدة ، وهي اليونانية ، وتأثرت كذلك بالفكر اليوناني القديم .

وقد حققت السريانية ازدهارا ثقافيا عظيما ، فقد قام علماء السريانية بالتأليف بها

والترجمة إليها مع بداية القرن الثالث الميلادي ، وظهرت مؤلفات كثيرة بها في الفترة من القرن الثالث الميلادي حتى القرن السابع ، ولكن حدث انقسام في المسيحية داخل الشام والعراق أدى إلى انشطارها إلى فرقتين: النساطرة واليعاقبة في القرن الخامس ، والنساطرة (نسبة إلى نسطوريس) وهم السريان الشرقيون الذين خضعوا لحكم الفرس بالعراق ، واليعاقبة (نسبة إلى يعقوب البراذعي) وهم السريان الغربيون الخاضعون آنذاك لحكم الرومان في الشام (1) .

وقد أثر هذا الانقسام في اللغة حيث ظهرت فروق بها بعد انقسامها إلى غربية وشرقية متمثلة في هويتين ، كما حدث اختلاف في الأبجدية التي تطورت داخل الكنيستين فقد سلكت كل منهما طريقا خاصا بها في الكتابة والحركات .

وقد قامت السريانية بدور رائد في إثراء الثقافة العربية والإسلامية بالفكر اليوناني ، قد كان هناك احتكاك مباشر بين السريان واليونانيين ، وزاد الاختلاط بينهما بانتشار المسيحية في الدولة الرومانية ، فقام علماء السريانية بترجمة العديد من عيون التراث اليوناني الهليني إلى السريانية فتوّلد عن امتزاج التراث الهليني بالروح الشرقية ما عرف بالحضارة الهلينستية ، وهي الحضارة التي تولدت عن احتكاك اليونانيين بثقافة مصر والشام والعراق ، وهي المرحلة التي تبدأ بغزو الإسكندر مصر في القرن الرابع قبل الميلاد .

وقد قام علماء السريان بترجمة كثير من عيون التراث اليوناني إلى السريانية ، كما قاموا بترجمة هذا التراث من السريانية إلى العربية بعد انتشار الإسلام في الشام والعراق وانتصار العربية لغة القرآن الكريم على السريانية وغيرها من بقايا اللغات واللهجات في شمال الجزيرة ، وانزوت بقايا تلك اللغات في أماكن ضيقة ، كما ظلت السريانية في الشام لغة الكنيسة ، ومثلها القبطية التي انحسرت داخل الكنيسة بانتشار الإسلام والعربية في مصر ، ويحاول أهلها بعثها من جديد وإحياءها، وتحاول أعراق أخرى إحياء لغاتها، والقادة العرب يغطون في نومهم، وسَتُيقظهم نواقيس الخطر.

---

(1) اليعاقبة (اليعقوبية) فرقة من النصارى أتباع يعقوب البراذعي ، الذي عاش في الشام في القرن السادس للميلاد ، يقولون باتحاد اللاهوت والناسوت ، ويعرفون بأصحاب الطبيعة الواحدة .

اللهجات الآرامية اليهودية

لقد ذكرنا ونحن بصدد الحديث عن العبرية أن الآرامية استخدمت في كتابة بعض صفحات العهد القديم ، فالعهد القديم لم يكتب جميعه بالعبرية ، ففيه صفحات كانت بالآرامية ، وهي سفر عزرا 4/8-6 و18 ،7/12-26 وسفر دنيال 2/4- 7و28 ، وسفر إرميا 11/10 ، وهناك كلمتان آرميتان في سفر التكوين 31 ، 47 .(1)

وقد كان لانتشار الآرامية أثر بالغ الأهمية في اليهودية ، فقد أصبحت الآرامية لغة الخطاب اليومي لعامة اليهود ، وانحسرت العبرية داخل رجال الدين ، فنجمت ضرورة ترجمة أجزاء من العهد القديم إلى اللهجات الآرامية المحلية التي كان يتحدثها اليهود ، كما شرح العهد القديم بالآرامية شفويا ، وقد تحرج رجال الدين من تدوين الشروح حتى لا تختلط بنصوص العهد القديم ، ثم زال الحرج عن تلك الشروح المترجمة ، فدونت ، فظهر بذلك الترجوم البابلي ، والترجوم الفلسطيني ، والترجوم السامري ، وعرفت هذه جميعا بالترجوميم أي المترجمات . وقد مثل كل ترجوم منها لهجة المنطقة التي كتبت بها ، فلهجة الترجوم البابلي قريبة في كثير من الخصائص من باقي اللهجات الآرامية الشرقية ، ويمثل الترجوم الفلسطيني والترجوم السامري مع غيرهما لهجات الآرامية الغربية ، وقد دون اليهود هذه اللهجات التي تعد شروحا للعهد القديم بالخط العبري ، وعرفت كل ترجمة منها باسم التلمود ، وقد نتج عن ذلك دخول كثير من كلمات اللهجات الآرامية إلى العبرية ، وكتب أحبار اليهود وربانيوهم في فلسطين والعراق نصوصا أخرى باللهجات الآرامية ، ودخلت هذه النصوص في التلمودين البابلي والفلسطيني ، ويتكون التلمود البابلي من نص المشنا العبرية والشروح الآرامية ، وثمة اختلاف بين اللهجات المستخدمة في « الجمارا » ، وهي الشرح الآرامي في كلا التلمودين ، فكلاهما يمثل لهجة مختلفة عن الأخرى ، وكلاهما مكتوب بالخط العبري مثل الترجوميم .(2)

---

(1) علم اللغة العربية ص166 .

(2) علم اللغة العربية ص181 .

د - النبطية

النبطية لهجة آرامية كتب بها النبط نقوشهم حتى أواخر القرن الثالث الميلادي ، والنبط شعب عربي عاش في أقصى شمال الجزيرة العربية وجنوب بادية الشام وعاصمتهم « سلْع » وتعرف اليوم بالبتراء ، وقد احترفوا الرعي والزراعة ، ثم مارسوا النشاط التجاري بحكم موقعهم حتى حققوا مكانة كبيرة ، وأصبح لهم كيان سياسي يهدد جيرانهم ، وكانوا وسطاء تجاريين بين سكان منطقتي العراق والشام ، وسكان الجزيرة العربية ، فقد كانت قبائل العرب تتواصل معهم في معاملاتهم التجارية ، وتعلموا منهم الأبجدية السامية .

وكانت اللغة العربية لغتهم المحلية - ولكنهم تحدثوا الآرامية التي كانت سائدة آنذاك إلى جوار لغتهم العربية الأصلية وخاصة في معاملتهم مع جيرانهم وغيرهم ، فكانت الآرامية هي لغة التعامل مع غير العرب ، ولم تكن لهم أبجدية من ابتكارهم ، فاستعاروها من جيرانهم الفنيقيين ، وهي التي نكتب بها اليوم ، وقد تعلم العرب عنهم الكتابة ، والخط النبطي يعود إلى الخط الأجريتي على نحو غير مباشر ، ولكن الأرجح أنهم استعاروا النظام الكتابي من الفينيقيين الذين أخذوا أبجديتهم وطوروها عن الأجرتيين ، وقد قام الأنباط بتطوير هذا الخط بما يتفق مع لغتهم ، كما أنهم استخدموا خطوطا أخرى مثل الخط الآرامي ، وقد استدل العلماء على عروبة النبط بكثير من المفردات العربية المدونة بخط آرامي في نقوشهم ، مثل « آل » للدلالة عن النشاط القبلي ، « ولد » بمعنى أبناء ، « وجر » بمعنى قبر صخري ، « ضريح » بمعنى حجرة ، « إحدى » بمعنى واحدة، « غير » بمعناها الحالي ، وأداة التعريف « ال » والأفعال: هلك ، صنع ، لعن ، بمعانيها العربية وغيرها من الكلمات (1) .

هـ - المندَعية

وهي لهجة آرامية شرقية ارتبطت بجماعة دينية عرفت باسم الصابئة ، بالعراق ، ولهم كتاب مقدس يطلق عليه (جنزا) أي الكنز ، ويعرفون بالصابئة في الإسلام ، وما تزال لهم

---

(1) أسس علم اللغة العربية 187 .

بقية إلى اليوم في عدة قرى في جنوب العراق ، وهم يتعاملون داخليا بلهجتهم الآرامية إلى اليوم ، والتي تأثرت بالعربية ، فدخلها العديد من مفرداتها (1) .

ويطلق عليها المندئية ، والمندائية ، وهما تسميتان صحيحتان إلى جوار الأولى « المندعية »، ثم فقد صوت العين في نطقهم ، فأبدل همزة .

القسم الجنوبي من اللغات السامية

ينقسم هذا على فرعين ، فرع العربية ، وفرع الحبشية ، وتتفرع العربية إلى شعبتين ، شعبة اللهجات العربية الجنوبية ، وتوجد في المنطقة التي تبدأ من عدن جنوب البحر الأحمر الشرقي ، وتمتد بموازاة المحيط حتى الخليج العربي ، وهي حاليا اليمن وسلطنة عمان ، وتعد هذا المنطقة هي الموطن الأصلي للهجرات العربية التي اتجهت نحو الشمال .

واللهجات العربية الشمالية هي لهجات القبائل التي سكنت الحجاز وبواديه وساحل الخليج العربي وساحل البحر الأحمر حتى حدود الشام والعراق ، وقد ذابت هذه اللهجات في لهجة واحدة عرفت بالعربية الشمالية ، وهي التي نزل بها القرآن الكريم ، وعرفت بلسان قريش ، وهذا لا يعني انقراض اللهجات الأخرى ، بل أصبحت هناك لهجة مشتركة بين القبائل العربية ، وتمثلها لهجة قريش التي تحدث بها الشعراء والخطباء قبيل الإسلام ، فتلاشت الفروق بين اللهجات ، بزيادة التواصل والاختلاط من خلال المعاملات التجارية والتواصل الأدبي بين قبائل العرب في الأسواق والأندية والمحافل حتى جاء الإسلام فأصبحت لغة القرآن الكريم معيارًا للعربية الفصحى .

وقد كانت هناك لهجات عربية انتهت بهلاك متكلميها ، الذين أطلق عليهم العرب البائدة ، فلم تبق منهم باقية ولا من لهجاتهم ، وهم: عاد ، وثمود ، وجديس ، وطسم . وتوجد على الناحية الغربية من مضيق باب المندب منطقة داخل القارة الأفريقية تكلمت اللغة الحبشية وهي لغة سامية ، وتقع في حدود دولتي أثيوبيا وإريتريا .

---

(1) علم اللغة العربية ص 183 .

اللهجات العربية الجنوبية

يراد بها اللهجات القديمة التي سبقت الإسلام، وبقيت منها بقية إلى جوار العربية الشمالية التي حاصرت هذه اللهجات داخل مناطق نائية، وهي التي أشار علماء العربية إليها في حديثهم عن لهجات اليمن بأنها ليست كعربية الشماليين.

أهم اللهجات العربية الجنوبية القديمة: المعينية ، والسبئية ، والحميرية القديمة ، والقتبانية ، والحضرمية ، والهرمية .

أولا: المعينية

تنسب هذه اللهجة إلى منطقة معين بجنوب اليمن والتي قامت بها مملكة تعرف بمملكة معين في القرن الثامن ق .م .تقريبا ، وهي أقدم ممالك اليمن .

وقد وجدت نقوش هذه اللهجة في منطقة « معين قرناو » و « براقيش » ، كما وجدت أيضا في المستعمرة المعينية في « ديدان » وفي شمال غرب الجزيرة العربية ، وكانت متاخمة للبلاد الكنعانية ويبدو أن اللهجة المعينية لم تعمر طويلا ، فكل نقوشها ترجع إلى الفترة السابقة على الميلاد ، بينما ظلت اللهجة السبئية عدة قرون بعد هذا التاريخ .

وأهم ما يميزها عن السبئية استخدام الهاء في السبئية واستخدام السين في المعينية ، فوزن أفعل في العربية الشمالية التي كتب لها البقاء حتى اليوم بفضل القرآن الكريم يقابله وزن « هفعل » في السبئية ، ويقابله وزن « سفعل » في المعينية (1) .

ثانيًا: اللهجة السبئية

وهي اللهجة التي تنسب إلى مملكة سبأ التي قامت على أنقاض مملكة معين بعد أن استولت عليها ، وهي المملكة التي جاء ذكرها في القرآن الكريم ﴿وَجِئْتُكَ مِن سَبَإٍ بِنَبَإٍ يَقِينٍ ﴿٢٢﴾﴾ [النمل: 22] ﴿لَقَدْ كَانَ لِسَبَإٍ فِي مَسْكَنِهِمْ ءَايَةٌ﴾[سبأ: 15] ، وتعد النقوش السبئية من أكثر ما وصل إلينا من نقوش العربية في جنوب الجزيرة ، وهي نقوش كتبت في

---

(1) علم اللغة العربية ص185 ، فقه اللغة الدكتور عبد الواحد وافي ص75 ، 76 .

حوالي ألف عام ، وقد وصلت إلينا تلك اللهجة عن طريق النقوش التي عثر عليها في بلاد اليمن ، وخاصة في مأرب من سبأ القديمة .

وقد ظلت مملكة سبأ قائمة حتى قام الأحباش بغزوها في أواخر القرن الرابع الميلادي ، ولكن اللهجة السبئية ظلت لها السيادة في أثناء حكم الأحباش . وأهم سمات هذه اللهجة استخدام الهاء في تكوين عدد من الصيغ الصرفية ، مثل وزن « هفعل » الذي يقابله وزن « أفعل » في العربية الشمالية ، وقد تسرب هذا الزمن إلى العربية الشمالية في صيغة الفعل «هراق» مثل: هراق الدم ، والذي يعد دخيلا من الجنوبية على الشمالية التي تستخدم وزن أفعل ، ولذا يعد أراق أصيلاً في العربية الشمالية .

وقد جاء في حديث صحيح أن النبي ﷺ قال لأصحابه عندما هموا بالأعرابي الذي بال في المسجد:
« دعوه ، وهريقوا على بوله سجلا من ماء أو ذنوبًا من ماء » . (1)

ثالثا: اللهجة الحميرية القديمة

وهي اللهجة التي تنسب إلى جماعات حمير التي تولت الحكم في اليمن بعد طرد الأحباش سنة 400م ، وقد استحوذت هذه اللهجة على كثير من مظاهر السيادة والنفوذ الأدبي في بلاد اليمن . واللهجة الحميرية هي التي أدركها الإسلام في اليمن ، وتغلبت عليها العربية الشمالية ، والحميرية القديمة التي سبقت غزو العربية الشمالية كانت تختلف عن العربية الشمالية ، وهي التي عناها أبو عمرو بن العلاء بقوله « ما لسان حمير بلساننا ولا لغتهم بلغتنا » . وهو النص الذي وجهه بعض المحدثين إلى بتر العلاقة بين العربية الشمالية وبين لهجة اليمن ، فزعموا أن اليمن ليست لغتها عربية ، والحقيقة أن العربية الشمالية قد تغلبت على العربية الجنوبية قبيل الإسلام الذي جاء ، وأهل اليمن يتحدثون بلسان عرب الشمال ، فقد كانت وفود اليمن تأتي إلى المدينة ، وتتحدث مع النبي ﷺ دون ترجمان ، وكذلك في عهد الراشدين ، ولم يكن هناك اختلاف ، بيد أن هناك بعض جوانب الاختلاف في اللهجة مثل أداة التعريف « أم » التي جاءت في رواية أهل اللغة حديثًا منسوبًا إلى حديث

---

(1) ورواه البخاري في كتاب الوضوء ، وكتاب الأدب ، وابن ماجة في الطهارة ، والترمذي في الطهارة .

النمر بن تولب: « ليس من أمر امصيام في امسفر » أي: ليس من البر الصيام في السفر وهذا الحديث لا أصل له بهذا اللفظ في كتب الحديث، بل جاء في الصحيح بلفظ أهل الحجاز: «ليس من البر ...» (1) .

وحديث أبي موسى الذي جاء فيه لفظ « السكين » فلم يفهمه ، وقال إنه يعني « المدية » بلغة اليمن ، وقد روى اللغويون ذلك. وقد ناقشنا موضوع لغة أهل اليمن في حديثنا عن اللغة الفصحى واللهجة والاحتجاج.

واللهجات واللغات التي تتعرض للانتشار أو تتراجع أمام لغة أخرى تترك وراءها بعض المفردات ، وبعض الظواهر التي تؤثر في اللغة التي حلت محلها ، كما أن متكلمي اللغة الوافدين متأثرين بلغتهم الأصلية في النطق ، وسيقع تأثير منهم لا محالة في اللغة التي اتخذوها بديلا لها .

رابعًا: القتبانية

وتنسب اللهجة القتبانية إلى مملكة قتبان في وادي بيحان وحريب شمالي عدن ، وقد قام صراع بينها وبين مملكة سبأ انتهى بتقويض قتبان واندماجها في مملكة سبأ في أواخر القرن الثاني قبل الميلاد . وتشبه هذه اللهجة المعينية من ناحية استخدام السين في « سفعل » الذي يقابل وزن « أفعل » في العربية الشمالية (2) .

خامسا: الحضرمية

وهي التي تنسب إلى منطقة حضرموت ، وهي المنطقة التي نشأت فيها مملكة قوية ذات حضارة زاهرة ، وقد دخلت في صراع مع مملكة سبأ دام طويلا انتهى بانتصار سبأ . وقد عمرت اللهجة الحضرمية أكثر من اللهجة القتبانية وكلتا اللهجتين تشبه اللهجة المعينية في استخدام السين في وزن « أفعل » فتصبح « سفعل » (3) ، ولكن كل لهجة منهن لها جوانب تميزها عن الأخرى .

---

(1) رواه البخاري .

(2) فقه اللغة: ص 77 وعلم اللغة العربية ص186 .

(3) فقه اللغة ص186 .

سادسا: الهَرَمية

تنسب إلى منطقة هَرَم - بفتح الهاء والراء - والتي تقع غرب معين قرناو باليمن . وتعد من أقل اللهجات العربية الجنوبية شأنا وأقلها انتشارا ، وأهم خصائصها استخدام حرف الجر « من » مثل العربية الشمالية ، بينما تستخدم اللهجات الأخرى « بن » (1) . وقد بقيت اللهجة الهرمية حتى الآن يتحدث بها نحو ثلث مليون مواطن يعيشون في منطقة حدود اليمن مع سلطنة عمان والربع الخالي .

وتوجد لغات أخرى غير مشهورة مثل اللغة السقطرية ، وهي لغة قديمة يتحدث بها سكان منطقة سقطرة ، والجزر المجاورة لها في المحيط الهندي ، ولغة الشحر ، وهي لغة منتشرة في منطقة جبلية تقع شرق منطقة اللغة الهرمية ، وقد تأثرت باللغة العربية المعاصرة ، ولا تستخدم إلا في نطاق محلي فقط .

العربية الشمالية وانتشارها

العربية الشمالية هي لهجات القبائل الشمالية التي اتخذت لسانا مشتركا متقاربا في معظم مظاهره اللغوية ، وليس بين متكلميه فروقًا لغوية إلا فروقا يسيرة تميز أسلوب خطاب كل قبيلة من القبائل المشهورة وبطونها عن قبيلة أخرى لا تخالطها ، ولم يكتب لجميع هذه القبائل الانتشار أو الغلبة على غيرها ، فباد بعضها ، وغلب بعضها الأخر ، وأثر المغلوب في الغالب فترك فيه باقية ، وسوف نبين ذلك فيما يلي:

1- العرب البائدة: وهم الذين بادوا ودرست معظم آثارهم ، وانقطعت أخبارهم إلا ما حدثنا به القرآن الكريم من إشارات إلى هلاك عاد وثمود ، وحدثتنا الأخبار عن هلاك طسم ، وجديس ، وعملاق ، وأميم، وهم عرب أقحاح .

2- العرب الباقية ، وهم قسمان: العرب العاربة ، وهو بنو قحطان ، وهم عرب اليمن وقد هاجر بعضهم إلى الشمال والغرب إلى الساحل الإفريقي وهاجر بعضهم إلى الشرق إلى الساحل الفارسي ، ومن أشهر قبائلهم جرهم ، وكانت مساكنهم أولا باليمن ، ثم

---

(1) علم اللغة العربية ص186 .

انتقلوا إلى الحجاز ، فنزلوا بواد غير ذي زرع ، وأقاموا به ، وقد جاء ذكر الوادي الذي نزلوا به في القرآن في قول إبراهيم عليه السلام . قال تعالى: ﴿ رَّبَّنَآ إِنِّيٓ أَسْكَنتُ مِن ذُرِّيَّتِي بِوَادٍ غَيْرِ ذِي زَرْعٍ عِندَ بَيْتِكَ ٱلْمُحَرَّمِ رَبَّنَا لِيُقِيمُواْ ٱلصَّلَوٰةَ فَٱجْعَلْ أَفْـِٔدَةً مِّنَ ٱلنَّاسِ تَهْوِيٓ إِلَيْهِمْ وَٱرْزُقْهُم مِّنَ ٱلثَّمَرَٰتِ لَعَلَّهُمْ يَشْكُرُونَ ﴿٣٧﴾ ﴾ [إبراهيم:37] (1) . وقد دعا إبراهيم ربه للوادي وأهله ، فقال تعالى: ﴿ وَإِذْ قَالَ إِبْرَٰهِـۧمُ رَبِّ ٱجْعَلْ هَـٰذَا بَلَدًا ءَامِنًا وَٱرْزُقْ أَهْلَهُۥ مِنَ ٱلثَّمَرَٰتِ مَنْ ءَامَنَ مِنْهُم بِٱللَّهِ وَٱلْيَوْمِ ٱلْأَخِرِ ﴾ [البقرة: 128] ، واستجاب الله عز وجل دعاءه ، فعمر الوادي ، وأصبح مقصد الحجيج يهوون إليه، ومن القبائل القحطانية (العاربة): قبيلة يعرب ، وتشعب منها فرعان كبيران ، وهما حمير وكهلان .

أولا: قبائل حمير: سكنت حميرمشارف اليمن وظفار ، وما حولها ، وأشهر بطونها: قضاعة التي خرج منها: بلى ، وجهينة ، وقبيلة جهينة قد سكنت جميعا الحجاز ، ودخلت في الإسلام في عصر النبوة ، وقد حالفت النبي ﷺ ضد قريش قبل أن يسلموا جميعا . ومن أحياء قضاعة « كلب » ونزلوا دومة الجندل وتبوك وأطراف الشام ، ومن قضاعة بنو نهل ، وكانت منازلهم باليمن ، فهذه قبائل حمير ومساكنهم .

ثانيا: قبائل كهلان: أشهر بطونها: الأزد (وقيل الأسد) ، ولها ثلاثة فروع: أزد شنوءة ، وأزد الشراة ، ونزلوا بأطراف اليمن ، وأزد عمان ، وعمان تعني قرية بالبحرين . وللأزد فروع أخرى ، وهم غسان: وكانت منازلهم قرب اليمن ، وهاجر بعضهم إلى الشام (وهم الذين ينسب إليهم ملوك الشام) ، ونزل بعضهم يثرب التي سكنها اليود قبلهم ، وهم الأوس والخزرج ، وهؤلاء بطون قبيلة الأزد التي تنتمي إلى القبيلة الأم كهلان .

ومن بطون كهلان طيىء ، وهاجروا من اليمن مثل غيرهم ، بعد انهيار السد ، فنزلوا بنجد والحجاز قريبا من بني أسد فغلبوهم على جبلي « أجا » و « سلمى » من بلاد نجد .

---

(1) معنى « أفئدة من الناس » حجاج بيت الله الحرام و الله أعلم ، ارجع إلى الآية 37 من سورة إبراهيم تفسير ابن كثير ، المجلد الثاني .

ومن بطون كهلان مذحج ، ومنها فرعان لم يغادروا اليمن ، وهما خولان في شرق اليمن ، وبنو الحارث بن كعب بنواحي نجران فجاوروا بني ذهل. ومن بطون كهلان همدان ، سكنوا شرقي اليمن ، وهاجروا منها بعد الإسلام . ومن بطون كهلان كندة كان موطنهم الأصلي بحضرموت ثم هاجر بعضهم إلى الحجاز ، وأقاموا مملكة كندة بالحجاز من ناحية الخليج ، واتسعت حتى شملت العراق ، وحاول ملوكهم توحيد القبائل ، ولكن سرعان ما تقوض ملكها بعد أن تدخل الفرس في الصراع الذي قام بين ملوك كندة وملوك المناذرة بالعراق . ومن بطون كهلان مراد ، في بلاد زبيد من اليمن ، مساكنهم شمال اليمن ، وجيزان ، وسكنوا تبوك وأذرح وطبرية من أرض الأردن ، ولخم ، وموطنهم الأصلي اليمن ، ثم هاجروا إلى العراق ، وكان لهم ملك الحيرة من بلاد العراق ، وعرف ملوكهم بالمناذرة . والأشعريون ، وهم من كهلان القحطانية ، وديارهم الشقاق وزبيد من اليمن ، ومنهم الصحابي الجليل أبو موسى الأشعري رضي الله عنه ، وقد تركوا اليمن بعد سيل العرم ، ونزلوا قرب دمشق .

وموطن جميع هذه القبائل الأصلي هو اليمن ، واختلف المؤرخون في أسباب هجرة معظمهم من اليمن ، فبعضهم يعللها بانهيار سد مأرب ، وبعضهم يعللها بأسباب سياسية واقتصادية واجتماعية ، وهؤلاء جميعا عرفوا بالقحطانية أو اليمينية ، وينسبون جميعا إلى حمير وكهلان فرعي يعرب بن قحطان ، وهم من ناحية الأصل أو الجنس عرب أقحاح خلص ، وقد استطاع سكان اليمن منهم أن يقيموا حضارة باليمن في فترة مبكرة من التاريخ ، وأسسوا ملكًا عظيما اتسعت حدوده ، وبلغ نفوذه العراق والشام في الشمال ، ومن أشهر ملوك اليمن تُبَّع ، وقد استخدم اليمنيون الكتابة التي عرفت بخط المسند ، وقد بقيت بعض آثارهم القديمة مكتوبا عليها بخط المسند ، الذي ينسب إلى أهل اليمن الجنوبيين ، وانتقل إلى الشمال بهجرة بعضهم إلى العراق والشام ووسط الجزيرة .

والقسم الثاني من العرب المستعربة: يتبين من الاسم أنهم ليسوا عربا أقحاحا بل امتزجت فيهم دماءالعرب بدماء ليست عربية فهم دخلاء في العروبة . وذكرنا آنفا أن العرب العاربة هم بنو قحطان ، وأن من أشهر قبائلهم جرهم ، ويعرب ، وقد تناولنا فروع

قبيلة يعرب ، كما ذكرنا أن جرهم هاجرت من اليمن لأسباب قدرها الله تعالى لتنزل إلى واد خال من السكان لا يسكنه سوى أم وطفلها هي هاجر وابنها إسماعيل بن إبراهيم عليهما السلام ، وقد تزوج إسماعيل عليه السلام من جرهم ، ونسل إسماعيل عليهما السلام هم العرب المستعربة ، فلم يكن إسماعيل عليه السلام عربيا بل كنعانيا ، وجرهم عربية قحة .

وقد عرفت العرب المستعربة بالعدنانية ، نسبة إلى عدنان جد النبي ﷺ ، وإليه ينتهي نسب قريش ، ولم يتحقق علماء الأنساب من أسماء من يعتليه من الآباء حتى الجد الأكبر إسماعيل عليه السلام . فسلسلة النسب تنقطع ما بين إسماعيل وعدنان لعدم معرفة بقيتها ، فتوقفوا عند عدنان ومن أولاد عدنان ، معد ، وكان عنده أربعة أولاد هم: إياد ، ونزار ، وقنص ، وأنمار ، ويقسم النسابون عدنان على فرعين كبيرين: هما ربيعة ، ومضر .

الفرع الأول ربيعة : منه أسد وضبيعة ،وديارهم بالجزيرة الفراتية بالعراق ، وتعرف بديار ربيعة . ومن بني أسد بنو عنزة ، وسكنوا نجد والحجاز ، ومن أسد جديلة ومن جديلة عبد القيس ، سكنوا تهمة ، ومن بني أسد بنو بكر بن وائل ، وقد سكنوا تهامة والبحرين ، ومن بني بكر بنو عجل ، وكانت منازلهم من اليمامة إلى البصرة . ودخلت قبائل من ربيعة نجد والحجاز وتهامة ، وهاجرت قبائل منها إلى اليمن ، فتيامنت .

الفرع الثاني مضر: وقد تشبعت مُضَر شعبتين ، وهما: قيس كعيلان ، وإلياس بن مضر ، وأقامت مضر بتهامة بعد خروج ربيعة منها ، ومن مضر هوازن التي سكنت تهامة وبركة، والسراة ، والطائف ، وذا المجاز، وحنين ، ومن هوازن بنو سعد الذين رضع فيهم النبي ﷺ ، وسكنوا نجد ، ومن هوازن بنو عامر بن صعصعة ، ومن بني عامر بنو كلاب ، وسكنوا اليمامة ، ثم انتقلوا إلى الشام ، ومن بني عامر بنو هلال ، وقد سكنوا الحجاز ونجد . ومن بني عامر بنو عقيل ، وقد سكنوا البحرين ، وبنو تغلب ، وبنو سليم ، وقد سكنوا البحرين ، ومن بني هوازن بنو جشم وقد سكنوا تهامة ، ومن بطون هوازن ثقيف بالطائف ، ومن قبائل قيس باهلة وسكنوا اليمامة . ومن قبائل قيس بنو غطفان ومنازلهم وادي القرى وجبل طيئ وأجاو سلمي ومن غطفان ذبيان ، ومن ذبيان فزارة . ومن قبائل قيس أيضا: بنو سليم وسكنوا نجد قرب خيبر ، ومن قبائل

قيس بنو عدوان ، وقد سكنوا الطائف .

وكان لإلياس بن مضر ثلاثة أولاد هم قمعة ، وطابخة ، ومدركة ، وقد تفرعت منهم فروع كثيرة .

أولا- طابخة: ومنه تهامة وسكنوا ظواهر نجد والحجاز وتميم طابخة وسكنت نجد وصحاريها ، ونزلت معها ضبة وعكل بن إياد ، فحلوا منازل بكر وتغلب ، ونزلوا ما بين اليمامة وهجر ، وانتقل بنو سعد بن زيد مناة بن تميم إلى يبرين حتى خالطوا بني عامر بن عبد القيس في قطر .

ثانيا- مدركة بن إلياس: وتنسب له قريش ، وقد أطلق اسم قريش على النضر (وقيل فهر بن مالك) بن كنانة بن خذيمة بن مدركة بن إلياس ، ولمدركة فرع آخر ذكره علماء الأنساب على حاشية عمود النسب وهو هذيل ، وهي قبيلة كبيرة ، وسكنوا نجد وتهامة ما بين مكة والمدينة . وهناك فرع وحيد هو خزيمة ومنه الهون ، وأسد ، وكانت أسد بطن كبير متسع ، وقد سكنوا الكرخ من أرض نجد (1) .

وأجمع المحققون ورجال الأنساب أن قريشاً من نسل إسماعيل عليه السلام ، وقد جاء هذا في أحاديث صحيحة عن النبي ﷺ (2) ، ولكنهم اختلفوا في ولد إسماعيل ، فابن إسحق يرى أن عدنان ولد رجلين هما معد بن عدنان ، وعك بن عدنان ، فنزل عك اليمن ، وتزوج من الأشعريين ، فصارت الدار واللغة واحدة ، والأشعريون نسبة إلى أشعر بن نابت من ولد كهلان بن سبأ بن يعرب بن قحطان . وقال ابن إسحق: فمن مضر تفرقت القبائل من ولد إسماعيل بن إبراهيم عليه السلام ، فولد معد بن عدنان أربعة نفر: نزار بن معد ، وقضاعة بن معد ، وقنص بن معد ، وإياد بن معد ، فأما قضاعة فتيامنت إلى حمير بن

---

(1) ارجع إلى اللهجات العربية في التراث 48/1 .

(2) السيرة النبوية لابن هشام، تحقيق محمد محيي الدين عبد الحميد ، مكتبة دار التراث م5/1 .

سبأ [1] . ولكن ذهب اليمنيون إلى أن قضاعة ليست من ولد إسماعيل بل من ولد قحطان ، فقالوا: قضاعة بن مالك بن حمير [2] ، واختلف علماء الأنساب في نسب الجذور الأولى ، ولسنا بصدد الخوض في تحقيق صحة الأنساب ، وإنما ننشد وضع تصور لحركة الهجرة العربية من الجنوب إلى الشمال ، وما صاحبها من انتشار العربية في الأماكن التي حلت بها الهجرات العربية .

وقد رأى العلماء أن العرب كلها من ولد إسماعيل وقحطان ، وذهبت قلة منهم إلى أن قحطان من ولد إسماعيل ، ويقولون إسماعيل أبو العرب كلها ، ولكن الرأي الأرجح أن أبناء قحطان عرب عاربة ، وأبناء إسماعيل عرب مستعربة ، وهو ما يراه معظم رجال الأنساب وعليه النسب . وقد ذكر ابن إسحق أن نزار بن معد ولد ثلاثة نفر: مضر بن نزار ، وربيعة بن نزار وأنمار بن نزار ، وأضاف ابن هشام إيادا . فأنمار أبو خثعم وبجيله ، فولد بن نزار رجلين: إلياس بن مضر ، وعيلان بن مضر ، فولد إلياس بن مضر ثلاثة نفر: مدركة بن إلياس ، وطابخة ، وقمعة [3] .

فولد مدركة بن إلياس رجلين: خذيمة بن مدركة ، وهذيل بن مدركة ، فولد خذيمة أربعة نفر: كنانة بن خذيمة ، وأسد بن خذيمة ، أسد بن خذيمة ، والهون بن خذيمة [4] . فولد كنانة بن خذيمة أربعة نفر: النضر بن كنانة ، ومالك ، وعبد مناة ، وملكان ، والنضر هو قريش هو اسم أطلق عليه ، فمن كان من ولده فهو قرشي [5] . فولد النضر (قريش) رجلين مالك بن النضر ، ويخلد بن النضر ، وتفرعت قريش هي الأخرى إلى بطون ، ولكنها لم تغادر مكة موطنهم الأصلي .

والهدف من وراء سرد أنساب القبائل ومواطنها معرفة حركة اللغة العربية في الجزيرة

---

(1) السيرة م 7/1 .

(2) السيرةم 7/1 .

(3) السيرة م 79/1 ، 80 .

(4) السيرة 101/1 .

(5) نفسه 1 ص102 .

العربية ، فقد انطلقت أولا من الجنوب ، الذي قامت به حضارة وعمران ، ثم تعرضت هذه المنطقة لظروف قاسية ، فأصبحت منطقة طرد سكاني ، فخرج كثير من سكانها بلغتهم إلى الأماكن التي حلوا بها ، ونلاحظ أيضا أن العرب تغلبوا على السكان الأصليين في المناطق التي نزلوها فمنطقة العراق سكنها من قبلهم الأكديون والآشوريون أبناء عمومتهم من الساميين ، وكان يسكن الشام الكنعانيون ، وقد تعربت هذه المناطق تعريبا شبه كامل بعد الفتح الإسلامي ، وهنالك سؤال يطرح نفسه أين اللهجات العربية الجنوبية وأثرها ، فلم يصل إلينا إلا من عرف باللهجة الشمالية التي عرفت بلغة قريش مجازا ، ولا نستطيع إلا أن نقول إن الهجرات المتتالية والاحتكاك المباشر بين القبائل العربية حققا شيئا من الوحدة اللغوية ، فزالت فروق اللهجات شيئا فشيئا في ظل انفتاح القبائل العربية على بعضها ، فأصبح هناك تواصل لغوي مشترك أعانت عليه أسباب كثيرة منها ، النشاط التجاري والأدبي والعلاقات الاجتماعية كالمصاهرة ، والعلاقات السياسية كالأحلاف الحربية ، وأهم أداتين عجلتا بالوحدة اللغوية الشعر والخطابة كنشاطين أدبيين في الجاهلية . فقد كانت أسواق الجاهلية ملتقى أدبيا واسعا تجمعت إليه العرب ، فيسمعون الشعراء والخطباء والحكماء والقصاص ، فظهر إلى جوار هذه الفنون الكلامية فن آخر وهو المباريات الكلامية أو المنافرات أو فن المحاجة بأن يطرح أحد الطرفين مجموعة من المقدمات يفتخر فيها بقومه ونفسه ، فيرد عليه الآخر بماله ولقومه ، ويسعى كل منهما إلى التفوق على الآخر بماله من أدوات إقناعية لغوية وجدالية .

ولقد عالج هذا التوصل مشكلة اختلاف اللهجات والتباين بينهن ، وقد قام صراع لغوي بين العربية وبين اللغات غير العربية في شمال الجزيرة بالعراق والشام ، وقد لاحت رايات انتصار العربية بالعراق ، والشام بعد أن تغلبت لغة قبائل العرب على الكيانات السياسية الواهية في العراق وكذلك في الشام ، وذهب سلطانهم السياسي في هذه المناطق وضاعت لغاتهم بضياع ملكهم ، فلم يبق من لغاتهم إلا بقايا تعيش داخل الأديرة والكنائس والمعابد وبعض القرى النائية . فجاء الإسلام فأجهز على البقية الباقية من هذه اللغات ، فتعربت هذه المناطق ، وامتد التعريب ، فشمل مناطق أخرى فتحها المسلمون في أفريقيا

وآسيا . ولقد عجل الانهيار السياسي في هذه الأمم بنهاية لغاتهم ولهجاتهم ، فقد لعبت السياسة دورا مهما في انتشار العربية في المناطق التي وطئتها جيوش الإسلام .

لقد كان هناك احتكاك مباشر بين عرب الشمال وعرب الجنوب ساعد على غلبة لغة الشمال في اليمن بعد صراع مع لهجات اليمن قبيل الإسلام ، وبعد تدهور الحياة السياسية ، تفتت سلطان اليمن سياسيا ، وانتقل الثقل السياسي والتجاري إلى شمال الجزيرة متمثلا في مكة وما جاورها من أحلافها من القبائل . وقد تمكنت لغة الشمال من الانتصار على لهجات اليمن لأسباب منها:

أولا- أن اللهجات العربية الشمالية في العصر الجاهلي أرقى كثيرا من اللهجات اليمنية ثقافة وأدبا ، وأغزر مفردات ، وأدق قواعد ، وأقدر منها على التعبير في مختلف فنون القول .

ثانيا- زيادة النفوذ العربي الشمالي في مجال التجارة والسياسة والثقافة والأدب ، وقد تمثل ذلك في قريش التي حققت منزلة دينية بين العرب ، فقصدها العرب من كل صوب للتجارة والحج ، وقد قامت بها أسواق قصدها العرب ، فتحول الثقل السياسي من جنوب الجزيرة العربية إلى شمالها .

ثالثا- انهيار الحياة الاقتصادية والسياسية في اليمن ، وذلك لأسباب منها انهيار سد مأرب ، والصراعات السياسية داخل اليمن التي أوهنتها ، ثم الاحتلال الحبشي ثم الفارسي لها .

وقد استطاعت عربية الشمال أن تتغلب على لهجات اليمن ، وتبين من الأحاديث التي رويت عن وفود أهل اليمن إلى النبي ﷺ أنهم كانوا يتواصلون مع النبي ﷺ والصحابة دون ترجمان . ولقد أصبحت في الجزيرة العربية وحدة لغوية قبيل الإسلام الذي أزال بقية الفروق اللهجية بين قبائل العرب ، وقربت بينهم ، والوحدة اللغوية تعني اللسان المشترك بين مجموعة بشرية والذي تتلاشى فيه الفروق واللهجات غير المعروفة لمجموع تلك الجماعة، أو ذوبان اللهجات وما بينها من فروق في لغة واحدة مشتركة يتواصل بها أفراد مجتمع ما أو عدم التعدد اللغوي داخل مجتمع يتفوق في كثير من الخصائص .

وقد قامت وحدة لغوية في الجزيرة العربية قبيل الإسلام ، وقد كانت الجزيرة العربية حتى حدود الشام والعراق متعددة اللغات واللهجات ، فجنوب الجزيرة اليمن يحتوي على لهجات تختلف عن لهجات أهل الشمال ، كما هاجرت قبائل عربية ، فسكنت العراق والشام وفلسطين ، ولكنها لم تقض على بقايا اللغات السامية المتمثلة في الآرامية في ثوبها الأخير (السريانية ولهجاتها) ، وقد تم القضاء على بقايا الساميات في الشام والعراق بعد انتشار الإسلام هناك ودخول معظم أهلها فيه ، فتعرب لسانهم بلسان القرآن الكريم ، ولسان القبائل التي نزلت العراق والشام ، وامتد التعريب إلى شمال أفريقيا ، وكاد أن يتم تعريب فارس (إيران) و(تركيا) لولا أن ظهرت نعرات عرقية لأسباب سياسية حالت دون ذلك .

ولم تكن هناك حدود فاصلة بين عرب الشمال وعرب الجنوب ، ولم توجد منافسة ثقافية ، ولم يتعصب أهل الجنوب للهجاتهم ، وإنما انخرطت الجزيرة في تطورها الطبيعي ، وقد تحول الثقل السياسي والاقتصادي من جنوب الجزيرة إلى شمالها حيث تقطن قريش التي زاد نفوذها التجاري ، وظهرت أهميتها بين العرب ، وزاد من مكانتها وضعها الديني فهم رعاة الحرم الشريف ، فقصدها العرب في تجارتهم وحجهم ، وظهرت بها الأسواق ، وتباري بها ا لشعراء والخطباء ، فدخلت لهجة قريش في صراع مع لهجات العرب فانصهرت فيها ، وصارت لهجتها تشكل لغة التعامل المشترك بين القبائل متعددة اللهجات ، وقد مكن لها ذلك وقوعها مركزا تجاريا يتلاقى فيه العرب ، ومقصدا دينيا يؤمه العرب من شتى الجزيرة ومن هاجر منهم إلى أطراف العراق والشام ، وقد تم ذلك قبيل الإسلام ، وقد نزل القرآن الكريم بلسان قريش ، فمكن لهذا اللسان على غيره بين قبائل العرب ، ليصبح اللسان المشترك الذي يتفقون عليه ، فشكل وحدة لغوية بين جميع العرب والمسلمين ، وصارت لغة القرآن الكريم هي المعيار الذي يقيس عليه العرب صحة لسانهم ونطقهم ، وتلاشي ما دون ذلك من لهجات مختلفة ، وكان من الممكن أن تستقل وتشكل لغات متفرقة تتباين فيما بينها مثل كثير من اللغات الأوربية التي كانت تشكل لهجة من لغة أم ، ثم استقلت وصارت لغة لها خصائصها الخالصة بمرور الوقت وانقطاع الصلة باللغة الأم .

الكتابة العربية:

تنقسم الكتابة العربية على قسمين ، وهما [1] : الكتابة العربية الجنوبية والكتابة العربية الشمالية ، وتختلف الكتابة العربية الشمالية عن الكتابة العربية الجنوبية اختلافا بينا من ناحية الأشكال المستخدمة في كل منهما ، ولكن لا يمكن دراسة فرع بعيدا عن الآخر ، كما لا يمكن الفصل بينها وبين الكتابة السامية الشمالية المتمثلة في الفينيقية والآرامية والعبرية ، وذلك لوجود صلة بين العرب الشماليين والجنوبيين وكذلك وجود صلة بين العرب والساميين .

ويمكن تقسيم الكتابات السامية على ثلاثة أقسام:

أولا- الكتابة العربية الشمالية: وتضم الخطب العربي الذي ما يزال مستعملا الآن والخطوط الثمودية واللحيانية .

ثانيا- الكتابة العربية الجنوبية: وتضم الخطوط المعينية والسبئية والحميرية والقتبنية والحضرمية والأوسانية .

ثالثا- الكتابة الحبشية قديما وحديثا ، وهي في الأصل مأخوذة من الكتابة العربية الجنوبية .

ويلاحظ أن الخطوط الثمودية والصفوية واللحيانية ، ذات صلة بالخطوط العربية الجنوبية ، ويرجح العلماء أن الشماليين استعاروا كتابتهم هذه من الجنوبيين ، أما الكتابة العربية الشمالية التي ما تزال مستعملة حتى اليوم فمأخوذة عن الخط النبطي ، وهو خط سامي شمالي ذو صلة بالخط الفينيقي [2] . ويتبين من تلك الكشوف أن العرب استخدموا أربعة خطوط ثلاثة منها عربية وهي: الثمودية ، والصفوية ، واللحانية ، والخط الرابع استعاره العرب الشماليون في مرحلة متأخرة ، فقد تعلموه من الأنباط ، فانتشر بينهم ، وهو غير عربي الأصل .

---

(1) الكتابة العربية السامية ص105 ، 106 .

(2) الكتابة العربية السامية 105 ، 106 .

1- الخط الثمودي: لقد عثر العلماء على نحو ألفي نقش ثمودي ، معظمها في الحجاز ونجد ، كما عثروا على بعض منها في الصفاة (شرق دمشق) وفي سيناء ، ويرجع تاريخ هذه النقوش إلى نحو نصف قرن قبل الميلاد . ويرجح العلماء أن النقوش الثمودية الحجازية أقدم من النقوش الثمودية النجدية ، وقد تكون الأخيرة مستعارة من الأشكال المستعملة في النقوش الحجازية (1) .

وتتضمن النقوش الثمودية ستة أشكال غير موجودة في الكتابة السامية الشمالية ، وهي أشكال الأصوات الآتية: ث T ، خ h ، ذ d ، ض d، ، غ g ، س (السين العبرية ♂ سامخ) ، وهو حرف الصفير .

2- الخط الصفوي: وقد عثر العلماء على نقوش له تزيد عن عدد النقوش الثمودية وأكثرها من منطقة الصفاة ، ومن بادية الشام . ويوجد شبه بين هذا الخط والخط الثمودي ، ويرجح العلماء أنه مشتق منه ، ويعدونه من المرحلة الثانية للخط الثمودي ، وترجع تلك النقوش إلى القرنين الأول والثاني الميلاديين (2) .

ويتضمن هذا الخط ستة أشكال غير موجودة في الكتابة السامية الشمالية ، وهي نفسها التي تميزت بها الثمودية عن السامية الشمالية (ث ، خ ، ذ ، ض ، غ ، س (سامخ) صوت الصفير ، بالإضافة إلى الصوت (ظاء) Z فيكون مجموع تلك الأصوات سبعة .

3- الخط اللحياني: وقد تم اكتشافه عام 1889 في منطقة العلا شمال الحجاز ، ويطلق عليه النقوش الديدانية ، لأن بعضها يرجع إلى عهد ديدان ما بين 700 و 400 ق.م ، وتتميز هذه النقوش عن السامية الشمالية بالرموز الستة الموجودة في الثمودية غير أن ظ (Z) غير وارد فيها . والذي يجمع بين الخطوط الثمودية والصفوية واللحيانية هي أنها جميعا قريبة من الخط المسند (3) . الذي يرجع إلى القرن الثاني عشر قبل الميلاد تقريبا .

(1) الكتابة العربية السامية ص106 ، 108 .

(2) الكتابة العربية السامية ص109 .

(3) الكتابة العربية السامية ص 109 .

والخط المسند مكتوب بعناية فائقة وبأشكال هندسية متناسقة ومزواة ، فأشكاله قائمة على أعمدة منصبة عموديا ، بشكل دقيق ومنظم ، الأمر الذي يميزه عن الخط الفينيقي ، ويرجع ذلك لصفتين ، وهما:

أولا: المحافظة على الأشكال وكراهية التطور السريع ، لأنه كان يعتمد على الحفر على الحجارة والمعادن والخشب ... إلخ ، في حين أن الكتابة الفينيقية مرت بمراحل تطور ، وتميل إلى السهولة والسرعة ، لأنها كانت تحفر وتكتب على الآنية وتلون وتزين ، وهذا كان يفقدها بعضا من تناسقها واستقامة خطوطها .

ثانيا: صفة التناسق الهندسي ، فالأسطر مفرقة بمسافات متساوية ، وابتداء الكتابة وانتهاؤها غالبا عند نقطة واحدة في الأسطر الكاملة ، ويفصل بين الكلمات بفواصل عمودية يناسب شكلها الطبيعية العمودية أو المسندة في معظم الأشكال ⁽¹⁾ . وكتابة المسند كانت تتبع الطريقة الحلزونية أو الثعبانية ، وهي أن يبتدئ السطر الأول من اليمين ، والثاني من الشمال ، والثالث من اليمين ، وهكذا في حين أن الكتابة الفينيقية استخدمت الاتجاه الواحد .

4- خط الألفباء المعاصر: وهو الخط الذي يرجع إلى الأبجدية السامية القديمة وترتيبها القديم (أبجد هوز ، حطي ، كلمن ، سعفص ، كرشت) ، وقد مر هذا الخط بمراحل تطور متعددة ، والأجريتيون هم أول من طوره ، وهذبه ، ثم أخذه الفينيقيون عنهم ، وأحدثوا فيه تطويرا أيضا ، وقد وصلت الأبجدية إلى قبائل العرب الشمالية عن طرق جيرانهم الأنباط ، وهم عرب أيضا ، ويتحدثون الآرامية التي كانت سائدة في الشام والعراق ، وهو ما سهل عليهم تعلم الخط الأبجدي من الفينيقيين ، وارتبط بعلاقات تجارية مع بعض العرب ، فتعلموا منهم الخط الأبجدي ، وانتشر بين قبائل العرب بفضل الإسلام الذي ارتبط بالعلم والتعلم .

وقد أدخل علماء المسلمين على الأبجدية تطويرا كبيرا ليفي بحاجة العربية ، وزادوا

---

(1) الكتابة العربية السامية ص 112 .

فيها الشكل والنقط . والروايات جميعها تجمع أن العرب تعلموا الخط من الأنباط ، واختلف في أول من تعلمه ، وهذا الاختلاف وارد لصعوبة تحديد الأشخاص الذين تعلموا هذا الخط في فترة مبكرة لم يصلنا منها كتاب مخطوط أو نقش ينسب لكاتب . والروايات التي تشير إلى شخص بعينه لا تنفي أن غيره قد تعلمه ، فلا يعقل أن رجلا واحدا ينسب إليه تعليم أمة الخط ، فالروايات تؤكد أن قريشا كان فيها رجال كثيرون يعرفون الخط ، فقد كتبوا صحيفة المقاطعة ووضعت في جوف الكعبة ، وكان يعيش في مكة ورقة بن نوفل ، وهو من المتحنفين وكانت لديه صحف يقرأها ، وقصة إسلام عمر رضي الله عنه بعد أن اطلع على صحيفة فيها بعض آي القرآن مشهورة ، وتسير كثير من الأخبار أن بعض عرب الجاهلية كانوا يكتبون ، ولكن الكتابة لم تكن شائعة في قبائل العرب ، وقد كانت صدورهم أوعية يحفظون فيها شعرهم وحكمهم وأمثالهم ، وقد وصفهم القرآن الكريم بالأميين ؛ لأن حياتهم أشبه بالبداوة ، والكتابة قرينة العمران والاستقرار ، قال تعالى: ﴿هُوَ ٱلَّذِى بَعَثَ فِى ٱلْأُمِّيِّـۧنَ رَسُولًا مِّنْهُمْ﴾ [الجمعة: 2] وأطلق عليهم أهل الكتاب اسم الأميين .

والخط الذي استعمله العرب كان رسميا غير منقوط ، ولم تكن الكتابة به محكمة جيدا ، ولهذا وقع في كتابة المصاحف اختلاف في رسم بعض الكلمات عن الخط الذي نكتب به الآن ؛ لأن المصحف الشريف كتب قبل التطوير الأخير ، فقام علماء العربية بتهذيب الخط وإحكامه ، فأضافوا إليه النقط والشكل ، وأعادوا ترتيب الأبجدية من أبجدهوز إلى ترتيب جديد توضع فيه الحروف المتشابهة متجاورة (ء أ ب ت ث ج ح خ د ذ ر ز س ش ...) وبدأ اهتمام العرب بالخط والكتابة منذ نزول القرآن الكريم ، فأصبحت الكتابة فنا وصناعة يحرص عليها الكتاب ، ليصلوا إلى مناصب في الدولة ، وبلغ الكاتب منزلة عظيمة في الدولة تقلد فيها الوزراة ، والحجابة ، وقيادة الجيش .

والأبجدية العربية الحديثة مقطعية ، فهي ترمز للصوامت والصوائت، والحرف يشير إلى الصوت دون حركته التي تصاحبه في الكلمة وتظهر حركة الصامت مع الحركات الطويلة فقط نحو: «قا» في «قائل»، ولكنها لا تظهر مع القصيرة ، فاضطر العلماء لوضع الشكل أو رموز تبين حركة الصوت ، كالفتحة ، والكسرة ، والضمة ، ووضعوا السكون رمزا لعدم

الحركة ، وأشارت الألف والواو ، والياء للحركات الطويلة .

اللغات السامية في الحبشة:

الحبشة هي المنطقة الشرقية من قارة أفريقيا التي تشترك مع الجزيرة العربية في باب المندب والجزء الجنوبي من البحر الأحمر والتي تمثلها أثيوبيا وأريتريا حاليا وتسمى القرن الأفريقي .

وقد هاجرت قبائل عربية قديمة إلى هذه المنطقة ، وانتقلت معها لغتها ، وقد تمت هذه الهجرة في القرن السابع قبل الميلاد تقريبا ، فهناك نقش عربي جنوبي في أريتريا يشير إلى هذه الفترة ، وقد عرف الباحثون أسماء بعض القبائل التي هاجرت عابرة باب المندب إلى أفريقيا ، ونقلت معها لغتها السامية إلى هذه لمنطقة ، وأهم هذه القبائل قبيلة « حبشت » وقبيلة « الأجعازي » ، وقد أطلق العرب على هذه المنطقة اسم الحبشة نسبة إلى القبيلة الأولى حبشت ، وعرفت في التاريخ العربي بهذا الاسم . بينما أطلق على اللغة الجعزية نسبة إلى القبيلة الثانية ، ويطلق عليها أيضا اسم لغة الحبشة أو اللغة الأثيوبية ، وأصبح أثيوبيا علما لهذه المنطقة بعد أن تحول الأحباش إلى المسيحية ، وكلمة أثيوبيا كانت توصف بها منطقة البحر الأحمر جنوب مصر ، وقد أطلق عليها الرحالة الأوربيون القدماء هذا الاسم على هذه المنطقة من البحر ، وجاء ذكرها في الكتاب المقدس ، فاستخدمه الأحباش بعد دخولهم في المسيحية باعتباره اسما مقدسا جاء ذكره في الكتاب المقدس .

فليست كل اللغات القديمة والحديثة في منطقة الحبشة من أسرة اللغات السامية ، فقد عرفت المنطقة لغات كثيرة أخرى ، كان يتحدث بها السكان الأصليون من الحاميين ، وما تزال الحبشة تضم لغات غير سامية مثل لغة ساهو ولغة الجالا . والمقصود باللغات السامية في الحبشة تلك اللغات التي نشأت عن العربية الجنوبية القديمة ^(1) . بعد هجرتها إليها وهي الأمهرية والتيجرينية والتيجرية والهررية والجوارجية .

اللغة الجعزية:

تعد لغد الجعز أقدم لغة سامية في الحبشة ، ويرى بعض العلماء أن الحبشة شهدت تنوعا لغويا ، وأن لغة الجعز هي لغة إحدى القبائل التي سيطرت على منطقة الجنوب ، وأن أخرى

---

(1) علم اللغة العربية 187 .

وجدت إلى جانبها ، ولكنها لم تدون إلا بعد ذلك بقرون طويلة ، كما يرى بعض العلماء أن كل اللغات السامية في الحبشة ترجع إلى لغة الجعز ، ويرجع سبب اختلاف العلماء في أصل اللغات السامية في الحبشة إلى إنها لم تدون إلا في فترة متأخرة ، وليست هناك مصادر كافية تفيد البحث حول نشأتها الأولى ، كما أن النقوش الجعزية قليلة .

ويعد دخول الأحباش في المسيحية أهم حدث أثر في لغتهم في بداية القرن الرابع الميلادي حيث دونوا بعض نصوصهم الدينية باللغة الجعزية ، وكان الكتاب المقدس أول كتاب ترجم إليها ، وتُرجم إلى جانب عدة نصوص دينية ، وأدبية ، ولكن بعد القرن السابع الميلادي توقف نشاط الكتابة والترجمة ، وأغلب الظن أن معظم ما كتب وترجم قام به المبشرون الذين وفدوا إلى الحبشة ، فنقلوا بعض الأدب والقصص والنصوص عن السريانية واليونانية ، ومر نحو أربعة قرون ، وقد توقف التأليف والترجمة ، ولم يصل من تلك الفترة أثر مدون أو كتاب ، ولكن المعرفة بالخط الجعزي ظلت متوارثة داخل رجال الكنيسة حيث يقوم رجال الدين بالوعظ بلغة الجعز ويقرءون بلغتهم ، فارتبطت لغة الجعز بالكنيسة . (1)

وازدهرت لغة الجعز مرة ثانية في ظل حركة التأليف بلغة الجعز ، ولكنها ارتبطت بالكنيسة ، وكانت كنيسة الحبشة تابعة لكنيسة مصر الأرثوذكسية والتي تعربت ، فترجمت أعمال رجال الدين القبطية من العربية إلى الجعزية ، ودون الأحباش تاريخهم بالجعزية تدعيما لشريعة حكم الأسرة السليمانية ، ولم تكن اللغة الجعزية آنذاك لغة الخطاب اليومي ، ولكنها ظلت من القرن الثالث عشر إلى القرن السابع عشر لغة الكنيسة والثقافة الدينية والتدوين التاريخي، وظهرت مع بداية القرن الثالث عشر لغات تفرعت عن اللغة الجعزية أو تعد امتدادا لها . (2) وأهم اللغات التي تفرعت عن اللغة الجعزية: الأمهرية ، والتيجرينية ، والتيجرية ، والهررية ، والجوراجية .

أولا الأمهرية: وتنسب إلى منطقة أمهر ، وهي من أكثر اللغات انتشارا في الحبشة الآن ، كما أنها أصبحت اللغة الرسمية ، ولغة التدوين ، والكتابة منذ القرن التاسع عشر

---

(1) أسس علم اللغة العربية ص194 ، 195 .

(2) علم اللغة العربية ص189، 190 .

واحتكت باللهجات الحامية الأخرى ، وتأثرت بها كما اتسعت داخل حدودها ، وكان من أثر ذلك عليها أنه :

1- لم يبق من أصوات الحلق إلا الهاء والهمزة .

2- دخلها كثير من الألفاظ الأفريقية المجاورة وكثير من الألفاظ الأوربية .

3- تغيرت فيها جميع القواعد السامية ، فتغير شكل الضمائر ، وانقرضت منها قواعد الجمع والتأنيث .

وقد بدأ تدوين هذه اللغة في القرن الرابع عشر ، وتوجد بها عدة أناشيد ملكية وأمهرية ترجع إلى هذه الفترة تقريبا ، وقد قام المبشرون اليسوعيون بترجمة العهد الجديد إلى اللغة الأمهرية ، ليفهمه الشعب الحبشي الذي شاعت فيها الأمهرية ، فلم تكن الطقوس الجعزية مفهومة في الكنيسة الأرثوذكسية ، وكان هدفهم تحويل الشعب إلى المذهب الكاثوليكي ، ولكنهم طردوا من الحبشة .

وبدأ ازدهار الأمهرية في منتصف القرن التاسع عشر حتى صارت اللغة الرسمية ، ولغة التعليم . ولا تزال الأمهرية محتفظة بوحدتها ، على الرغم من سعة انتشارها ، فليس بين لهجاتها المختلفة إلا فروق يسيرة ، وقد دخلتها في الآونة الأخيرة ألفاظ أوربية كثيرة في ظل الاستعمار والاحتكاك الثقافي . كما أنها تأثرت كثيرا ، باللغات الكوشية الحامية التي يتحدث بها من جاورهم من الأفارقة والجماعات التي تعيش داخل الحبشة .

ثانيا : التيجرينية : تنسب إلى منطقة « تيجرينيا » التي تتوسطها مدينة « أكوم » ، وتعد اللغة التيجرينية أقرب اللغات السامية في الحبشة من لغة الجعز القديمة ، ويقترب عدد المتكلمين بها من نحو مليونين ، وقد اتخذتها أريتريا لغة رسمية لها 1952م قبل أن تستولي عليها أثيوبيا ، ويدين بعض المتحدثين بها بالدين الإسلامي وبعضهم الآخر بالمسيحية . وتعد هذه اللغة أقرب اللغات السامية في الحبشة - إلى لغة الجعز القديمة ، ويندر استخدام هذه اللغة في الكتابة .   (1)

(1) أسس علم اللغة العربية ص196 .

ثالثا: التيجرية: وتقع هذه اللغة في المناطق الواقعة في الشمال من منطقة اللهجة التيجرينية (تجرينيا) ، وهي لغة ما يزيد عن ربع مليون في الحبشة وفي إقليم كسلا في السودان وأكثره من المسلمين ، ولا تستخدم لغة كتابة بل لغة تخاطب فحسب . وقد تأثرت هذه اللهجة كثيرا باللغة العربية ، لأن أكثر المتكلمين بها من المسلمين ، وكان ذلك من أهم العوامل التي جعلتها تقاوم الأمهرية المسيحية ، والمسلمون في أريتريا وأثيوبيا يرتبطون بمصر على مر التاريخ باعتبارها مركز الثقافة الإسلامية ، كما تعد اللغة العربية في كل هذه المناطق الإسلامية لغة الثقافة ولغة التعامل بين القبائل ذات اللغات المختلفة ، وقد زاد هذا الارتباط بالعروبة بعد استقلال أريتريا عن أثيوبيا . ^(1)

رابعا: الهررية: وهي لغة سكان مدينة هرر ، وكلهم من المسلمين ، وقد تفرعت من اللغة الأمهرية ، لكنها بعدت عن أصلها بعدا كبيرا ، حتى أصبحت غير مفهومة للأمهريين ، ويرجع ذلك إلى أنها تأثرت بلهجات حامية غير اللهجات الحامية التي احتكت بها الأمهرية ، كما أنها تأثرت باللغة العربية ، فمعظم متكلميها من المسلمين ، وتعد الهررية هي اللغة السامية الحبشية الوحيدة التي تكتب بالخط العربي .

خامسا: الجوارجية: وهي مجموعة لهجات تكلم بها جماعة في منطقة جوراجيا مختلفة الأديان - مسلمون ومسيحيون ووثنيون - وقد تفرعت هذه اللهجات عن الأمهرية ، ولكنها أحيطت بظروف خاصة أبعدتها عن أصلها بل وجعلت منها لهجات متميزة عن بعضها . ^(2)

وتوجد لغات أخرى ذات انتشار محدود في الحبشة مثل لغة جفت ، ولغة أرجبا .

الخط السامي الحبشي

لقد هاجرت قبائل عربية من جنوب الجزيرة إلى المنطقة المقابلة لهم في شرق أفريقيا ، ولم تكن المسافة بعيدة عنهم ، فهي من أقرب المواضع الأفريقية إليهم .

---

(1) علم اللغة العربية ص191 .

(2) علم اللغة ص191 .

وقد قام العرب الساميون بنقل نظامهم الكتابي من اليمن إلى الحبشة ، وأحدثوا فيه تغيرات ، وأضافوا إليه ، وعرفت بالكتابة الحبشية ، فقد استطاع الأحباش أن يضعوا لأنفسهم نظاما كتابيا خاصا بهم يعد تطورا للخط العربي الجنوبي ، وقد تم ذلك في منتصف القرن الرابع الميلادي تقريبا .

وهذا لا يعني انتهاء الخط العربي الجنوبي ، فقد وجدت نقوش في هذه الفترة مكتوبة بالخط العربي الجنوبي وأخرى مكتوبة بالحبشية ، وأهم ما أحدثه الأحباش في الخط العربي الجنوبي ، هو أن الخط العربي كان يكتب الصوامت دون الصوائت ، ولكن الأحباش اتبعوا النظام المقطعي ، فأحدثوا في الأشكال الأصلية علامات دالة على الصوائت حيث تصحب الحرف الصامت علامة تدل على الصائت ، ومن يجيد قراءة الخط يستطيع أن ينطق الصوائت من خلال الخط نفسه ، ويتعرف على النطق الصحيح ، وهذا الأمر تفتقد إليه الأبجديات التي لا تسجل الحركات ، ولكن هناك عثرة أخرى في طريق الكتابة الحبشية ، وهي تعدد أشكال الرمز الكتابي ، وكثرة الرموز الكتابية ، وهذا يسبب مشقة على متعلمي هذا الخط .

ويزيد عدد الأشكال الكتابية المستعملة في الكتابات السامية الجنوبية عامة عن عدد الأشكال المستعملة في الكتابات السامية الشمالية ، فالعربية الشمالية والجنوبية والحبشية توجد بها أصوات لا وجود لها في عداد اللغات السامية الشمالية مثل: ث ، خ ، ذ ، ض، ظ ، غ (g, z, d, d, h, t) فالتاء العربية يقابلها الشين العبرية (ש) ، والخاء العربية يقابلها الحاء العبرية (ת) ، والذال العربية يقابلها الزاي العبرية ، (I) والضاد العربية يقابلها الصاد العبرية (צ) وكذلك الغين العربية يقابلها العين العبرية (ע) . أما الحبشية فإن عدد أصواتها أقل من عدد الأشكال المستعملة في العربية الشمالية أو الجنوبية رغم أنه يزيد عن عدد الأصوات في اللغات الشمالية ، فالعربية الجنوبية بها أربع أشكال لأصوات ساقطة في الحبشية وهي: السين ، والذال ، والثاء ، والغين ، فالذال تحولت إلى صوت «Z» الزاي في الحبشية (H) .

وقد تأثرت الحبشية باليونانية حيث تتجه الحبشية من اليسار إلى اليمن ، وقد تستخدم الطريقة الحلزونية أو الثعبانية، وأخذ صوت « p » والذي ترمز له بـ « T » من اليونانية ،

وليس له مقابل في العربية الجنوبية ، كما ترجم كثير من التراث اليوناني الديني إلى الحبشية (1) .

وأهم ما يميز الخط الحبشي أن صور أشكال الخط المسند المزواة ، والتي تأخذ شكل زوايا حادة وقائمة تحول إلى أشكال مدورة يمكن رسمها بجرة قلم واحدة في الحبسية ، كما أن الأحباش جعلوا حروفهم ذات طول واحد لتظهر منسقة في الكتابة .

وقد كانت الخطوط السامية تكتفي بالرمز للصامت دون الصائت ، والصوامت كانت تعطي فكرة عامة عن الكلمة بينما تعطي الصوائت دلالات مختلفة للكلمة ، ويتحدد دلالتها في المعنى ، وقد قام الأحباش بإضافة علامات للأشكال التي استعاروها من العربية الجنوبية أو خط المسند ، لتعطي تلك العلامات دلالة نطق الحرف الكلمة ، ورغم تأثرها بالثقافة اليونانية وأبجديتها إلا أنهم لم يتبعوا طريقة اليونانيين بوضع رموز مستقلة للصوائت ، ولكنهم أضافوا إلى خط المسند علامات للحركات ، ومن ثم زاد عدد أشكال الكتابة الحبشية ، فاللغة الحبشية تحتوي 26 صوتًا ، ولكل صوت رمز كتابي ، ولكل رمز كتابي سبعة أشكال مختلفة تعبر عن الحركات القصيرة والطويلة والسكون ، فتعددت أشكال الحروف ، وكثر عددها (182 حرفًا) .

وقد يقول قائل قد كان أولى بهم أن يتبعوا طريقة اليونانيين في الرمز إلى الصوامت والصوائت ، وأقول له: إن نظام الكتابة يرجع إلى طبيعة كل لغة ويتأثر بها ، ولا توجد لغة في العالم تخلو من نقد في قواعدها أو كتابتها ، فاللغات يشوبها نقص في جانب من جوانبها لما يطرأ عليها من تطور ، وليست هناك أفضلية للغة على لغة، فقد شاء الله أن تتعدد الألسنة ، وأن تتخذ كل أمة لسانًا يعبر عنها تراه أفضل وأرقى من غيره .

---

(1) الكتابة العربية والسامية ص185 .

الخصائص المشتركة في اللغات السامية [1] :

أولا- الخصائص الصوتية:

1- توجد في اللغات السامية مجموعة أصوات الحلق: الهمزة ، والهاء ، والعين ، الحاء ، والغين ، والخاء . وقد احتفظت العربية من بين اللغات السامية بهذه الأصوات جميعها ولكن بعضها قد اختفي من بعض اللغات السامية تحت تأثير اللغات الأخرى التي لا توجد بها مثل هذه الألفاظ ، وحدث لها بعض التغيرات في عدد من اللغات كما هو في العربية ، فقد حلت العين محل العين والغين ، وهما صوتان كانت تميز بينهما اللغة الأم ، وقد حافظت العربية على هذين الصوتين دون أن يحل أحدهما محل الآخر .

2- توجد في السامية مجموعة أصوات مطبقة يتخذ اللسان في نطقها شكلا مقعرا يشبه الطبق ، وهي: الصاد، والضاد، والطاء، والظاء، وقد احتفظت العربية بهذه الأصوات جميعها ، وقد حدث لها تغيرات في بعض اللغات السامية ، فقد حلت الصاد محل الصاد والضاد ، والظاء . وقد جمع العلماء الأصوات التي يقع فيها قلب إلى أصوات أخرى في « بجد كبت » فالباء تقلب فاء ، والجيم غينا ، والدال ذالا، والكاف خاء والباء ڤاء ثقيلة، والتاء ثاء .

3- يقوم بناء الكلمة في اللغات السامية على أساس الصوامت والوزن ، فمشتقات فعل يرتبط معناها الأساسي بالفاء والعين اللام ، والوزن يدل على المعنى الدقيق للكلمة ، مثل كلمة «فاعل» تدل على من قام بالفعل .

ثانيًا- الخصائص النحوية:

1- تصنف الصيغ في اللغات السامية من ناحية الجنس النحوي إلى مذكر ومؤنث .

2- وتصنف من ناحية العدد إلى مفرد ومثنى وجمع .

---

(1) المدخل إلى علم اللغة ، دكتور محمود فهمي حجازي ص97 وما بعدها .

3- تميز اللغات السامية بين ثلاث حالات في إعراب الاسم ، فبها نهاية للمرفوع ، وأخرى للمنصوب ، وثالثة للمجرور ، ويتضح هذا بصفة خاصة في الأكدية والعربية اللتين احتفظتا بعلامات الإعراب .

ثالثًا- الخصائص الدلالية:

يوجد عدد من المفردات المشتركة الأساسية في اللغات السامية تقسم على النحو الآتي:

- ألفاظ خاصة بجسم الإنسان: رأس ، عين ، يد ، رجل ، شعر .

- ألفاظ خاصة بالنبات والحيوان: قمح ، سنبلة ، قلب ، ذئب .

- بعض الأفعال الأساسية: ولد ، مات ، قام ، زرع .

- الأعداد الأساسية: من اثنين حتى عشرة .

- حروف الجر الأساسية: من ، على ، في ،

- توجد كثير من المواد اللغوية المشتركة في هذه اللغات مثل: لحم ، أهل .

****

والحمد لله رب العالمين

الدكتور محمود عكاشة

(*) لقد أعددت بعض مسودات هذا الكتاب بالزمالك سنة 1999م (اللغات السامية) ، وبعضها بالهرم 1997م (اللغة المنطوقة واللغة المكتوبة) ، وبعضها في أماكن أخرى ، واستكملت بقية الكتاب بالأسكندرية 2002م، وقد انتهيت منه في 15 شعبان 1423 هـ ، أكتوبر 2002م ، ولله الحمد والمنة .

المراجع والمصادر

- الأحكام في أصول الأحكام ، مكتبة الخانجي ، ط1345/1هـ .
- أساس البلاغة ، محمود جار الله الزمخشري ، صادر ، بيروت .
- أسباب حدوث الحروف ، ابن سينا ، ط 1352 هـ .
- أسس علم اللغة ، ماريوباي . ترجمة أحمد مختار عمر 1994 ، 1418هـ .
- أسس علم اللغة العربية ، الدكتور محمود فهمي حجازي ، دار الثقافة 1979م .
- الأصوات اللغوية ، الدكتور إبراهيم أنيس ، مكتبة الأنجلو المصرية ، 1995م .
- أطلس أصوات اللغة العربية ، دكتور وفاء البيه ، الهيئة المصرية العامة للكتاب 1994م .
- الاقتراح في أصول النحو وجدله ، السيوطي ، تحقيق محمود فجال ، مطبعة الثغر ، ط1 ،1409 هـ .
- إملاء ما مَنّ به الرحمن في إعراب القرآن . عبد الله بن الحسين العكبري ، دار الشام للتراث .
- الأمم السامية ، تاريخها وحضارتها ، حامد عبد القادر . نهضة مصر .
- بحوث ومقالات في اللغة ، الدكتور رمضان عبد التواب ، ط1418/2هـ - 1988م .
- بناء الجملة العربية ، الدكتور محمد حماسة عبد اللطيف . دار الشروق ، ط1996/1م ، 1416هـ .
- البيان والتبيين ، عمرو بن عثمان الجاحظ ، المكتبة العصرية 2000م ، 1421هـ .
- تاريخ اللغات السامية ، إسرائيل ولفنس ، دار العلم ، بيروت .
- تأويل مشكل القرآن ، ابن قتيبة ، تحقيق أحمد صقر ، ط2/دار التراث .

- التحليل اللغوي في ضوء علم الدلالة ، الدكتور محمود عكاشة ، ط2002/1م ، 1422هـ .

- تفسير الطبري ، عالم الكتب ، لبنان .

- تفسير القرطبي ، الهيئة المصرية العامة للكتاب .

- تفسير ابن كثير ، المكتبة التوفيقية (د . ت) .

- تفسير النسقي ، دار الكتاب العربي . لبنان .

- ثورة الاتصال ، نشأة أيدلوجية ، فليب بروتون ، سيبرج برو ، ترجمة هالة عبد الرؤوف مراد . دار المستقبل العربي 1993م .

- الحُجة في القراءات السبع . ابن خالويه ، تحقيق عبد العال سالم ، دار الشروق ، ط1397/2هـ ، 1977م .

- الخصائص ، أبو الفتح عثمان بن جني ، تحقيق محمد علي النجار ، دار الكتب المصرية 1371هـ 1952م .

- الخطاب السياسي في مصر ، دراسة لغوية ، الدكتور محمود عكاشة ، كلية الألسن 2000م ، 1421هـ .

- دراسات في علم اللغة . القسم الثاني - د . كمال بشر . دار المعارف . مصر .

- دراسات لغوية ، عبد الصبور شاهين ، مكتبة الشباب ، 1995م .

- دروس في الألسنية العامة ، فردينان دي سوسير ، تعريب صالح الفرماوي ، محمد الشاوش ، الدار العربية للكتاب .

- الدلالة اللفظية ، الدكتور محمود عكاشة ، مكتبة الأنجلو ، 2002م ، 1423هـ .

- سر صناعة الإعراب ، أبو الفتح عثمان بن جني ، تحقيق حسن هنداوي ، دار العلم ، بيروت ، ط1405/1 ، 1985م .

- السيرة النبوية ، ابن هشام ، تحقيق محمد محيي الدين عبد الحميد ، مكتبة دارالتراث .

- شرح ابن عقيل ، بهاء الدين عبد اللـه بن عقيل ، تحقيق وشرح محمد محيي الدين عبد الحميد ، مكتبة دار التراث ، ط1400/20هـ 1980م .
- الصاحبي في فقه اللغة وسنن العربية ، ابن فارس ، تحقيق السيد أحمد صقر . ط عيسى البابي الحلبي . مصر .
- في علم اللغة العربية ، الدكتور عبد الصبور شاهين ، مكتبة دار الشباب .
- العبارة ، أبو علي بن سينا ، تحقيق محمود الخضري ، الهيئة المصرية العامة للكتاب ، 1978م .
- العربية والغموض ، دراسة لغوية في دلالة المبنى علي المعنى . الدكتور حلمي خليل ، دار المعرفة الجامعية ، الإسكندرية ، ط1988م .
- علم اللغة الاجتماعي « مدخل » ، الدكتور كمال محمد بشر ، دار الثقافة 1994م .
- علم اللغة ، علي عبد الواحد وافي ، نهضة مصر ، ط7 .
- علم اللغة ، مقدمة للقارئ العربي ، الدكتور محمود السعران ، دار الفكر 1992م .
- علم اللغة بين القديم والحديث ، عبد الغفار هلال ، ط2 .
- علم اللغة (العام) عبد الصبور شاهين ، مكتبة الشباب . القاهرة .
- علم اللغة العربية ، الدكتور محمود فهمي حجازي ، وكالة المطبوعات . الكويت .
- غريب القرآن المنسوب إلى عبد اللـه بن عباس رضي اللـه عنه ، تحقيق أحمد بولوط ، مكتبة الزهراء ، ط1413/1هـ 1993م .
- الكتاب ، سيبويه ، مكتبة الخانجي 1982م ، 1412هـ .
- الكتابة العربية السامية ، ودراسة تاريخ الكتابة وأصولها عند الساميين ، دكتور رمزي بعلبكي . دار العلم للملايين .
- اللغات الأجنبية تعليمها وتعلمها ، الدكتور نايف خرما والدكتور على حجاج ، عالم المعرفة . الكويت . عدد 126 ، 1408 هـ 1988م .

- اللغة المنطوقة واللغة المكتوبة ، الدكتور محمد العبد ، دار الفكر للدراسات والنشر والتوزيع ط1990/1م .

- اللهجات العربية في التراث ، علم الدِّين الجندي ، الدار العربية للكتاب .

- فقه اللغة ، دكتور محمد خضر ، ط1401هـ 1981م .

- المحتسب في تبيين وجوه شواذ القراءات والإيضاح عنها ، ابن جني ، تحقيق علي الجندي ناصف ، وعبد الفتاح شلبي ، المجلس الأعلى للشئون الإسلامية ، 1414هـ ، 1994م .

- المدخل إلى علم اللغة ، الدكتور رمضان عبد التواب ، مكتبة الخانجي .

- المدخل إلى علم اللغة ، الدكتور محمود فهمي حجازي ، دار الثقافة 1976م .

- المزهر في علوم اللغة وأنواعها ، جلال الدين السيوطي . تحقيق محمد جلال المولى وآخرين ، دار إحياء الكتب العربية ، ط3 .

- مسائل نافع بن الأزرق ، جمع وتحقيق أحمد الدالي ، الجفان الجابي ، دمشق هـ 1993م .

- مصادر البحث اللغوي: الدكتور محمد حسن عبد العزيز ، مكتبة الشباب ، 1991م .

- مقدمة لدراسة فقه اللغة ، الدكتور محمد أحمد أبو الفرج ، ط1996/1م .

- مناهج البحث في اللغة والمعاجم ، دكتور عبد الغفار حامد ، ط/1411هـ ، 1991م .

- منهج البحث في الأدب ، مابيه ، ترجمة محمد مندور ، دار العلم للملايين 1946م .

- نشأة اللغة عند الإنسان والطفل ، د . علي عبد الواحد ، دار نهضة مصر .

- وصف المباني في شرح حروف المعاني ، للمالقي . دار ابن خلدون .

الفهرس